# 人工智能时代
## 算法共谋的反垄断法规制

Antitrust Regulation of Algorithmic Collusion
in the Age of Artificial Intelligence

时建中　林孟洲◎著

中国政法大学出版社
2025·北京

声　明　1. 版权所有，侵权必究。

　　　　2. 如有缺页、倒装问题，由出版社负责退换。

**图书在版编目（CIP）数据**

人工智能时代算法共谋的反垄断法规制 / 时建中，林孟洲著. -- 北京：中国政法大学出版社，2025. 2. ISBN 978-7-5764-1982-5

Ⅰ. D922.294.4

中国国家版本馆 CIP 数据核字第 2025XW1734 号

---

| | | |
|---|---|---|
| 书　　名 | 人工智能时代算法共谋的反垄断法规制<br>REN GONG ZHI NENG SHI DAI SUAN FA GONG MOU DE FAN LONG DUAN FA GUI ZHI |
| 出 版 者 | 中国政法大学出版社 |
| 地　　址 | 北京市海淀区西土城路 25 号 |
| 邮　　箱 | fadapress@163.com |
| 网　　址 | http://www.cuplpress.com（网络实名：中国政法大学出版社）|
| 电　　话 | 010-58908435(第一编辑部) 58908334(邮购部) |
| 承　　印 | 固安华明印业有限公司 |
| 开　　本 | 787mm×1092mm　1/16 |
| 印　　张 | 23.25 |
| 字　　数 | 468 千字 |
| 版　　次 | 2025 年 2 月第 1 版 |
| 印　　次 | 2025 年 2 月第 1 次印刷 |
| 定　　价 | 89.00 元 |

# 作者简介

**时建中** 中国政法大学副校长、教授、博士生导师，教育部哲学社会科学实验室——中国政法大学数据法治实验室主任、数据法治研究院院长、竞争法研究中心主任。主要研究领域为竞争法学、数据法学、经济法学。兼任中国科学技术法学会常务副会长、中国法学会经济法学研究会副会长、中国市场监督管理学会副会长、国务院反垄断反不正当竞争委员会专家咨询组副组长、国家数据专家咨询委员会委员兼理论组副组长、国家市场监督管理总局法律顾问、工信部法律顾问、《电信法》起草专家组副组长等职务。作为国务院法制办反垄断法审查修改工作小组专家，参加了我国《反垄断法》的立法工作。荣获中国"宪法的精神法治的力量——2022年度法治人物"。主编出版《反垄断法学》《数据立法重点问题研究——以全国省级地方立法文件为研究对象》《〈中华人民共和国反垄断法〉专家修改建议稿及详细说明》《反垄断法——法典释评与学理探源》以及 *Merger Control in China* 等著作，在《中国法学》《中外法学》《人民日报》《光明日报》《经济日报》等重要学术期刊和报纸发表学术论文100余篇。

**林孟洲** 美国明尼苏达大学电脑工程博士，长期在人工智能和数字科技前沿领域从事研发工作，在苹果公司、微软公司等世界知名企业的关键岗位任职超过二十年。林孟洲博士的职业生涯始于硅谷，在苹果公司的尖端技术研究部门，从事多媒体和光通讯的研究。林孟洲博士还曾共同创办硅谷初创企业Streaming21，专门从事电信级流媒体技术。林孟洲博士最近的经历是担任微软物联网及产业事业群亚洲区技术负责人，专注于产业的数字化转型及人工智能转型。多样化的职业生涯，不断拓展林孟洲博士的国际视野和跨学科专业知识、能力。在最近出版的独著《AI力：逻辑协同创新》一书中，林孟洲博士提出以人类逻辑思维解决问题的方式和AI协同创新，并且针对产业AI转型提出了一系列策略建议。

# About Authors

Professor SHI Jianzhong is Vice-President of China University of Political Science and Law (CUPL) and the PhD supervisor. He is also the Director of the Philosophy and Social Science Lab of China's Ministry of Education—CUPL Data Law Lab, the Dean of the Institute for Data Law of CUPL and the Director of CUPL Center for Competition Law. His research interests include Competition Law, Data Law and Economic Law. In addition, Professor SHI Jianzhong serves as the Executive Vice-President of the China Law Association on Science and Technology, and the Vice-President of the Economic Law Association of China Law Society. He is the Vice Chairman of China Society for Market Regulation and the Deputy Director of Expert Advisory Group of the Anti-monopoly and Anti-unfair Competition Commission of the State Council. Also, he is a member of the National Data Expert Consultation Committee and Deputy Director of the Theory Group. Professor SHI Jianzhong is appointed as a legal adviser of both State Administration for Market Regulation and Ministry of Industry and Information Technology of China. He is also the Deputy Head of Expert Group on the Drafting of the Telecommunication Law. As a member of Expert Group on the Amendment and Review of the Anti-monopoly Law of the Legislative Affairs Office of the State Council, Professor SHI participated in the legislative work of China's Anti-monopoly Law. Professor SHI was awarded the title of "The Spiritual Power of the Constitution and the Rule of Law—the Person of the Year of the Rule of Law in 2022" in China.

Professor SHI edited and published works such as *Anti-Monopoly Law* (2024), *Key Issues in Data Legislation—A Study Based on Provincial-Level Local Legislation in China* (2024), *Experts' Proposal and Comments on the Amendment of Anti-monopoly Law of the People's Republic of China* (2020), *Anti-monopoly Law-Interpretation of the Code and Origin of Theory* (2008), and *Merger Control in China* (2018 Edition). He has also published over 100 academic papers in important academic journals and newspapers such as *China Legal Science*, *Peking University Law Journal*, *People's Daily*, *Guangming Daily*, and *Economic Daily*.

Joe Lin, Ph. D. in Computer Engineering from the University of Minnesota, has been engaged in cutting-edge research and development in artificial intelligence and digital technology for over two decades. He has held key positions at globally renowned companies such as Apple and Microsoft. Dr. Lin's career began in Silicon Valley, where he conducted research on multimedia and optical communications at Apple's Advanced Technology Research Group. He also co-founded the Silicon Valley startup Streaming21, specializing in carrier-grade streaming media technology.

Most recently, Dr. Lin served as the Asia Region Technical Lead for Microsoft's IoT and Industry Solutions Group, focusing on digital transformation and AI-driven innovation for industries. His diverse career has continuously expanded his international perspective and interdisciplinary expertise.

In his recent book, *AI Power: Logical and Collaborative Innovation*, Dr. Lin introduces a model for collaborative innovation between human logical problem-solving and AI, offering a series of strategic recommendations for industrial AI transformation.

# 序　言

　　人工智能正在以惊人的速度改变我们的世界,从科技到经济,从社会生产到个人生活,乃至社会治理方式,其影响无处不在。作为一名数据法学和竞争法学研究人员,我深感我们必须更早地准备并规范这一改变世界的技术,以应对其带来的挑战和机遇。本书就是我和知名的人工智能专家林孟洲博士展开跨学科合作研究成果的结晶,旨在从法学的角度探索人工智能特别是算法共谋对市场竞争的影响,并提出相应的规制策略。当然,本书还凝结了中国政法大学竞争法研究中心诸多学者的智慧和贡献。他们在反垄断法研究和人工智能规制方面的深入研究和独到见解,为本书增添了宝贵的学术价值。在此,我衷心感谢他们的辛勤付出。

　　20世纪50年代以来,人工智能的发展经历了多次起伏。目前,以深度学习和生成式人工智能为代表的新技术正推动人类进入一个全新的时代。然而,这些技术作为前所未有的变革力量,在赋能经济创新发展的同时,伴生着不容忽视的风险挑战。例如,算法不仅简化了达成共谋的条件,还大大降低了企业打破共谋均衡的动机,使得共谋更加高效和稳定。因此,算法共谋已成为反垄断法在数字商业生态适用中一个突出的新问题。

　　面对这些挑战,传统反垄断法框架已显得力不从心。因此,本书从多个角度探讨了如何通过法律手段有效规制算法共谋。首先,分析了算法共谋的基本原理和类型,包括监测式、轴辐式、代理式和自主式算法共谋;其次,深入探讨了传统反垄断法的垄断协议规范、滥用共同市场支配地位规范以及经营者集中控制规范在应对算法共谋上的适用性和局限性;最后,提出了一系列协同治理机制,包括市场约束机制、数字化筛查机制、反垄断合规机制和市场竞争状况评估机制,以期在现有法律框架下提供更多元的解决方案。

　　本书的核心观点是,尽管算法共谋带来了新的挑战,但是,充分利用现有反垄断法规范的制度资源,辅之以多元化的治理机制,可以增强反垄断法的适用性。我希望本书能够为相关领域的理论工作者和实务工作者提供参考和启示，共同推动人工智能时代反垄断法治的现代化。

时建中

2025 年 1 月 16 日

# Foreword

Artificial intelligence is transforming our world at an astonishing pace, influencing everything from technology to the economy, from society to individual lives. As a scholar who has long researched economic law and AI regulation, I am deeply aware of the need to proactively prepare for and regulate this world-changing technology to address the challenges and opportunities it brings. This book is the result of interdisciplinary collaboration between me and renowned AI expert Dr. Joe Lin, aiming to explore the impact of AI—especially algorithmic collusion—on market competition from a legal perspective and to propose corresponding regulatory strategies. Furthermore, this book integrates the wisdom and contributions of many scholars from the Competition Law Research Center at China University of Political Science and Law, whose in-depth research and unique insights on antitrust law and AI regulation have added significant academic value to the work. I extend my heartfelt gratitude for their dedication.

Since the 1950s, AI development has experienced several ups and downs. Today, new technologies, represented by deep learning and generative AI, are driving humanity into a new era. However, as unprecedented forces of transformation, these technologies bring not only economic innovation but also unavoidable risks and challenges. For instance, algorithms not only simplify the conditions for reaching collusion but also significantly reduce the incentives for companies to break collusive equilibria, making collusion more efficient and stable. As a result, algorithmic collusion has emerged as a prominent new issue for antitrust law in the context of the digital business ecosystem.

Considering these challenges, traditional antitrust frameworks, especially the regulatory frameworks for monopoly agreements, are increasingly inadequate. Thus, this book explores how legal measures can effectively regulate algorithmic collusion from multiple perspectives. First, it analyzes the fundamental principles and types of algorithmic collusion, including monitoring, hub-and-spoke, agent, and autonomous algorithmic collusion. Next, it delves into the applicability and limitations of antitrust doctrines, such as the Norms of monopoly agreement, abuse of collective market dominance, and merger control, in addressing algorithmic collusion. Finally, it proposes a series of collaborative governance mechanisms, including market constraint mechanisms, digital screening mechanisms, antitrust compliance mechanisms, and market competition status assessment mechanisms, aiming to offer a more diversified solution within the existing legal framework.

The core argument of this book is that while algorithmic collusion presents new challenges, leveraging the institutional resources of existing antitrust law and complementing them with diversified governance mechanisms can enhance its applicability. I hope this book will provide valuable insights and references for both theorists and practitioners in the field, contributing to the modernization of antitrust governance in the AI era.

Shi Jianzhong
January 16, 2025

# 目 录

**导 论 / 1**

　　一、人工智能：能量与风险并聚 …………………………………………（ 1 ）
　　二、人工智能时代的算法共谋风险 ………………………………………（ 5 ）
　　三、算法共谋国内外研究述评 ……………………………………………（ 8 ）
　　四、研究思路、特色和方法 ………………………………………………（ 18 ）
　　五、本书主要内容及各章提要 ……………………………………………（ 19 ）

## 上篇　人工智能和算法共谋的基础理论

**第一章　人工智能和算法原理 / 31**

　第一节　人工智能的概念、历史和发展 ……………………………………（ 31 ）
　　一、人工智能概念的界定 …………………………………………………（ 31 ）
　　二、人工智能概念的解构 …………………………………………………（ 33 ）
　　三、人工智能的历史简介 …………………………………………………（ 37 ）
　　四、人工智能的当下：生成式人工智能 …………………………………（ 39 ）
　　五、人工智能的未来：通用人工智能 ……………………………………（ 42 ）
　第二节　人工智能的价值链和核心要素 ……………………………………（ 45 ）
　　一、人工智能的价值链和主要参与者 ……………………………………（ 45 ）
　　二、人工智能的核心要素之一：算法（模型）…………………………（ 47 ）
　　三、人工智能的核心要素之二：数据 ……………………………………（ 49 ）
　　四、人工智能的核心要素之三：算力 ……………………………………（ 53 ）
　第三节　算法概念探源和人工智能算法 ……………………………………（ 56 ）
　　一、算法的概念溯源 ………………………………………………………（ 56 ）
　　二、算法的计算机应用 ……………………………………………………（ 58 ）
　　三、算法是人工智能的"根本要素" ……………………………………（ 59 ）

四、人工智能算法的分类 …………………………………………（62）
**第二章　合作、互操作和共谋的一般理论 / 68**
　第一节　社会学视域下的合作理论 ……………………………………（68）
　　　一、合作是人类社会的基本需要 …………………………………（69）
　　　二、人类合作何以可能 ……………………………………………（70）
　第二节　计算机科学视域下的互操作理论 ……………………………（71）
　　　一、互操作概念的解析 ……………………………………………（72）
　　　二、数字服务互操作的类型及隐忧 ………………………………（73）
　第三节　经济学视域下的共谋理论 ……………………………………（74）
　　　一、共谋的经济学含义和经济危害 ………………………………（75）
　　　二、共谋的经济学分类 ……………………………………………（77）
　　　三、维系共谋的四种基本机制 ……………………………………（79）
　第四节　共谋的反垄断法表达及规制路径 ……………………………（82）
　　　一、共谋的反垄断法表达之一：垄断协议 ………………………（83）
　　　二、共谋的反垄断法表达之二：共同市场支配地位 ……………（85）
　　　三、共谋的反垄断法表达之三：协同效应 ………………………（87）

**第三章　算法的竞争影响和算法共谋机理 / 89**
　第一节　算法商业运用对市场竞争的积极影响 ………………………（89）
　　　一、微观洞察：算法给企业带来的竞争优势 ……………………（89）
　　　二、宏观分析：算法所蕴含的整体经济效益 ……………………（91）
　第二节　算法商业运用引发的竞争担忧 ………………………………（92）
　　　一、算法商业运用的经济社会风险 ………………………………（92）
　　　二、算法垄断效应 …………………………………………………（93）
　第三节　算法何以加剧放大共谋风险 …………………………………（98）
　　　一、实现共谋的基本条件 …………………………………………（98）
　　　二、算法对共谋基本条件的简化 …………………………………（101）

**第四章　算法共谋的类型化解析 / 112**
　第一节　算法明示共谋 …………………………………………………（112）
　　　一、监测式算法共谋 ………………………………………………（112）
　　　二、轴辐式算法共谋 ………………………………………………（114）
　第二节　算法默示共谋 …………………………………………………（116）
　　　一、代理式算法共谋 ………………………………………………（116）
　　　二、自主式算法共谋 ………………………………………………（119）

第三节 算法共谋的类型关系辨析 ………………………………………（121）
　　一、监测式算法共谋与轴幅式算法共谋的辨析 …………………（121）
　　二、监测式算法共谋与代理式算法共谋的辨析 …………………（122）
　　三、轴幅式算法共谋与代理式算法共谋的辨析 …………………（123）
　　四、自主式算法共谋与其他算法共谋类型的辨析 ………………（124）

# 中篇　算法共谋的反垄断法适用

## 第五章　垄断协议规范对算法共谋的适用 / 129

第一节 垄断协议的基本规范框架 ………………………………………（129）
　　一、我国反垄断法关于垄断协议规定的考察 ……………………（130）
　　二、垄断协议的一般构成 …………………………………………（133）
　　三、垄断协议的特殊形态 …………………………………………（138）
第二节 垄断协议规范对算法明示共谋的适用 …………………………（144）
　　一、垄断协议规范对监测式算法共谋的适用 ……………………（145）
　　二、垄断协议规范对轴幅式算法共谋的适用 ……………………（148）
第三节 算法默示共谋对垄断协议规范的挑战 …………………………（154）
　　一、算法默示共谋将垄断协议规范的"裂缝"撕扯为"巨缝" …（154）
　　二、垄断协议规范层面的潜在应对举措及其局限 ………………（155）

## 第六章　滥用共同市场支配地位规范对算法共谋的适用 / 162

第一节 滥用共同市场支配地位的基本规范框架 ………………………（162）
　　一、我国反垄断法关于滥用共同市场支配地位规定的考察 ……（162）
　　二、欧盟竞争法上涉滥用共同市场支配地位的案例考察 ………（167）
　　三、滥用共同市场支配地位的规范构成 …………………………（173）
第二节 滥用共同市场支配地位规范对算法共谋的适用 ………………（176）
　　一、算法"控制"和经营者的识别 ………………………………（177）
　　二、从事算法协调的经营者形成了一个共同实体 ………………（179）
　　三、基于算法协调的共同实体具有市场支配地位 ………………（185）
　　四、基于算法协调的滥用共同市场支配地位行为 ………………（189）
第三节 滥用共同市场支配地位规范适用于算法共谋的限度 …………（194）
　　一、规范体系内的审视 ……………………………………………（194）
　　二、规范体系外的反思 ……………………………………………（196）

## 第七章　经营者集中控制规范对算法共谋的适用 / 198

### 第一节　经营者集中控制的基本规范框架 …………………………（198）
　　一、我国反垄断法关于经营者集中控制规定的考察 ………………（199）
　　二、经营者集中审查标准的规范层次 ………………………………（205）
　　三、经营者集中救济的规范要义 ……………………………………（210）

### 第二节　经营者集中控制规范对算法共谋的适用 …………………（216）
　　一、涉及算法的经营者集中 …………………………………………（217）
　　二、算法协同效应的经营者集中审查 ………………………………（219）
　　三、算法协同效应的经营者集中救济 ………………………………（226）

### 第三节　经营者集中控制规范适用于算法共谋的限度 ……………（232）
　　一、申报标准的制约 …………………………………………………（233）
　　二、隐蔽的共谋优于公开的集中 ……………………………………（235）


# 下篇　算法共谋反垄断的协同治理机制


## 第八章　算法共谋的市场约束机制 / 239

### 第一节　买方抗衡势力的概念和原理 …………………………………（239）
　　一、买方抗衡势力概念的源起 ………………………………………（240）
　　二、买方抗衡势力对卡特尔的制约 …………………………………（241）
　　三、买方市场势力的类型与买方抗衡势力的评估 …………………（243）

### 第二节　算法驱动的消费者抗衡势力对算法共谋的制约 …………（245）
　　一、消费者抗衡势力何以可能 ………………………………………（245）
　　二、算法型消费者的兴起及其作用机理 ……………………………（246）
　　三、算法型消费者的抗衡势力及其对算法共谋的破解 ……………（247）

### 第三节　算法型消费者制约算法共谋的局限及因应 ………………（251）
　　一、算法型消费者的"过"和"不及" ………………………………（251）
　　二、"算法型消费者"市场的法治保障思路 …………………………（254）

## 第九章　算法共谋的数字化筛查机制 / 256

### 第一节　算法型反垄断的构想、局限和重点应用领域 ……………（256）
　　一、隐约浮现的算法型反垄断 ………………………………………（257）
　　二、算法型反垄断的宏大图景 ………………………………………（259）
　　三、算法型反垄断的局限 ……………………………………………（262）

　　　　四、算法型反垄断的重点应用领域 ……………………………………（264）
　第二节　算法共谋数字化筛查的性质和功能 ……………………………（265）
　　　　一、数字化筛查的性质 …………………………………………（265）
　　　　二、算法共谋数字化筛查的功能 …………………………………（266）
　第三节　算法共谋数字化筛查的类型、限度和建设 ……………………（268）
　　　　一、算法共谋数字化筛查的类型 …………………………………（269）
　　　　二、算法共谋数字化筛查的限度 …………………………………（270）
　　　　三、算法共谋数字化筛查的建设 …………………………………（271）

## 第十章　算法共谋的反垄断合规机制 / 275

　第一节　反垄断合规的理论逻辑 …………………………………………（275）
　　　　一、反垄断合规的逻辑理路 ………………………………………（276）
　　　　二、反垄断合规的类型谱系 ………………………………………（278）
　第二节　反垄断合规的实践逻辑 …………………………………………（284）
　　　　一、反垄断合规指引的域内外范例 ………………………………（284）
　　　　二、反垄断合规的核心要素 ………………………………………（287）
　第三节　破解算法共谋的算法型反垄断合规 ……………………………（291）
　　　　一、企业内部对算法共谋的数字化筛查 …………………………（291）
　　　　二、算法审计和"设计合规" ……………………………………（293）
　　　　三、反垄断合规机制的效用限度 …………………………………（297）

## 第十一章　算法共谋的市场竞争状况评估机制 / 299

　第一节　市场竞争状况评估的理论基础 …………………………………（299）
　　　　一、市场竞争状况评估的内涵和性质 ……………………………（300）
　　　　二、市场竞争状况评估的一般目的 ………………………………（301）
　　　　三、人工智能时代市场竞争状况评估的特别目的 ………………（302）
　第二节　算法共谋背景下市场竞争状况评估的实质关注 ………………（305）
　　　　一、重点关注算法默示共谋 ………………………………………（305）
　　　　二、市场竞争状况评估的验证要点 ………………………………（307）
　第三节　算法共谋背景下市场竞争状况评估的程序规范 ………………（309）
　　　　一、确定并选择要评估的市场范围或竞争问题 …………………（309）
　　　　二、确定市场竞争状况评估的计划和方式 ………………………（310）
　　　　三、规划利益相关者的参与 ………………………………………（311）
　　　　四、公开发起市场竞争状况评估 …………………………………（312）
　　　　五、收集和分析信息 ………………………………………………（312）

六、形成市场竞争状况评估结果 …………………………………（318）
　　七、对市场竞争状况评估的回顾评估 ……………………………（319）
　第四节　市场竞争状况评估应对算法共谋的优点和局限 …………（319）
　　一、市场竞争状况评估应对算法共谋的优点 ……………………（320）
　　二、市场竞争状况评估应对算法共谋的局限 ……………………（321）

## 参考文献 / 324

　　一、中文著作类 ……………………………………………………（324）
　　二、中文译著类 ……………………………………………………（327）
　　三、中文论文类 ……………………………………………………（329）
　　四、外文著作类 ……………………………………………………（334）
　　五、外文论文类 ……………………………………………………（335）
　　六、外文报告和规范性文件类 ……………………………………（342）
　　七、国内外案例 ……………………………………………………（347）

# Table of Contents

## Introduction / 1

1. Artificial Intelligence: A Convergence of Power and Risk ······ ( 1 )
2. The Risk of Algorithmic Collusion in the Era of Artificial Intelligence ······ ( 5 )
3. A Review of Domestic and International Research on Algorithmic Collusion ······ ( 8 )
4. Research Approach, Features, and Methods ······ ( 18 )
5. Main Content and Chapter Summaries ······ ( 19 )

## Part I: Theoretical Foundations of Artificial Intelligence and Algorithmic Collusion

### Chapter 1: Principles of Artificial Intelligence and Algorithms / 31

Section 1: Concepts, History, and Development of Artificial Intelligence ······ ( 31 )
    1. Definition of the Concept of Artificial Intelligence ······ ( 31 )
    2. Deconstruction of the Concept of Artificial Intelligence ······ ( 33 )
    3. A Brief History of Artificial Intelligence ······ ( 37 )
    4. The Present of Artificial Intelligence: Generative Artificial Intelligence ······ ( 39 )
    5. The Future of Artificial Intelligence: Artificial General Intelligence ······ ( 42 )

Section 2: The Value Chain and Core Elements of Artificial Intelligence ······ ( 45 )
    1. The Value Chain and Key Actors in Artificial Intelligence ······ ( 45 )
    2. Core Element 1: Algorithm (Model) ······ ( 47 )
    3. Core Element 2: Data ······ ( 49 )
    4. Core Element 3: Computing Power ······ ( 53 )

Section 3: The Exploration of Algorithm Concepts and AI Algorithms ...... ( 56 )
   1. Tracing the Concept of Algorithms ................................. ( 56 )
   2. Computer Applications of Algorithms .............................. ( 58 )
   3. Algorithms as the "Fundamental Element" of Artificial Intelligence ...... ( 59 )
   4. Classification of Artificial Intelligence Algorithms .................... ( 62 )

## Chapter 2: General Theories of Cooperation, Interoperability, and Collusion / 68

Section 1: Cooperation Theory from a Sociological Perspective ............ ( 68 )
   1. Cooperation as a Basic Need of Human Society ..................... ( 69 )
   2. How Human Cooperation Can Be Possible ......................... ( 70 )
Section 2: Interoperability Theory from a Computer Science Perspective ... ( 71 )
   1. Analysis of the Concept of Interoperability ......................... ( 72 )
   2. Types and Concerns of Digital Service Interoperability ............... ( 73 )
Section 3: Collusion Theory from an Economic Perspective ................ ( 74 )
   1. Economic Implications and Harm of Collusion ...................... ( 75 )
   2. Economic Classification of Collusion ............................... ( 77 )
   3. Four Basic Mechanisms for Sustaining Collusion .................... ( 79 )
Section 4: Antitrust Law Expression and Regulatory Pathways of Collusion ... ( 82 )
   1. Antitrust Law Expression 1: Monopoly Agreement .................. ( 83 )
   2. Antitrust Law Expression 2: Collective Market Dominance ........... ( 85 )
   3. Antitrust Law Expression 3: Coordinated Effects ................... ( 87 )

## Chapter 3: Competition Impacts of Algorithms and Mechanisms of Algorithmic Collusion / 89

Section 1: Positive Competition Effects of Algorithmic Commercial
          Applications ............................................... ( 89 )
   1. Micro Insights: Competitive Advantages Brought by Algorithms to
      Enterprises ...................................................... ( 89 )
   2. Macro Analysis: Overall Economic Benefits of Algorithms ........... ( 91 )
Section 2: Competition Concerns Arising from Algorithmic Commercial
          Applications ............................................... ( 92 )
   1. Economic and Social Risks of Algorithmic Commercial Applications ... ( 92 )
   2. Algorithmic Monopoly Effects .................................... ( 93 )

Section 3: How Algorithms Amplify and Intensify the Risk of Collusion ··· ( 98 )
   1. Basic Conditions for Achieving Collusion ······························ ( 98 )
   2. Simplification of Collusion Conditions by Algorithms ··············· (101)

## Chapter 4: Typological Analysis of Algorithmic Collusion / 112

Section 1: Explicit Algorithmic Collusion ································· (112)
   1. Monitoring Algorithmic Collusion ································· (112)
   2. Hub-and-Spoke Algorithmic Collusion ·························· (114)
Section 2: Implicit Algorithmic Collusion ································· (116)
   1. Agent Algorithmic Collusion ········································ (116)
   2. Autonomous Algorithmic Collusion ······························· (119)
Section 3: Analysis of Relationships Among Types of Algorithmic
          Collusion ································································ (121)
   1. Differentiating Between Monitoring and Hub-and-Spoke Algorithmic
      Collusion ······························································ (121)
   2. Differentiating Between Monitoring and Agent Algorithmic
      Collusion ······························································ (122)
   3. Differentiating Between Hub-and-Spoke and Agent Algorithmic
      Collusion ······························································ (123)
   4. Differentiating Autonomous Algorithmic Collusion from Other Types ··· (124)

## Part II: The Application of Antitrust Law to Algorithmic Collusion

## Chapter 5: The Application of Monopoly Agreement Norms to Algorithmic Collusion / 129

Section 1: Basic Regulatory Framework of Monopoly Agreements ········· (129)
   1. Examination of Monopoly Agreement Provisions in China's Antitrust Law ······ (130)
   2. General Composition of Monopoly Agreement ······················ (133)
   3. Special Forms of Monopoly Agreement ······························ (138)
Section 2: Application of Monopoly Agreement Norms to Explicit Algorithmic
          Collusion ································································ (144)
   1. Application of Monopoly Agreement Norms to Monitoring Algorithmic
      Collusion ······························································ (145)

2. Application of Monopoly Agreement Norms to Hub-and-Spoke Algorithmic Collusion ……………………………………………………………… (148)

Section 3: Challenges Posed by Implicit Algorithmic Collusion to Monopoly Agreement Norms …………………………………………………… (154)

1. Implicit Algorithmic Collusion Expands "Cracks" in Monopoly Agreement Norms …………………………………………………………………… (154)

2. Potential Countermeasures and Limitations in Monopoly Agreement Norms …………………………………………………………………… (155)

## Chapter 6: The Application of Abuse of Collective Market Dominance Norms to Algorithmic Collusion / 162

Section 1: Basic Regulatory Framework of Abuse of Collective Market Dominance …………………………………………………………………… (162)

1. Examination of Provisions in China's Antitrust Law on Abuse of Collective Market Dominance ……………………………………………………… (162)

2. Case Studies of Abuse of Collective Market Dominance in EU Competition Law ……………………………………………………………………… (167)

3. Normative Composition of Abuse of Collective Market Dominance …… (173)

Section 2: Application of Abuse of Collective Market Dominance Norms to Algorithmic Collusion ……………………………………………… (176)

1. Identification of Algorithmic "Control" and Operators ……………… (177)

2. Operators Engaged in Algorithmic Coordination Forming a Collective Entity ………………………………………………………………… (179)

3. The Collective Entity Formed by Algorithmic Coordination Has Market Dominance ……………………………………………………………… (185)

4. Abusive Behavior of Collective Market Dominance Based on Algorithmic Coordination ………………………………………………………………… (189)

Section 3: Limitations of Applying Collective Market Dominance Norms to Algorithmic Collusion ………………………………………………… (194)

1. An Examination Within the Regulatory System ……………………… (194)

2. Reflections Beyond the Regulatory System ………………………… (196)

## Chapter 7: The Application of Merger Control Norms to Algorithmic Collusion / 198

Section 1: Basic Regulatory Framework of Merger Control ……………… (198)

1. Examination of Merger Control Provisions in China's Antitrust Law ...... (199)
2. The Normative Levels of Merger Control Standards ...... (205)
3. The Essential Norms of Merger Remedies ...... (210)

Section 2: Application of Merger Control Norms to Algorithmic Collusion ...... (216)
1. Mergers Involving Algorithms ...... (217)
2. Merger Review of Algorithmic Coordinated Effects ...... (219)
3. Merger Remedies for Algorithmic Coordinated Effects ...... (226)

Section 3: Limitations of Applying Merger Control Norms to Algorithmic Collusion ...... (232)
1. Constraints of Filing Standards ...... (233)
2. Hidden Collusion is Superior to Open Concentrations ...... (235)

# Part III: Collaborative Governance Mechanisms for Algorithmic Collusion in Antitrust

## Chapter 8: Market Constraint Mechanisms for Algorithmic Collusion / 239

Section 1: Concept and Principles of Buyer Countervailing Power ...... (239)
1. The Origins of Buyer Countervailing Power ...... (240)
2. The Restriction of Cartels by Buyer Countervailing Power ...... (241)
3. Types of Buyer Market Power and Assessment of Buyer Countervailing Power ...... (243)

Section 2: The Restriction of Algorithmic Collusion by Consumer Countervailing Power ...... (245)
1. How Consumer Countervailing Power Can Be Realized ...... (245)
2. The Rise of Algorithmic Consumers and Their Functional Mechanisms ...... (246)
3. Consumer Countervailing Power of Algorithmic Consumers and Their Breaking of Algorithmic Collusion ...... (247)

Section 3: Limitations and Countermeasures of Algorithmic Consumers in Constraining Algorithmic Collusion ...... (251)
1. The "Excesses" and "Deficiencies" of Algorithmic Consumers ...... (251)

  2. Legal Governance for the Market of "Algorithmic Consumers" ………… （254）

## Chapter 9: Digital Screening Mechanisms for Algorithmic Collusion / 256

  Section 1: The Vision, Limitations, and Key Application Areas of Algorithmic Antitrust ……………………………………………………… （256）
    1. The Emergence of Algorithmic Antitrust ………………………… （257）
    2. The Grand Vision of Algorithmic Antitrust ……………………… （259）
    3. The Limitations of Algorithmic Antitrust ………………………… （262）
    4. Key Application Areas of Algorithmic Antitrust ………………… （264）
  Section 2: The Nature and Functions of Digital Screening for Algorithmic Collusion ……………………………………………………………… （265）
    1. The Nature of Digital Screening ………………………………… （265）
    2. The Functions of Digital Screening for Algorithmic Collusion ………… （266）
  Section 3: Types, Limitations, and Development of Digital Screening for Algorithmic Collusion ……………………………………………… （268）
    1. Types of Digital Screening for Algorithmic Collusion …………… （269）
    2. Limitations of Digital Screening for Algorithmic Collusion ……… （270）
    3. Development of Digital Screening for Algorithmic Collusion …… （271）

## Chapter 10: Antitrust Compliance Mechanisms for Algorithmic Collusion / 275

  Section 1: The Theoretical Logic of Antitrust Compliance ……………… （275）
    1. The Logical Path of Antitrust Compliance ……………………… （276）
    2. The Typological Spectrum of Antitrust Compliance …………… （278）
  Section 2: The Practical Logic of Antitrust Compliance ………………… （284）
    1. Examples of Antitrust Compliance Guidelines from Domestic and Foreign Sources ………………………………………………………… （284）
    2. Key Elements of Antitrust Compliance …………………………… （287）
  Section 3: Algorithmic Antitrust Compliance for Solving Algorithmic Collusion ……………………………………………………………… （291）
    1. Internal Digital Screening for Algorithmic Collusion within Enterprises …… （291）
    2. Algorithm Auditing and "Compliance by Design" ……………… （293）
    3. The Limitations of Antitrust Compliance Mechanisms ………… （297）

## Chapter 11: Market Competition Status Assessment Mechanisms for Algorithmic Collusion / 299

Section 1: Theoretical Foundations of Market Competition Status Assessment ················································································ (299)
    1. The Connotation and Nature of Market Competition Status Assessment ······ (300)
    2. The General Purposes of Market Competition Status Assessment ·········· (301)
    3. Special Purposes of Market Competition Status Assessment in the AI Era ··· (302)

Section 2: Substantive Focus of Market Competition Status Assessment in the Context of Algorithmic Collusion ····························· (305)
    1. Special Attention to Implicit Algorithmic Collusion ······················· (305)
    2. Key Validation Points for Market Competition Status Assessment ·········· (307)

Section 3: Procedural Norms for Market Competition Status Assessment in the Context of Algorithmic Collusion ····························· (309)
    1. Identifying and Selecting Market Scopes or Competition Issues for Assessment ················································································ (309)
    2. Determining the Plan and Method for Market Competition Status Assessment ················································································ (310)
    3. Organizing the Participation of Stakeholders ······························· (311)
    4. Publicly Initiating Market Competition Status Assessment ················· (312)
    5. Collecting and Analyzing Information ······································ (312)
    6. Forming the Results of Market Competition Status Assessment ············ (318)
    7. Reviewing the Market Competition Status Assessment ····················· (319)

Section 4: Strengths and Limitations of Market Competition Status Assessment for Algorithmic Collusion ············································ (319)
    1. Strengths of Market Competition Status Assessment for Algorithmic Collusion ············································································· (320)
    2. Limitations of Market Competition Status Assessment for Algorithmic Collusion ············································································· (321)

References ················································································ (324)
    1. Domestic Publications ······················································· (324)
    2. Domestic Translated Publications ··········································· (327)
    3. Domestic Papers ······························································ (329)
    4. International Publications ···················································· (334)

5. International Papers ……………………………………………（335）
6. International Reports and Normative Documents ……………………（342）
7. Domestic and International Cases …………………………………（347）

# 导　论

## 一、人工智能：能量与风险并聚

从学科上看，人工智能是计算机学科的一个分支，是一门致力于解析与模拟人类智能及其行为规律的学科，其旨在构建智能信息处理的理论框架，并据此设计出能够展现与人类智能行为相近的计算机系统。从技术上看，人工智能系统是一种基于机器的系统，其设计的初衷是在不同的自主级别上运行，部署后可能表现出适应性，并且为了明确或隐含的目标，它会从其接收到的输入中推断出如何产生输出，例如预测、内容、建议或决策，而这些输出可以影响物理或虚拟环境。从应用上看，人工智能涵盖计算机视觉、自然语言处理、语音识别、智能决策支持系统、自动驾驶系统、智能机器人系统乃至机器人社交和情感参与等诸多领域。

自1950年英国数学家艾伦·图灵（Alan M. Turing）首次提出机器是否能思考的问题，以及1956年达特茅斯人工智能大会首次提出"人工智能"（Artificial Intelligence）概念以来，人工智能的发展经历了跌宕起伏的曲折变化：从人类构建逻辑系统的符号人工智能，到20世纪70年代的人工智能"寒冬"，再到20世纪90年代能下国际象棋的电脑"深蓝"，及至21世纪机器学习等算法技术取得突破性进展，尤其是近年来以ChatGPT为代表的生成式人工智能（Generative AI）崭露头角，让大多数人"真实"感受到人工智能的强大能力。在过去几年，几乎所有人工智能的子领域都取得了重大进展，包括计算机视觉、语音识别与生成、自然语言处理（理解和生成）、图像和视频生成、多智能体系统、规划决策制定以及机器人视觉与运动控制的整合。此外，在游戏、医疗诊断、物流系统、自动驾驶、语言翻译和交互式个人助理等多个领域也都出现了突破性应用。[1] 这些进展与突破与三个方面因素的协同作用密不可分：一是机器学习特别是深度学习等算法技术的进步；二是大型数据集（数字数据集）的可用性增强；三是更快、更便宜、更强大的加速器芯片等计算硬件的出现。换言之，作为人工智能的三大核心要素，"算法+数据+算力"的进步和协作，极大地提高了人工智能模型、系

---

[1] See Stanford University, The One Hundred Year Study on Artificial Intelligence (AI100) 2021 Study Panel Report, https://ai100.stanford.edu/sites/g/files/sbiybj18871/files/media/file/AI100Report_ MT_ 10. pdf.

统的功能和影响。据麦肯锡全球研究院（McKinsey Global Institute）预测，人工智能有潜力在2030年之前为全球带来约13万亿美元的额外经济产出，这相当于每年贡献1.2%的GDP增长。[1]与此同时，各国通过不同途径为人工智能研发（AI R&D）投入了大量资金。其主要趋势包括推出聚焦于人工智能研发的政策、计划和项目，建立国家人工智能研究院或中心，整合人工智能研发网络和协作平台，专注于人工智能高端芯片研发以及数据中心、超级计算机等计算基础设施建设，等等。[2]

毋庸置疑，处于动态创新的人工智能技术，为个人、组织、经济社会带来了不可估量的利益。人工智能所蕴含的利益不仅体现在提高效率和便利性上，还体现在推动创新与发展、促进经济增长和提升社会治理能力等方面。

在个人利益层面：首先，人工智能大幅度提高了生活便利性。例如，智能温控、智能照明等所组成的智能家居系统，可以根据个人习惯自动改善家居环境，提升居住舒适度。其次，人工智能显著提升了工作效率。例如，人工智能辅助的办公软件可以自动处理文档、邮件等重复性任务，减轻个人工作负担。最后，人工智能有力促进了健康医疗。人工智能在医疗领域的应用，如辅助诊断、个性化治疗方案设计等，能够提高医疗服务的效率和准确性，保障个人健康。

在组织利益层面：首先，人工智能技术可以自动化处理组织的日常运营任务，如财务管理、人力资源管理等，降低运营成本，提高运营效率。其次，人工智能可以处理大量数据并提供实时分析，帮助组织做出更加明智和精准的决策。例如，智能预测系统可以预测市场趋势、客户需求等，为企业制定战略提供依据。再次，人工智能驱动的客户服务系统能够提供更加个性化、高效的服务体验，增加客户满意度和忠诚度。最后，人工智能技术为企业提供了强大的创新工具，诸如机器学习、自然语言处理等技术可以帮助企业开发出更具竞争力的产品和服务。

在经济社会利益层面：首先，人工智能技术的应用可以提高生产力和效率，降低生产成本，从而推动经济增长。例如，智能制造、智能农业等领域的发展将带动相关产业的升级和转型。其次，尽管人工智能技术会替代一些传统岗位，但它也会创造新的就业机会。例如，人工智能工程师、数据科学家等新兴职业的需求将不断增长。再次，人工智能技术可以应用于社会治理的各个领域，如智慧城市、智慧交通、智慧警务、智慧司法等，提高社会治理的智能化水平，提升公共服务的效率和质量。最后，人工智能技术可以帮助科学家处理大量数据并进行模拟和实验，从而加速科学研究的进程。例如，在生命科学、材料科学等领域，人工智能技术的应用已经取得了显著

---

[1] See Benjamin Cheatham, Kia Javanmardian, and Hamid Samandari, Confronting the Risks of Artificial Intelligence (McKinsey Quarterly, April 26, 2019), https：//www.mckinsey.com/capabilities/quantumblack/our-insights/confronting-the-risks-of-artificial-intelligence.

[2] See OECD, The Future of Artificial Intelligence, OECD Digital Economy Outlook 2024 (Volume 1), https：//www.oecd-ilibrary.org/sites/473ed143-en/index.html? itemId=/content/component/473ed143-en.

成果。

但是，任何美好的事物都有其阴暗面。人工智能在凝聚能量，同时也在汇聚风险。无论是在研发设计还是在部署使用等环节，也无论是在生产生活还是在社会治理等领域，人工智能所蕴含的风险挑战并不鲜见。近年来，大量观察者基于不同视角对这些风险挑战进行了归纳和提示。例如，麦肯锡咨询公司指出，人工智能虽提供了诸多益处，但也可能产生各种有害的、非预期的后果，主要包括：①数据难题。随着从网络、社交媒体、移动设备、传感器、物联网等来源收集的非结构化数据量的不断增加，数据的摄取、排序、链接和正确使用变得越来越困难。因此，人工智能的模型和系统很容易落入陷阱，无意中会不当使用、泄露或侵犯隐藏在数据中的个人信息、隐私信息和敏感信息。②技术难题。在运营环境中，技术和流程问题可能对人工智能系统的性能造成不利影响。例如，一家金融机构的合规软件未识别出交易风险，导致机构陷入困境，原因是数据输入和更新技术或者业务流程监控技术存在缺陷。③安全漏洞。在技术难题的延伸线上，网络黑客或欺诈者可能利用企业收集的看似不敏感的营销、健康和财务数据来创建虚假身份并驱动人工智能系统。在此，如果企业的安全防范措施不足，不仅会导致用户利益受损，而且可能招致严重的法律后果。④模型不当。当人工智能模型本身提供有偏见的结果（例如，由于用于训练模型的数据中某个群体代表性不足而导致偏见发生），或者受其决策影响的主体没有机会了解决策的机理以及寻求补救的渠道（例如，某人被拒绝贷款，但不知道自己可以通过何种方式来了解并改变这一决策），就会产生歧视、不可解释、无从问责等风险。⑤人机交互难题。人与智能机器之间的交互是最容易产生重大风险的领域。其中最明显的是自动驾驶、智能制造和基础设施系统中的挑战。当机器系统存在故障、不当判断、错误操作时，如果作为监督者的人类未及时干预并导正"机器回路"，那么自动化的重型设备、车辆或其他机械就会导致严重事故或伤害。当然，即使人类及时介入干预，也可能会在修正系统输出结果时出错。因为在幕后，数据组织分析中的脚本错误、数据管理失误、模型训练数据中的误判等都可能有违安全性、公平性、隐私性和合规性等要求。[1]

斯坦福大学的相关研究进一步指出，随着人工智能系统能力的增强和更全面地融入社会基础设施，失去对其"意义"的控制所带来的影响变得越来越令人担忧。人工智能导致的最紧迫的危险包括：①技术解决主义。技术解决主义认为人工智能是"万灵药"，然而它仅仅是一种工具。随着我们看到更多的人工智能进步，将人工智能决策应用于解决所有社会问题的诱惑越来越大。但技术往往在解决小问题的过程中带来更多、更大的问题。例如，社会服务申请的自动化系统可能是僵化的、歧视性的，进而

---

[1] See Benjamin Cheatham, Kia Javanmardian, and Hamid Samandari, Confronting the Risks of Artificial Intelligence (McKinsey Quarterly, April 26, 2019), https://www.mckinsey.com/capabilities/quantumblack/our-insights/confronting-the-risks-of-artificial-intelligence.

导致社会中的部分群体被有偏见、不公正的系统所笼罩，不得不长期生活在制度的裂缝之中。②采用统计视角看待正义。基于统计方法所构建的人工智能预测系统可能会产生扭曲的结果，甚至复制并放大现有偏见。这类系统一旦在刑事和医疗保健领域运用，可能会产生更可怕的后果。2016年美国一个城市的案例研究表明，基于统计方法所构建的人工智能预测系统，不合事实和比例地预测非白人和低收入居民较多地区易发生犯罪。不难看出，当人工智能系统赖以为凭的数据集不成比例地代表或忽略社会中的弱势群体时，明显的歧视就会成为系统的输出结果。③虚假信息和安全威胁。运用人工智能系统会导致互联网上的虚假信息传播，这无疑对信息安全、网络安全、经济安全乃至社会公共利益安全构成严重威胁。从深度伪造视频到在线机器人通过假装达成所谓的共识并散布假新闻来操纵公共话语，人工智能系统可能破坏社会信任。深度伪造技术还可能被犯罪分子、意识形态极端分子以及特殊利益集团所利用，以操纵相关群体或活动来谋取不法利益。④医疗环境中的歧视和风险。虽然个性化医疗是人工智能的一个重要应用领域，但也存在突出的危险。当前，人工智能的健康应用的商业模式往往侧重于构建一个单一系统（如病情恶化预测器）。然而，这些系统往往无法超出其训练数据的范围进行推广或泛化。实际上，临床测试方式的不同可能导致预测结果出现偏差，而且随着时间的推移和实践的变化，系统预测的准确性往往会降低。遗憾的是，临床医生和管理人员目前难以有效监控和解决这些问题。[1]

欧洲议会则从更加宏大和全面的视角指出，对人工智能系统的日益依赖会带来下列潜在风险：①过度使用或部署人工智能。例如，对事实上效用低微的人工智能应用进行投资，或将人工智能应用于其不适合的任务，这些都可能导致资源浪费或者引发意想不到的问题。②责任的不确定性。确定谁应当对由人工智能系统造成的人身或财产损害等承担责任，是一个有挑战性的问题。如果开发设计人工智能系统的生产者完全不承担责任，可能会使生产者提供高质量产品或服务的动力减弱，甚至可能会破坏人们对技术的信任。然而，对生产者施加过于严格的责任，又存在扼杀创新的风险。③对基本权利的威胁。人工智能系统输出的结果取决于其设计（如程序员为系统编程的代码）和使用的数据。然而，设计和数据可能有意或无意地存在偏见。例如，某个问题的重要方面可能没有被编程进算法，或者可能在编程过程中描绘和复制了数据中的结构性偏见。此外，使用计算机代码来表示复杂的社会现实，可能会使人工智能看起来具有客观性和精确性，但事实并非如此。不当设计和部署的人工智能，可能产生受种族、性别、年龄等数据影响而威胁公民基本权利的决策。④就业和工作的压力。人工智能在工作场所的使用预计将导致大量工作岗位的消失。不过，人工智能本身也可能会创造更好的工作，如人工智能工程师、数据科学家等新兴职业的需求将不断增

---

[1] See Stanford University, The One Hundred Year Study on Artificial Intelligence (AI100) 2021 Study Panel Report, https：//ai100.stanford.edu/sites/g/files/sbiybj18871/files/media/file/AI100Report_MT_10.pdf.

长。教育和培训将在预防长期失业和确保有技能的劳动力方面发挥关键作用。⑤市场竞争的扭曲。人工智能模型和系统的开发设计、部署利用，依赖于算法（模型）、数据、算力的协同作用。因此，企业在算法（模型）、数据、算力等方面的资源积累，以及在人工智能模型和系统集成方面的突出能力，可能导致竞争扭曲，即该等企业可能策略性地利用自身上述优势来打压竞争对手并妨碍有效竞争。此外，人工智能算法在商业领域的普及，加上市场数据的可用性增强以及强大算力的支撑，可能导致企业处于相互依赖的状态或者使它们之间的竞争策略变得透明，因而极大地便利于相互竞争的企业达成和实施共谋（垄断协议），从而使算法共谋成为数字商业生态中的突出问题。⑥安全与安保风险。与人类有物理接触（如可穿戴设备）或集成到人体中（如脑机接口）的人工智能应用可能存在安全风险，因为它们可能设计不良、被误用或被黑客攻击。人工智能在武器中的使用如果监管不善，可能导致人类失去对危险武器的控制，进而引发毁灭性的灾难。⑦透明度挑战。第一个透明度问题是数据信息获取的不平衡可能被不当利用。例如，基于一个人的在线行为或其他数据，在线供应商可以在此人不知情的情况下使用人工智能预测其愿意支付的商品或服务价格，进而实施个性化定价等可能有损个人利益的行为。第二个透明度问题是有时人们可能不清楚自己是在与人工智能还是与人类互动。如果因此产生或加剧了欺诈、虚假信息传播等风险，可能会减损人们对人工智能技术的信任。[1]

## 二、人工智能时代的算法共谋风险

共谋往往被视作威胁市场竞争的最大邪恶，是社会学、经济学、反垄断法学等诸学科的共同研究对象。共谋的反垄断法表达和规制路径之一是"垄断协议"，它并不描述超竞争的市场结果，而重在规制经营者通过意思联络或交换保证来共同限制竞争的过程。共谋的反垄断法表达和规制路径之二是"滥用共同市场支配地位"，它重在规制多个经营者之间虽没有意思联络但相互依赖地从事具有限制竞争效果的平行行为。共谋的反垄断法表达和规制路径之三是"协同效应"，它重在预防经营者通过合并、股权或资产收购等集中行为形成或加强反竞争协调的风险。

在人工智能和数字经济时代，作为人工智能系统的核心要素，算法已深入人们的日常生活。它不仅根植于人们手中的手机、电脑等电子设备，还悄然融入了人们居住的房屋、使用的家电，甚至存在于孩子们钟爱的电子玩具中。人工智能时代的算法不仅能帮助人们规划每日的行程、处理复杂的金融交易，更能高效地管理企业，为人们带来丰富的娱乐体验和便捷的生活服务。难以想象，若某一天所有算法突然停止工作，

---

[1] See European Parliament, Artificial Intelligence: Threats and Opportunities (Published: 23-09-2020), https://www.europarl.europa.eu/topics/en/article/20200918STO87404/artificial-intelligence-threats-and-opportunities.

人类社会的文明秩序将会遭受怎样的冲击？[1] 人工智能算法在商业领域的广泛应用，不仅从微观上极大地优化了企业的经营决策、再造了企业的业务流程体系，而且从宏观上带来了基于算法驱动的显著经济效益。但是，人工智能算法的商业运用也夹杂着不容忽视的风险挑战和垄断效应，特别是算法共谋效应。实际上，算法不仅改变了共谋场景的内部谱系，而且极大地简化了达成和实施共谋所依赖的条件：企业通过算法频繁互动、彼此监视和试探，市场透明度显著提升；并且可用数字数据增多和算法分析复杂程度、深入程度的提升意味着实现利润最大化的协调均衡更加容易，发现和惩戒偏离协调均衡的速度和容易程度大大降低了企业打破协调均衡的动机，因此在算法的助力下，企业之间的共谋比以往任何时候都更容易、更高效、更稳定。发生在美国的"Topkins 案"[2]、英国的"GB Eye Trod 案"[3]、西班牙的"Proptech 案"[4]、欧盟的"Eturas 案"[5] 和"Asus 案"[6] 等算法共谋案件表明，算法加剧和扩大共谋效应的担忧并非空穴来风。

鉴于人工智能算法已逐步渗透到各行各业，识别和规制算法共谋已成为各反垄断司法辖区的重要议题。2017 年，经济与合作发展组织（OECD）发布《算法与共谋》，系统阐述了算法的工作原理、算法共谋风险、算法共谋对传统反垄断法框架的挑战等内容。[7] 2016 年，美国联邦贸易委员会发布《大数据：包容工具抑或排除工具》，明确提及算法有可能扩大数字商业中的共谋风险。[8] 2016 年，法国竞争管理局和德国联邦卡特尔局联合发布《竞争法和数据》，明确指出大量的数字数据可能被算法收集、分

---

[1] 参见徐恪、李沁：《算法统治世界：智能经济的隐形秩序》，清华大学出版社 2017 年版，第 1 页以下。

[2] See Press Release, U. S. De't Just. , Former E-Commerce Executive Charged with Price Fixing in the Antitrust Division's First Online Marketplace Prosecution（Apr. 6, 2015），https：//www. justice. gov/opa/pr/former-e-commerce-executive-charged-price-fixing-antitrustdivisions-first-online-marketplace.

[3] See Press Release, U. K. CMA, The CMA has today issued a formal decision that 2 online sellers of posters and frames broke competition law（12 August 2016），https：//www. gov. uk/government/news/cma-issues-final-decision-in-online-cartel-case.

[4] See Press Release, Spain, CNMC, The CNMC fines several companies EUR 1. 25 million for imposing minimum commissions in the real estate brokerage market，https：//www. cnmc. es/sites/default/files/editor_ contenidos/Notas%20de%20prensa/2021/20211209_NP_Sancionador_Proptech_eng. pdf.

[5] See Case C-74/14,"Eturas" UAB and Others v Lietuvos Respublikos konkurencijostaryba, ECLI：EU：C：2015：493.

[6] See European Commission Case AT. 40465-ASUS, https：//ec. europa. eu/competition/antitrust/cases/dec_docs/40465/40465_337_3. pdf.

[7] See OECD, Algorithms and Collusion：Competition Policy in the Digital Age, 2017, www. oecd. org/competition/algorithms-collusion-competition-policy-in-the-digital-age. htm.

[8] See U. S. FTC, Big Data a Tool for Inclusion or Exclusion? Understanding the Issues, 2016, https：//www. ftc. gov/system/files/documents/reports/big-data-tool-inclusion-or-exclusion-understanding-issues/160106big-data-rpt. pdf.

析、处理并用于达成和实施共谋。[1] 2019 年,欧盟委员会发布《数字时代的竞争政策》,指出在确定基于数据信息的反竞争协调的风险时,必须考虑到现有的关于算法共谋的见解。[2] 2019 年,法国竞争管理局和德国联邦卡特尔局再次联合发布《算法和竞争》,重点介绍了算法共谋的基本原理、表现形式、学理争论等内容。[3] 作为数字经济特别是平台经济的领跑国家,我国对算法共谋问题也相当重视。例如,《中华人民共和国反垄断法》(以下简称《反垄断法》)第 9 条规定:"经营者不得利用数据和算法、技术、资本优势以及平台规则等从事本法禁止的垄断行为。"《国务院反垄断委员会关于平台经济领域的反垄断指南》(以下简称《平台经济领域的反垄断指南》)第 6 条、第 7 条等规定,也对利用算法达成和实施垄断协议予以明确反对。

其实,"算法的主要风险之一,是它扩大了非法明示共谋和合法默示共谋(纯粹基于相互依赖的默契协调)之间的灰色地带,使企业能够更容易地将利润维持在竞争水平之上,而不必达成协议"。[4] 换言之,算法可以让共谋不再依赖于人际间的沟通交流、信息传递、知会接触等意思联络机制,由此导致与传统上寡头相互依赖的平行行为或默示共谋极为相似的情形——这样的结果与企业赤裸裸的、公然的共谋没有差异、同样有害,但却找不到企业之间意思联络的证据,而传统的垄断协议规范是建立在"意思联络"的要件基础之上的。因此,如果说寡头相互依赖的默示共谋是垄断协议规范以及反垄断法迄今未能有效治愈的"伤痕",那么算法默示共谋的出现,无疑增加了新的更大的"伤痕",把垄断协议规范的"裂缝"撕扯为"巨缝"。

从垄断协议规范视域看,面对算法默示共谋的挑战,主要有两种应对之策:一是通过对意思联络的推断证明,将算法默示共谋纳入协同行为的规制范围;二是舍弃垄断协议认定中的意思联络要件,将垄断协议规范的重点放在超竞争的市场结果或均衡结果。但总体看,这两种应对路径都存在难以挣脱的局限(容正文分析)。因此,为保证反垄断法体系应对算法共谋特别是算法默示共谋的整体有效性,弥补垄断协议规范自身的局限,有必要跳出垄断协议规范的单一制度路径,从"视域融合"和"规范协同"的角度,在更广阔的反垄断法规范领域,寻求解决算法共谋特别是算法默示共谋问题的制度路径。在此,滥用共同市场支配地位规范和经营者集中控制规范,实际上

---

[1] See Autorité de la concurrence & Bundeskartellamt, Competition Law and Data, 2016, pp. 14 – 15, https://www.bundeskartellamt.de/SharedDocs/Publikation/DE/Berichte/Big%20Data%20Papier.pdf?__blob=publicationFile&v=2.

[2] See Directorate-General for Competition (European Commission), Competition Policy for the Digital Era, 2019, p. 101, https://op.europa.eu/en/publication-detail/-/publication/21dc175c-7b76-11e9-9f05-01aa75ed71a1/language-en.

[3] Autorité de la concurrence & Bundeskartellamt, Algorithms and Competition, 2019, pp. 15 – 60, https://www.autoritedelaconcurrence.fr/sites/default/files/algorithms-and-competition.pdf.

[4] See Antonio Capobianco, Anita Nyeso, "Challenges for Competition Law Enforcement and Policy in the Digital Economy", Journal of European Competition Law & Practice, 2017, Vol. 9, No. 1, p. 25.

都蕴含着规制算法共谋的路径。此外,为了提升算法共谋反垄断规制的实效,并在竞争政策视域下为算法共谋问题提供更多元的解决法案,有必要充分借助消费者抗衡势力,即算法型消费者(algorithmic consumers)的市场约束机制,以及针对算法共谋等新型垄断行为的数字化筛查机制、反垄断合规机制、市场竞争状况评估机制等机制,着重发挥其市场化制约、智能化筛查、合规化风控、精细化诊断的协同治理或辅助支撑作用。

概而言之,本书研究的目的和意义主要在于以下三个方面:一是阐释人工智能和算法共谋的基础理论,具体包括探究人工智能和算法的基本原理,合作、互操作和共谋的一般理论,考察算法的竞争影响和算法共谋机理,解析算法共谋的类型谱系;二是深挖反垄断法的三大支柱性规范——垄断协议规范、滥用共同市场支配地位规范、经营者集中控制规范——在算法共谋规制上的潜力,进而为算法共谋提供系统性的反垄断法解决方案;三是在反垄断的逻辑延长线和竞争政策视野上,探求算法共谋更多元化的协同治理机制,即针对算法共谋的市场约束机制、数字化筛查机制、反垄断合规机制、市场竞争状况评估机制,以此提升算法共谋反垄断法规制的实效。

### 三、算法共谋国内外研究述评

(一) 国内文献综述

自经济与合作发展组织(OECD)发布《算法与共谋》报告后,[1] 我国学者开始逐步关注算法共谋问题。一方面,部分学者秉承推动和便利学术交流的目的,翻译了不少国外算法共谋的重要著作和论文。著作方面,余潇翻译了 Ariel Ezrachi 和 Maurice E. Stucke 的《算法的陷阱:超级平台、算法垄断与场景欺骗》。[2] 论文方面,时建中、童肖安图翻译了 Thibault Schrepel 的《区块链与智能合约形成的共谋》,[3] 焦海涛翻译了 Ariel Ezrachi 和 Maurice E. Stucke 的《人工智能与合谋:当计算机抑制了竞争》。[4] 另一方面,结合我国数字经济现状,我国学者对算法共谋问题展开深入研究,普遍认识到算法具有促进和抑制竞争的双面作用,现有垄断协议法律框架在规制算法共谋时存在诸多困境,人工智能和数字经济时代算法共谋问题值得理论研究和竞争执法的高

---

[1] 对该报告的介评,参见韩伟:《算法合谋反垄断初探——OECD〈算法与合谋〉报告介评(上)》,载《竞争政策研究》2017年第5期;《算法合谋反垄断初探——OECD〈算法与合谋〉报告介评(下)》,载《竞争政策研究》2017年第6期。

[2] [英]阿里尔·扎拉奇、[美]莫里斯·E. 斯图克:《算法的陷阱:超级平台、算法垄断与场景欺骗》,余潇译,中信出版社2018年版。

[3] Thibault Schrepel、时建中、童肖安图:《区块链与智能合约形成的共谋》,载《竞争政策研究》2021年第1期。

[4] 参见 Ariel Ezrachi & Maurice E. Stucke:《人工智能与合谋:当计算机抑制了竞争》,焦海涛译,载韩伟主编:《数字市场竞争政策研究》,法律出版社2017年版,第340页以下。

度重视。[1] 我国学者对算法共谋问题的研究可作如下归类。

1. 因应于算法共谋的垄断协议规范调适

我国学者普遍认为，算法共谋超越了传统"（垄断）协议"的范畴，应当结合算法共谋的特点扩大"协议"内涵、弱化对意思联络主观要件的要求。施春风注意到定价算法在促成共谋方面淡化了人类主体的因素，使共谋的稳定性增强，且拓宽了经营者意思联络的方式。[2] 周围指出算法不仅可以作为共谋的辅助工具，还可以在无人干预的情形下实现共谋，有必要在拓展协议内涵的基础上构建针对"自主算法共谋"的规制标准。[3] 殷继国、沈鸿艺和岳子祺指出，为应对算法共谋的挑战，应当适度扩展垄断协议中意思联络的认定标准。[4] 郭一帆认为，为提升垄断协议规范应对算法共谋的有效性，有必要扩大"协议"的概念。[5] 房佃辉提出，算法时代，应从扩大信息交流证据的范围、捕捉客观证据中的"人为"因素两个方面完善协同行为认定标准。[6] 刺森聚焦算法共谋对意思联络达成与维持机制的改变，指出应当将知情默许与合理预见纳入至意思联络概念，并重新区分平行行为与协同行为。[7] 孙晋和蓝澜对算法充当"信使"角色和"中心"作用进行分类研究，认为前者需要引入技术手段以克服"意思联络"主观要件的证明障碍，后者则需弱化"意思联络"的主观要件。[8] 贺斯迈和侯利阳认为，算法默示共谋并非超出现行反垄断法框架而无法规制的新型共谋，协同行为的规范路径是最有效率的制度选择，应在协同行为分析认定框架中增加对算法技术要素的考虑。[9]

2. 作为算法共谋典型表现形式的平台轴幅协议及其规制

我国学者普遍认为，平台经济领域存在算法共谋的重大隐患，其最主要的表现形

---

[1] 参见时建中：《共同市场支配地位制度拓展适用于算法默示共谋研究》，载《中国法学》2020年第2期；叶明、朱佳佳：《算法共谋的竞争效应及其违法性认定研究》，载《产业组织评论》2020年第4期；丁国峰：《大数据时代下算法共谋行为的法律规制》，载《社会科学辑刊》2021年第3期；郭一帆：《反垄断视域下算法共谋的法律问题研究》，载《价格理论与实践》2021年第3期；殷继国：《人工智能时代算法垄断行为的反垄断法规制》，载《比较法研究》2022年第5期；孙晋、蓝澜：《数字垄断协议的反垄断法甄别及其规制》，载《科技与法律（中英文）》2023年第1期；周学荣：《算法共谋下反垄断的规制困境与路径选择》，载《行政论坛》2024年第1期；等等。

[2] 参见施春风：《定价算法在网络交易中的反垄断法律规制》，载《河北法学》2018年第11期。

[3] 参见周围：《算法共谋的反垄断法规制》，载《法学》2020年第1期。

[4] 参见殷继国、沈鸿艺、岳子祺：《人工智能时代算法共谋的规制困境及其破解路径》，载《华南理工大学学报（社会科学版）》2020年第4期。

[5] 参见郭一帆：《反垄断视域下算法共谋的法律问题研究》，载《价格理论与实践》2021年第3期。

[6] 参见房佃辉：《算法时代垄断协同行为认定理论的完善》，载《北京航空航天大学学报（社会科学版）》2022年7月1日知网首发。

[7] 参见刺森：《算法共谋中经营者责任的认定：基于意思联络的解读与分析》，载《现代财经（天津财经大学学报）》2022年第3期。

[8] 参见孙晋、蓝澜：《数字垄断协议的反垄断法甄别及其规制》，载《科技与法律（中英文）》2023年第1期。

[9] 参见贺斯迈、侯利阳：《协同行为视阈下默示算法共谋的挑战与优化》，载《大连理工大学学报（社会科学版）》2023年第5期。

式为轴辐协议或轴幅共谋（Hub-and-spoke Conspiracy）。李胜利和杨啸宇将算法共谋置于数字平台经济情境进行研究，认为算法可以被平台经营者用作媒介以组织平台内经营者达成轴辐协议，这类垄断协议兼具算法共谋与轴辐协议的特殊性质，应以"外在客观形式+内在意思联络+排除、限制竞争"为基本认定规则，同时审慎谦抑认定相关主体的责任。[1] 刘佳研究了算法轴辐协议的规制困境，即对纵向垄断协议"垄断"效果的证明和对横向垄断协议"协议"存在的证明，并分别从横向协议和纵向协议两个角度提出规制进路。[2] 蒋慧和蔡尚轩聚焦网约车平台轴辐型算法共谋问题，认为有必要区分平台与司机的法律关系，以审慎包容的理念优化现有的垄断协议规制路径、改进分析工具、明确责任分配。[3]

3. 垄断协议规范之外算法共谋的其他反垄断法规范路径

尽管我国学者普遍认为垄断协议规范是规制算法共谋的主要路径，但也有学者敏锐地发现，共同市场支配地位规范也有助于解决算法共谋问题。时建中指出，共同市场支配地位制度拓展适用于算法共谋必要且可行，不仅能够破解垄断协议规范适用中诸如存在"意思联络"等证明难题，而且能有效制止卡特尔的"第二阶段行为"，具有难以替代的制度价值。[4] 叶明和朱佳佳认为，应将对算法默示共谋的规制理念从审慎包容转换为"强干预"，以协同行为规制为主、共同市场支配地位规制为辅进行行为认定，以优势证据标准判断相关间接证据的证明力。[5]

4. 超越反垄断法对算法共谋的直接监管

监管（Regulation），也称政府监管或政府管制（Government Regulation），通常是指政府利用国家强制权依法对市场经济中的微观主体及其活动进行干预或管理，以克服市场失灵，矫正市场机制的内在问题，实现社会福利的最大化。[6] 监管在本质上是"基于规则的控制"，即强调政府通过法律或规章制度来约束和规范经济主体的行为。[7] 根据介入或干预方式的不同，监管分为直接监管和间接监管。直接监管（Direct Regulation）是指由政府行政部门直接实施的政府干预，即对特性强烈的公共产品、外部不经济性以及严重影响社会公共利益的经济活动直接进行监管。直接监管一般依据行业监管立法（以及数据、隐私等领域的横向监管立法），在事前对经济主体的决策

---

[1] 参见李胜利、杨啸宇：《论数字平台轴辐型算法共谋的反垄断法规制》，载《厦门大学法律评论》2023年第1期。

[2] 参见刘佳：《人工智能算法轴辐类共谋的反垄断规制新论》，载《学术交流》2023年第11期。

[3] 参见蒋慧、蔡尚轩：《网约车平台轴辐型算法共谋规制研究》，载《社会科学家》2023年第7期。

[4] 参见时建中：《共同市场支配地位制度拓展适用于算法默示共谋研究》，载《中国法学》2020年第2期。

[5] 参见叶明、朱佳佳：《算法默示共谋反垄断规制的反思与对策》，载《甘肃政法大学学报》2023年第5期。

[6] 参见张红凤：《西方规制经济学的变迁》，经济科学出版社2005年版，第1页。

[7] 参见肖竹：《竞争政策与政府规制——关系、协调及竞争法的制度构建》，中国法制出版社2009年版，第3页。

予以直接约束或限制。[1] 间接监管（Indirect Regulation）是指以形成和维持竞争秩序为目的，不直接介入经济主体的决策而只制约那些阻碍市场机制发挥功能的行为。间接监管一般依据反垄断法、反不正当竞争法，在事后对垄断行为、不正当竞争行为进行间接制约。[2]

国内不少学者从反垄断法这一间接监管之外的角度，对算法共谋的直接监管进行研究。殷继国、沈鸿艺和岳子祺认为算法共谋存在价值权衡困境、意思联络证明困境、证据收集困境、责任承担与分配难题，需要在价值层面兼顾经济效率与实质公平、经营自由与市场秩序，从源头引导、过程监管和结构规制三个维度构建多元规制体系，明确算法共谋责任的归属和分配。[3] 郭一帆指出，算法共谋的规制存在认定困境、规则困境、监管困境三重困境，有必要明确责任归属、强化算法监管体系。[4] 丁国峰认为，应当建立异常价格报告制度，降低意思联络证明标准，完善数据获取和利用规则体系，重视比例原则在算法共谋规制和监管中的运用。[5] 刘辉针对传统算法解释权的弊端，提出双向驱动型算法解释工具的运用，从而调动多元主体参与算法共谋的共治。[6] 王延川认为，将算法作为据以认定垄断协议的"附加因素"的做法不具备可行性，应当针对算法本身构建事前防范、事中监督和事后执法的系统性治理路径。[7]

（二）国外研究综述

国外学者虽然于21世纪初就开始关注算法反垄断问题，但是对算法共谋的研究则晚了十余年。2016年，哈佛大学出版社出版了Ariel Ezrachi & Maurice E. Stucke的著作 *Virtual Competition: The Promise and Perils of the Algorithm-Driven Economy*，奠定了算法共谋的理论基础并提出了算法共谋的类型划分和规制框架。[8] 近十年来，国外学者对算法共谋的研究主要聚焦于以下主题。

1. 算法对共谋实现条件的影响及算法共谋的真实可能性

学者们普遍认识到算法共谋的潜在隐患。Bruno Salcedo指出，在一定条件下，使

---

[1] 直接监管的形式是依据由政府（行政机构）认可和许可的法律手段直接介入经济主体决策，参与其定价、投资决策、产品销售、原材料采购等经济决策过程。参见马云泽：《规制经济学》，经济管理出版社2008年版，第9页。

[2] 参见马云泽：《规制经济学》，经济管理出版社2008年版，第10页。

[3] 参见殷继国、沈鸿艺、岳子祺：《人工智能时代算法共谋的规制困境及其破解路径》，载《华南理工大学学报（社会科学版）》2020年第4期。

[4] 参见郭一帆：《反垄断视域下算法共谋的法律问题研究》，载《价格理论与实践》2021年第3期。

[5] 参见丁国峰：《大数据时代下算法共谋行为的法律规制》，载《社会科学辑刊》2021年第3期。

[6] 参见刘辉：《双向驱动型算法解释工具：以默示算法共谋为场景的探索》，载《现代法学》2022年第6期。

[7] 参见王延川：《算法合谋的演生逻辑与治理路径》，载《华东政法大学学报》2023年第3期。

[8] See Ariel Ezrachi & Maurice E. Stucke, *Virtual Competition: The Promise and Perils of the Algorithm-Driven Economy*, Harvard University Press, 2016. 该书的中译本，参见［英］阿里尔·扎拉奇、［美］莫里斯·E. 斯图克：《算法的陷阱：超级平台、算法垄断与场景欺骗》，余潇译，中信出版社2018年版。

用定价算法的企业之间的默示共谋"不仅是可能的,而且是不可避免的"。[1] Terrell McSweeny & Brian O'Dea 分析认为,由于算法在收集分析数据以及作出决策上的强大能力,它可能同时促进明示共谋和默示共谋,并且使该等共谋变得更加稳定。[2] Vaclav Smejkal 关注了网络交易中算法定价的问题,认为算法可能操纵商品和服务价格,抑制市场竞争机制。[3]

学者们结合传统共谋的产生条件,分析算法对共谋条件的影响。大多数人认为,算法强大的数据处理能力和交互能力提高了市场透明度、提升了企业偏离共谋的成本,使得市场条件更有利于形成共谋,而且这种市场条件的变化让企业之间几乎不需要任何直接或间接意思联络就可以达成和维持共谋。经济与合作发展组织(OECD)在 2017 年发布报告《算法与共谋》,得出了两个重要结论:首先,算法在商业领域的广泛运用从根本上影响了市场状况,导致了高透明度和高频交易,使企业能够快速、积极地做出反应。一旦这些变化累积到一定程度,它们可能会使共谋在几乎所有市场结构中都能轻易达成并维持其稳定性。其次,算法通过为企业提供强大的自动化机制,如监控价格、实施共同策略、发送市场信号以及利用深度学习技术优化共同利润,使得企业能够通过默示共谋的方式实现与传统"核心卡特尔"相类似的效果。[4] 经济与合作发展组织(OECD)竞争部门专家 Antonio Capobianco & Pedro Gonzaga 认为,算法显著提升了市场透明度,企业可以立即发现偏离行为并予以惩罚,这导致企业可能没有任何动机偏离共谋。[5] Ariel Ezrachi & Maurice E. Stucke 注意到,这种大幅提升的市场透明度使竞争性企业形成一种类似于寡头企业的相互依赖关系,使每个竞争者的决策不可避免地成为彼此定价策略所必须考虑的关键因素。[6] Catalina Gonzalez Verdugo 指出,算法强大的数据收集和分析能力提高了市场透明度和企业的市场监控能力,这可能成为便利于达成和维持默示共谋的重要条件。[7] Abha Yadav & Tarun Donadi 进一步指出,复杂的算法充当着企业强大的自动化工具,使企业能够轻松监控价格动态、

---

[1] Bruno Salcedo, *Pricing Algorithms and Tacit Collusion*, *Ph. D. dissertation*, Pennsylvania State University, 2016, p. 20.

[2] See Terrell McSweeny & Brian O'Dea, "The Implications of Algorithmic Pricing for Coordinated Effects Analysis and Price Discrimination Markets in Antitrust Enforcement", *Antitrust*, 2017, Vol 32. No. 1. pp. 75-76.

[3] See Vaclav Smejkal, "Cartels by Robots-Current Antitrust Law in Search of an Answer", *Journal for International and European Law*, 2017, Vol. 4, No. 2, p. 16.

[4] See OECD, Algorithms and Collusion: Competition Policy in the Digital Age, 2017, pp. 49-50, www. oecd. org/competition/algorithms-collusion-competition-policy-in-the-digital-age. htm.

[5] See Antonio Capobianco & Pedro Gonzaga, "Algorithms and Competition: Friends or Foes?", *CPI Antitrust Chronicle*, August 14, 2017, pp. 1-4.

[6] See Ariel Ezrachi & Maurice E. Stucke, Algorithmic Collusion: Problems and Counter-Measures, OECD, DAF/COMP/WD(2017)25, pp. 10-12, https://one.oecd.org/document/DAF/COMP/WD(2017)25/en/pdf.

[7] See Catalina Gonzalez Verdugo, "Horizontal Restraint Regulations in the EU and the US in the Era of Algorithmic Tacit Collusion", *UCL Journal of Law and Jurisprudence*, 2018, Vol. 7, No. 1, pp. 125-127.

执行协调策略、传递市场信号，从而极大地增强了企业在优化共同利润方面的能力。此外，他们还指出，市场透明度的提升和信息的彼此对称，抵消了擅自偏离共谋可能带来的任何收益，也就是说，任何价格偏差都会被及时发现和纠正（报复惩罚），以至于任何企业都不具有偏离超竞争性共谋均衡的动机。[1] 除算法对市场透明度的影响外，Ilgin Isgenc 还注意到算法可以创造市场进入壁垒，算法可以被在位寡头企业策略性地利用，即用于创设竞争者进入市场的结构性或行为性壁垒，以此维护或巩固在位寡头企业的共谋均衡及其垄断优势；当然，算法也可以被处于非寡头垄断市场结构中的企业，用于促进共谋的达成和实施。[2] 但也有学者指出，达成和实施算法共谋在实践中要困难得多。例如，Ulrich Schwalbe 指出，目前法律文献通常将算法共谋的实现建立在较为简单的假设条件基础上，但算法共谋在真实世界中的运作及实现可能远比这些假设要复杂困难得多，因此不应将算法共谋视为一个重要的竞争问题。[3]

近些年，学者们开始利用数学原理和技术模型研究算法共谋问题，且大多支持算法共谋的真实性和可能性。Emilio Calvano 等通过模拟 Q-learning 算法（一种强化学习算法），证明算法可以基于大量数据和分析来快速做出定价决策，从而更加精确地匹配需求和供给，进而可以便利相互竞争的企业在没有沟通交流或意思联络的情况下维持超竞争性价格的共同策略。[4] Gonzalo Ballestero 对 Q-learning 算法的研究得出了与 Emilio Calvano 等人相似的结论，他指出，在不确定性较小的情况下，算法可以在焦点价格均衡或埃奇沃斯循环（Edgeworth Cycle）上进行协调；随着市场环境变得更加不确定，共谋的难度会增加，但 Q-learning 算法仍可以帮助企业获得超竞争性利润。[5] Rama Cont & Wei Xiong 利用数学建模方法研究电子场外交易市场中广泛使用的做市算法，他们发现，在做市商之间没有任何信息共享或意思联络的情况下，这些做市算法通过市场价格的相互作用以及自主的动态学习，可能会导致默示共谋。[6] Thomas Loots & Arnoud V. Boer 用数学方法证明了定价算法基于自学习和适应，能够收取超竞争性的联

---

[1] See Abha Yadav & Tarun Donadi, "Tacit Collusion and Artificial Intelligence", *Indian Journal of Artificial Intelligence and Law*, 2021, Vol. 1, No. 2, pp. 23-27.

[2] See Ilgin Isgenc, "Competition Law in the AI ERA: Algorithmic Collusion under EU Competition", *Trinity College Law Review*, 2021, Vol. 24, pp. 37-38.

[3] See Ulrich Schwalbe, "Algorithms, Machine Learning, and Collusion", *Journal of Competition Law and Economics*, 2018, Vol. 14, No. 4, pp. 568-607.

[4] See Emilio Calvano, Giacomo Calzolari, Vincenzo Denicoló and Sergio Pastorello, "Artificial Intelligence, Algorithmic Pricing, and Collusion", *American Economic Review*, 2020, Vol. 110, No. 10, pp, 3267-3297.

[5] See Gonzalo Ballestero, Collusion and Artificial Intelligence: A Computational Experiment with Sequential Pricing Algorithms under Stochastic Costs, https://repositorio.udesa.edu.ar/jspui/bitstream/10908/19655/1/%5bP%5d%5bW%5d%20T. %20M. %20Eco. %20Ballestero%2c%20Gonzalo. pdf.

[6] See Rama Cont & Wei Xiong, Dynamics of Market Making Algorithms in Dealer Markets: Learning and Tacit Collusion, https://onlinelibrary.wiley.com/doi/epdf/10.1111/mafi.12401.

合利润最大化的价格,即算法之间的共谋是可能的,需要立法者和监管者予以重视。[1] Thibault Schrepel 还对区块链作为算法共谋的媒介进行了研究,认为区块链与共谋协议之间存在相互作用,区块链对所有类型的共谋协议均有促进作用,甚至可能产生新的共谋类型。[2] Florian Peiseler 等研究了差异化企业基于私有信息进行价格歧视的情况下维持共谋的能力。通过模型分析发现,企业接收到关于客户偏好的私人的、嘈杂的信号,而信号质量与共谋的可维持性之间存在非单调关系(Non-monotonic Relationship)。这对反垄断政策的启示在于,在信号足够嘈杂的情况下,禁止价格歧视反而有助于制止共谋行为。[3]

2. 算法共谋的类型化

国外学者对算法共谋类型化的研究,主要在 Ariel Ezrachi & Maurice E. Stucke 提出的理论框架内进行。Ariel Ezrachi & Maurice E. Strucke 提出了算法共谋的四种类型,分别是信使型(Messenger Model)、轴辐型(Hub-and-Spoke Model)、预测型(Predictable Model)、自主学习型(Autonomous Learning Model)算法共谋。它们对反垄断法最大的挑战在于,算法可能会促成有意识的平行行为(Conscious Parallism),即类似于寡头相互依赖的默示共谋。[4] Ariel Ezrachi & Maurice E. Stucke 进一步分析了算法助力之下有意识的平行行为得以稳定和可维持的原因:一是竞争对手的反应是可通过算法进行预测的;二是通过反复的互动,定价算法可以相互"解码",从而允许每个企业更好地预测对方的反应。他们进一步指出,在某些市场条件下,自主学习算法可能会在没有人类程序员的动机或意图的情况下,独立地达成并维持默示共谋。[5] 鉴于自主学习型算法共谋尚未证实,Ilgin Isgenc 重点分析了自主学习算法的运作机制及其导致默示共谋的高度可能性。[6]

3. 算法共谋拓宽了传统默示共谋的谱系

学者普遍认为,算法共谋拓展了传统寡头相互依赖的默示共谋,使默示共谋即使在非寡头市场也容易发生。Ariel Ezrachi & Maurice E. Stucke 结合共谋产生的条件,利

---

[1] See Thomas Loots & Arnoud V. Boer, "Data-Driven Collusion and Competition in a Pricing Duopoly with Multinomial Logit Demand", *Production and Operations Management*, 2023, Vol. 32, No. 4, pp. 989-1248.

[2] See Thibault Schrepel, "Collusion by Blockchain and Smart Contracts", *Harvard Journal of Law and Technology*, 2019, Vol. 33, No. 1, pp. 124-128.

[3] See Florian Peiseler, Alexander Rasch and Shiva Shekhar, "Imperfect Information, Algorithmic Price Discrimination, and Collusion", *The Scandinavian Journal of Economics*, 2022, Vol. 124, No. 2, p. 516.

[4] See Ariel Ezrachi & Maurice E. Stucke, *Virtual Competition: The Promise and Perils of the Algorithm-Driven Economy*, Harvard University Press, 2016, pp. 35-71; Ariel Ezrachi & Maurice E. Stucke, "Artificial Intelligence & Collusion: When Computers Inhibit Competition", *University of Illinois Law Review*, 2017, Vol. 2017, No. 5, pp. 1784-1795.

[5] See Ariel Ezrachi & Maurice E. Stucke, "Sustainable and Unchallenged Algorithmic Tacit Collusion", *Northwestern Journal of Technology and Intellectual Property*, 2020, Vol. 17, No. 2, pp. 220-226.

[6] See Ilgin Isgenc, "Competition Law in the AI ERA: Algorithmic Collusion under EU Competition", *Trinity College Law Review*, 2021, Vol. 24, pp. 43-46.

用经济学研究说明，算法能够将默示共谋从双寡头垄断市场扩展到有五六家企业的市场中。[1] 他们进一步指出，企业可以通过否认人类与计算机之间的任何关系和责任，从而抹去自己的任何道德担忧，这非常有利于共谋的达成和维持。[2] Smejkal Vaclav 认为，公共利益、道德、正义、公平等定义并不明确，无法被写成代码，因此算法不受任何道德、情绪的影响，能够更稳定地执行共谋策略。[3]

4. 算法共谋给反垄断执法带来的挑战

Ariel Ezrachi & Maurice E. Stucke 认为，由于算法可能脱离人类操作者而自主做出决策，传统反垄断法的制裁措施，如监禁、罚款等威慑手段，将面临潜在的威慑失败问题。[4] Vijay Bishnoi 指出，现行竞争法只能应对算法被作为卡特尔实施的手段或中介的情形，而对预测算法、自主算法等驱动的有意识的平行行为却无能为力，具体表现为将算法认定为"附加因素"存在障碍、有意识的平行行为的归责存疑、难以区分算法驱动的有意识平行行为与寡头相互依赖的平行行为、市场透明度提高导致囚徒困境终结、过度执法可能导致显著的负外部性等。[5] Khan Afif 指出，算法共谋案件普遍存在证据不足的问题，但它对消费者的直接损害却似乎一直在加剧。[6]

5. 算法共谋反垄断法规制的出路

面对算法共谋特别是代理型（预测型）、自主型算法默示共谋给反垄断法带来的挑战，学者们主要从以下三个维度为算法共谋的反垄断法规制探索出路和提出建议：

第一，关于反垄断法相关概念的重构。鉴于算法共谋对反垄断法概念的冲击，诸多观点认为需要反思和重构相关基础概念。例如，Vijay Bishnoi 提出应当重新审视以"协议"或"意图"为基础的垄断协规范。[7] 以 Ariel Ezrachi & Maurice E. Stucke 为代表的部分学者对这种观点予以反驳。他们认为，在大数据和算法时代，虽然"协议"和"意图"的传统反垄断法概念的相关性正在减弱，但并不意味着需要对垄断协议的

---

[1] See Ariel Ezrachi & Maurice E. Stucke, Algorithmic Collusion: Problems and Counter-Measures, OECD, DAF/COMP/WD（2017）25, pp. 3-17, https://one.oecd.org/document/DAF/COMP/WD（2017）25/en/pdf.

[2] See Ariel Ezrachi & Maurice E. Stucke, "Artificial Intelligence & Collusion: When Computers Inhibit Competition", *University of Illinois Law Review*, 2017, Vol. 2017, No. 5, p. 1808.

[3] See Vaclav Smejkal, "Cartels by Robots-Current Antitrust Law in Search of an Answer", *Journal for International and European Law*, 2017, Vol. 4, No. 2, p. 14.

[4] See Ariel Ezrachi & Maurice E. Stucke, "Artificial Intelligence & Collusion: When Computers Inhibit Competition", *University of Illinois Law Review*, 2017, Vol. 2017, No. 5, pp. 1803-1804.

[5] See Vijay Bishnoi, "Algorithm-Fuelled Conscious Parallelism: Posing Multifaceted Challenges to the Competition Regime", *RGNUL Financial and Mercantile Law Review*, 2019, Vol. 6, No. 1, pp. 4-22.

[6] See Afif Khan & Shifa Qureshi, "Shikha Roy v Jet Airways: A New Approach to Algorithmic Collusion", *De Lege Ferenda*, 2022, Vol. 5, No. 1, p. 86.

[7] See Vijay Bishnoi, "Algorithm-Fuelled Conscious Parallelism: Posing Multifaceted Challenges to the Competition Regime", *RGNUL Financial and Mercantile Law Review*, 2019, Vol. 6, No. 1, pp. 23-33.

概念进行重新定义，相反，需要做的是引入新的制衡算法共谋的反垄断法机制。[1] Ilgin Isgenc 认为，扩大"协议""沟通"或"意思联络"的内涵以规制算法共谋欠缺合法性，且不能解决责任问题，反而可能严重阻碍算法的创新发展并减少算法带给消费者的潜在福利。[2]

第二，算法共谋的规制应围绕其危害性效果展开，注重基于效果分析的干预，避免消费者福利减损。Terrell McSweeny & Brian O'Dea 提出，考虑到算法具有显著的提升经济效率的特点，即便它可能导致算法共谋的风险，也不应采取大量事前的、系统性的直接监管措施来束缚算法应用，可取的做法仍然是坚持反垄断法的以效果为基础的分析框架。[3] Ariel Ezrachi & Maurice E. Stucke 提出，在立法层面要求企业报告算法使用情况的事前预防方法成本较高，而由竞争执法机构发起的反垄断调查仍是一种有效的事后干预工具。[4] Michal S. Gal 认为，聚焦"协议"或"意思联络"的证明和推断不符合经济现实，应当把算法共谋反垄断规制的重点放在减少算法共谋对社会福利的危害上。[5] Karan Sangani 赞同 Ariel Ezrachi & Maurice E. Stucke 的观点，认为只有在有迹象表明市场因算法共谋而失灵时才进行干预，且应当以"消费者福利"的经济标准来执行反垄断法。[6] Thibault Schrepel 认为算法共谋是"新瓶装旧酒"，由于反垄断执法机构难以对算法共谋进行定性和责任量化，因而应当将有限的执法资源集中在可以量化的消费者遭到明显损害的领域。[7]

第三，规制算法共谋的更多元化的方案。Vijay Bishnoi 提出，为有效应对算法共谋特别是算法默示共谋，应当采取市场竞争状况评估、事前合并控制、设计竞争合规管理体系、定期审计定价算法等一体化的综合性解决方案。[8] Thibault Schrepel 认为，执法机构可以建立区块链安全港和监管沙盒制度以应对区块链带来的算法共谋挑战。[9]

---

[1] See Ariel Ezrachi & Maurice E. Stucke, "Artificial Intelligence & Collusion: When Computers Inhibit Competition", *University of Illinois Law Review*, 2017, Vol. 2017, No. 5, p. 1809.

[2] See Ilgin Isgenc, "Competition Law in the AI ERA: Algorithmic Collusion under EU Competition", *Trinity College Law Review*, 2021, Vol. 24, pp. 46-49.

[3] See Terrell McSweeny & Brian O'Dea, "The Implications of Algorithmic Pricing for Coordinated Effects Analysis and Price Discrimination Markets in Antitrust Enforcement", *Antitrust*, 2017, Vol 32. No. 1. p. 79.

[4] See Ariel Ezrachi & Maurice E. Stucke, "Artificial Intelligence & Collusion: When Computers Inhibit Competition", *University of Illinois Law Review*, 2017, Vol. 2017, No. 5, p. 1806.

[5] See Michal S. Gal, "Algorithms as Illegal Agreements", *Berkeley Technology Law Journal*, 2019, Vol. 34, No. 1, p. 117.

[6] See Karan Sangani, Examining the Antitrust Implications of Pricing Algorithms in the United States, European Union, and India, The Journal of Robotics, Artificial Intelligence & Law, 2020, Vol. 3, No. 2, p. 130.

[7] See Thibault Schrepel, The Fundamental Unimportance of Algorithmic Collusion for Antitrust Law, https://papers.ssrn.com/sol3/papers.cfm?abstract_id=3315182.

[8] See Vijay Bishnoi, "Algorithm-Fuelled Conscious Parallelism: Posing Multifaceted Challenges to the Competition Regime", *RGNUL Financial and Mercantile Law Review*, 2019, Vol. 6, No. 1, pp. 23-33.

[9] See Thibault Schrepel, "Collusion by Blockchain and Smart Contracts", *Harvard Journal of Law and Technology*, 2019, Vol. 33, No. 1, pp. 163-165.

Cary Coglianese & Alicia Lai 提出，市场日益增长的复杂性迫使反垄断执法机构越来越多地依赖机器学习算法来监督市场行为，但仍需要面对系统建设能力不足、遭遇法律陷阱和建立公众信任等几个关键的挑战。[1]

（三）国内外研究现状剖析

通过以上分析可见，国内外关于算法共谋的研究是比较丰富的，涉及法学、经济学、计算机科学等不同学科的共同关注。但是，由于以下几个研究现状特征，关于算法共谋的反垄断法规制的研究仍有很大的推进空间：

第一，研究者将大量精力聚集在传统垄断协议规范上，有一种将垄断协议规范视作应对算法共谋惟一的反垄断法规范路径的倾向。基于此，大量的研究精力投入到如何对传统垄断协议规范进行改造或优化的问题上，其目的是让垄断协议规范更有效地适用于算法默示共谋，即解决此类"共谋"虽没有意思联络但却形成了与明示共谋一样的限制竞争效果的难题。在这种思路的延长线上，"意思联络"或"协议"等垄断协议主观构成要件的存留问题，成为诸多学者辩论和争执的焦点。但是，很少有学者对传统垄断协议规范为什么要设置"意思联络"或"协议"之主观要件进行充分的考察和论证。因此，那些主张扩张、淡化或放弃"意思联络"或"协议"等主观要件的研究，也就表现出一种"为规制而规制"的倾向。

第二，由于人们把规制共谋（包括算法共谋）的反垄断法路径狭隘地设定或限定于垄断协议规范上，这又导致对算法共谋的规制具有规范潜力的其他制度路径被有意或无意地遮蔽了。例如，研究者在挖掘滥用共同市场支配地位规范、经营者集中控制规范对算法共谋的规制潜力方面，没有投入足量的精力、没有产出批量的成果、没有形成足以开启智识和助益实践的力量。实际上，无论对滥用共同市场支配地位的规制，还是对经营者集中协同效应的审查和控制，它们都是纯粹基于客观事实的判断，无论是"共同实体""共同市场支配地位""滥用"要件还是"协同效应"要件的分析判定，经营者是否存在主观意思联络均非其中必需的检验步骤，因而展现出规范算法共谋特别是算法默示共谋的特别潜力。学者们似乎没有意识到，与其将共谋（包括算法共谋）问题的规制固守于垄断协议规范一隅，一味地强调对垄断协议规范的改造甚至是激进的不顾客观规律的改造，不如打开视野，从视域融合、规范协同的角度，充分挖掘反垄断法另外两大支柱性规范在规制算法共谋上的功用。

第三，现有研究存在片面夸大算法共谋对反垄断法框架体系挑战的倾向，往往过于"轻易"地将论域、论点转移到更加宽泛的直接监管制度框架体系中。例如，有的论者强调事前、事中、事后全过程规制算法共谋的必要性和可行性；有的论者指出要建立算法审计、算法可解释、算法透明度、算法问责等综合配套的算法共谋监管框架。

---

[1] See Cary Coglianese & Alicia Lai, "Antitrust by Algorithm", *Stanford Computational Antitrust*, 2022, Vol. 2, pp. 1-22.

孤立地看这些建议并非不可取，只是它们太过于着急地质疑或轻率地否定反垄断法的传统框架应对算法共谋的有效性。换言之，在没有完全透视、充分检验垄断协议规范、滥用共同市场支配地位规范、经营者集中控制规范规制算法共谋的潜力时，任何急于"跳出"反垄断法（间接监管）框架，而强行另起炉灶、一味追求直接监管的动议都是不可取的。实际上，当前更加稳健和务实的做法，是在探明反垄断法三大支柱性规范适用于算法共谋的潜力和局限的同时，在反垄断和竞争政策的"侧翼"层面，构建算法共谋的多元协同治理机制，如针对算法共谋的市场约束机制、数字化筛查机制、反垄断合规机制、市场竞争状况评估机制等。概言之，应对人工智能和数字经济时代的算法共谋问题，合乎经济性、比例性的做法首先应当是"穷尽"反垄断和竞争政策的工具手段（间接监管手段），通过发挥反垄断法三大支柱性制度的规范调整功能，同时辅之以"侧翼"工具的市场化制约、智能化筛查、合规化风控、精细化诊断等协同作用，以期将算法共谋更加有效地关进反垄断法及竞争政策的制度笼子里。

### 四、研究思路、特色和方法

本书的基本研究思路是"提出问题→分析问题→规范预设→解决问题"。人工智能和数字经济时代，算法共谋是一个普遍性问题。该问题的肇因既源于人工智能算法、也源于共谋。因此，既需要从人工智能和算法原理的角度解析共谋问题，也需要从共谋原理的角度分析算法问题，否则难以窥探出人工智能和数字经济时代算法共谋的发生机理和核心特征，对该等原理和机理的阐述集中于本书上篇，即第一章、第二章、第三章和第四章。本书更主要的目的或旨趣在于，探求反垄断法规范对算法共谋的适用，因而有相应的规范场景预设，它们分别是垄断协议规范场景、滥用共同市场支配地位规范场景、经营者集中控制规范场景。将反垄断法的三大支柱性规范适用于算法共谋，以解决"算法+共谋"导致的竞争问题，是本书研究的重要旨归所在。该部分内容集中在本书中篇，即第五章、第六章和第七章。此外，为了提升算法共谋反垄断法规制实效，并在竞争政策视域下为算法共谋问题提供更多元的解决方案，有必要充分借助算法型消费者（消费者抗衡势力）的市场约束机制，以及针对算法共谋等新型垄断行为的数字化筛查机制、反垄断合规机制、市场竞争状况评估机制等，着重发挥它们对算法共谋反垄断法规制的协同作用。该部分内容集中在本书下篇，即第八章、第九章、第十章和第十一章。

总体来看，本书研究的特色在于，它没有狭隘地将算法共谋问题诉诸于垄断协议规范一隅，没有偏执地强调改造垄断协议规范特别是有关"意思联络"等垄断协议的主观要件；也没有过于着急地否定反垄断法、撇开反垄断法，去更广泛的直接监管框架中寻找算法共谋的应对之策，而是采取以下"折中路线"。一方面，着力阐释传统反垄断法规范对算法共谋的适用性和有效性，同时避免将垄断协议规范与算法共谋深度捆绑，即在审视垄断协议规范适用可能及其局限的同时，深挖反垄断法的另外两大支柱性规范——滥用共同市场支配地位规范和经营者集中控制规范——在规制算法共谋上的潜力，亦即以一种"视域融合"和"规范协同"的方式，尝试揭示反垄断法三大支柱性规范应对算法共谋的巨大潜力及其限度。另一方面，深挖反垄断和竞争政策"工具箱"中可用于辅助解决算法共谋问题的多元手段，着重探讨了市场约束机制、数字化筛查机制、反垄断合规机制、市场竞争状况评估机制的作用潜能，以期发挥它们在算法共谋反垄断中的协同治理作用。进一步而言，本书所构建的"反垄断法支柱性规范+竞争政策协同治理机制"的立体化规范框架，在很大程度上正是反断法和竞争政策全链条、全过程实施模式的缩影，可将其用于研究和解决人工智能和数字经济时代的诸多新型垄断行为及其竞争问题，不仅限于算法共谋行为，还包括算法个性化定价行为、算法自我优待行为、算法掠夺性或限制性定价行为、数字平台包抄行为、隐私政策搭售行为、过度和不公平的个人数据处理行为乃至"扼杀式"收购行为，等等。

服务于上述研究目的和思路，本书主要采取以下几种研究方法：

第一，跨学科的理论研究方法。无论共谋问题、算法问题还是算法共谋问题，实际上是社会学、经济学、计算机科学、法学等学科共同关注的对象。因此，本书有意识地借鉴社会学、计算机科学、经济学关于合作、互操作和共谋的一般理论研究成果，有意识地考察计算机科学关于算法原理、算法共谋机理的最新研究成果，以此为反垄断法（学）更好地切入算法共谋问题提供理论基础和认识论、方法论支撑。

第二，跨法域的比较分析方法。对算法共谋的反垄断法规制是世界各个国家、地区共同关注的热点问题。对于算法共谋原理、算法共谋风险、算法共谋对反垄断法的挑战、传统反垄断法体系对算法共谋的适用性等问题，本书有意识地借鉴了欧盟、美国、德国、英国，特别是我国台湾地区的相关理论或做法，以期为我国《反垄断法》垄断协议规范、滥用共同市场支配地位规范、经营者集中控制规范适用于算法共谋提供更多有益的制度经验，为我国《反垄断法》相关规范改进完善提供可资借鉴的参考模板。

第三，以规范要件为依循的法律适用分析方法。本书区别于其他算法共谋反垄断法规制研究的最大特点在于，它遵循法律适用的一般原理，一以贯之地坚持以规范要件为依循的法律适用分析方法。也就是说，无论是垄断协议规范对算法共谋的适用、滥用共同市场支配地位规范对算法共谋的适用，还是经营者集中控制规范对算法共谋的适用，本书都注重对相关规范的构成要件的提炼，同时也注重将这些规范要件运用于算法共谋时的具体分析，从而形成具有较强的实践参考意义和鲜明的反垄断法"适用"特色的研究。

## 五、本书主要内容及各章提要

本书分上篇"人工智能和算法共谋的基础理论"（第一章、第二章、第三章、第四章），中篇"算法共谋的反垄断法适用"（第五章、第六章、第七章），下篇"算法共谋反垄断的协同治理机制"（第八章、第九章、第十章、第十一章）。各章内容提要如下：

第一章是关于"人工智能和算法原理"的探讨。人工智能是指一个基于机器的系统，其设计的初衷是在不同的自主级别上运行，部署后可能表现出适应性，并且为了明确或隐含的目标，它会从其接收到的输入中推断出如何产生输出，如预测、内容、建议或决策，而这些输出可以影响物理或虚拟环境。从20世纪50年代人工智能的概念被提出以来，其技术前景发生了跌宕起伏的变化。当下，大型语言模型和生成式人工智能系统的涌现，使人工智能迎来历史性的"范式突破"。然而，它们本质上只是预测机器，远远不是能够全面模拟人类智能及其行为甚至能够自主思考的机器，因而生成式人工智能的出现仅仅是朝着通用人工智能迈出的一小步。通用人工智能的开发至少需要人工智能系统掌握视觉感知、音频感知、精细运动、自然语言处理、问题解决、导航、创造力、社交和情感参与等多方面的能力。人工智能的价值链暨生命周期，一般分为规划与设计、数据收集与处理、模型构建与使用、验证与确认、部署以及运营与监控等环节。其中涉及大量人工智能参与者，主要包括人工智能知识或资源的供应商，参与人工智能设计、开发、部署、运营、监控的相关主体，以及人工智能系统的用户。算法（模型）、数据、算力是人工智能开发设计和部署使用过程中的三大基本要素。这三种要素相辅相成，共同构筑人工智能发展的基石，推动人工智能技术的创新发展和拓展应用。算法的概念起源于数学计算，但其应用早已远超此范围。算法技术受益于计算机特别是人工智能的发展。反过来，算法又是主导人工智能系统开发设计、部署使用的基础工具和方法论。算法具有有穷性、确切性、输入特性、输出特性、可行性等特征。时间复杂度和空间复杂度是决定算法效率或优劣的两项核心因素。在人工智能和数字经济时代，当我们言及"算法"时，潜在地包含着海量数据和强大算力的情境条件。对人工智能算法有多种分类方式。基于技术路径的不同，可将它们分为专家算法和学习算法，二者分别对应于引领人工智能早期发展的"知识驱动"范式和主导人工智能当前发展的"数据驱动"范式。学习算法可进一步分为有监督学习、无监督学习、强化学习等算法类型。深度学习算法是机器学习领域一个新的研究方向，它致力于发掘样本数据内在的规律和表示层次，其终极目标在于构建能够模拟人脑进行复杂分析与学习的神经网络。

第二章是关于"合作、互操作和共谋的一般理论"的探讨。从社会学的理论视域看，共谋本质上属于一种社会合作行为。人类社会本身是一个世代相继的合作体系，合作不仅是人类社会最基本的需要，也是社会秩序生成和延续的关键。成功的合作建立在预期一致性和利益一致性的"双重一致性"基础上。为了实现大范围的人类合作，不仅需要构建旨在保障和成全预期一致性的措施，还需要构建旨在保障和增进利益一致性的机制。基于此，大量正式和非正式的社会制度应运而生。从计算机科学的理论视域看，在人工智能和数字经济时代，个人、群体之间的合作，已然映射为不同计算机、设备、网络、系统、平台、组件、应用程序（统称数字服务）之间的协作，即数字服务互操作（Interoperability）。不同数字服务的互操作，是人类合作在数据信息层面或数字化境域的一个同构。数字服务互操作有多种分类方式，如纵向互操作、横向互操作、混合互操作；完全互操作、部分互操作、无互操作；静态互操作和动态互操作；双边协同的互操作和三边协同的互操作；等等。数字服务互操作的程度越高，相关主体利用数据、算法等从事共谋行为的动机和能力就越强，规避竞争和损害竞争机制的风险也就越高。从经济学特别是产业组织经济学的理论视域看，合作是指为了自身利益并给共同行动各方都带来利益的一种协作性活动。其中，负面的经济合作，即竞争者相互协调以规避或降低竞争风险的合作，通常被称作共谋。共谋是市场竞争的最大天敌，不仅会扭曲竞争机制，减损经济效率，还会导致不利于消费者的分配效应，损害消费者利益。无论是明示共谋还是默示共谋，它们都需要共谋各方构建系列机制予以维系，如定价协调机制、收益分配机制、执行监惩机制、对抗压制机制等。从反垄断法的理论视域看，反垄断法对共谋有多种规范表达方式，即存在多元互补的规制机制。共谋的反垄断法表达和规制路径之一是"垄断协议"，它并不描述超竞争的市场结果，而重在规制经营者通过意思联络或交换保证来共同限制竞争的过程。共谋的反垄断法表达和规制路径之二是"滥用共同市场支配地位"，它重在规制多个经营者之间虽没有意思联络但相互依赖地从事具有限制竞争效果的平行行为。共谋的反垄断法表达和规制路径之三是"协同效应"，它重在预防经营者通过合并、股权或资产收购等集中行为形成或加强反竞争协调的风险。

第三章是关于"算法的竞争影响和算法共谋机理"的探讨。算法不仅具有技术属性，即它得益于计算机特别是人工智能技术的发展，而且具有重要的商业属性，即算法可以被企业用作改进业务流程、优化经营决策、提升竞争优势和生产效率的手段。算法在商业领域的广泛应用，不仅从微观上改变了企业经营的理念模式及竞争格局，而且在宏观上带来了基于算法驱动的显著经济效益。从微观层面看，算法能快速收集、组织和分析数据，处理人类难以应对的海量信息，实现快速决策和反应。同时，算法能分析高度复杂的变量，为企业提供最优决策，尤其在分析预测和业务流程优化方面展现巨大价值。从宏观层面看，算法能推动颠覆性创新、降低市场进入壁垒、丰富市场竞争维度。同时，算法还降低了消费者的搜索和交易成本，优化购买决策，并有效平衡市场供需关系，提升市场运行效率与稳定性，为经济可持续发展提供支撑。但是，算法的商业运用也夹杂着不容忽视的风险挑战。算法异化现象频发，可能侵犯个体权益，引发经济垄断，影响公平竞争和消费者利益，甚至威胁金融、网络、数据及国家安全。其中算法垄断效应主要包括算法排他效应、算法剥削效应和算法共谋效应。算法排他效应源于打压竞争对手、损害市场竞争的自我优待等行为；算法剥削效应源于侵害消费者权益、攫取垄断收益的个性化定价等行为；算法共谋效应则源于相互竞争的企业利用算法从事共同的、一致的固定价格等行为。尽管算法共谋风险不容小觑，但相关执法案例仍较少，这与人们对算法共谋机理及规制方式的理论准备不足有关。因此，需深入剖析算法形成和加剧共谋风险的机理，以更好地应对算法共谋挑战。事实上，共谋的达成和维持并非易事，须满足若干基本条件，如市场不能过于复杂、不存在充分有效的外部竞争约束等消极条件，企业具有对称性、市场足够透明以便于监测背叛行为、存在及时可信的报复惩罚等积极条件。算法在商业领域的普遍运用，简化或放宽了传统上与共谋风险密切相关的上述积极和消极条件，因而加剧放大了共谋风险，甚至使算法共谋成为数字商业生态中的普遍现象。

第四章是关于"算法共谋的类型化解析"的探讨。算法共谋是指相互竞争的企业利用特定类型的算法从事协调的、共同的市场行为，产生垄断或者限制竞争的风险或者效果。为了更深入地洞悉算法共谋的内涵和外延，有针对性地对其进行反垄断法规制，有必要依据算法在共谋中所起作用的不同，将算法共谋分为监测式算法共谋、轴幅式算法共谋、代理式算法共谋、自主式算法共谋。其中，监测式算法共谋和轴幅式算法共谋属于算法明示共谋的范畴，因为这两类共谋虽有算法的介入和助力，但仍以人际间的互信交流、共识沟通、信息传递等直接或间接的意思联络为主导。而代理式算法共谋和自主式算法共谋属于算法默示共谋的范畴，因为在这两类共谋中不存在人际间互信交流、共识沟通、信息传递等任何直接或间接的意思联络。所谓监测式算法共谋，指算法作为一种技术工具被企业用于监测已达成的共谋在实施过程中可能出现的背叛或偏离行为，以此确保共谋的可维持性和稳定性。所谓轴幅式算法共谋，也称中心辐射式算法共谋或平行算法共谋，指具有竞争关系的企业虽然没有进行直接的沟通交流、信息传递等意思联络，但通过间接意思联络进而心照不宣或心领神会地共同采用同一具有"纵向投入品"属性的算法，用以决定产品（包括服务）的价格或对市场变化作出反应，进而产生与横向共谋类似的排除、限制竞争效果。所谓代理式算法共谋，也称预测式算法共谋或信号式算法共谋，指相互竞争的、以利润最大化为目标的企业各自独立研发设计和部署使用算法（企业决策者之间不存在沟通交流、信息传递、人际互动等直接或间接的意思联络），即把算法作为企业决策者的"代理人"，进而这些功能强大的算法积极利用彼此意识到的相互依赖关系，推动商品（包括服务）价格平行上涨或其他交易条件同步变化。所谓自主式算法共谋，也称自主学习型算法共谋，指共谋的达成和实施完全不涉及人类主体的因素（当然也就不涉及沟通交流、信息传递、人际互动等直接或间接的意思联络），而由具有强大自主学习能力的高级机器学习算法特别是深度学习算法所完成。自主式算法共谋本质上也是一种由算法相互依赖所形成的默示共谋。

第五章是关于"垄断协议规范对算法共谋的适用"的探讨。传统上，垄断协议规范是规制共谋行为的最主要的反垄断法制度。一般而言，一项经济合作行为要被定性为垄断协议，须满足四个要件：一是存在"独立决策"的复数经营者；二是经营者之间必须具有意思联络；三是经营者相互约束经营活动而共同行为；四是具有产生排除、限制竞争效果的高度可能性或有此效果。垄断协议的特殊形态表现为"有组织者参与的垄断协议"和"有帮助者参与的垄断协议"。垄断协议的组织行为与实行行为之间存在诱发和制约的关系。垄断协议的实行行为与帮助行为之间存在协作关系。由于作用不同，垄断协议实行者、组织者、（实质性）帮助者的法律责任应当有所区分。监测式算法共谋和轴辐式算法共谋是典型的算法明示共谋，即它们或多或少、或明或暗地存在着协议、信息传递、沟通交流等意思联络的证据，因而是传统垄断协议规范可以完全覆盖和有效规制的算法共谋类型。在监测式算法共谋的垄断协议规制中，监测算法的第三方供应商可能构成垄断协议的（实质性）帮助者。对于轴辐式算法共谋的垄断协议规制，其基本思路是对"三边协同行为"中信息交流暨意思联络的证明。为此，有必要区分"A1→B→A2"型和"A1←B→A2"型信息交流暨意思联络机制来证明"轮辐闭合"。代理式算法共谋和自主式算法共谋是典型的算法默示共谋，其间不存在任何直接或间接的共谋意思联络，它们之所以被称作"共谋"，是因为算法利用彼此意识到的依赖关系在价格和产量等决策方面达致了非竞争的均衡，形成了无异于竞争者明示共谋的负面结果。对此，无论是基于间接证据推断意思联络的协同行为规制路径，还是主张放弃垄断协议的"意思联络"构成要件的大胆设想，皆存在实践或理论上的障碍。由此，算法默示共谋扩大并加剧了经典的"寡头垄断问题"，把垄断协议规范在应对该等问题上的"裂缝"撕扯为"巨缝"。

第六章是关于"滥用共同市场支配地位规范对算法共谋的适用"的探讨。共同市场支配地位的概念及制度，起源于欧盟竞争法。从功能定位上看，滥用共同市场支配地位规范的发轫，是为了弥补垄断协议规范适用于寡头默示共谋存在的缺陷，即把无意思联络的寡头平行行为纳入滥用市场支配地位的规范框架。我国反垄断法并未明确规定"共同市场支配地位"的概念，这一概念实则隐含在有关多个经营者具有市场支配地位的推定制度中。滥用共同市场支配地位的规范构成暨分析框架包括以下四个部分：一是存在两个以上经营者；二是该等经营者形成了一个共同实体；三是该共同实体具有市场支配地位（共同市场支配地位）；四是存在滥用共同市场支配地位行为。滥用共同市场支配地位是一个纯粹基于客观事实的判断，无论"共同实体""共同市场支配地位"要件还是"滥用"要件的分析判定，经营者是否存在主观意思联络均非其中必需的检验步骤，因而展现出规范算法共谋特别是算法默示共谋的独特潜力。其中规范适用的要点包括：①算法"控制"视域下经营者的识别；②从事算法协调的经营者是否形成了一个共同实体，这有赖于对竞争者的行为是否具有一致性的外观考察，以及对消解实质性竞争的经济联系的实质分析;③对基于算法协调的共同实体的市场支配地位评估;④基于算法协调的滥用共同市场支配地位行为的认定,对此有必要区分同类性和连续性算法平行行为下的滥用共同市场支配地位认定,以及非同类性和非连续性算法平行行为下的滥用共同市场支配地位认定。不过,滥用共同市场支配地位规范适用于算法共谋也有其限度,如共同市场支配地位的推定标准与算法共谋存在场景错配,对推定共同市场支配地位缺乏"共同实体"的前提限定,滥用共同市场支配地位规范的预防功能匮乏,共同市场支配地位标准的"枪口过高"等。

第七章是关于"经营者集中控制规范对算法共谋的适用"的探讨。经营者集中控制规范是对经营者通过合并、股权或资产收购等集中行为形成或加强市场势力,予以事前强制审查和控制的一套规则和程序,其旨在维持合理的市场结构,防止市场势力过度集中。在经营者集中审查标准的视域下,结构主义或行为主义理论范式是"第一层次的标准";诸如德国的形成或加强市场支配地位标准、欧盟的严重妨碍有效竞争标准、美国的实质减少竞争标准、我国的排除限制竞争标准等是"第二层次的标准";而单边效应、协同效应等具体损害理论则是位于上述基础理论范式和概括性标准之下的"第三层次的标准"。所谓协同效应,是指由于经营者集中改变了市场结构条件和竞争的性质,使以前没有协调其行为或协调其行为较为困难的经营者,现在更可能协调其行为或更有利于协调其行为,进而通过提高价格或其他方式损害有效竞争。涉及算法的经营者集中,包括算法供应商之间的经营者集中,算法供应商与算法驱动型企业之间的经营者集中,相互竞争的算法驱动型数字平台的经营者集中等情形。实际上,算法在数字商业领域的普遍运用,很大程度上放宽或简化了造成协同效应须满足的基本条件,使诸如经营者能够就协调条件达成共识、协调具有内部可维持性、协调具有外部可维持性等条件,要么易于得到满足、要么相关性减弱,因而更容易引发或强化协同效应。针对协同效应这一竞争损害的经营者集中救济,其目标是恢复和维持相关市场的有效竞争,既可以采取结构性救济措施,也可以采取行为性救济措施。结构性救济措施包括剥离算法、数据等资产或业务。行为性救济措施包括隔离数据(如设置数据防火墙)、限制算法(如引入"破坏性"算法、修改算法代码、要求算法合规)、强制设置算法调价时滞或实行临时性价格冻结等。协同效应的审查和救济措施的设置均可能涉及对算法代码的解析,因此反垄断执法机构亟需加强相应的数字技术能力建设。不过,由于经营者集中申报标准的制约、隐蔽的共谋在策略上可能优于公开的集中等原因,经营者集中规范适用于算法共谋也可能存在障碍或局限。

第八章是关于"算法共谋的市场约束机制"的探讨。买方抗衡势力是由强大的买方(或买方群体)所形成的市场势力(区别于买方垄断势力),它可以作为一种市场约束机制,制约大型供应商、生产商(或供应商、生产商群体)的垄断势力。成功的共谋或卡特尔须解决内部和外部可维持性问题,而强大的买方抗衡势力对共谋或卡特尔的外部可维持性构成严重挑战，甚至使其难以为继或加速其破裂。评估买方抗衡势力需考虑采购市场、交易集中度、威胁能力、转换成本和市场保护等因素。在人工智能和数字经济时代，"消费者抗衡势力"作为买方抗衡势力的新样态，并非是一个空洞或不切实际的概念。数字助手等智能算法工具通过全流程的"智慧服务"来辅助或代替消费者参与市场交易，显著提高了消费者购买决策的质效。算法型消费者的崛起将对市场产生深远影响，特别是在制约供应商算法共谋方面可以发挥积极作用。从需求侧看，算法型消费者通过全面快速的数据收集、组织、分析和处理，克服了消费者非理性决策、缩小了消费者数字鸿沟、缓解了消费者集体行动障碍，从而增强了消费者抗衡势力。从供给侧看，算法型消费者倒逼供应商塑造非对称优势，鼓励新竞争者进入市场，并可能永久性地标记和排拒从事共谋的供应商，从而颠覆了供应商算法共谋的基础。尽管算法型消费者在制约算法共谋方面具有天然优势，但它也可能存在"过"与"不及"的问题。一方面，算法型消费者可能形成买方算法共谋，对市场竞争以及供应商和消费者造成损害；另一方面，由于数据获取难所造成的市场进入壁垒，算法型消费者的抗衡势力可能无法充分作用。为保障"算法型消费者"市场的健康发展，需要在"促"和"管"两个方面协同施力。在"促"的方面，应秉持"流数不腐"的价值理念，降低市场进入壁垒，鼓励数据互操作的市场化实现机制。在"管"的方面，需加强和改进反垄断监管执法，对数字助手平台的算法共谋和策略性反竞争行为予以有效规制。

第九章是关于"算法共谋的数字化筛查机制"的探讨。算法型反垄断是相对于人力型反垄断的概念。从全球反垄断的大历史背景看，算法型反垄断是"反垄断3.0时代"的产物。从法域（学科）属性上看，算法型反垄断是算法法律（法律信息学）的子领域，旨在为反垄断分析、决策以及反垄断程序的自动化开发算法（计算）方法，以增强法律确定性，减少人为偏见，提升反垄断法实施的质量和效率。算法型反垄断不仅能够大幅减轻反垄断执法机构职员的工作负担，更能显著提升他们在筛查、发现、分析、认定、纠正以及回溯评估垄断行为等方面的能力。理论上，算法型反垄断具有广泛的适用性，可以覆盖传统反垄断涉及的所有实体性和程序性环节，实现反垄断的全面"算法化"和"数字化"。然而，在期待算法型反垄断的独特潜力的同时，也必须正视其在开发、部署和应用过程中存在的种种局限，如数据难以获取、数据可用性不足，算法模型开发以及相应的配套硬件、软件支撑乏力，计算机人才短缺，算法透明度不足、可解释性欠缺以及问责难以落实等挑战。不过，我们也不应因噎废食，片面强调算法型反垄断的局限性，甚至否定算法赋能反垄断执法的可能。实际上，对涉嫌违法事实的筛查和取证，特别是对算法共谋的数字化筛查，是算法型反垄断目前最具前景的应用领域之一。数字化筛查依赖筛查算法和数字数据集，以识别市场行为模式并判断企业行为是否存在竞争问题。对于算法共谋等新型垄断行为，数字化筛查不仅能强化反垄断执法机构依职权调查的职能,还能帮助确定案件处理优先级,为调查程序启动和违法裁决提供支持。此外,筛查结果可作为间接证据,与正式调查中的直接证据相互佐证,为违法裁决提供证据基础。针对算法共谋等垄断行为的数字化筛查分为结构性筛查和行为性筛查。数字化筛查作为算法型反垄断的一种应用,也有其局限性,即数字化筛查可能因算法模型的质量、相关变量或参数的设定以及数据的可用性等多种因素的影响,而无法精准无误地标记出所有的违法迹象,亦即数字化筛查具有假阳性/误报(False Positive)和假阴性/漏报(False Negative)的风险。为减少上述风险,反垄断执法机构应聚焦于机器学习技术、数据的可用性和质量、专业人才和技能、算法代码和数据分享等关键组织要素,不断增强对数字化筛查工具的投资和建设。

第十章是关于"算法共谋的反垄断合规机制"的探讨。合规,顾名思义,就是指合乎规范,即行为与一系列特定要求高度吻合的过程。企业合规涵盖多个领域,而反垄断合规是其中的重要一环,它指的是企业为防止触犯反垄断法而采取的一系列努力。从逻辑上讲,诸如禁止垄断协议等垄断行为的反垄断法规定是自动生效的,即企业本就具有不得从事算法共谋等垄断行为的义务。但这种应然期许并非总是能够实现,因为企业不一定具有在履行法定义务方面的积极意愿、健全意识和充足资源。进一步而言,"反垄断合规"并非简单地等同于"遵守反垄断法"或"企业依据反垄断法合规经营"。作为一种识别、管理和预防算法共谋等垄断行为风险的自律管理机制,它还涉及反垄断执法机构的行政指导、激励约束等作用的发挥,即通过企业、反垄断执法机构以及行业协会等多方主体的协同合作,以此增进企业的反垄断合规意愿、强化企业的反垄断合规意识、拓展企业的反垄断合规资源,最终起到有效预防和制止算法共谋等垄断行为的作用。根据有无反垄断执法介入以及合规所处的环节,针对算法共谋等垄断行为的企业反垄断合规可分为事前的反垄断合规、事中的反垄断合规和事后的反垄断合规。依据合规是经营者主动还是被动实施,反垄断合规可分为主动(积极)的反垄断合规和被动(消极)的反垄断合规。依据合规是否涉及第三方,反垄断合规可分为束己的反垄断合规和束他的反垄断合规。发布反垄断合规指引或指南是域内外反垄断执法机构的惯常做法,其目的是提升企业及其员工的反垄断法律意识,并引导其构建科学合理的反垄断合规管理体系。反垄断合规管理是有组织、有计划的全流程活动。有效的反垄断合规管理体系应具备若干核心要素,包括高层管理人员的参与和合规承诺、发现并及时报告违法行为、企业内部的合规激励以及业务流程的监控和审计等。算法等数字技术的进步所带来的利益是普惠的、多方受益的。算法可以赋能企业反垄断合规管理体系建设,铸就"算法型反垄断合规"的创新合规模式,为算法共谋等合规风险的监控、识别、评估、提示、报告以及算法的"设计合规"等提供有力支持。

第十一章是关于"算法共谋的市场竞争状况评估机制"的探讨。市场竞争状况评估是一种检视广泛竞争问题的竞争政策(竞争倡导)工具。各反垄断法域对市场竞争状况评估的称谓不同，但内涵趋同，都关注企业行为、市场结构等因素对市场功能或竞争机制的影响。市场竞争状况评估的目的多样，包括为执法行动提供支持、推动立法修法、深化反垄断执法机构对市场的了解等。在人工智能和数字经济时代，市场竞争状况评估还有特别目的，即聚焦数字市场领域，识别和诊断新兴竞争问题，进而为反垄断执法或监管提供理据支持，促进企业反垄断合规，更好地预防垄断行为。鉴于算法默示共谋目前还缺乏现实案例，人们对其确切性质、损害效果、认定规则、责任归结等认识还存在诸多模糊之处，因此算法共谋背景下的市场竞争状况评估，应将算法默示共谋作为重点关注。与此同时，评估数字市场中的算法共谋问题，应重点评估算法助力企业达成、实施共谋的可能性和可行性，其中的验证要点包括但不限于企业运用算法进行定价或决策的占比，算法对市场透明度的影响，算法的高频互动性对共谋的影响，以及算法性能暨处理数据的复杂性层级对共谋的影响等。为开展和实施市场竞争状况评估提供一个标准化、规范化的流程，有助于确保以高效和透明的方式进行市场竞争状况评估，并充分利用投入其中的公共资源。一般来说，无论是在算法共谋还是在其他新兴竞争问题背景下开展的市场竞争状况评估，都应遵循以下基本的程序步骤：一是确定并选择要评估的市场或问题；二是确定市场竞争状况评估的计划和方式；三是规划利益相关者的参与；四是公开发起市场竞争状况评估；五是收集和分析信息；六是形成市场竞争状况评估结果；七是对市场竞争状况评估的回顾评估。针对算法共谋等新兴竞争问题的市场竞争状况评估具有前瞻性，对预防算法共谋等新型垄断行为具有积极作用，且视角广泛，可覆盖多元竞争问题并提供多样化解决方案。此外，市场竞争状况评估不止于防止竞争恶化或恢复竞争，它还具有促进竞争的特别功效。然而，市场竞争状况评估也可能存在局限，如利益相关者不配合提供信息导致评估僵局，结论性建议实施缓慢、无法律约束力等。尽管如此，市场竞争状况评估对于识别和诊断数字市场上诸如算法共谋等新兴竞争问题仍具有重要价值，而"市场竞争状况评估+补救措施"的组合制度（市场调查制度）或许能为该等问题的解决提供更有力的手段。

# 上 篇

# 人工智能和算法共谋的基础理论

  人工智能是一个基于机器的系统，它设计的初衷是在不同的自主级别上运行，部署后可能表现出适应性，并且为了明确或隐含的目标，它会从其接收到的输入中推断出如何产生输出，例如预测、内容、建议或决策，而这些输出可以影响物理或虚拟环境。算法（模型）、数据、算力是人工智能开发设计和部署使用过程中的三大基本要素。人类社会本身是一个世代相继的合作体系。成功的合作建立在预期一致性和利益一致性的"双重一致性"基础上。在人工智能和数字经济时代，不同数字服务的互操作，是人类合作在数据信息层面或数字化境域的一个同构。共谋是市场竞争的最大天敌。无论是明示共谋还是默示共谋，它们都需要共谋各方构建定价协调机制、收益分配机制、执行监惩机制、对抗压制机制等予以维系。垄断协议、共同市场支配地位、协同效应是共谋的三种反垄断法表达。算法在商业领域的广泛应用，从微观上改进了企业的业务流程体系，从宏观上带来了基于算法驱动的整体经济效益，但其中也夹杂着不容忽视的风险挑战和垄断效应。由于算法简化或放宽了传统上与共谋风险密切相关的市场条件，因而加剧放大了共谋风险。所谓算法共谋，指的是相互竞争的企业利用特定类型的算法从事协调的、共同的市场行为，产生垄断或者限制竞争的风险或者效果。具体可分为监测式算法共谋、轴幅式算法共谋等算法明示共谋，以及代理式算法共谋、自主式算法共谋等算法默示共谋。

——题记

# 第一章  人工智能和算法原理

人工智能是计算机学科的分支，它是一门致力于解析与模拟人类智能及其行为规律的学科。其核心使命在于构建智能信息处理的理论框架，并据此设计能够展现出与人类智能行为相近的计算机系统。当下，大型语言模型以及ChatGPT等生成式人工智能的出现，标志着人工智能技术的实质性进步。但是，这些系统仍属于"弱人工智能"的范畴，离通用人工智能等"强人工智能"还有很大的现实差距。无论人工智能表现为何种形态，算法（模型）、数据、算力都是其中的核心要素。算法的概念起源于数学计算，但其应用早已远超此范围。算法技术受益于计算机特别是人工智能的发展。反过来，算法又是任何人工智能系统不可或缺的"根本要素"，是主导人工智能系统开发设计、部署使用的基础工具和方法论。可见，人工智能和算法之间具有彼此促进、相互依存的关系。算法具有有穷性、确切性、输入特性、输出特性、可行性等特征。空间复杂度和时间复杂度是决定算法效率或优劣的两项核心因素。对人工智能算法有多种分类方式。基于技术路径的不同，可将它们分为专家算法和学习算法。

## 第一节  人工智能的概念、历史和发展

人工智能是指一个基于机器的系统，其设计的初衷是在不同的自主级别上运行，部署后可能表现出适应性，并且为了明确或隐含的目标，它会从其接收到的输入中推断出如何产生输出，例如预测、内容、建议或决策，而这些输出可以影响物理或虚拟环境。从20世纪50年代人工智能的概念被提出以来，其技术前景发生了跌宕起伏的变化。当下，大型语言模型和生成式人工智能系统的涌现，使人工智能迎来历史性的"范式突破"。然而，它们本质上只是预测机器，远不是能够全面模拟人类智能及其行为甚至能够自主思考的机器，因而生成式人工智能的出现仅仅是朝着通用人工智能迈出的一小步。

### 一、人工智能概念的界定

人工智能，对应的英文词语是Artificial Intelligence（AI）。从语词构造来看，它由

"人工"和"智能"两个术语组成。"人工"比较好理解,泛指一切人造的、非天然的事物。"智能"不太容易定义,其内涵比较模糊。沙恩·列格和马库斯·哈特认为,智能是指"能够在各种环境中实现目标的组织"。[1] 一般来说,智能通常和人联系在一起,有时还特指人的本质特征。两千多年前,亚里士多德就提出,能够作出理性决策的人类智力(intellect)把人和动物区分开来。[2] 基于此,所谓人工智能,通俗来说,就是指通过人造的、非自然的方式来模拟人类的智力及其行为。其实,人工智能的概念灵感,最早源自英国数学家艾伦·图灵(Alan M. Turing)于1950年发表的论文《计算机器与智能》。在该文的开头,他写道:我提议考虑这样一个问题,即机器能思考吗(can machines think)?[3] 为此,他提出了如今广为人知的图灵测试来检验机器的意识。[4] "人工智能"一词被正式提出,是在1956年计算机科学家约翰·麦卡锡(John McCarthy)等组织的达特茅斯人工智能大会上。在发起这个大会的倡议中,他们是如此定义人工智能的,"就目前的研究目的而言,人工智能的问题应当这样看待,人工智能如能以人类的行为方式行事,那么它就是智能的"。[5]

从20世纪50年代人工智能的概念被提出以来,其技术前景发生了跌宕起伏和翻天覆地的变化:从基于人类构建逻辑系统的符号人工智能,到20世纪70年代的人工智能"寒冬",再到20世纪90年代能下国际象棋的电脑"深蓝",及至21世纪机器学习取得突破性进展,尤其是近年来生成式人工智能(Generative AI)崭露头角。或许对许多人来说,人工智能在2022年才变得"真实",那一年,OpenAI公司推出的ChatGPT成为历史上增长最快的消费者应用。[6] 事实上,经过近70年的演进,特别是在移动互联网、大数据、超级计算、传感网、脑科学等新理论新技术以及经济社会发展强烈需求的共同驱动下,人工智能加速发展,呈现出深度学习、跨界融合、人机协同、群智

---

[1] Shane Legg & Marcus Hutter, "Universal Intelligence: A Definition of Machine Intelligence", *Minds and Machines*, 2007, Vol. 17, No. 4, p. 391.

[2] 哲学家勒内·笛卡尔认为,人类是由非物质的或者精神的心灵所构成的,而其他生物不过是由物理定律驱动的无意识物体。参见〔英〕瑞恩·艾伯特:《理性机器人:人工智能未来法治图景》,张金平、周睿隽译,上海人民出版社2021年版,第22页。

[3] See Alan M. Turing, "Computing Machinery and Intelligence", *Mind*, 1950, Vol. 59, pp. 433-460.

[4] 图灵测试(Turing Test),也被称为"模拟游戏"(Imitation Game),要求使用三台计算机终端,并且要求每台计算机终端都与其他两台计算机终端相互分离。一台终端由计算机操作,另外两台由人类操作。在测试期间,由一人担任提问者,而另一人和人工智能担任应答者。经过预先设定的时长或者问题之后,要求提问者判断哪一位应答者是人类,哪一位应答者是计算机。如果提问者无法准确地判断应答者是计算机还是人类,那么这台机器就通过了这项测试。简言之,图灵测试是为了判断一个机器是否具备与人类相似的智能水平,即能否像人一样思考和回答问题。这一测试在现代人工智能领域中具有重要意义,是衡量机器智能水平的一种方式。

[5] See John McCarthy, Marvin L. Minsky, Nathaniel Rochester, and Claude E. Shannon, A Proposal for the Dartmouth Summer Research Project on Artificial Intelligence (August 31, 1955), https://onlinelibrary.wiley.com/doi/10.1609/aimag.v27i4.1904.

[6] See Krystal Hu, ChatGPT Sets Record for Fastest-Growing User Base-analyst note, https://financialpost.com/pmn/business-pmn/chatgpt-sets-record-for-fastest-growing-user-base-analyst-note.

开放、自主操控等新特征。[1]

尽管人工智能的发展已经取得了实质性进步，但对于人工智能的恰如其分的概念界定，人们往往莫衷一是。[2] 从技术上看，人工智能系统可以基于知识或逻辑的方法得到建构，也可以基于机器学习或神经网络的方法得到实现；从应用领域看，人工智能涵盖计算机视觉、自然语言处理、语音识别、智能决策支持系统、智能机器人系统等诸多领域。考虑到定义应当具有高度的精炼性和概括性，同时考虑到人工智能技术的演进性、复杂性和应用领域的广泛性，我们不应幻想某种定于一尊的、不容更易的关于人工智能的定义。实际上，为了与时俱进、有效地指引实践，经济与合作发展组织（OECD）对人工智能的定义就反复予以更新完善。其最新的定义为："人工智能系统是一个基于机器的系统，它可以根据明确或隐含的目标，从接收到的输入中推断出如何产生输出，如预测、内容、建议或决策，这些输出可以影响物理或虚拟环境。不同的人工智能系统在部署后的自主性和适应性水平各不相同。"[3] 与此相呼应，作为全球首部基础性的、体系化的人工智能立法，欧洲议会于2024年3月13日正式通过《人工智能法案》（Artificial Intelligence Act，AIA），其对人工智能系统（AI system）采取了类似于经济与合作发展组织（OECD）的上述定义，即"人工智能系统是指一个基于机器的系统，其设计的初衷是在不同的自主级别上运行，部署后可能表现出适应性，并且为了明确或隐含的目标，它会从其接收到的输入中推断出如何产生输出，例如预测、内容、建议或决策，而这些输出可以影响物理或虚拟环境"。[4]

## 二、人工智能概念的解构

为深入理解经济与合作发展组织（OECD）和欧盟《人工智能法案》（AIA）关于人工智能的定义，有必要着重把握其中几个关键的定义要素。

---

[1] 受脑科学研究成果启发的类脑智能蓄势待发，芯片化硬件化平台化趋势更加明显，人工智能发展进入新阶段。参见《国务院关于印发〈新一代人工智能发展规划〉的通知》，载 https://www.gov.cn/gongbao/content/2017/content_5216427.htm，最后访问日期：2024年6月18日。

[2] 例如，中国政法大学数据法治研究院牵头起草的《中华人民共和国人工智能法（学者建议稿）》指出，"人工智能，是指为实现专用或者通用目的，利用计算机模拟人类智能行为，用于预测、建议、决策或者生成内容等用途的技术"。而中国社会科学院法学研究所牵头起草的《人工智能法（示范法）1.0》（专家建议稿）指出，"人工智能，是指以一定自主程度运行，服务于特定的目标，能够通过预测、推荐或决策等方式影响物理或虚拟环境的自动化系统，包括数据、特征、模型、服务提供接口和所嵌入的终端设备等"。显然，这两个定义的侧重点、具体要素等存在差异。

[3] OECD, Explanatory Memorandum on the Updated OECD Definition of an AI System, OECD Artificial Intelligence Papers March 2024 No. 8, p. 4, https://www.oecd-ilibrary.org/docserver/623da898-en.pdf.

[4] European Parliament legislative resolution of 13 March 2024 on the proposal for a regulation of the European Parliament and of the Council on laying down harmonised rules on Artificial Intelligence (Artificial Intelligence Act) and amending certain Union Legislative Acts (COM (2021) 0206-C9-0146/2021-2021/0106 (COD)), https://artificialintelligenceact.eu/wp-content/uploads/2024/02/AIA-Trilogue-Committee.pdf.

(一) 明确的或隐含的目标

人工智能系统的目标设定，一般可以追溯到启动以及参与人工智能系统开发的人类，即使一些技术目标或子目标是隐含的。然而，某些类型的人工智能系统可以自主发展出隐含的目标，乃至有时也为其他人工智能系统设定目标。总之，人工智能系统的目标可以是明确的，也可以是隐含的。具体包括下列类别：①目标由人类明确定义。在此，开发者将目标函数直接编码到人工智能系统中。具有明确目标的人工智能系统包括简单的分类器、游戏系统、组合问题解决系统等。②目标隐含在由人类指定的规则中。在此，规则根据具体情况指示人工智能系统采取相应的行动。例如，人类可以将目标（技术目标）嵌入在驾驶系统的下述规则中，即如果交通灯是红色的，那么就停下来。[1] ③目标隐含在训练数据中。在此，人工智能系统的目标没有被预先编程，而是通过训练数据和系统架构（模型生成）来体现，即系统（模型）通过学习训练数据而形成特定的目标和规则，如奖励大型语言模型以生成合理的响应。从更技术的角度来看，这些系统或模型的学习过程依赖于一个正式定义的损失函数（Loss Function），[2] 该函数衡量系统输出与观察到的人类行为的偏差。然而，损失函数并不表达观察到的行为背后的人类目标。[3] ④目标在事前不完全已知。使用强化学习（机器学习的一种类型）[4] 来逐渐缩小个体用户偏好模型的推荐系统就属于这种类别。

现实中，上述目标可能在人工智能系统中发生重叠，换言之，人工智能系统可以根据一种或多种类型的目标开展运作。需要注意的是，为人工智能系统指定明确的目标可能具有挑战性，因为将设计者的真实目标转化为编程语言（源代码）和机器语言（目标代码）可能存在编译误差、精度不良等问题，进而可能导致系统效率低下，甚至引发意想不到的不利后果。

(二) 接收输入

从人工智能的生命周期来看，人工智能分为"实验室人工智能"和"实践中人工

---

[1] 然而，这些系统的基本目标，如遵守法律或避免事故，通常不是明确的，尽管它们通常是由人类指定的。

[2] 损失函数用于生成针对人工智能系统采取任何给定可用决策或操作的单一整体评估指标，以用于训练目的。通常，人工智能系统训练的目标是使一些验证集示例上的总损失最小化。See EU-U. S. Trade and Technology Council, Terminology and Taxonomy for Artificial Intelligence Second Edition, https://digital-strategy.ec.europa.eu/en/library/eu-us-terminology-and-taxonomy-artificial-intelligence-second-edition.

[3] 这与强化学习方法形成对比，在强化学习中，用于训练的奖励函数（Reward Function）可能会明确地表达人类的最终目标和权衡。

[4] 强化学习（Reinforcement Learning）是机器学习的一个子集，它允许一个给定环境中的人工智能系统优化其行为。系统从其行动产生的反馈信号中学习，如奖励或惩罚，目的是最大化收到的奖励。这些信号是根据给定的奖励函数计算的，该函数构成了系统目标的抽象表示。例如，目标可能是赚取高分的视频游戏分数或最小化工人在工厂中的空闲时间。See EU-U. S. Trade and Technology Council, Terminology and Taxonomy for Artificial Intelligence Second Edition, https://digital-strategy.ec.europa.eu/en/library/eu-us-terminology-and-taxonomy-artificial-intelligence-second-edition.

智能",前者处于人工智能系统的开发设计阶段,后者处于人工智能系统的部署使用阶段。无论处于哪个阶段、属于何种类型的人工智能系统,它们都离不开必要的输入。

在开发设计阶段,输入被用来构建人工智能系统(专用模型或基础模型)。[1] 如果人工智能系统通过符号或逻辑的技术路径来构建,那么输入可以采取人类在开发设计过程中放入系统的知识、规则和代码的形式。如果人工智能系统通过机器学习或神经网络的技术路径来构建,那么输入可以采取数据(数字数据/电子数据)的形式,即机器通过接触训练数据来识别模式和规律、改进性能并通常以自动化的方式生成模型。当然,现实中这两种技术路径及相应模型不是非此即彼的关系,它们可能发生重叠,即同时采用两种技术路径来构建模型。例如,归纳逻辑编程能够从数据中学习并生成符号逻辑表示,而决策树学习则能够通过构建逻辑条件的树状结构来掌握符号逻辑规则。

在部署使用阶段,无论是基于符号(逻辑)还是基于机器学习(神经网络)技术构建的人工智能系统,输入皆是系统有效运作的前提。换言之,一旦没有输入,设计再好、性能再优良的人工智能系统也会陷入"无米之炊"的尴尬境地。在此,输入包括与要执行的任务相关的数据(数字数据/电子数据),如文本数据、图像数据、语音数据、数值数据以及多模态数据等数据,或者呈现为用户提示、搜索查询等形式。

(三)推断输出

一般来说,"推断"既指从已知前提(如事实、规则、模型、特征或原始数据等)进行推理得出结论的过程,也指该过程的结果。在人工智能语境下,推断通常是就"实践中人工智能"而言的,即发生在人工智能系统部署使用阶段,指的是人工智能系统从相关数据、用户提示、搜索查询等输入生成输出的步骤及其结果。[2]

人工智能系统推断或生成的输出,通常反映了系统执行的不同功能或任务。这些功能或任务包括但不限于下列类别:①识别和分类,如将图像、视频、音频、文本识别和划分为特定类别,以及图像分割和对象检测等。②事件检测,如通过特定的数据集来检测模式、异常值或异常现象。③预测,如利用过去和现有的数据预测未来结果。其本质是利用已知值(输入)对未知值(输出)进行猜测,即概率推断。④建议或个

---

[1] 在人工智能背景下,尽管人们对"模型"一词存在不同的解释,但一般来说,模型(包括基础模型)是人工智能系统的核心组件,用于从输入中推断产生输出。模型描述了一种输入到输出的转换,旨在执行人工智能系统的核心计算任务,例如,对图像进行分类、预测序列中的下一个单词,或在给定状态和目标的情况下选择机器人的下一个动作。需要注意的是,虽然人工智能模型的参数在构建阶段会发生变化,但一旦构建阶段结束,在部署后其参数通常保持不变。然而,一些通过机器学习或神经网络方法构建的模型所组成的人工智能系统,可以在初始构建阶段后继续调适,即通过直接与新输入(如数据等)的交互、训练来改进提升其性能。此外,人工智能系统可能会定期更新、重新训练、重新测试并重新部署为新版本。See EU-U. S. Trade and Technology Council, Terminology and Taxonomy for Artificial Intelligence Second Edition, https://digital-strategy.ec.europa.eu/en/library/eu-us-terminology-and-taxonomy-artificial-intelligence-second-edition.

[2] 在"实验室人工智能"情形下,即在人工智能系统的开发设计阶段,一般不涉及"推断",即使涉及"推断",通常也是指在机器学习情境下评估模型的版本,即评估不同的训练数据如何派生出不同的模型。

性化支持，如为个人建立数字画像，并随着时间的推移学习和调整其输出以适应该个人特征；⑤决策以及目标驱动的优化，如为成本函数或预定义目标找到问题的最优解；⑥基于知识结构的推理，如通过建模和模拟推断现有数据中不存在的新结果的可能性。⑦内容生成或交互支持，如解释和创建内容以支持机器与人类之间的对话和其他交互，可能涉及多种媒体，如语音、文本、图像等。[1]

（四）自主性和适应性

人工智能系统的自主性，指的是系统在获得人类赋予的自主权和实现流程自动化之后，能够在无需人类介入的情况下进行自我学习和独立行动的能力程度。也就是说，人工智能系统的自主性具有程度差异，从完全自主到有限自主不等。有限自主的人工智能系统伴随着人类监督，这种监督可以贯穿于人工智能系统的整个生命周期，涵盖规划与设计、数据的收集与处理、模型的构建与使用、验证与确认、部署以及运营与监控等各个环节。[2] 此外，某些先进的人工智能系统甚至能够在未明确描述系统目标，并且没有接收具体人类指令的条件下，自主生成输出。

人工智能系统的适应性，指的是一些系统在部署使用后，能够根据与输入和数据的交互来改变其行为的特点。适应性可能涉及模型权重的改变或模型本身内部结构的改变。对于相同的输入，经过适应性调整后的系统，可能会产生与以前系统不同的结果。自适应学习（Adaptive Learning）的能力通常与采用机器学习技术的系统紧密相关。这类系统在完成初始开发后，仍具有持续进化的能力。它们通过与输入数据和用户行为的直接交互，不断调整和优化自身的行为模式。典型的例子包括能够适应用户个人语音特点的语音识别系统，以及根据用户喜好提供个性化音乐推荐的系统等。人工智能系统可以接受一次性、定期或持续的训练，[3] 并通过分析数据中的模式和关联来执行任务。这种训练过程有时会使系统发展出执行全新推理形式的能力，这些新形式的推理甚至是程序员最初未曾设想到的。

（五）影响物理或虚拟环境

人工智能系统所关联的环境，是一个可通过数据输入或传感器输入进行感知的可观察或部分可观察的空间。人工智能系统基于输出并借助执行器在这个空间内展开行动，从而对环境产生影响。这种环境既可以是物理的，也可以是虚拟的，甚至包括人类活动各个方面的环境。而在这个过程中，传感器和执行器的角色可能由人、机器或

---

〔1〕 See OECD, Framework for the Classification of AI Systems, OECD Digital Economy Papers February 2022 No. 323, pp. 50-51, https：//www.oecd-ilibrary.org/docserver/cb6d9eca-en.pdf.

〔2〕 See OECD, Recommendation of the Council on Artificial Intelligence (OECD/LEGAL/0449), https：//legalinstruments.oecd.org/en/instruments/OECD-LEGAL-0449.

〔3〕 使用机器学习技术改进人工智能系统性能的过程被称为"训练"（Training）。而用于通过拟合可学习参数（包括神经网络的权重和偏差）来训练人工智能系统的数据就叫"训练数据"（Training Data）。See EU-U. S. Trade and Technology Council, Terminology and Taxonomy for Artificial Intelligence Second Edition, https：//digital-strategy.ec.europa.eu/en/library/eu-us-terminology-and-taxonomy-artificial-intelligence-second-edition.

设备的各个组件来扮演。

### 三、人工智能的历史简介

如上所述，在 20 世纪 50 年代，不少科学家、数学家和哲学家心中已经融入了人工智能的抽象概念，提出了诸如"机器能思考吗？"（图灵之问）等引人深思的问题。但是，抽象的思考以及空谈是没有价值的。是什么阻碍了这些思想先驱们的工作？最重要的原因在于，当时的计算机亟需根本性的变革。在 1949 年之前，计算机缺乏智能化的先决条件：它们不能存储命令，只能执行命令。换句话说，人们可以告诉计算机做什么，但计算机不能记住它们做了什么。其次，计算成本极其高昂。在 20 世纪 50 年代初，租赁一台计算机的费用高达每月 20 万美元。只有知名大学和大型科技公司才能在这片未知的深海中徘徊。

1956 年，通过艾伦·纽厄尔（Allen Newell）、克利夫·肖（Cliff Shaw）和赫伯特·西蒙（Herbert Simon）的"逻辑理论家"项目——旨在探究计算机模拟人类思维的潜力，机器思考的概念验证得到了初始化。在许多人看来，"逻辑理论家"是第一个启发式的产生式系统和第一个成功的人工智能程序（它的成功支持了物理符号系统理论，该理论认为智能行为可以通过符号操作来模拟）。该系统在 1956 年的达特茅斯人工智能大会上进行了展示。这次历史性的会议设想了一次伟大的协作努力，将来自不同领域的顶级研究人员聚集在一起，就人工智能进行开放式的讨论。"人工智能"这一术语正是在这次会议上被提出的。遗憾的是，会议没有达到预期目的。人们随心所欲地来来去去，未能就该领域的标准方法达成一致。尽管如此，每个人都饱含信心地认同人工智能是可以实现的。达特茅斯人工智能大会的重要性不容忽视，因为它催化了接下来几十年的人工智能研究。

从 1957 年到 1974 年，人工智能蓬勃发展。计算机可以存储更多信息，变得更快、更便宜、更易于获取和使用。机器学习算法也得到了改进，人们更清晰地认识到应将哪种算法运用于所要解决的问题。艾伦·纽厄尔和赫伯特·西蒙开发的通用问题解决器，以及约瑟夫·魏泽鲍姆（Joseph Weizenbaum）设计的世界上第一个"聊天机器人"伊丽莎（ELIZA），这些早期示例均揭示了人工智能向问题解决、自然语言处理[1]等目标迈进的光明前景。这些成功，以及主要研究人员的倡导，说服了政府和社会各界对人工智能研究的慷慨资助。当时，政府对于能够进行口语转录与翻译，同时具备高通量数据处理能力的机器表现出浓厚的兴趣。乐观情绪高涨，期望值节节攀升。1970 年，马文·明斯基（Marvin Minsky）告诉《生活》杂志："三到八年内，我们将拥有一台具有普通人一般智力的机器。"然而，虽然已经证明了相关的基本原理，但在实现自然语

---

[1] 自然语言处理（NLP），是指处理人类开发和使用的语言的能力，与传统上需要输入计算机软件指令的计算机编程语言相对。

言处理、抽象思维和自我识别的最终目标之前，还有很长的路要走。突破人工智能的初始迷雾后仍存在一堆障碍，其中最大的障碍仍旧是计算能力不足。当时的计算机虽然取得了些许进步，但仍无法存储足够的数据信息，遑论快速地对数据信息进行处理。随着政府和社会各界耐心减弱，资金也减少了，人工智能研究陷入十年"寒冬"时期。

在20世纪80年代，人工智能的发展由两个来源重新点燃：算法工具包的扩展和资金的增加。约翰·霍普菲尔德（John Hopfield）和大卫·鲁梅尔哈特（David Rumelhart）普及了"深度学习算法"技术（即深度神经网络技术），使计算机能够从经验或实例中学习，以根据其训练阶段处理的大量数据做出推断。该技术的主要特点在于其通用性，以及对输入数据进行少量调整或清洗就能做出准确的推断。此外，爱德华·费根鲍姆（Edward Feigenbaum）引入了专家系统,[1] 模仿人类专家的决策过程。该系统通过询问该领域的专家在给定情况下如何响应，并将所有情况都纳入学习，此后非专家就可以使用该系统来获得建议。专家系统被广泛应用于各个行业。作为日本第五代计算机项目（FGCP）的一部分，日本政府为专家系统和其他与人工智能相关的努力提供了大量资金。从1982年到1990年，日本政府投资了4亿美元，目标是革新计算机处理、实施逻辑编程和改进人工智能。不幸的是，大多数雄心勃勃的目标都没有实现，FGCP的资金被切断，人工智能退出了聚光灯。然而，FGCP的间接影响激发了才华横溢的年轻一代工程师和科学家。

讽刺的是，在政府资金和公众炒作缺失的年代里，人工智能蓬勃发展。在20世纪90年代和21世纪初，人工智能的许多标志性目标已经实现。1997年，国际象棋世界冠军加里·卡斯帕罗夫被IBM公司的"深蓝"国际象棋程序击败。同年，由Dragon Systems公司开发的语音识别软件在Windows上实施，这是人工智能朝着自然语言处理目标迈出的又一大步。似乎没有机器无法处理的问题，甚至人类情感也是公平的游戏，正如辛西娅·布雷齐尔（Cynthia Breazeal）开发的能够识别和显示情感的机器人Kismet所证明的那样。此外，尽管机器学习、神经网络、深度学习（深度神经网络）等概念在20世纪中期就已经提出，但这些概念和技术的创新应用在近年来才取得突破性进展。机器学习特别是深度学习，已成为大型语言模型、大型行为模型、多模态模型、生成式人工智能系统乃至通用人工智能系统的技术基石。[2]

事实证明，技术就像凤凰，一次又一次地重塑自己。以往阻碍人工智能发展的数

---

[1] 专家系统（Expert System），指的是通过知识表示技术来编码人类专家知识的自动化系统。专家系统专注于狭窄的任务，并基于"如果–那么"（if-then）规则进行自动化决策。See EU-U. S. Trade and Technology Council, Terminology and Taxonomy for Artificial Intelligence Second Edition, https://digital-strategy.ec.europa.eu/en/library/eu-us-terminology-and-taxonomy-artificial-intelligence-second-edition.

[2] 对人工智能历史更详细的梳理和介绍，参见尼克：《人工智能简史》，人民邮电出版社2017年版；[美]约翰·马尔科夫：《人工智能简史》，郭雪译，浙江人民出版社2017年版；Rockwell Anyoha, The History of Artificial Intelligence, https://sitn.hms.harvard.edu/flash/2017/history-artificial-intelligence/.

据信息存储、计算能力和速度等基本限制，已不再是问题。摩尔定律估计，计算机的内存和速度每两年翻一番。[1] 这正是"深蓝"能够击败加里·卡斯帕罗夫，以及谷歌DeepMind AI 研究实验室创建的 AlphaGo 人工智能程序，能够在 2016 年击败世界顶级围棋选手李世石的原因。

**四、人工智能的当下：生成式人工智能**

进入 21 世纪 20 年代，也就是正在进行的当下，人工智能迎来历史性的"范式突破"和技术进步，其已经从适用于特定任务的系统转向更加灵活且适用于不同领域、行业和任务的系统。驱动这些进步的核心动力是"基础模型"（Foundation Models, FMs），[2] 即一种基于机器学习特别是深度学习技术，在大规模、广泛来源数据集上训练而逐渐形成能够自适应、自学习的复杂模型，其可以适应广泛的下游任务。当前，大多数基础模型的开发均基于 Transformer（转换器）这一深度学习架构，[3] 且呈现出几个共同特征：①基础模型往往包含数以亿计的参数，从而赋予了它们庞大的规模，能够处理复杂的数据集和任务。②尽管基础模型能产生令人瞩目的性能和输出结果，有时甚至超出了开发者的预期，但由于计算过程的复杂性，其输出结果的具体生成逻辑往往难以直观解释。③训练这些基础模型不仅需要庞大的人工智能计算能力、海量的数据资源，还需要专业的技术人才，这些因素共同增加了基础模型的开发成本。

人工智能基础模型的最典型的示例，无疑是 OpenAI 的生成式预训练转换器（GPT）系列。2022 年，OpenAI 推出了 ChatGPT，这是 GPT-3（基础模型）的前端。作为生成式人工智能的典范之作，ChatGPT 可根据最终用户的提示或询问生成复杂、连贯和上下文相关的文本、图像、视频、音频乃至软件代码、合成数据、设计和艺术等。ChatGPT 的声名鹊起和广受欢迎，为生成式人工智能的发展和产品发布打开了大门。Google 的 Gemini、Microsoft 的 Copilot、IBM 的 watsonx.ai、Meta 的 Llama-2、百度的文

---

[1] 摩尔定律是计算机科学和电子工程领域的一条经验规律，由英特尔公司创始人之一戈登·摩尔（Gordon Moore）在 1965 年提出。其核心内容是：集成电路上可容纳的晶体管数目，约每隔 18~24 个月便会增加一倍，性能也将提升一倍。换言之，处理器的性能大约每两年翻一倍，同时价格下降为之前的一半。这一定律揭示了信息技术进步的速度。

[2] 英国竞争和市场管理局（CMA）对人工智能基础模型进行了深入的研究。See U. K. CMA，AI Foundation Models Initial Report（18 September 2023），https：//assets.publishing.service.gov.uk/media/650449e86771b90014fdab4c/Full_Non-Confidential_Report_PDFA.pdf；U. K. CMA，AI Foundation Models Technical update report（16 April 2024），https：//assets.publishing.service.gov.uk/media/661e5a4c7469 198185bd3d62/AI_Foundation_Models_technical_update_report.pdf.

[3] 该架构由一篇名为《注意力是你所需全部》的论文首次提出（Ashish Vaswani et al.，Attention Is All You Need，https：//arxiv.org/pdf/1706.03762v5）。这篇论文由谷歌机器翻译团队撰写，并于 2017 年在 NIPS 会议上发表。它标志着注意力机制（Attention Mechanism）在自然语言处理（NLP）领域的一个重大突破，通过引入全新的 Transformer 模型架构，显著提高了机器翻译任务的性能。论文的核心思想是利用自注意力（Self-Attention）机制来捕捉输入数据中的内在关系，无需依赖传统的循环神经网络（RNN）或卷积神经网络（CNN）结构。然而，随着技术的不断发展，可能会发现用于开发基础模型的新算法或架构。

心一言、科大讯飞的讯飞星火等生成式人工智能产品相继发布，当下更多的竞品和创新都在以惊人的速度推进。

简要来讲，生成式人工智能，是一种能够根据用户提示或请求创建原始内容（如文本、图像、视频、音频、软件代码等）的人工智能系统。[1] 生成式人工智能的核心驱动力在于深度学习模型，这是一种模拟人类大脑学习和决策机制的复杂机器学习架构。这些模型通过识别并编码海量数据中的内在模式和关联来运作，进而利用这些信息解析用户的自然语言请求或问题，并以高度相关的新颖内容作为响应。从生命周期来看，生成式人工智能的运行主要分为以下三个阶段：[2]

1. 通过训练创建一个基础模型

生成式人工智能始于一个基础模型——这是一个深度学习模型，可作为多种不同类型的生成式人工智能应用的基础。目前最常见的基础模型是大型语言模型（LLM），[3] 专为文本生成应用而创建，但也有用于图像生成、视频生成以及声音和音乐生成的基础模型，以及可以支持多种内容生成的多模态模型。[4] 为了创建一个基础模型，开发者会在大量的原始、非结构化、未标记的数据上训练深度学习算法，例如，从互联网或其他大型数据源中筛选出的太字节乃至拍字节的训练数据。在训练过程中，算法会执行和评估数百万个"填空"练习，尝试预测序列中的下一个元素，如句子中的下一个单词、图像中的下一个元素、代码行中的下一个命令，并不断调整自身以最小化其预测与实际数据（或"正确"结果）之间的差异。这种训练将形成汇聚庞大参数[5]的神经网络（Neural Network）[6]——数据中实体、模式和关系的编码表示，进而可以根据输入或提示自主生成内容。毋庸讳言，基础模型的训练是计算高度密集的

---

[1] 我国《生成式人工智能服务管理暂行办法》第 22 条第 1 项规定："生成式人工智能技术，是指具有文本、图片、音频、视频等内容生成能力的模型及相关技术。"

[2] See Cole Stryker & Mark Scapicchio, What is Generative AI?, https://www.ibm.com/topics/generative-ai.

[3] 大型语言模型是一种基于海量文本数据训练的深度学习模型，它使用多个转换器（Transformer）模型作为底层架构，这些转换器模型本质上是一组具有自注意力功能的神经网络。这些神经网络通过学习大量文本数据中的语言规律和知识，能够实现自然语言生成、理解和对话等功能。

[4] 多模态模型结合了多种感知和理解能力技术，旨在实现计算机系统对多种模态（包括视觉、语言、声音等）的理解和生成。简言之，多模态模型是指覆盖一种以上输入或输出的模型。

[5] 参数是训练模型的基础组件，它们定义了模型如何将输入转换为输出。在训练过程中，模型通过调整参数来优化其性能。参数由两部分组成：权重（Weights）和偏差（Biases）。权重是模型参数中最核心的部分，它们反映了输入特征对于推断输出的重要性。偏差是另一个重要的参数，它们为模型的输出添加了一个可调整的偏移量。

[6] 神经网络由一个或多个由加权链接（Weighted Links）连接的神经元层组成，这些链接具有可调整的权重。神经网络接收输入数据，并通过网络传递数据来产生输出，每个神经元执行简单的计算。尽管一些神经网络旨在模拟神经系统中生物神经元的功能，但人工智能中的大多数神经网络只是从生物学中获得松散灵感的工程工具。See EU-U. S. Trade and Technology Council, Terminology and Taxonomy for Artificial Intelligence Second Edition, https://digital-strategy.ec.europa.eu/en/library/eu-us-terminology-and-taxonomy-artificial-intelligence-second-edition.

过程，既耗时又昂贵：它需要数千个集群的图形处理器（GPU）[1]和数周的处理时间，所有这些加总在一起通常要花费成百上千万乃至数亿美元。然而，开源的基础模型，如 Meta 的 Llama-2，使生成式人工智能开发人员能够避免这一步骤并节省不菲的成本。

2. 模型的调适和优化

经过训练形成的模型，尽管对许多类型的内容都有了解，但可能无法以最终用户期望的精度或保真度生成特定类型的输出。为此，必须对模型进行调适和优化以适应特定的内容生成任务。这可以通过"微调"（Fine-tuning）或者"带有人类反馈的强化学习"（Reinforcement Learning with Human Feedback）的方式来完成。微调涉及向模型提供特定于内容生成应用程序的标记数据，即应用程序可能会收到的问题或提示，以及所需格式的相应正确答案。例如，如果一个开发团队正在尝试创建一个客户服务聊天机器人，他们会创建数百或数千个包含标记客户服务问题和正确答案的文档，然后将这些文档提供给模型。微调是劳动密集型的，开发人员经常将任务外包给拥有大型数据标记工作团队的公司。与之不同，在带有人类反馈的强化学习中，人类用户对生成的内容做出反应，模型可以使用这些反应来更新模型以提高准确性或相关性。通常，带有人类反馈的强化学习涉及人们对同一提示的不同输出进行"打分"，但也可以直接通过与聊天机器人或虚拟助手交谈来纠正其输出。

3. 生成、评估和反复的调适优化

开发人员和用户持续评估其生成式人工智能应用的输出，并进一步调适优化模型，甚至每周都会进行一次，以提高其准确性和相关性。相比之下，基础模型本身的更新频率要低得多，可能每年或每 18 个月更新一次。提高生成式人工智能应用性能的另一种选择是"检索增强生成"（Retrieval Augmented Generation）。检索增强生成是一个框架，用于扩展基础模型，以使用训练数据之外的相关数据源来补充和完善原始模型中的参数或表示。检索增强生成可以确保生成式人工智能应用始终能够访问最新的数据信息。此外，通过检索增强生成访问的额外数据源对用户来说是透明的，而原始基础模型中的数据信息以及知识则不是。

生成式人工智能的运用伴随着风险和挑战，例如，它们可能导致"幻觉"（Hallucination）[2]和其他不准确的输出，输出不一致，歧视或偏见，缺乏可解释性，威胁数

---

[1] 1999 年，NVIDIA 推出了第一款图形处理器（GPU）GeoForce。GPU 最初是为视频游戏提供流畅的动态图形而开发的，后来成为开发人工智能模型和挖掘加密货币的实际平台。

[2] 幻觉，也称虚构（Confabulation），指的是生成式人工智能系统生成对用户来说看似合理但却不准确或虚假的回应。例如，幻觉或虚构可以是编造错误的历史或传记信息。人工智能的幻觉或虚构是统计预测、重复训练数据或模式的结果。See EU-U. S. Trade and Technology Council, Terminology and Taxonomy for Artificial Intelligence Second Edition, https：//digital-strategy. ec. europa. eu/en/library/eu-us-terminology-and-taxonomy-artificial-intelligence-second-edition.

据安全、隐私和知识产权，深度伪造（Deep Fake）[1]等风险挑战。但总体而言，生成式人工智能为个人和组织带来了巨大的生产力效益。由于它可以根据需求生成内容和答案，因此可以加速或自动化劳动密集型任务、降低成本，并为个人和组织腾出时间进行更高价值的工作。据统计，全球专门针对生成式人工智能的投资从2022年占AI风险投资总额的1%（13亿美元）增长到2023年的18.2%（178亿美元）。[2] 根据麦肯锡咨询公司的研究，1/3的组织已经至少在一个业务功能中经常使用生成式人工智能，而到2026年，预计超过80%的组织将部署生成式人工智能应用程序或使用生成式人工智能应用程序编程接口（API）。[3]

**五、人工智能的未来：通用人工智能**

不容否认，像ChatGPT这样的生成式人工智能是AI发展历程中一次巨大的飞跃。但是，它们本质上只是预测机器（尽管可能是性能卓越的预测机器），远远不是能够全面模拟人类智能及其行为甚至能够自主思考（反思）的机器，因而生成式人工智能的出现，仅仅是朝着通用人工智能（Artificial General Intelligence，AGI）迈出的一小步。也正因此，生成式人工智能仍属于"弱人工智能"的范畴。所谓弱人工智能，又称限制领域人工智能或者应用型人工智能，指的是不能真正推理和解决广泛问题的机器或系统，这些机器或系统只是在行为上表现出"具有人类智能"的特点，但是并不真正拥有智能，也没有自主意识。不过，它们能够解决某个特定领域内的问题，并且在特定领域内，可能拥有远远超出人类水平的能力。不同的是，通用人工智能在创造力、逻辑推理、感官知觉和其他能力方面已经达到人类智能水平（甚至远超出人类智能水平），也就是说，它们满足了图灵测试，具有与人类无法区分的认知和情绪能力，甚至可能能够有意识地理解自己行为的含义。在此意义上，通用人工智能属于"强人工智能"的范畴。所谓强人工智能，指的是具备常识、规划和学习能力以及使用自然语言与人类交流的能力，能够基于不确定性因素做出决策并自行推理和解决广泛问题的机器或系统。质言之，强人工智能本身就有思维、知觉、自我意识，有自己的价值观和世界观体系的存在。在某种意义上，强人工智能可以被视为一种新的文明。[4]

就目前的情况看，通用人工智能仍停留在理论构想层面，在现实中无从觅迹。虽然越来越多来自各个学科的专家参与到实现通用人工智能系统的辩论中，但他们对相

---

[1] 深度伪造，指的是人工智能生成或操控的图像、音频、视频等内容，类似于现有的人物、物体、地点或其他实体或事件，并且会使人误认为其是真实的。

[2] See OECD, The Future of Artificial Intelligence, OECD Digital Economy Outlook 2024 (Volume 1), https://www.oecd-ilibrary.org/sites/473ed143-en/index.html?itemId=/content/component/473ed143-en.

[3] Quoted from Cole Stryker & Mark Scapicchio, What is Generative AI?, https://www.ibm.com/topics/generative-ai.

[4] 参见许春艳等主编：《人工智能导论（通识版）》，电子工业出版社2022年版，第16~18页。

关的基础概念和关键术语的理解、认识、预测和观点等却大相径庭。由此可见，通用人工智能是一个极具争议的概念。[1] 然而，"人工智能"概念被提出之初，其核心目标之一就是开发通用人工智能。通用人工智能现世之日，也是"智能爆炸"或者"技术奇点"来临之时。早在1965年，数学家欧文·古德（Irving J. Good）就写道，"第一个超级智能机器是人类要创造的最后一个发明"。[2] 怀着此种追求，当下专家们更多的是争论通用人工智能是否能够开发出来，以及何时实现。许多行业领袖预测，通用人工智能在未来几十年能够实现，部分人则认为在21世纪都不可能实现。有趣的是，即使存在重大争议，数百个人工智能专家还煞有介事地进行了问卷调查。结果显示：参与者认为，通用人工智能在2022年能够实现的概率是10%，在2040年能够实现的概率是50%，在2075年能够实现的概率则高达90%。[3]

从技术的角度看，通用人工智能的开发依赖于集成式的重大创新和突破，至少需要人工智能系统掌握以下八个方面的能力：

1. 视觉感知

人工智能系统在实现类似人类的感官感知方面还有很长的路要走。例如，通过深度学习训练的人工智能系统在色彩一致性的辨识方面仍然表现不佳。一些自动驾驶汽车曾被红色停车标志上的小块黑色胶带或贴纸所欺骗，做出了错误且可能危险的决定。

2. 音频感知

人类几乎不费吹灰之力就能通过声音来确定环境的空间特性。然而，受到硬件和软件的限制，人工智能系统在提取和处理声音方面的能力则较为有限。此外，即使人工智能系统配备了顶级扬声器、麦克风和算法，它们在解读声音方面的表现也不如人类。

3. 精细运动技能

人工智能驱动的机器人可以是与人类相连的机械化肢体、机器底座、编程的人形机器人，但它们尚未达到精细的运动技能，以至于人类还不完全信任它们能够为我们的亲人独立操刀手术。但它们正在接近这一目标。如在2019年，OpenAI公司利用强化学习和一种称为自动域随机化（Automatic Domain Randomization）的新技术，让机器人得以在4

---

[1] 例如，在我国哲学家赵汀阳教授看来，人工智能的要害不在于运算能力，而在于反思能力。人工智能具备反思能力（即成为强人工智能或超级人工智能）意味着技术奇点来临，然而目前来看，人工智能发生质变的奇点还很遥远，预言家们往往夸大其词。参见赵汀阳：《人工智能的神话或悲歌》，商务印书馆2022年版，第139页。与此认识不同，美国国家科学技术委员会的专家认为，AI可能需要几十年的时间才能达到通用人工智能的水平。See Executive Office of the President National Science and Technology Council Committee on Technology, Preparing for the Future of Artificial Intelligence（October 2016）, https：//obamawhitehouse.archives.gov/sites/default/files/whitehouse_files/microsites/ostp/NSTC/preparing_ for_the_future_of_ai.pdf.

[2] 转引自［英］瑞恩·艾伯特：《理性机器人：人工智能未来法治图景》，张金平、周睿隽译，上海人民出版社2021年版，第24页。

[3] See Vincent C. Müller & Nick Bostrom, "Future Progress in Artificial Intelligence: A Survey of Expert Opinion", in Vincent C. Müller ed., *Fundamental Issues of Artificial Intelligence*, Springer, 2016, p. 563.

分钟的时间内玩转并还原了魔方。

4. 自然语言处理

为了与人类认知水平相媲美,人工智能系统需要全面理解人类的信息来源,如书籍、文章、音乐、视频等。人工智能系统还需要基于人类水平的一般知识和常识来运作。当人与人交流时,有大量信息是假定存在但并未说出的(即不加言明的情境信息或默会的知识),人工智能系统需要填补这些空白。生成式人工智能系统已经展示了自然语言处理能力的改进,但它们仍然缺乏真正的对上下文的理解。这些模型依赖于大型数据集中的统计模式和相关性来生成文本,而不是真正理解所传达信息的含义和细微差别。

5. 问题解决

人工智能系统需要能够诊断并解决问题,如识别灯泡是否熄灭并更换它。为了成功做到这一点,人工智能系统需要一定程度的常识或运行模拟以确定可能性、合理性和概率的能力。人工智能系统还应该能够从其环境和经验中学习,并在没有人类明确编程的情况下适应新情况。

6. 导航

全球定位系统(GPS)、同时定位与地图构建(Simultaneous Localization and Mapping,SLAM),目前主要用于自动驾驶汽车和机器人清洁工)等功能相结合,已经使人工智能系统的导航能力取得了良好的进展。但是,要创建无需人类引导即可自主导航的人工智能系统,仍需要多年的努力。

7. 创造力

科幻幻想认为人工智能系统不仅将达到人类水平的智能,而且将大幅超越人类水平的智能。要实现这一点,人工智能系统需要重写自己的代码。这要求它们理解人类为构建它们而编写的海量代码,并找到改进这些代码的新方法。ChatGPT可能能够创作十四行诗,但它尚未准备好与人类的创造力水平相竞争。

8. 社交和情感参与

要使机器人和人工智能系统成为真实存在的"主体",人类应愿意与它们交流和互动。机器人需要能够解读人类面部表情和语调的变化,以揭示潜在的情绪。一些人工智能系统已经可以在一定程度上做到这一点。例如,一些呼叫中心的人工智能系统可以在人类提高声音时判断他们处于困境中。但事实上,人类自身在正确识别情绪方面尚且存在困难,创生具有同理心、同情心的人工智能系统仍然是一个遥远的期望。[1]

---

[1] See McKinsey & Company, What is Artificial General Intelligence(AGI)?(March 21, 2024), https://www.mckinsey.com/featured-insights/mckinsey-explainers/what-is-artificial-general-intelligence-agi#/.

## 第二节 人工智能的价值链和核心要素

人工智能的价值链暨生命周期，一般分为规划与设计、数据收集与处理、模型构建与使用、验证与确认、部署以及运营与监控等环节。其中涉及大量人工智能参与者，主要包括人工智能知识或资源的供应商，参与人工智能设计、开发、部署、运营、监控的相关主体，以及人工智能系统的用户。算法（模型）、数据、算力是人工智能开发设计和部署使用过程中的三大基本要素。三者相辅相成，共同构筑人工智能发展的基石，推动人工智能技术的创新发展和拓展应用。

### 一、人工智能的价值链和主要参与者

人工智能的价值链[1]虽然不像传统市场领域那样线性，但仍然可以区分出不同的层级。经济与合作发展组织（OECD）发布的《人工智能委员会建议》，将人工智能的价值链暨生命周期，分为以下几个阶段：①规划和设计；②收集和处理数据；③构建模型或使现有模型适应特定任务；④测试、评估、验证和确认；⑤提供使用或部署；⑥运营和监控；⑦退役或停用。[2] 实际上，这些阶段通常以迭代的方式进行，并不一定按顺序依次进行。例如，人工智能的设计（微调）可能会在下游部署使用系统后反复进行（即在部署使用后通过训练对系统反复进行调适优化），以持续提升人工智能的性能。再如，在运营和监控阶段，可能因风险防范的需要而对人工智能进行测试、评估、验证，乃至做出停用人工智能的决定。

进一步看，上述各个阶段涉及大量不同角色的人工智能参与者（AI Actors），主要有三类：[3] ①人工智能知识或资源的供应商。所谓"人工智能知识"，指的是理解和参与人工智能价值创造和传递（系统生命周期）所需的技能和资源，如数据、代码、算法、模型、研究、专有技术、培训计划、治理、流程审计和监控等。这类参与者主要包括数据集创建者和管理者，为二次公共使用开发预打包代码和人工智能应用程序

---

[1] 价值链，也称产业价值链，是指从原材料获取、产品生产、加工、销售到最终消费，各环节企业通过分工合作形成的价值创造与传递链条。这个链条不仅涵盖了产品的制造和流转，还涵盖了服务、技术、信息等多元价值的整合与增值过程。参见何文章：《企业能力视角下产业价值链价值创造研究》，东北大学出版社2017年版，第9~15页。

[2] See OECD, Recommendation of the Council on Artificial Intelligence (OECD/LEGAL/0449), https://legalinstruments.oecd.org/en/instruments/OECD-LEGAL-0449.

[3] See OECD, Advancing Accountability in AI: Governing and Managing Risks Throughout the Lifecycle for Trustworthy AI, 2023, pp. 22-24, https://www.oecd-ilibrary.org/docserver/2448f04b-en.pdf.

的开源社区（包括大型科技公司），以及人工智能系统组件[1]的供应商和分销商等。②参与人工智能设计、开发、部署、运营、监控的相关主体。在"规划和设计"阶段，参与者包括管理人员和利益相关者，他们参与定义系统的目标、预期效果、最终用户和基本假设，以及识别系统应用情境中的法律和道德要求。在"收集和处理数据"阶段，参与者包括负责数据收集、清洗、标记、完整性和质量检查以及记录数据集特征的数据收集者和处理者，他们可能是数据科学家、数据工程师、领域专家等。在"构建模型或使现有模型适应特定任务"阶段，参与者包括选择算法、创建模型以及训练、校准和使用模型的开发人员、建模人员，他们可能是模型工程师、数据科学家、领域专家等。在"测试、评估、验证和确认"阶段，参与者包括从事模型测试和调适优化的开发人员、建模人员、审计人员、认证人员，他们可能是模型工程师、数据工程师、治理专家等。在"提供使用或部署"阶段，参与者包括将系统推向市场的供应商，或参与试点部署人工智能系统、检查与旧系统的兼容性、确保合规性、管理组织变革、评估用户体验等的系统集成商。其间涉及开发人员、系统和软件工程师、测试人员、管理人员和领域专家等的协同合作。在"运营和监控"阶段，参与者包括系统操作员和监控员，他们可能是治理专家、管理人员、领域专家、系统及软件工程师等，负责根据系统的目标和运营的道德、法律要求，持续评估系统的输出和影响（无论是预期的还是非预期的）。"人在回路"（Human-in-the-loop）的方法在这一阶段至关重要。[2]③人工智能系统的用户。人工智能系统的用户是使用该系统来完成特定任务或目标的个人或组织，包括从第三方、开发人员、供应商或承包商处获取人工智能模型、产品或服务的采购者。例如，使用人工智能进行疾病诊断的医生、将人工智能嵌入行政或安全任务的公共管理部门，以及部署人工智能以提高垄断行为风险监测预警能力的反垄断执法机构。

以上分析可见，在人工智能的价值链或生命周期中，涉及众多主体的参与和大量要素的投入。其中核心的要素，即任何人工智能系统的开发设计和部署使用都不可或

---

[1] 人工智能系统组件主要包括输入组件、处理组件、输出组件、辅助组件等。①输入组件包括数据获取组件（负责从不同来源收集数据，例如从数据库读取数据、从API获取数据等）、预处理组件（对收集的数据进行初步整理，包括去噪、标准化、归一化等操作）等。②处理组件包括机器学习组件（如支持向量机、决策树、随机森林等机器学习算法，它们是构建人工智能模型的基础，通过训练数据来生成模型）、深度学习组件（用于构建和训练卷积神经网络、循环神经网络等深度神经网络，它们通常需要大量的计算资源，通过多层次的网络结构提取高级特征）等。③输出组件包括可视化工具（将处理结果以图表或图形的形式展示出来，帮助用户直观理解输出结果）、报告生成器（自动生成包含关键信息和结论的报告，供非技术人员阅读和参考）等。④辅助组件包括数据存储组件（用于存储和管理数据，保证数据的高效读写，为大规模数据处理提供支持）、系统管理组件（负责协调各个组件的工作，监控整个系统的运行状态，确保系统的稳定性和可靠性）等。

[2] "人在回路"是指在机器学习、自动驾驶、自动化决策等人工智能运用场景中，要求人类的介入，以保证人工智能模型和系统的安全性、可靠性和可持续性。换言之，"人在回路"意味着，即使技术已经能够自动化完成所有感知、决策和执行过程，仍然需要人类作为人工智能系统运行的把关者。See Fabio Massimo Zanzotto, Human-in-the-loop Artificial Intelligence, http://arxiv.org/pdf/1710.08191.

缺的要素，归纳起来有三项，即算法（模型）、数据、算力。此三者相辅相成，共同构筑人工智能发展的基石，推动人工智能技术的创新发展和拓展应用。

**二、人工智能的核心要素之一：算法（模型）**

无论在开发设计阶段，还是在部署使用阶段，算法（模型）都是人工智能系统的核心，甚至是人工智能的"灵魂"和"根本"所在。[1] 所谓算法（Algorithm），是指在计算或其他问题解决操作中遵循的一组有限的规则或指令，即在有限步骤内解决问题的程序。简言之，算法是对解决问题方案的准确而完整的描述，它是一系列解决问题的清晰指令，这些指令能够指导人们或者计算机按照特定的步骤去解决问题，从而得到所期望的输出结果。[2]

事实上，算法在各个领域都发挥着至关重要的作用，并具有多种应用。[3] 在数学中，算法用于解决数学问题，如找到线性方程组的最优解或者通过不断缩小搜索区间来求解方程的根。在运筹学中，涉及运输、物流和资源配置等领域，算法被用于优化决策和方案改进。在数据科学中，涉及市场营销、金融和医疗保健等领域，算法可用于分析、处理大量数据并提取有价值的见解。在计算机科学中，算法是计算机编程的基础，用于解决从简单的排序和搜索到复杂任务（如人工智能和机器学习）的各种问题。作为计算机科学的子领域，人工智能特别是机器学习与算法具有更加紧密的联系。算法是人工智能和机器学习的基础，它是实现训练过程的方法，定义了如何从输入数据中学习并形成模型，从而开发出可以执行图像识别、自然语言处理、预测和决策等任务的智能系统。由于算法决定了数据的处理方式和优化步骤，因此直接影响模型的学习效果和人工智能系统的性能。

在人工智能系统的开发设计中，常被用来训练数据和生成模型的算法主要有两类：第一类是机器学习算法，主要包括线性回归（Linear Regression）、逻辑回归（Logistic Regression）、支持向量机（Support Vector Machine，SVM）、K-最近邻（K-Nearest Neighbors，KNN）、决策树（Decision Tree）、朴素贝叶斯（Naive Bayes）、K-均值（K-Means）、随机森林（Random Forest）等。这些机器学习算法是构建人工智能模型的基础，它们通过训练数据、识别数据中的模式和规律来生成模型。第二类是深度学习算法（机器学习算法的重要前沿子集技术），主要包括卷积神经网络（Convolutional Neu-

---

[1] 参见［美］伍德罗·巴菲尔德、［意］乌戈·帕加洛：《法律与人工智能高级导论》，苏苗罕译，上海人民出版社2022年版，第19页。

[2] 所有算法，无论多复杂，都能分解为以下三种逻辑运算：且，或，非。利用不同的符号来代替"且""或""非"运算，简单的算法就可以用图表来表示。参见［美］佩德罗·多明戈斯：《终极算法：机器学习和人工智能如何重塑世界》，黄芳萍译，中信出版社2017年版，第4页。

[3] 在任何领域里，算法都可以改变人类的生活。例如，在对人类基因的研究方面，就可能因为算法而出现新的医疗方式。在国家安全领域，有效的算法能避免下一个9·11事件的发生。在气象方面，算法可以更好地预测未来气象灾害的发生，以拯救生命。

ral Network，CNN)、循环神经网络（Recurrent Neural Network，RNN)、长短时记忆网络（Long Short-Term Memory，LSTM)、门控循环单元（Gated Recurrent Unit，GRU)、生成对抗网络（Generative Adversarial Network，GAN)、深度信念网络（Deep Belief Network，DBN)、自编码器（Autoencoder)、变分自编码器（Variational Autoencoder，VAE)、Transformer或注意力机制（Attention Mechanism）等。这些深度学习算法通过多层次的神经网络模拟人脑神经元的连接，即在多层次的网络结构中学习和提取数据中的高级特征、模式和规律，从而实现复杂的任务处理能力。

进一步讲，算法是构建模型的基础，没有合适的算法，就无法从数据中学习并构建出有效的模型。就其本质而言，模型仍是一种"算法"，只不过这种算法（模型）变成了聚焦特定场景的应用导向型算法。尽管模型源出于算法，二者之间具有千丝万缕、无法割裂的联系，但它们之间的差别也很明显。主要体现在以下三个方面：①算法是通用的，可以用于处理多种任务和数据集；而模型是针对特定任务和数据集训练生成的，因此更具特异性。②在训练阶段，算法会处理数据并调整模型的参数以最小化预测或推断错误；在应用阶段，训练好的模型会用于处理新的、未见过的数据，以进行预测或决策。③算法可以根据需要随时进行更新或优化，以改进模型的性能；而模型一旦训练完成，其参数和结构就相对固定了（模型的性能高度依赖于训练数据和所用的算法），除非进行再训练或再微调。总而言之，在人工智能语境下，算法是构建和优化模型的基础工具和方法论，而模型则是算法应用于处理特定数据集后形成的新算法——即算法的目标是使学到的新算法（模型）有效地适用于新数据集而非仅仅在训练数据集上表现良好，亦即使新算法（模型）具备更优的泛化能力。[1]

当下，世界各国的科技公司和研发机构展开了激烈的模型竞争，特别是基础模型（FMs）竞争。例如，OpenAI推出的GPT系列、Meta推出的Llama系列、Google推出的BERT系列、bigscience推出的BLOOM系列、Stanford大学基于开源的Llama推出的Alpaca系列，以及国内科大讯飞推出的讯飞星火认知系列、百度推出的文心一言系列、华为推出的盘古系列、阿里巴巴推出的Qwen-Max系列，等等。这些基础模型（即"大模型"）的共同特点在于，它们可以适应广泛的下游任务，并不局限于特定的应用领域；并且通常包含数十亿个参数，蕴含复杂的计算过程，这不仅使它们的输出结果难以解释，而且使它们的开发成本异常高昂。[2]据报道，GPT-4使用了数万亿字的文

---

[1] 泛化能力（Generalization）指的是一个模型对于在训练过程中未曾见过的数据的表现能力。在机器学习和深度学习中，泛化能力是衡量模型性能的重要指标之一。简单来说，模型的最终目标是能够处理实际应用中的各种未知数据。一个具有良好泛化能力的模型能够在新数据集上做出准确的预测或分类，而不是仅仅在训练数据集上表现良好。

[2] See Sabrina Küspert, Nicolas Moës, Connor Dunlop, The Value Chain of General-Purpose AI: A Closer Look at the Implications of API and Open-Source A accessible GPAI for the EU AI Act, https://www.adalovelaceinstitute.org/blog/value-chain-general-purpose-ai/.

本和成千上万的强大计算机芯片进行训练，这一过程耗资超过1亿美元。[1] 此外，根据基础模型大小和使用的硬件，训练基础模型涉及大量时间投入，可能需要20到90天。[2] 基础模型可以是专有的，也可以是开源的。据斯坦福大学的报告，在全球2023年发布的149个基础模型中，有98个是开源的。[3] 开源模型中最具代表性的无疑是Meta推出的Llama系列。依赖该等开源模型，人工智能系统的开发人员不需要访问先进的计算硬件和大型数据集，也不需要从一开始就承担训练基础模型的高昂成本。换言之，开源基础模型更有利于促进人工智能产业的发展，进而可以为解锁跨领域、跨行业的创新和生产力提升带来更多机会和更光明的前景。

**三、人工智能的核心要素之二：数据**

数据是人工智能的"原材料"和"生命线"，贯穿于人工智能系统开发设计、调适优化、部署使用等各个环节。正所谓"垃圾进，垃圾出"，基于多源、实时、量大且质优（乃至独特）的数据的训练，模型可以学习到更多的特征、模式和规律，从而提高人工智能系统的性能，增进系统预测和决策的准确性。也就是说，为了得到有用的模型，必须提供足够可靠的数据来填充模型的参数或层（Layers）。因此，在训练开始之前，开发人员往往需要清洗数据，移除任何不需要的元素，并将其转换为适当的格式，如转换为标记，有时还需要添加标签或结构。

近年来，随着生成式人工智能、大型语言模型、大型行为模型（LBM）[4] 等的兴起，训练人工智能系统所需的数据的需求显著增加。训练这些基础模型一般需要多少数据量，目前尚无确切的答案。一些研究者认为，数据在人工智能模型中占据至关重要的地位，甚至模型70%左右的价值来源于数据。[5] 然而，OpenAI公司的首席执行官萨姆·奥特曼（Sam Altman）近期却指出，开发巨型人工智能模型的竞赛已经结束，对更多数据需求的趋势可能也已经结束（即投入更多数据对于基础模型开发而言可能是边际收益递减的）。[6] 甚至，斯坦福大学的研究报告显示，高质量的语言数据可能

---

[1] See OpenAI's CEO Says the Age of Giant AI Models is Already Over（Apr. 17, 2023），https：//www.wired.com/story/openai-ceo-sam-altman-the-age-of-giant-ai-models-is-already-over/.

[2] See U.K. CMA, AI Foundation Models Initial Report（18 September 2023），p. 13, https：//assets.publishing.service.gov.uk/media/650449e86771b90014fdab4c/Full_Non-Confidential_Report_PDFA.pdf.

[3] See Stanford University Human-Centered Artificial Intelligence（HAI），Artificial Intelligence Index Report 2024, https：//aiindex.stanford.edu/report/.

[4] 大型行为模型（LBM）是在大量观察到的人类动作和运动数据集上训练来创建的，它使得机器人能够模仿人类的动作和运动，从而执行广泛的任务。

[5] See Stefan Hunt et al., You Are What You Eat：Nurturing Data Markets to Sustain Healthy Generative AI Innovation, https：//www.keystone.ai/wp-content/uploads/2023/11/NURTURING-DATA-MARKETS-TO-SUSTAIN-HEALTHY-GENAI-INNOVATION-Stefan-Hunt-Wen-Jian-Aman-Mawar-Bartley-Tablante-2.pdf.

[6] See OpenAI's CEO Says the Age of Giant AI Models is Already Over（Apr. 17, 2023），https：//www.wired.com/story/openai-ceo-sam-altman-the-age-of-giant-ai-models-is-already-over/.

在2024年耗尽，而其他形式的数据将在未来几十年内耗尽。[1] 这意味着，高度依赖数据投入和驱动的基础模型开发模式可能会逐步迎来"范式转型"。[2]

尽管数据的重要性在将来有可能减弱，但对于模型训练、调优（微调）[3]以及人工智能系统的运转而言，没有数据是万万不行的。实际上，就目前的经验证据来看，训练数据的数量是开发高性能模型的重要因素，通过等比例扩大模型大小和训练数据量，可以使模型达到最佳训练效果。[4] 概言之，数据是人工智能价值链各环节不可或缺的原料。这些数据有以下几种来源：

1. 从互联网上"抓取"公开可用的数据（即网络爬虫数据）[5]

这类数据构成训练数据集的主体部分。迄今为止开发的许多知名基础模型，如GPT（OpenAI）、LLaMA（Meta）等，都主要是基于网络爬虫数据等免费来源的数据进行训练的。由于搜索引擎服务建立在强大的网络索引能力的基础上，因此搜索引擎供应商可能在获取更大体量、更高质量的网络爬虫数据方面具有天然优势。

2. 其他开源数据集

用于模型训练的公开数据除网络爬虫数据外，还包括其他开源数据集，其中最具代表性的就是政府免费开放的公共数据。近年来，包括我国在内的美国、英国、加拿大、新西兰等各国政府陆续建立公共数据开放平台，这对于推动基础模型和人工智能系统的研发设计和部署利用具有重要的积极意义。

3. 己方控制的数据

这类数据是研发设计和部署利用人工智能系统的企业或机构所控制的数据，竞争对手可能无法轻易获取此类数据。因此这可能导致模型及其参数的差别性、特异性乃至竞争优势。

4. 第三方控制的数据

当数据由第三方（包括竞争对手）控制而非自己控制时，开发设计和部署使用人

---

[1] See Stanford University Human-Centered Artificial Intelligence (HAI), Artificial Intelligence Index Report 2024, https：//aiindex.stanford.edu/report/.

[2] 实际上，目前已经有一些技术发展，支持在较少的数据训练的基础上生成参数更少但性能强大的模型。See Christophe Carugati, Competition in Generative Artificial Intelligence Foundation Models, https：//www.bruegel.org/sites/default/files/2023-09/WP%2014.pdf；Edward Hu et al., LoRA：Low-Rank Adaptation of Large Language Models, https：//arxiv.org/pdf/2106.09685v1.

[3] 调优（微调）所需的数据量通常远小于预训练所需的数据量，但更强调数据的质量。确定调优的数据质量的一个特别重要的因素是它如何反映目标主题或用例的专门"知识"，以便将这些知识转移到模型中。

[4] See U.K. CMA, AI Foundation Models Initial Report (18 September 2023), p.28, https：//assets.publishing.service.gov.uk/media/650449e86771b90014fdab4c/Full_Non-Confidential_Report_PDFA.pdf.

[5] 网络爬虫，也称网页蜘蛛或网络机器人，是一种使用特定软件应用程序，按照一定的规则，自动地抓取网页数据信息的程序或脚本。实际上，自动收集和筛选数据信息的网络爬虫让有效数据信息的流动性增强，让我们更加高效地获取数据信息。随着越来越多的数据信息显现于网络，网络爬虫也越来越有用。参见罗刚：《网络爬虫全解析：技术、原理与实践》，电子工业出版社2017年版，前言。

工智能系统的主体为了获得该等数据，可以通过建立数据合作关系（如基于 API 的数据互操作机制）、寻求数据购买或授权使用（如从数据经纪商或数据平台等数据中介处购买、获取授权）等方式来实现。[1] 例如，近来 Google 与 Reddit 扩大了合作关系，此举让 Google 可以访问 Reddit 的数据 API（应用程序编程接口），该合作为 Google 使用 Reddit 的数据来训练基础模型扫除了路障。再如，据媒体报道，苹果正在与新闻和出版机构探讨价值至少 5000 万美元的多年期交易，以使用它们的数据和材料来开发生成式人工智能系统。又如，OpenAI 与出版社 Axel Springer 达成合作，ChatGPT 用户可以访问 Axel Springer 内容的实时摘要以及其他付费内容。[2]

5. 用户自愿提供的数据

一些数据是用户自愿提供的，即人工智能产品的用户有意提供的数据。例如，姓名、手机号、电子邮箱、图片/视频、日历信息、评论或社交媒体上的帖子等都可以被视为用户自愿提供的数据。此外，由个人直接生成的更结构化的数据，如电影评分、喜欢一首歌或帖子等，也属于用户自愿提供的数据。

6. 通过观察获得的数据

在人工智能和数字经济时代，许多活动都会留下数字痕迹，"通过观察获得的数据"是指从用户或机器的活动中自动获取的行为数据。例如，个人的移动可以通过他们的手机进行追踪；网页上的每一次点击都可以被网站记录；第三方软件会监控访客的行为方式；远程信息处理设备记录车辆行驶的道路和驾驶员的行为。[3] 在制造业中，物联网的发展意味着每台机器都会生成大量关于其如何运行、其传感器正在记录什么以及它当前正在做什么或生产什么的数据。

7. 推断出的数据

一些数据是推断出来的，即通过对自愿提供或观察到的数据进行非简单的转换而获得，同时这类数据仍然与特定的个人或机器相关。例如，通过聚类算法得出的类别，以及对个人购买产品倾向的预测或对消费者的信用评级等。[4]

8. 人工智能生成数据

一些类型的人工智能，如生成式人工智能，可以产生创意作品以及关于用户提示

---

〔1〕 如果相关主体利用网络爬虫数据等开源数据的能力受到限制，这可能有利于那些控制大规模数据或拥有资源购买大规模被控制数据的主体，即有利于该等主体在基础模型开发领域获得竞争优势乃至垄断势力。

〔2〕 See U. K. CMA, AI Foundation Models Technical update report（16 April 2024）, pp. 15 - 16, https：//assets. publishing. service. gov. uk/media/661e5a4c7469198185bd3d62/AI_Foundation_Models_technical_update_report. pdf.

〔3〕 概言之，关于个人的通过观察获得的数据可以是"参与式的"（如在网站上自愿接受 Cookie 追踪）、"意外式的"（如追踪在网上查看特定图片所花费的时间）或"被动式的"（如个人的闭路电视图像）。

〔4〕 自愿提供、观察和推断数据之间的区分并不总是明确的，它们之间存在灰色地带，不建议将这种区分变成法律上的区分。尽管这种区分不可避免地存在模糊性，但它在概念上对于评估是否需要通过数据控制器访问数据，或者是否存在其他访问或替换途径是有用的。See Directorate - General for Competition（European Commission）, Competition Policy for the Digital Era, 2019, pp. 24 - 25, https：//op. europa. eu/en/publication - detail/-/publication/21dc175c - 7b76 - 11e9 - 9f05 - 01aa75ed71a1/language-en.

主题的推断或预测等新数据。理论上，这些数据可以用作人工智能模型训练和微调的输入数据。[1] 然而，有研究发现，使用人工智能生成的内容作为 AI 输入数据，可能会随着时间的推移导致人工智能模型退化，即出现"模型崩溃""不可逆缺陷""数据中毒""遗忘原有知识"等问题。[2]

毫无疑问，数据的可用性越强，越有利于人工智能系统的开发设计和部署利用。但是，数据是信息、内容、知识等的载体，往往凝聚着多方主体利益，如个人信息权益和隐私权益、版权人、专利权人的知识产权利益，乃至不特定多数人的安全和公共利益（如涉及国家秘密的数据），因此数据的可用性难免受到相关政策和法律制度的限制。在此，为了提升数据的流通性和可用性，同时兼顾上述合法权益特别是个人信息权益和隐私权益的保护，以隐私增强技术（Privacy-enhancing Technologies，PETs）为代表的新型技术可以在护航人工智能系统的开发设计和部署使用过程中发挥积极作用。隐私增强技术有助于落实数据最小化、使用限制和安全保障等个人信息和隐私保护原则，其包括但不限于下列应用：

1. 匿名化（Anonymisation）

匿名化是从数据中删除识别元素以防止数据主体被重新识别的过程。从理论上讲，匿名化数据即使与其他数据结合也不应再与数据主体产生关联。在实践中，匿名化已被用作在某些情况下允许或禁止数据使用的明确界限。然而，要真正做到匿名化是非常困难的。现实中不少所谓的"匿名化"数据仍可能与其他数据相互匹配来重新识别数据主体。

2. 假名化（Pseudonymisation）

与匿名化相比，假名化是一种较弱的去识别形式。它通过用替代标识符替换数据主体的直接标识符来保护数据主体的信息和隐私安全。尽管仍存在重新识别的风险，但假名化在不借助额外数据的情况下一般不易识别特定数据主体，而这些额外数据通常需单独存储并严格保护。

3. 合成数据（Synthetic data）

合成数据是指通过计算过程人工生成的数据，而不是通过感觉器官捕获或人工手动创建的数据。换言之，合成数据是从原始数据和经过训练以重现原始数据特征和结构的模型中生成的人工数据。这意味着，在进行相同的统计分析或模型训练时，合成数据可以提供相似于原始数据的结果，但其中不涉及个人信息或隐私、数据安全、版权保护等问题。

---

[1] See Robin Staab, Mark Vero, Mislav Balunovic, Martin Vechev, Beyond Memorization: Violating Privacy via Inference with Large Language Models, https://openreview.net/pdf?id=kmn0BhQk7p.

[2] See Ilia Shumailov et al., The Curse of Recursion: Training on Generated Data Makes Models Forget, https://www.cl.cam.ac.uk/~is410/Papers/dementia_arxiv.pdf.

4. 机密计算（Confidential computing）

机密计算是一种在计算机处理器的保护区内处理数据的方式。这个保护区通常位于远程边缘或公有云服务器内，保证无人能够查看或更改所处理的工作。其核心原理是使用与处理器相连的加密密钥创建一个可信的执行环境，在这个安全数字空间中，数据和代码受到保护，防止未经授权的访问或更改。

5. 联邦学习（Federated learning）

联邦学习是一种机器学习方法，它通过在不将数据转移到中心位置的情况下，协作训练算法来解决数据治理和隐私问题。每个联邦设备都在本地对数据进行训练，并共享其本地模型参数，而不是共享训练数据。不同的联邦学习系统具有不同的拓扑结构，涉及不同的参数共享方式。

6. 同态加密（Homomorphic encryption）

同态加密是基于数学难题的计算复杂性理论的密码学技术，在保护数据隐私的同时支持对数据的计算和分析。同态加密将明文数据映射到一个特定的数学空间中，在该空间内实现加法或乘法等运算，然后重新映射回明文空间。在此过程中，密文数据可以保持同态性质，即加密后的数据在进行数学运算后，解密的结果与未加密数据执行相同运算后的结果相同。

### 四、人工智能的核心要素之三：算力

如果将算法比作富有创意的"烹饪手册"，把数据比作各类高端的"食材"，那么算力（Computing Power）就好比用于支撑烹饪过程的"煤、气、电"。事实上，海量数据不会轻易地、更不会自发地转变为人工智能模型的参数或者人工智能系统的输出，必需使用大量的计算资源来处理数据，参数和输出才能得以呈现。可见，无论是在训练、调优（微调）还是在运行等环节，算力都是人工智能系统得以产生和有效运用的基础设施，即算力基础设施。特别地，对于基础模型（即大模型）的训练开发而言，高性能的算力资源是极其稀有和昂贵的要素投入，如果缺少基本的算力资源，就根本不可能驱动深度学习算法来处理大规模数据并开展复杂计算。[1] 一般来说，人工智能的算力资源"包含一个或多个用于高效支持特定人工智能工作负载和应用的'堆栈'（层）的硬件和软件"。[2] 近年来，图形处理器（GPU）、张量处理单元（TPU）、神经

---

[1] 如果将人工智能的模型切开，它可能看起来像一个"数学千层面"，由层叠的线性代数方程组成。如果放大看，会看到每一层都由方程堆栈组成。每个方程都代表了一个数据片段与另一个数据片段相关的可能性。人工智能计算通过将每一层中的每个方程堆栈相乘来发现模式。这是一项巨大的工作，需要高度并行的处理器在快速计算机网络上共享和处理大量数据。See Rick Merritt, What is AI Computing?, https：//blogs.nvidia.com/blog/what-is-ai-computing/.

[2] OECD, A Blueprint for Building National Compute Capacity for Artificial Intelligence, OECD Digital Economy Papers February 2023 No. 350, p. 20, https：//www.oecd-ilibrary.org/docserver/876367e3-en.pdf.

处理单元（NPU）等加速器芯片以及云计算等技术的发展，为人工智能的开发设计、部署使用提供了强大的算力支持，使得即便是复杂的巨大模型也能够在可接受的时间内完成训练，并被推向市场。

加速器芯片因其并行处理能力而被广泛采用，以提升模型训练和系统输出（推断）的计算速度。传统上，人工智能开发者倾向于选择GPU作为计算加速器，这些芯片原本为高效图像处理而设计。然而，GPU的架构特性使其极其适合深度学习模型的并行计算，因此在性能上相较于中央处理器（CPU）展现出显著优势，至少快2倍以上。[1] 换言之，由于属于通用硬件而非人工智能的专用硬件，CPU的计算能力不太符合训练基础模型所需的处理能力。当下，NVIDIA（英伟达）是人工智能领域GPU的主要供应商，其市场领先地位归因于GPU与深度学习软件包（如PyTorch和TensorFlow）的卓越兼容性。NVIDIA的H100 GPU作为最新旗舰人工智能加速器芯片，于2022年首次亮相市场，并在2023年第一季度开始正式向全球客户发货。不过，人工智能加速器芯片市场也不乏竞争者和挑战者。Google自主研发的加速器芯片——TPU，专为深度学习应用量身打造，并在处理某些类型的神经网络时展现出显著的性能优势。此外，一些大型科技公司也处于开发自己的人工智能加速器芯片的不同阶段，如Amazon的AWS Trainium、Meta的Training和Inference Accelerator、Microsoft的Athena、Intel的Gaudi、AMD的Instinct MI325X、IBM的Telum以及华为的昇腾910和昇腾310等。[2] 一般来说，训练基础模型需要数千个加速器芯片。据估计，训练GPT-3需要超过1000个GPU，而Meta的LLaMA在训练中使用了超过2000个GPU。部分基础模型的参数大小、训练数据量、训练时间、加速器芯片使用量参见表1-1。

---

[1] See Fidan Boylu Uz, GPUs vs CPUs for Deployment of Deep Learning Models, https://azure.microsoft.com/en-us/blog/gpus-vs-cpus-for-deployment-of-deep-learning-models/.

[2] 由半导体制成的集成电路或计算机芯片是人工智能计算的关键投入，被称为"现代电子设备的大脑"。它们不仅存储信息，更执行复杂的逻辑操作，确保智能手机、计算机及服务器等设备得以高效运转。然而，由于知识要求、原材料有限、高度专业化的制造过程以及显著的固定成本等因素，加速器芯片的制造成本高昂。这意味着，加速器芯片等半导体供应市场的领先者可以受益于规模经济，而新进入者可能难以与之竞争。同时，由于加速器芯片等半导体供应市场高度集中，其供应链也容易受到冲击，可能使一些需求者遭受"断链缺芯"之痛。See OECD, Measuring Distortions in International Markets: The Semiconductor Value Chain, OECD Trade Policy Papers No. 234, p. 11, https://www.oecd-ilibrary.org/docserver/8fe4491d-en.pdf.

表1-1　部分基础模型的参数大小、训练数据量、训练时间、加速器芯片使用量[1]

| 模型 | 参数 | 训练数据（以标记为单位） | 训练时间（按天计） | 加速器芯片 |
| --- | --- | --- | --- | --- |
| LLaMA（Meta） | 650亿 | 1.4万亿 | 21天 | 2048个A100 GPU |
| LaMDA（Google） | 1370亿 | 2.81万亿 | 57.5天 | 1024个TPU v3 |
| GPT-3（OpenAI） | 1750亿 | 3万亿 | 34天 | 1024个A100 GPU |
| MT-NLG（Microsoft/NVIDIA） | 5300亿 | 2.7万亿 | 90天 | 4480个A100 GPU |

除了训练模型需要计算外，模型的调优（微调）和系统的推断也离不开计算。就调优而言，其所需的计算量比训练所需计算量小几个数量级，因此可以在较低级别的硬件上完成，如在少量的GPU甚至CPU上完成。就推断而言，它指的是响应用户请求而调用系统（模型）来根据新数据进行预测或生成内容的过程。响应单个用户调用请求的推断所需的计算量非常小，因此在小规模硬件上进行计算是可持续的。但是，随着模型变大或者用户数量及其调用请求激增，运行系统（模型）进行推断所需的计算量也会大幅增加。因此，这通常需要大型加速器芯片集群来支撑密集的计算，并减少推断所需的时间，防止出现响应迟滞乃至无力输出等影响用户体验的系统（模型）"瘫痪"问题。

以上分析可见，GPU、TPU等加速器芯片是人工智能算力资源或算力基础设施的核心组件。不过，加速器芯片显然无法独善其身，其计算能力的发挥依托于其他软硬件的协同配合和系统的集成式支撑。人工智能开发部署所涉算力资源的"其他"要素主要包括：服务器以及边缘计算设备和分布式计算系统、数据库或数据仓库、支持更快数据传输的网络（如6G网络）、TensorFlow和PyTorch等深度学习软件包、用于打包和分发模型的容器技术、电力和散热设施，等等。进一步看，整合或集成包括加速器芯片在内的上述计算资源，主要有三种方式——实践中这三种方式可能存在交叉和重

---

[1] 资料来源：U. K. CMA, AI Foundation Models Initial Report（18 September 2023），https://assets.publishing.service.gov.uk/media/650449e86771b90014fdab4c/Full_Non-Confidential_Report_PDFA.pdf.

叠：一是建立数据中心；[1] 二是使用公开可用的超级计算机；[2] 三是利用云计算服务。[3]

## 第三节　算法概念探源和人工智能算法

现如今，算法已经成了人们耳熟能详的一个词语，社会生活的各个角落和我们生命的每分每秒都与算法紧密相连。人类世界本身就是一个算法世界。在计算机科学家看来，人类的思维就是算法，思维决策的过程就是算法的运行过程，只不过"百姓日用而不知"。[4] 事实上，算法是任何人工智能系统不可或缺的"根本要素",[5] 也是主导人工智能系统开发设计、部署使用的基础工具和方法论。当下，人工智能系统广泛运用于数字经济领域，而所谓数字经济，其精髓就在于利用算法构建一套数据高效流通和开发利用的规则体系。在这一体系中，数据得以转化为信息，信息进一步提炼为知识，而知识则转化为决策的依据。这一转化过程不仅优化了资源配置效率，全面提升了全要素生产率，更激发了经济的创新活力、发展潜力以及转型动力，为经济发展注入了不竭的动力源泉。[6]

### 一、算法的概念溯源

算法，这一深邃而广泛应用的概念，其源头可追溯至数学的深厚土壤。它是数学计算的产物，蕴含着无数数学家们的智慧与探索。算法的英文名称"algorithm"，源自中世纪的拉丁语"algorism"，这一词汇背后，隐藏着一段关于波斯数学家花拉子米

---

〔1〕 数据中心（Data Center）是一种专门用于存储、处理和管理大规模数据的 IT 设施网络，包括路由器、存储设备和服务器以及用于减轻硬件产生热量的环境控制设备，其核心功能包括在网络基础设施上传递、加速、展示、计算、存储数据信息。

〔2〕 超级计算机（Supercomputer）是指能够执行一般个人电脑无法处理的大数据量与高速运算的电脑。超级计算机与普通计算机在硬件构成上相似，由处理器、存储器、输入输出设备等组成，但在性能和规模方面远超后者。它们具备极大的数据存储容量和极快速的数据处理速度，通常用于需要大规模计算和数据处理的任务。超级计算机的运算速度一般可以达到每秒千万亿次以上，例如我国的"天河二号"超级计算机的运算速度曾达到每秒 33.86 千万亿次浮点运算。

〔3〕 云计算（Cloud Computing）是指基于互联网的一种新型计算模式，它通过网络提供按需、可伸缩、灵活、安全的计算资源和服务，包括存储、计算、应用等，能够为用户提供高效、可靠、可扩展的计算环境和服务。

〔4〕 试想一下，人们每天早晨起来，决定穿职业装还是休闲装、穿靴子还是运动鞋、拎哪个颜色和品牌的手提包等等，其实都是大脑思维根据当天的天气、温度、需要处理的事项等参考变量，通过各种分析处理得出的一个输出结果。

〔5〕 参见［美］伍德罗·巴菲尔德、［意］乌戈·帕加洛：《法律与人工智能高级导论》，苏苗罕译，上海人民出版社 2022 年版，第 19 页。

〔6〕 参见中国信息化百人会课题组：《数字经济：迈向从量变到质变的新阶段》，电子工业出版社 2018 年版，第 8~9 页。

（Al-Khwarizmi）的传奇故事。这位9世纪的伟大数学家，首次在数学领域提出了算法的概念，为后世的计算与推理奠定了坚实基础。为了纪念这位杰出的数学家，人们将他名字的音译作为算法的名称，寓意着"花拉子米提出的运算法则"。随着时间的推移，算法的概念不断发展和完善。到了18世纪，那个拉丁语词汇"algorism"逐渐演变为现在广泛使用的"algorithm"，成为了计算机科学、工程学、经济学等诸多领域不可或缺的工具。算法的发展与应用，不仅推动了科学技术的进步，更深刻地改变了我们的生活方式和思考方式。因此，当我们谈论算法时，我们实际上是在谈论一种源于数学、经过历史沉淀的智慧结晶。它是人类思维的延伸和拓展，是解决问题、优化资源、推动创新的重要工具。[1]

在我国古代，算法被尊称为"术"，这一称谓既体现了其深厚的文化底蕴，又彰显了其在数学领域的重要地位。以著名的《九章算术》为例，这部古老的数学著作便是古代算法智慧的结晶，它汇集了各种算术问题的解法，为后世提供了宝贵的数学遗产。而在三国时期，魏国数学家刘徽更是以其卓越的才华，为算法的发展做出了杰出贡献。他提出的计算圆周率的方法，在当时被称为"割圆术"，这一方法不仅精确度高，而且具有开创性，对后世的数学研究产生了深远影响。事实上，在我国古代，凡是涉及数学计算方面的著作，其作者常常会以"算经"二字作为命名的一部分，以示其学术价值和地位。以唐代为例，国子监设立了专门的算学馆，用于传授数学知识。在这个算学馆中，选定了当时已有的十部杰出的数学著作作为教材，这十部著作被统称为"算经十书"，包括：《周髀算经》《九章算术》《孙子算经》《五曹算经》《夏侯阳算经》《张丘建算经》《海岛算经》《五经算术》《缀术》以及《缉古算经》。在这些早期的数学著作中，记载了大量的计算方法，比如勾股测量术（也就是我们平时所说的"勾三、股四、弦五"），还阐述了分数问题、"盈不足"问题，甚至包括负数问题等。[2]

在几千年的人类历史长河中，涌现出的算法何止万万千千。在这其中，有精妙的算法，有一般的算法，也有拙劣的算法。[3] 不过，它们本质上都是描述解决特定问题的方法。直观地看，算法是一组规则序列，这些规则应该按照正确的顺序执行，以完成特定的任务。换言之，算法是逻辑的一个实例，无论是解决数学问题的方法、食物配方还是乐谱，它从给定的输入生成输出。[4] 现如今，算法的应用范畴早已远远超出

---

[1] 参见吴及、陈健生、白铂编著：《数据与算法》，清华大学出版社2017年版，第16页。
[2] 参见徐恪、李沁：《算法统治世界：智能经济的隐形秩序》，清华大学出版社2017年版，第10~11页。
[3] 例如，计算1+2+3+……一直加到100，最拙劣的算法是一个数一个数地相加计算，而精妙的算法，如高斯所描述的计算等差数列的方法，则不管有多少数都能在很短时间内得到结果。
[4] See OECD, Algorithms and Collusion: Competition Policy in the Digital Age, 2017, p.8, https://www.oecd.org/competition/algorithms-collusion-competition-policy-in-the-digital-age.htm.

了数学计算的范围。这种巨变与计算机以及计算机科学的出现密不可分。[1] 在计算机科学中,"算法是指对解题方案的准确而完整的描述,算法代表着用系统的方法描述解决问题的策略机制。也就是说,通过算法,人们能够对规范的输入,在有限时间内获得所要求的输出"。[2]

## 二、算法的计算机应用

计算机以及计算机科学并非只涉及编程(软件)和设备(硬件)设计,最美妙的计算机科学思想中有许多抽象的解决问题的方法(算法),并不属于以上任意一类。[3] 诚如 Microsoft 公司创始人比尔·盖茨(Bill Gates)所言,"计算机天生就是用来解决以前没有遇到的问题的"。[4] 无论通过计算机解决既有的问题还是前所未有的问题,都需要使用一种算法。算法就是一系列指令,告诉计算机该做什么。计算机由几十亿个微小开关——晶体管[5]——组成,而算法能在一秒内打开并关闭这些晶体管几十亿次。最简单的算法是触动开关。一个晶体管的状态就是一个比特信息:如果开关打开,信息就是 1;如果开关关闭,信息就是 0。为计算机设计计算法最重要的一点在于,需要使用一种计算机能理解的语言来将算法记录下来,比如 Java 或者 Python。从这个角度看,算法就是经代码编写所形成的应用程序(软件),遵循"物质世界运行—运行规律化—规律模型化—模型算法化—算法代码化—代码软件化—软件不断优化"的问题求解路径和闭环赋能体系。实际上,计算机科学家会互相依赖各自的成果,然后为新事物创造算法。这些算法会与其他算法相结合,以此利用其他算法的成果,反过来产生能服务更多算法的成果。算法形成新型生态系统,它将生生不息,具有无可比拟的生命多样性。[6]

算法具备五大核心特性,确保其有效性和实用性。其一,算法具有有穷性(Finiteness),意味着算法在执行有限数量的步骤后必须终止。若算法无法在有限步骤内完成,将导致算力资源的无限浪费,这是不符合要求的。其二,算法必须满足确切性(Definiteness),即算法的每个步骤都应有明确且清晰的定义,以确保执行过程的准确性和一致性。其三,算法应具备输入特性(Input),它可以接受零个或多个输入,这些输入用

---

〔1〕 世界上第一台通用计算机"ENIAC"于 1946 年 2 月 14 日在美国宾夕法尼亚大学诞生。发明人是美国人莫克利和艾克特。它是一个庞然大物,用了 18000 个电子管,占地面积达 170 平方米,重达 30 吨,耗电功率约 150 千瓦,每秒可进行 5000 次运算。

〔2〕 许春艳等主编:《人工智能导论(通识版)》,电子工业出版社 2022 年版,第 34 页。

〔3〕 参见〔美〕约翰·麦考密克:《改变未来的九大算法》,管策译,中信出版社 2019 年版,前言。

〔4〕 转引自徐恪、李沁:《算法统治世界:智能经济的隐形秩序》,清华大学出版社 2017 年版,第 184 页。

〔5〕 晶体管泛指一切以半导体材料为基础的单一元件,晶体管具有检波、整流、放大、开关、稳压、信号调制等多种功能,晶体管可用于各种各样的数字和模拟功能。

〔6〕 参见〔美〕佩德罗·多明戈斯:《终极算法:机器学习和人工智能如何重塑世界》,黄芳萍译,中信出版社 2017 年版,第 7 页。

于描述运算对象的初始状态。当算法本身定义了初始条件时，即视为零输入。其四，算法还应具备输出特性（Output），即算法必须能够产生一个或多个输出，这些输出反映了算法对输入数据进行处理后的结果。无输出的算法无法提供任何有效信息，因此毫无意义。其五，算法必须具备可行性（Effectiveness），这意味着算法中的每一个计算步骤都可以被分解为基本且可执行的操作，确保每个步骤都能在有限时间内完成，从而实现算法的有效性。

针对同一问题，存在多种算法可供选择，而算法的优劣直接决定了其解决问题的正确性和效率，进而影响到整个程序的性能和稳定性。一般来说，判断一个算法是"好"是"坏"，一方面是看算法运行的速度，也就是多长时间能够得到结果，当然是越快越好；另一方面是看算法运行需要占用的存储空间有多大，因为算法一般在计算机中运行，而计算机的内存空间是有限的。[1] 进一步讲，以下两个核心因素定义了算法的效率或优劣：①时间复杂度。算法的时间复杂度指的是算法执行并获得结果所需的时间量。算法的时间复杂度是通过确定以下两个组件来计算的：一是输入、输出、if-else、switch、算术运算等任何只执行一次的指令所需的常量时间；二是 n 次、循环、递归等任何执行超过一次的指令所需的可变时间。[2] ②空间复杂度。算法的空间复杂度指的是算法存储变量并获得结果所需的内存量。算法的空间复杂度是通过确定以下两个组件来计算的：一是输入变量、输出变量、程序大小等算法的实现所需的固定空间；二是临时变量、动态内存分配、递归堆栈等算法的实现所需的可变空间。

**三、算法是人工智能的"根本要素"**

数字经济作为推动经济发展的新引擎，是以现代信息技术特别是人工智能技术为支撑的，而人工智能技术的核心就是算法，即"无论何种形式的人工智能，唯一不变的因素是应用算法和复杂的分析方法，采用编程语言实施，并且有能力作出决策、解决问题，'理解'口头和书面语言，甚至可能取代这一系统的控制回路（Control Loops）中的人类"。[3] 在此意义上，数字经济也可被视作智能经济或算法经济。

如前文所述，人工智能是一门致力于解析与模拟人类智能及其行为规律的学科。其核心使命在于构建智能信息处理的理论框架，并据此设计能够展现出与人类智能行为相近的计算机系统。[4] 作为计算机科学的重要分支，人工智能自 20 世纪 70 年代以来便备受瞩目，被公认为世界三大尖端技术之一，与空间技术、能源技术并驾齐驱。

---

[1] 参见徐恪、李沁：《算法统治世界：智能经济的隐形秩序》，清华大学出版社 2017 年版，第 12 页。

[2] See What is Algorithm: Introduction to Algorithms (04 Jun, 2024), https://www.geeksforgeeks.org/introduction-to-algorithms/.

[3] [美]伍德罗·巴菲尔德、[意]乌戈·帕加洛：《法律与人工智能高级导论》，苏苗罕译，上海人民出版社 2022 年版，第 19 页。

[4] 参见计算机科学技术名词审定委员会审定：《计算机科学技术名词》，科学出版社 2018 年版，第 284 页。

而在当今，人工智能再次崭露头角，与基因工程、纳米科学共同被誉为新时代的三大尖端技术，引领着科技发展的前沿潮流。人工智能发展经历了三次浪潮：第一次浪潮约在 1956~1976 年期间，最核心的标志是符号主义；第二次浪潮约在 1976~2006 年期间，最核心的标志是联结主义（也称为连接主义）；第三次浪潮是从 2006 年到现在，最核心的标志是基于互联网大数据的机器学习。[1]

如前所述，人工智能有三大构成要素：算法（模型）、数据、算力。[2] 对这三个要素之间的关系，可用以下较为形象的例子加以说明：如果把炒菜作为场景，那么算法（模型）就相当于厨师的烹饪方法和程序（且随着烹饪经验的积累不断改进），数据就相当于炒菜所需要的食材，算力就相当于炒菜需要的煤气、电力。可见，在人工智能技术中，算法（模型）处于核心地位，起着中枢性的主导作用，它不仅是决定数据采集、加工、存储、传送、运用的规则体系，而且是决定算力调度、分配、运用的程序体系。

人工智能和算法是相互促进、彼此依存的关系。一方面，无论是基于符号逻辑还是基于机器学习、深度学习的人工智能系统，都需要以算法为基础。比如，在机器学习过程中，需要选择合适的算法，如决策树、支持向量机、卷积神经网络、循环神经网络、Transformer 或注意力机制等，经过在数据集上的训练来生成模型（新算法）或创建新智能机器。在此，算法是创建以及优化人工智能模型的基础工具和方法论。另一方面，人工智能特别是生成式人工智能，可以用于生成原创性的算法以及改进或调适优化现有算法。此外，人工智能系统的算法（模型）还可以与其他算法相结合，利用其他算法的成果，从而产生更多的算法成果。也就是说，作为一种生产力工具，人工智能可以繁衍出生生不息的算法生态。

当然，人工智能时代的算法不同于远古时代的数学计算方法，也不同于以往普通的计算机代码或软件程序，它是以海量数据和强大算力为运用条件的人工智能算法。换言之，在人工智能和数字经济时代，当我们言及"算法"时，潜在地包含着海量数据和强大算力的情境条件。

第一，算法的"智能"蕴含在海量数据之中。"数据"是一个人们耳熟能详的语词。一般人容易将数据等同于数字，但其实数据的范畴比数字要大得多。[3] 所谓数据

---

〔1〕 参见许春艳等主编：《人工智能导论（通识版）》，电子工业出版社 2022 年版，第 16~18 页。

〔2〕 此外，有学者提出人工智能的第四要素，即知识。例如，张钹院士提出"第三代人工智能技术与人工能四要素"，其倾向于第三代人工智能是以知识驱动为主要核心的观点，即以知识来解决计算机的智能问题，充分利用知识解决不完全信息、不确定性、动态环境变化下的需求问题。（参见张钹、朱军、苏航：《迈向第三代人工智能》，载《中国科学：信息科学》2020 年第 9 期）。然而，我们认为，知识固然重要，但其仍需以数字数据（电子数据）来加以表示，因此所谓以知识为核心的第三代人工智能，本质上仍是数据驱动的人工智能。换言之，数据要素可以涵盖知识要素。

〔3〕 参见［美］吴军：《智能时代：大数据与智能革命重新定义未来》，中信出版社 2016 年版，第 3 页。

(Data），是指"任何以电子或者其他方式对信息的记录",[1] 可进一步分为电子数据和非电子数据。电子数据（Electronic Data），即数字数据（Digital Data），亦即以电子或计算机二进制数字（0和1）编码方式对信息的记录。[2] 随着信息技术进步，计算机的诞生引领了数据的数字化革命，使信息能够以数字形式高效存储与处理。数据库技术的出现进一步推动了数据的结构化，让信息有序组织并易于检索。互联网的兴起则促进了数据的网络化，使信息能够在全球范围内迅速流通与共享。多媒体技术的蓬勃发展则丰富了数据的表现形式，实现了数据的多样化，让信息更加生动直观。随着社交网络与移动互联网的普及，数据逐渐呈现碎片化特征，用户生成的海量内容使得信息的获取与分析变得更加复杂多样。而物联网技术的崛起，通过万物互联更是引发了数据"井喷"。[3] 基于广泛分布的传感、传输技术和大规模数据存储、挖掘、处理等信息技术的应用，不仅"人类生活诸方面转换成计算机数据",[4] 传统的非电子数据（非电子信息媒介）被广泛数字化，而且数据的规模呈现指数上升，数据开发利用的价值越来越受到重视。[5] 通过算法对具有海量性、实时性、高速性、多样性、价值性的"大数据"[6] 进行收集、存储、整理、挖掘、分析、应用，可以揭示出精深的、不明显的模式、趋势或潜在关系，不仅深刻改变了人类认识世界的方式和改造世界的能力，而且对人类的生产生活方式和社会治理模式产生重大而深远的影响。总而言之，海量数据为训练人工智能算法模型提供了不可或缺的"原料"，也为人工智能系统在运行中做出预测或决策（即推断输出）提供了源源不竭的"输入"。算法之所以能发挥匹配、分析、预测、决策、创新等作用，本质上是背后的海量数据在"说话"。[7]

---

[1]《中华人民共和国数据安全法》第3条第1款规定："本法所称数据，是指任何以电子或者其他方式对信息的记录。"

[2] 非电子数据则泛指电子方式以外对客观事物的性质、状态以及相互关系等进行记载的物理符号或这些物理符号的组合。参见张莉主编、中国电子信息产业发展研究院编著：《数据治理与数据安全》，人民邮电出版社2019年版，第4页。

[3] 参见本书编写组：《大数据领导干部读本》，人民出版社2015年版，第46页。

[4] 我们也可将这种数据化称为社会数据化，其目的在于将人类行为和社会活动转化为计算机可处理的数据，通过数据挖掘和处理，创造新的价值，即将数据转换成新的价值形式。参见李伦主编：《数据伦理与算法伦理》，科学出版社2019年版，第3页。

[5] "数据驱动"即"数据密集型科学"，被公认为是继实验观测、理论推演、模拟择优之后人类认识和改造世界的第四范式。参见本书编写组：《大数据领导干部读本》，人民出版社2015年版，第6页。

[6] 麦肯锡全球研究院对"大数据"的定义是：一种规模大到在获取、存储、管理、分析方面大大超出了传统数据库软件工具能力范围的数据集合，具有海量的数据规模、快速的数据流转、多样的数据类型和价值密度低四大特征。See McKinsey Global Institute, Big data: The Next Frontier for Innovation, Competition, and Productivity (May 1, 2011), https://www.mckinsey.com/capabilities/mckinsey-digital/our-insights/big-data-the-next-frontier-for-innovation.

[7] 据统计，2020年全球数据总量达44个ZB，我国占18%。据华为《全球产业展望（GIV）》预测，到2030年，全球数据进入YB时代（1YB≈1万亿TB）。如此海量的数据给人工智能算法带来更加充足的训练素材。参见时建中：《数据概念的解构与数据法律制度的建构 兼论数据法学的学科内涵与体系》，载《中外法学》2023年第1期。

第二，算法的"智能"须以强大的算力作为支撑。通俗地讲，算力就是计算能力。从远古的手动计算，历经古代的机械式计算，再到近现代的电子计算，直至现今的数字计算，算力不断演进，不仅代表了人类对数据处理能力的飞速提升，更集中体现了人类智慧的飞跃式发展。算力无处不在，它潜藏于小巧的手机、便携的笔记本计算机，也隐匿于庞大的超级计算机之中。算力是智能设备的核心，没有它，各类软硬件便无法正常运转，更无法发挥出应有的效能。算力，已然成为现代科技发展的基石，推动着人类社会不断向前迈进。狭义上讲，算力是一台智能设备具备的理论上最大的每秒浮点运算次数。广义上讲，智能设备不光具有运算能力，还有数据存储与访问能力、与外界的数据交换能力、数据显示能力等，因此算力不仅涉及 GPU、TPU、CPU 等芯片硬件的性能，还涉及服务器、内存和显卡的性能，以及网络传输的性能，数据存储的能力，电力供给能力，散热等环境控制设备的性能等。截至 2023 年底，我国已累计建成开通 5G 基站 321.5 万个，居全球第 1 位；人工智能算力总规模超过 200EFlops（每秒百亿亿次浮点运算），居全球第 2 位。[1] 应当说，这些计算资源（算力基础设施）为提升人工智能算法的数据处理能力提供了强大的基础支撑，也为人工智能算法赋能经济社会发展铺垫了坚实基础。

**四、人工智能算法的分类**

（一）基于解决问题方法的分类

从解决问题的方法的角度看，人工智能算法分为以下主要类型：[2]

1. 暴力算法（Brute Force Algorithm）

暴力算法也被称为穷举法、枚举法或蛮力法，是一种基于计算机运算速度快这一特性而采用的解决问题的策略。从技术上讲，暴力算法采用遍历（扫描）技术，即采用一定的策略将待求解问题的所有元素依次处理一次，从而找出问题的解。使用暴力算法解决的一些常见问题包括密码破解、24 点游戏等。

2. 递归算法（Recursive Algorithm）

这类算法基于递归，在递归中，一个问题被分解为同类型的子问题，并反复调用自身，直到在基本条件的帮助下解决问题。使用递归算法解决的一些常见问题包括数的阶乘、斐波那契数列、汉诺塔、图的深度优先搜索等。递归算法可进一步派生出下列算法：①分治算法（Divide and Conquer Algorithm）。在分治算法中，思路是将问题分为两个部分来解决，第一部分将问题分解为同类型的子问题。第二部分是独立解决较小的问题，然后将组合的结果相加，以产生问题的最终答案。使用分治算法解决的一

---

［1］ 参见《2023 中国十大经济新闻》，载《经济日报》2023 年 12 月 29 日，第 9 版。
［2］ See Most Important Type of Algorithms（02 Nov., 2023），https://www.geeksforgeeks.org/most-important-type-of-algorithms/.

些常见问题包括二分搜索、归并排序、快速排序、斯特拉森矩阵乘法等。②动态规划算法（Dynamic Programming Algorithm）。这类算法也被称为记忆化技术，因为其中的思路是存储先前计算的结果，以避免重复计算。在动态规划中，将复杂问题分解为较小的重叠子问题，并存储结果以供将来使用。使用动态规划算法可以解决的问题包括背包问题、加权作业调度等。③贪婪算法（Greedy Algorithm）。贪婪算法是一种在每一步选择中都采取在当前状态下最好或最有利的选择，即以迭代的方法做出相继的贪婪选择，每做一次贪婪选择，就将所求解问题简化为一个规模更小的子问题，通过每一步贪婪选择，可得到问题的一个最优解。通过贪婪算法可以解决的一些常见问题包括迪杰斯特拉最短路径、霍夫曼编码等。④回溯算法（Backtracking Algorithm）。在回溯算法中，问题是以递增的方式解决的，即它是一种通过尝试逐步构建解决方案来递归解决问题的算法技术，一次构建一部分，在任何时间点移除那些不满足问题约束的解决方案。通过回溯算法可以解决的一些常见问题包括哈密尔顿回路、M着色问题、N皇后问题、迷宫中的老鼠问题等。

3. 随机化算法（Randomized Algorithm）

在随机化算法中，它使用随机函数，且随机函数的返回值直接或者间接地影响算法的执行流程或执行结果。简言之，该算法在运行过程中的某一步或某几步涉及一个随机决策，或者说其中的一个决策依赖于某种随机事件。通过随机化算法可以解决快速排序问题、图论中用于解决图的相关问题。

4. 排序算法（Sorting Algorithm）

排序算法即通过特定的算法因式将一组或多组数据按照既定模式进行重新排序。这种新序列遵循着一定的规则，体现出一定的规律，经处理后的数据便于筛选和计算，大大提高了计算效率。通过排序算法可以解决的一些常见问题包括冒泡排序、插入排序、归并排序、选择排序和快速排序等。

5. 搜索算法（Searching Algorithm）

搜索算法是用于在特定已排序或未排序数据中搜索特定关键字的算法。它通过构造解答树并寻找符合目标状态的节点来求解问题。现阶段的搜索算法包括枚举算法、深度优先搜索、广度优先搜索、蒙特卡洛树搜索、散列函数等。通过搜索算法可以解决的一些常见问题包括二分搜索、线性搜索、路径规划等。

6. 哈希算法（Hashing Algorithm）

哈希算法也称为散列函数或哈希函数，它包含一个带有键或ID（即唯一标识符）的索引，能将任意长度的数据（通常称为"消息"）转换为固定长度的字符串（称为"哈希值"或"散列值"）。这个过程是单向的，即从哈希值很难或无法逆向推导出原始数据。哈希算法的设计需满足确定性、不可逆性、敏感性和碰撞抵抗性等特点。通过哈希算法可以解决密码验证、数据校验、负载均衡等问题。

## (二) 基于应用或服务功能的分类

从应用功能的角度看，人工智能算法的种类繁多，包括但不限于推荐算法（Recommendation Algorithm）、分配算法（Allocation Algorithm）、监视或监控算法（Surveillance or Monitoring Algorithm）、定价算法（Pricing Algorithm）、聚合算法（Aggregation Algorithm）、人机交互算法（Communication Algorithm）、过滤算法（Filters Algorithm）、信息生产算法（Information production Algorithm）、预测算法（Prediction Algorithm）、评分算法（Scoring Algorithm）等。[1]

从我国互联网信息服务算法备案清单显示的算法类别来看，主要有个性化推送算法、检索过滤算法、排序精选算法、调度决策算法、生成合成算法，等等。[2] 此外，中国消费者协会在调研中发现，网络领域涉及消费者权益的算法应用问题主要集中于推荐算法、价格算法、评价算法、排名算法、概率算法、流量算法等类别的算法。[3]

## (三) 基于技术路径的分类

对人工智能算法的分类，还可以基于技术路径的角度，将其分为专家算法（Expert Algorithm）和学习算法（Learning Algorithm）。专家算法，也称知识工程或专家系统，对应于引领人工智能早期发展的"知识驱动"范式；学习算法，也称机器学习，对应于主导人工智能当前发展的"数据驱动"范式。

专家算法是一种智能化的计算机程序，它能够利用存储在计算机知识库中的专业知识去模拟人类专家的思路来进行推理和判断，像人类专家一样以专业水准去解决某一领域的复杂问题，起到和人类专家相同的作用。专家算法具有专一性、精密性、可扩充性等特点，可应用于解释、预测、诊断、设计、规划等场景并发挥相应的"专家功能"。虽然应用于不同环境和处理不同类型任务的专家算法各不相同，但基本都由两部分组成，分别是用来存放知识的知识库和运用存储在知识库中的知识进行问题求解的推理机。[4] 专家算法历史悠久、应用领域广泛，但它其实是人工智能算法的"低级形式"。这是因为，专家算法的所有参数都由专家（开发人员）预先指定，[5] 必须依靠人类专家反复进行规则的编程、扩充和修改，算法以及知识工程（专家系统）的构建、更迭费时费力，而且由于高度依赖专家主观经验，其难以确保运算结果的一致性和准确性。

学习算法，也称机器学习，它是一种可以从数据中学习且不依赖基于规则的编程

---

[1] See The Netherlands Authority for Consumers and Markets, Position Paper: Oversight of Algorithms, 2020, p. 5, https://www.acm.nl/sites/default/files/documents/position-paper-oversight-of-algorithms.pdf.
[2] 参见《国家互联网信息办公室关于发布互联网信息服务算法备案信息的公告》，载http://www.cac.gov.cn/2022-08/12/c_1661927474338504.htm，最后访问日期：2024年2月12日。
[3] 参见《中消协：加强网络消费领域算法规制 保障消费者知情权、选择权和公平交易权》，载https://www.cca.org.cn/zxsd/detail/29897.html，最后访问日期：2024年2月12日。
[4] 参见许春艳等主编：《人工智能导论（通识版）》，电子工业出版社2022年版，第93~97页。
[5] 当然也要承认，这种对相关参数或特征的预选，使专家算法运算速度更快，同时减少了所需的数据量。

的算法，换言之，学习算法并不严格遵循静态程序指令，而是通过学习数据输入来构建决策过程，赋予机器在没有明确编程的情况下学习的能力。[1] 可以将机器学习看作是一般的归纳过程，这个过程根据数据实例（历史数据）的特征学习数据集的固有结构，并自动建模，生成新算法（模型或函数）或创建新智能机器——亦即从训练数据集中推断分类规则，基此对新数据进行有用的预测。换言之，机器学习的目标是使学到的新算法（模型或函数）有效地适用于"新样本"或新数据集，而不仅仅是在训练数据集上表现良好。机器学习学到的算法或函数（即训练得到的模型）适用于新样本的能力，称为泛化能力。作为人工智能近年来最重要的子领域，机器学习学科融合了多种不同的方法，如概率论、逻辑学、组合优化、搜索、统计学、强化学习和控制理论。

机器学习按学习方式可分为有监督学习、无监督学习、强化学习三类：

1. 有监督学习（Supervised Learning）

有监督学习是一种利用迭代计算方法进行学习的方法，其学习结果通常表现为一种函数形式。我们可以将其形象地理解为有一个导师在"教导"机器学习的过程。在这个过程中，训练数据都带有明确的数据标签，这些标签就如同导师的指示，为机器学习提供了方向和标准。因此，我们可以将"标签"视为那位指引机器学习的导师。

2. 无监督学习（Unsupervised Learning）

无监督学习采用的是聚类方法，其学习结果体现为对数据进行的类别划分。这一过程可以形象地理解为机器自我学习、自我归纳知识的过程。在这一过程中，没有导师的指导，也没有明确的数据标签作为参考。机器凭借自身的算法和计算能力，从数据中发掘隐藏的规律和结构，自主完成对数据的分类和归纳。

3. 强化学习（Reinforcement Learning）

强化学习亦称作增强学习，是一种以环境反馈（包括奖励与惩罚信号）作为关键输入的学习方法。它深受统计与动态规划技术的启发与指导。在此过程中，算法会基于当前的环境状态来决策下一个动作的执行，随后进入新的状态，并持续这一循环过程。其核心目标在于通过不断迭代与探索，使累积的收益达到最大化。[2]

值得注意的是，深度学习（Deep Learning）[3] 是机器学习领域中一个新的研究方

---

[1] 理解学习算法或机器学习的关键在于"学习"。赫伯特·西蒙（Herbert A. Simon）曾对"学习"给出以下定义："如果一个系统能够通过执行某个过程改进它的性能，这就是学习。"转引自许春艳等主编：《人工智能导论（通识版）》，电子工业出版社2022年版，第56页。

[2] 参见［挪］拉金德拉·阿卡拉卡，［印］普里蒂·斯里尼瓦斯·萨加：《大数据分析与算法》，毕冉译，机械工业出版社2018年版，第38~65页。

[3] 有学者指出，"深度学习"是一个非常容易误导人的名目，因为它会诱使很多外行认为眼下的AI系统已经可以像人类那样"深度地"理解自己的学习内容了。相反，采用"深层学习"的称谓能真正表达"deep learning"技术的内在含义，即对传统的人工神经元网络进行技术升级，大大增加其隐藏单元层的数量。参见徐英瑾：《人工智能哲学十五讲》，北京大学出版社2021年版，第56~57页。

向，它致力于发掘样本数据内在的规律和表示层次，其终极目标在于构建能够模拟人脑进行复杂分析与学习的神经网络。通过这一方式，人们期望机器能够具备类似人类的分析学习能力，从而实现对文字、图像、声音等各类数据的精准识别与理解。深度学习不仅提升了机器的智能水平，更为我们打开了一扇通往更广阔智能世界的大门。区别于传统的机器学习（浅层学习），深度学习的特点在于：①传统的机器学习算法通常遵循线性模型，而深度学习则突破了这一局限，通过构建层次结构来逐步增加复杂性和抽象性。它强调模型结构的深度，常见的设计包括拥有 5 层、6 层，甚至 10 多层隐藏层的神经网络。这种深度的设计使得深度学习模型能够捕捉到数据中的深层特征，从而具备更强大的学习和分析能力。②与传统机器学习的"特征工程"（Feature Engineering）[1] 方法相比，深度学习强调"特征学习"（Feature Learning）的重要性，即利用大数据来学习特征，以此刻画数据丰富的内在信息。缺乏人工的特征提取（Feature Extraction）意味着，程序员无法直接得知算法具体使用了哪些特征或信息来达成这一转换过程。因此，不论最终结果的质量如何，深度学习算法并不向程序员提供关于其决策过程的详细信息，使得算法内部的工作机制成了一个"黑箱"的过程。实际上，诸如 ChatGPT 等生成式人工智能系统，作为多模态大型语言模型的代表，正是深度学习技术应用的典范之作。它们凭借强大的深度学习能力，不仅能够理解并生成自然语言文本，还能在多种模态之间实现信息的转换与交互，展现出前所未有的智能水平。这些模型的成功应用，不仅彰显了深度学习技术的强大潜力，也为人工智能领域的发展注入了新的活力。[2]

最后概括来看，在数据信息处理这一生态系统中，数据库、网络爬虫、索引器等工具扮演着"食草动物"的角色，它们负责收集、整理与存储海量的数据，为整个生态系统提供基础的数据支撑。专家算法则如同"食肉动物"，它们利用这些基础数据，通过特定的规则和逻辑对数据进行筛选、分析和处理，提取出有价值的信息。而学习算法特别是深度学习算法无疑是这一生态系统中的"顶级掠食者"。它们不仅具备强大的数据处理能力，更能够自主学习和进化，不断优化自身的算法模型，以更高效地捕捉和解析信息。通过强化学习、深度学习等技术手段，学习算法能够挖掘出更深层次

---

〔1〕 无论采用监督学习、无监督学习还是强化学习方法，传统的机器学习系统在处理原始数据方面都存在一定的局限性。因为原始数据库可能具有非常大的维度，以至于在运行机器学习算法之前，常常需要从原始数据中提取与基础性问题相关的特征——这一过程被称为"特征工程"。特征可以是数值变量或字符串，它们要么是原始数据集的子集，要么是由原始变量组合而成的构造。识别和构造相关的特征是一个耗时且昂贵的过程，必须由人工执行。

〔2〕 关于人工智能大型语言模型的技术、社会经济和政策考虑，See OECD, AI Language Models: Technological, Socio-economic and Policy Considerations, OECD Digital Economy Papers, April 2023 No. 352, https://www.oecd-ilibrary.org/docserver/13d38f92-en.pdf.

的数据关联和模式，为决策制定和问题解决提供更为精准和全面的支持。[1] 这解释了 Microsoft 为何能迅速迎头赶上 Netscope，但要在搜索引擎领域追赶 Google 却显得尤为艰难。究其根本，浏览器作为标准软件，其开发与应用相对直接，而搜索引擎则依赖于学习算法以及模型推断能力的持续迭代提升。再如，同样以广告为核心业务，Google 之所以相较于 Yahoo 展现出更高的价值，主要归因于其学习算法的卓越性能。这种算法使得谷歌在广告推送、用户行为预测等方面具备更高的精准度和效率，从而赢得了市场的广泛认可，实现了更高的商业价值。总而言之，学习算法不仅是提升洞察力的工具，更是创造价值的生产力工具，其在商业领域的运用潜力巨大，价值非凡。[2]

---

[1] 参见［美］佩德罗·多明戈斯：《终极算法：机器学习和人工智能如何重塑世界》，黄芳萍译，中信出版社 2017 年版，第 12 页。

[2] 如无特别说明，本书以下所谓"算法"都是指人工智能背景下的算法，即人工智能算法。

# 第二章　合作、互操作和共谋的一般理论

共谋，也称合谋、协谋、同谋、通谋、串谋等，从语词本身的含义上讲，共谋是指共同计划、商量事情。可见，共谋活动的主体具有复数性（单个主体无所谓共谋），目的指向具有一致性（至少具有相对一致性），各主体所采取的行动具有协调配合性。在不少语境下，共谋意指"干坏事"。例如，共谋是我国古代指为犯罪而同谋共议[1]。不过，共谋本质上仍属于一种社会合作行为（或经济合作行为），只不过这种合作发生了异化，对社会和经济造成了危害。事实上，人类社会本身就是一个世代相继的体现着公平正义等价值的合作体系[2]。合作以及共谋问题，是各学科特别是人文社会科学共同的理论对象，引起了诸如哲学、伦理学、政治学、社会学、经济学、心理学、管理学、法学乃至计算机科学（包括数据科学、软件工程、神经科学等）的关注，只不过它们的视角有所不同。本章主要从社会学、计算机科学和经济学的视角，来窥探合作、互操作和共谋问题的一般理论，以此为法学（反垄断法学）对该问题的关注和阐发铺垫基础。

## 第一节　社会学视域下的合作理论

尽管人生来就是自私的，"然而不论是在生物学还是社会学中，合作现象仍然是普遍存在的，这是合作之谜"[3]。世界权威学术期刊《科学》在创刊125周年的时候，提出了25个"驱动基础科学研究以及决定未来科学研究方向"的重大议题（Highlighted Questions），其中之一是"人类的合作行为如何演进"[4]。事实上，人类社会与其他

---

[1] 我国晋代法学家张斐对共同犯罪作了"唱首先言谓之造意，二人对议谓之谋，制众建计谓之率"的精辟总结。参见北京大学法学百科全书编委会、饶鑫贤等主编：《北京大学法学百科全书：中国法律思想史 中国法制史 外国法律思想史·外国法制史》，北京大学出版社2000年版，第270页。再如，唐律至明清律对造意、共谋和知情有所区别，处刑也不同。共谋在造意之后；共谋者参与谋划商量，身在事中；知情者仅知有犯罪情事，身在事外。参见杨舒然：《清代命案归责研究——以"斗杀"律例为中心》，中南财经政法大学2022年博士学位论文。

[2] 参见[美]约翰·罗尔斯：《政治自由主义》，万俊人译，译林出版社2011年版，第14页。

[3] 李燕：《人类合作之谜新解：基于社会网络与仿真实验的研究》，浙江大学出版社2020年版，第1页。

[4] 另一个涉及社会科学的难题是"世界到底能够承载多少人口"。See D. Kennedy & C. Norman, "What Don't We Know?", *Science*, 2005, Vol. 309, No. 5731, p. 75.

动物群体的一个重要区别是，人与人之间可以通过运用个人理性而达致某种形式的合作。[1]

**一、合作是人类社会的基本需要**

"社会"是一个我们早已习以为常的用语，诸如"当今社会""社会问题""社会保障""社会进步"等表述不时萦绕耳畔。但对于什么是"社会"，似乎又是每一个人都可以触摸得到但又难以说清的问题。美国生物社会学家爱德华·威尔逊将"社会"（Society）定义为：以相互合作或协作的方式组织起来的一群同类个体。[2] 更一般地说，我们可以将社会诠释为个体间互动频繁、彼此依赖且紧密相连的群体集合。

事实上，合作不仅是人类社会最基本的需要，也是人类作为地球上唯一理性族群区别于动物等非理性族群的最根本的特征。人类的进步几乎都是合作的结果，如果没有合作，人类今天仍然只能生活在采集狩猎的时代。就其本质含义而言，合作是相互作用的个体、群体之间开展的满足彼此预期、符合交互秩序、实现共同目标的有组织的活动。[3] 合作形成的组织，获得了单独的个人力量简单加总所无法比拟的整体力量，进而扩大了人的活动范围，也拓展了人类认识世界和改造世界的能力。合作对人类社会的重要性还体现在，它是社会秩序生成和延续的关键。[4] 社会的进步发展以及社会和谐、社会团结等理想状态的实现，很大程度上依赖于个体之间、个体与群体之间、不同社会群体之间的合作。用社会学家的话来说，"社会学的最高目标是解决'秩序问题'，秩序问题对理解社会体系的边界极为重要，因为它被定义为整合问题，即在面对导致人们'互为仇敌'的利益分配时，它仍然能使社会成为一个整体"。[5]

纵观人类历史和社会各领域，合作的需要和实践无处不在。[6] 尤其是市场经济勃兴以来，人类合作的范围和内容大幅扩展，陌生的个体、群体之间的合作成为推动经济社会发展的主导性力量。市场经济越发达，就越需要不同市场参与者之间的合作；人类社会对合作的需要程度，与市场经济的成熟程度成正比。我国自2001年加入世界贸易组织（WTO）以来，得益于与其他经济体合作频次的增加、合作范围的扩展、合

---

[1] 合作，能产生"合作剩余"，这是经济学的一个常识，尽管没有多少经济学教科书真正讲"合作剩余"这个概念。人类的相互交往，用现代比较时尚的博弈论术语讲，就是在玩一种"社会博弈"。参见 [美] 罗伯特·阿克塞尔罗德：《合作的复杂性：基于参与者竞争与合作的模型》，梁捷、高笑梅等译，上海人民出版社2017年版，第2页。

[2] 参见 [美] 爱德华·O.威尔逊：《社会生物学——新的综合》，毛盛贤等译，北京理工大学出版社2008年版，第6页。

[3] 合作的基本功用是"生"，如《荀子·礼论》有"天地合而万物生，阴阳接而变化起，性伪合而天下治"之言。"合"是一种行为取向，它趋向于"同"，恰如社会合作会趋向于社会团结。

[4] 参见王道勇：《社会合作何以可能——集体利益论与集体意识论的理论分析与现实融合》，载《社会学研究》2022年第5期。

[5] [英] 安东尼·吉登斯：《现代性的后果》，田禾译，译林出版社2011年版，第12页。

[6] 参见黄少安、张苏：《人类的合作及其演进研究》，载《中国社会科学》2013年第7期。

作内容的深化，自身发展取得了举世瞩目的成就。"入世"以来，我国经济总量从2001年的1.34万亿美元上升到2020年的15.3万亿美元，一跃成为世界第二大经济体；同一时期，我国GDP的全球占比从4%跃升到17.4%，人均GDP从1042美元提高到10504美元，全球500强企业数量从11家激增至143家。[1]

## 二、人类合作何以可能

社会是由人组成的，社会因人而存在，为人而存在。作为理性的个体，每个人都有自己的利益，也都在为追求自身的福利进行盘算。因此，基于个体理性的决策常常与集体理性[2]相冲突，导致"囚徒困境"（Prisoners' Dilemma）的出现。除了个体利益与集体利益的冲突之外，妨碍人类合作的另一个重要原因是个体的信息、知识的局限性。其实，许多看似由个体利益冲突引发的社会矛盾、社会隔离、社会冷漠等人类"不合作"状态，实际根源却在于信息的错配、知识的局限乃至理念的冲突。进而言之，从人与人互动的角度来看，社会最基本的问题是：人与人之间（以及群体与群体、国家与国家之间）如何了解对方的利益，进而如何在互利共生的基础上协调彼此的信息、认知乃至观念，使各自行为具有可预见性，最终使相互间的合作成为可能。换句话说，基于个体私利的"独白主义"或"霸权主义"，信息、知识、观念协调的失败，行为可预测性的匮乏，都将导致缺乏合作的无序社会，难免陷入霍布斯所谓的人与人之间的战争之中。[3] 概言之，任何人类合作（包括反垄断意义上的共谋），都建立在经信息、知识、观念等协调所形成的预期一致性，以及个人利益和集体利益一致性的基础上。

既然成功的合作建立在预期一致性和利益一致性的"双重一致性"的基础上，那么要想实现大范围的人类合作，就必须找到解决"双重一致性"问题的方法。具体而言，不仅需要构建一系列旨在保障和成全预期一致性的措施，还需要构建一系列旨在保障和增进利益一致性的激励机制。实际上，强化沟通交流是解决上述问题的最显而易见的方法。通过沟通交流，各方主体可以知悉彼此的特性信息或知识以及各自不同的利益考量，进而为消解行动上的分歧和利益上的冲突提出方案，使"预期彼此预期"基础上的合作成为可能。就沟通交流的形式而言，电话、手机、e-mail、即时通讯工具、智能终端等现代通讯手段为解决协调和合作难题提供了极大的便利。

除了沟通交流的方法之外，大量的正式规则和非正式规则也为解决"双重一致性"问题发挥着积极作用。正式规则，如国家权力机关制定的法律以及政府制定的各种规

---

[1] 参见袁勇：《入世二十年：中国与世界共赢》，载《经济日报》2021年12月10日，第4版。
[2] 集体理性是指满足总收益最大化的选择或对所有成员都是最好的选择。1965年，奥尔森在《集体行动的逻辑》一书中系统阐述了集体理性的思想，并指出集体理性意味着集体行动的有效率性和可预测性。参见胡涛、刘烁：《有限理性下的集体合作：理论与应用》，载《经济学（季刊）》2023年第6期。
[3] 参见[英]霍布斯：《利维坦》，黎思复、黎廷弼译，商务印书馆2017年版，第94~95页。

章，本身就是一种成全预期和平衡利益的社会基础设施，有利于保障和扩大自由，促成社会成员之间的广泛合作。[1] 此外，几乎每一个组织都有自己的非正式规则，这些规则在很多情况下就是为解决组织或群体范围内的"双重一致性"难题而制定和施行的。举例来说，为了促进组织内部成员之间的紧密合作，组织会运用一系列物质或非物质的奖惩措施。譬如，对展现出合作精神的成员会给予相应的奖励，而对表现出不合作态度的成员则会采取相应的惩罚措施。通过这种方式，合作行为所带来的收益将明显高于不合作行为所带来的回报，从而有效地激发成员们选择合作行为的动力。总而言之，无论是正式规则还是非正式规则，之所以能够有助于解决"双重一致性"问题，是因为它们会对人的行为施加约束，帮助人形成预期，甚至影响人的偏好。[2]

需要注意的是，社会学理论中的人类合作行为，无论是基于社会秩序或社会整合的宏大探讨，还是基于组织机制或运作原理的微观阐发，[3] 基本上都属于"认识论"而非"规范论"的范畴，即重在揭示相关合作的一般规律和实现机理，而一般不轻易判定相关合作的"好与坏"或"是与非"，亦即在规范性的理论构建或对策建议方面表现得相对比较保守。

## 第二节 计算机科学视域下的互操作理论

如果我们把社会学视域下的人类合作称为"合作一般"，那么本节所要探讨的计算机科学[4]视域下的互操作就可以被称为"合作特殊"。本节的探讨之所以必要，其缘由在于，随着5G、大数据、云计算、人工智能等技术的创新发展和融合应用，社会的组织模式朝着数字化、网络化、智能化加速演进。计算机、智能设备、互联网、网络平台、应用程序等成为经济社会中至关重要的结构性要素，充当着人类合作——"数据化+数字化"[5] 合作——的新型载体。在此，个人、群体之间的合作，已然映射为

---

[1] 除了法律、各类规章作为正式规则外，也可以把文化、道德以及其他公认的社会价值作为广义的正式规则，它们在一定程度上也有助于解决"双重一致性"难题。

[2] 参见张维迎：《博弈与社会》，北京大学出版社2013年版，第12页。

[3] 参见周雪光：《基层政府间的"共谋现象"——一个政府行为的制度逻辑》，载《社会学研究》2008年第6期；熊万胜：《合作社：作为制度化进程的意外后果》，载《社会学研究》2009年第5期等。

[4] 计算机科学是一门包含各种各样与计算以及数据信息处理相关主题的系统学科，从抽象的算法分析、形式化语法等，到更具体的主题如编程语言、程序设计、软件和硬件等。简言之，计算机科学是研究计算过程的科学。从技术的角度看，计算机科学涉及数据信息的获取、存储、处理、通信、显示等环节。参见徐志伟、孙晓明：《计算机科学导论》，清华大学出版社2018年版，第2页。

[5] 从信息通信技术（ICT）的层面分析，数据化解决了信息的记载方式，实现了信息与电子数据的合一；数字化解决了电子数据的传输及处理方式，跨智能设备之间传输和处理数据的速度、效率和质量得以持续提升。简言之，数据（Data）是信息的载体，数字（Digit）是数据的传输和处理方式。参见时建中：《数据概念的解构与数据法律制度的构建 兼论数据法学的学科内涵与体系》，载《中外法学》2023年第1期。

不同计算机、设备、网络、系统、平台、组件、应用程序（统称数字服务）之间的协作，即数字服务互操作（Interoperability），亦即不同数字服务通过技术接口或其他方案相互交换数据、信息等资源进而开展协同配合的工作。[1] 可见，不同数字服务的互操作，是人类合作在数据信息层面或数字化境域的一个同构。传统上由人类（经营者）达成和实施的触犯反垄断法的共谋行为，也可以映射为人工智能系统、机器人等数字服务在互操作过程中达成和实施的共谋行为。[2] 也就是说，讨论或研究算法共谋，不应忽略其所置身的技术和商业情境，即数字服务互操作。

### 一、互操作概念的解析

在计算机科学中，互操作与互联互通、兼容性等概念的关系较为紧密。一般认为，互联互通（Interconnectivity）是网络经济和数字经济的基本属性，而互操作是互联互通的一种表现样态；同时，互操作是颇具内涵模糊性和外延宽泛性的概念"兼容性"（Compatibility）下属的一项子概念。[3] 在最宽泛的意义上，互操作指不同的人或事物协同工作的能力，相当于人类的合作行为或社会的组织行为。而在利用计算完成数据信息处理任务的狭义语境里，互操作指系统、产品、服务与具有时空分布性、技术异构性的其他系统、产品、服务相互兼容、通信和协同工作的能力。

从体系架构的角度看，互操作可能涉及硬件、网络、操作系统、数据库、应用程序软件、数据格式、数据语义等诸多层次。根据国际标准化组织（ISO）提出的"开放式系统互连模型"（也称 OSI 七层架构模型），出行、购物、支付、聊天等数字服务（互联网应用服务）之间的互操作，属于上部应用层互操作，但它并不能自行实现，而需要下部物理层、数据链路层、网络层、传输层、会话层、表示层互操作的支撑。[4] 也就是说，数字服务的互操作以电信系统的互操作或互联互通为基础，数字服务是叠加在基础电信服务之上的增值服务。鉴于算法共谋等竞争问题集中发生在数字服务互操作（应用层互操作）的过程——互联网平台提供出行、购物、支付等由算法驱动的数字服务的过程中产生的共谋等竞争问题，因此下文聚焦应用层互操作，即数字服务或互联网服务的互操作，对其具体类型及潜在隐忧作进一步的探讨。

---

[1] See OECD, Data Portability, Interoperability and Digital Platform Competition, OECD Competition Committee Discussion Paper, p. 12, https：//web-archive.oecd.org/2021-10-31/591383-data-portability-interoperability-and-digital-platform-competition-2021.pdf.

[2] 参见 Ariel Ezrachi & Maurice E. Stucke：《人工智能与合谋：当计算机抑制了竞争》，焦海涛译，载韩伟主编：《数字市场竞争政策研究》，法律出版社 2017 年版，第 340 页以下。

[3] See Wolfgang Kerber, Heike Schweitzer, "Interoperability in the Digital Economy, Journal of Intellectual Property", Information Technology and Electronic Commerce Law, 2017, Vol. 39, No. 08, p. 47.

[4] 参见贾利民等：《信息系统互操作理论、技术与交通应用》，科学出版社 2010 年版，第 32 页。

**二、数字服务互操作的类型及隐忧**

从应用层次的角度看，数字服务互操作可分为纵向互操作、横向互操作和混合互操作。所谓纵向互操作，指一个数字服务整合上下游经营者的互补性数据、信息、内容、服务、功能等资源并基此协同工作的能力。例如，一个电子商务平台可能需要与一个社交媒体平台构建某种纵向互操作机制，以此让网购用户便捷乃至无缝地分享其购买行动，进而便利社交网络中的其他人作出类似的购买。所谓横向互操作，指一个数字服务与另一个竞争性数字服务交换共享数据、信息、内容、服务、功能等资源并基此协同工作的能力。例如，在即时通讯服务横向互操作环境下，微信用户可以与Facebook、WhatsApp等用户实现端到端的短信、语音沟通以及分享图片、传输文件或附件等功能。[1] 所谓混合互操作，指横向和纵向互操作的结合。例如，微信支付与支付宝不仅实现了相互转款这一横向互操作功能，而且分别作为一种互补性服务嵌套在阿里巴巴和腾讯的商业生态体系中。

从集成程度的角度看，数字服务互操作可分为完全互操作、部分互操作、无互操作。这种分类其实是针对数据、信息、内容、服务、功能等数字资源的不同开放程度和可调用程度而言的。完全互操作意味着，外部主体可以访问和调用所有服务资源；部分互操作意味着，外部主体仅可以访问和调用有限的服务资源；无互操作意味着，外部主体不被允许访问和调用任何服务资源。可见，互操作并非"铁板一块"，而是一套具有程度差异的序列。现实中，基于服务的安全性、稳定性、完整性以及确保竞争优势等考虑，或者由于数据信息等资源的开放利用受到个人信息保护法、知识产权法等法律的限制，数字服务更多是在完全互操作和无互操作之间寻求契合自身的部分互操作的中间设计。进一步看，既然互操作是一套具有程度差异的序列，那么互操作就可以是对称的，也可以是不对称的。例如，平台A的某些服务或功能可以在平台B上应用，但平台B的相关服务或功能却不能在平台A上应用，或者得到应用的服务或功能的数量、质量、条件等不对等。

从交互频次和方式的角度看，数字服务互操作可分为静态互操作和动态互操作。所谓静态互操作，也称数据互操作（Data Interoperability）或数据可携转（Data Portability），即"自然人或法人要求数据持有人在临时的基础上以结构化、常用和机器可读的格式向个人或特定第三方传输有关该人的数据的能力（有时被描述为一种权利）"。[2] 简言之，静态互操作是一次性的数据传输和共享，且以用户发出请求为前

---

〔1〕 广泛的横向互操作使网络效应不再局限或专属于单个数字服务，而将在整个市场范围内发挥作用。
〔2〕 OECD, Data Portability, Interoperability and Digital Platform Competition, OECD Competition Committee Discussion Paper, 2021, p. 10, https：//web-archive.oecd.org/2021-10-31/591383-data-portability-interoperability-and-digital-platform-competition-2021.pdf.

提。所谓动态互操作，也称进行时互操作，是指数字服务之间通过技术接口或其他方案开展实时的、更大范围的数据信息等资源共享。动态互操作除了与静态互操作一样要求有关数据结构、格式、语法、通信协议等静态的标准规范之外，还必须在体系架构和服务过程、组合、注册等解决方案的模块设计方面进行整合。

从有无中介辅助的角度看，数字服务互操作可分为双边协同的互操作和三边协同的互操作。所谓双边协同的互操作，指互操作的整个过程在具有互操作需求的主体之间展开，未引入第三方的组织协调。例如，TikTok 和 LinkedIn 用户可以将发布在现有平台的内容，交叉发布到 Facebook 平台上，而实现这一内容互操作（内容交叉发布）功能无须借助第三方应用程序。[1] 所谓三边协同的互操作，指互操作机制的创建以第三方的组织协调为基础，或者说相关互操作功能的实现以第三方的介入辅助为必要。例如，Apple、Facebook、Google 等互联网平台为了更好地实现数据互操作（数据可携转），从 2018 年起致力于数据传输项目（Data Transfer Project，DTP）的建设。作为一个便利开源数据可转移的平台，DTP 通过访问各互联网平台上的用户数据，将数据转换为通用格式，然后应用户请求转移这些数据，从而为平台间数据互操作构建起方便快捷、低成本、准确和中立的渠道。[2]

无论上述何种类型的数字服务互操作，其目的都是促进数据、信息、功能等服务资源的可访问性和可调用性，进而孵化出更多的互补性创新服务，壮大有机共生的数字商业生态体系。然而，任何美好的事物都有其阴暗面。数字服务互操作的程度越高——特别是在横向互操作、完全互操作、动态互操作、三边协同互操作等情形下，由于调用数据信息的难度减小、市场透明度急剧增加、交互成为实时博弈的状态，因而相关主体利用数据、算法等从事共谋行为的动机和能力就越强，规避竞争和损害竞争机制的风险也就越高。

## 第三节 经济学视域下的共谋理论

传统上，经济学以资源的有限性为理论预设，把研究稀缺资源的有效配置作为主

---

[1] 相反，Facebook 用户要想将发布在现有平台的内容交叉发布到 TikTok、LinkedIn 等平台，就必须借助第三方应用程序。

[2] 三方协同的互操作例子还可见于英国"开放银行"（Open Banking）计划，即为了加强零售银行服务竞争，便利消费者切换服务以及跨银行携转数据，英国竞争和市场监管局（CMA）建立了由其管理的开放银行实施实体（Open Banking Implementation Entity, OBIE），由英国九家最大的零售银行提供资金。OBIE 通过与利益相关者磋商、创建、更新、维护 APIs（应用程序编程接口）等技术标准规范，以此实现不同零售银行服务之间的互操作。消费者也可以通过 OBIE 提供的单一应用程序访问多个银行账户和服务。See U. K. CMA, Update on Open Banking (5 November 2021), https：//www. gov. uk/government/publications/update-governance-of-open-banking/update-on-open-banking.

题，继而把"竞争""价格""供需"等作为研究的主线索和关键词。而对于人与人之间关系特别是合作关系的研究，传统经济学没有给予足够的关注，遑论形成深厚的理论积淀。传统经济学主要聚焦于一个典型的"经济人"在理想市场环境下的生产、消费与交换行为。在这种框架下，个体间的行为互动并未被直接呈现，而是通过价格机制、供需机制和竞争机制等间接方式得以展现。以至于有学者指出，"迄今为止的经济学，基本上是以'竞争'为主线的，或者说，其理论体系的灵魂是竞争……而人类行为的另一面——合作，却没有获得经济学应有的重视"。[1] 应当说，合作与竞争理应是经济学中同样重要的范畴。合作是相对于竞争而言的一种人类基本行为。竞争是指群体中各个主体在追求自身利益的过程中对其他主体施加的不利行为。合作是指为了自身利益并会给共同行动各方都带来利益的一种协作性活动。在此，合作行为并不一定非要完全避免竞争风险（竞争对各方利益的减损），只要可以降低竞争风险的行为就可以称为合作行为。[2] 这一界定实际上与传统产业组织理论和反垄断法理论对共谋的理解相契合，即共谋指"本应相互竞争的企业（经营者）以合意或默契协调的方式规避或降低彼此竞争的风险"。[3]

其实，传统经济学并非没有关于合作的系统性研究，只不过这种研究多集中在经济学的分支学科即产业组织理论[4]之中，且是以负面的经济合作（规避或降低竞争风险的合作）即共谋（Collusion）为研究对象。

一、共谋的经济学含义和经济危害

（一）共谋的经济学含义

有关企业竞争或经济活动中的共谋或卡特尔问题，[5] 是经济学特别是产业组织理论老生常谈的问题。共谋在现实经济活动中并不鲜见。具有竞争关系的同业竞争者为了避免两败俱伤的竞争和共同抵御行业外的进入者，往往会产生共谋的意愿。对此，亚当·斯密（Adam Smith）有一段经典的论述："虽然同行们很少聚会，而且即便聚会也是为了娱乐和消遣，但是他们聚会时的谈话却通常以针对公众的共谋或提高价格的阴谋而结束。"其实，经济学家对共谋的具体定义不尽一致。一般来说，"共谋是指多家企业依据各种市场和非市场指标的历史数据或历史条件构建策略，以获得并维持对

---

[1] 杜怡帅、韦倩：《经济思想史中的合作行为研究》，载《兰州商学院学报》2013年第2期。
[2] 参见韦倩：《合作行为与合作经济学：一个理论分析框架》，经济科学出版社2012年版，第22~23页。
[3] 时建中：《共同市场支配地位制度拓展适用于算法默示共谋研究》，载《中国法学》2020年第2期。
[4] 参见刘传江、李雪：《西方产业组织理论的形成与发展》，载《经济评论》2001年第6期。
[5] 卡特尔（Cartel），又称垄断利益团体、垄断联盟，是垄断组织形式之一，指为了垄断市场从而获取高额利润，生产或销售某一同类商品的厂商通过在价格、产量等方面达成协定从而形成的垄断性组织和关系。从语词来源看，卡特尔源自德语"Kartell"一词，于中世纪时系指休战协定，而资本主义高度发展的商业社会中，事业间所为限制竞争的协定，则与休战有着同样的内涵，故称之。参见汪渡村：《公平交易法》，五南出版公司2015年版，第76页。

自身来说较竞争条件下更为有利的结果。该策略的基础是一个奖惩机制，该机制会对维持这种有利结果的企业予以奖励，对背离这种有利结果的企业予以惩罚"。[1]

由于共谋成功与否的最关键的制约因素是企业数量，即企业数量越少越有利于共谋，[2] 因而产业组织理论对共谋的研究，主要以寡头企业为对象，以它们的互动或博弈行为为重点。为此，产业组织理论运用博弈论，建立了古诺模型、伯川德模型、斯塔克伯格模型等模型，以此研究和阐释寡头共谋的各类情形及其过程和结果。[3]

（二）共谋的经济危害

共谋的经济危害体现在以下多个方面。

第一，共谋特别是固定价格的共谋会破坏价格作为市场导向信号的功能，损害市场竞争机制。价格、产量等竞争参数被人为控制，不能真正反映市场竞争的状况和变化，无法发挥市场供求信号和优胜劣汰的功能，不仅生产要素不能被合理分配，劣质的产品和企业不能被市场淘汰，而且会导致资源浪费，带来无谓（无端）的经济福利损失，即经济福利的净损失。

第二，共谋会抑制创新活力和经济动态效率。共谋意味着，本应相互竞争的企业选择彼此协调来规避或降低激烈竞争的风险。而竞争通常被认为是激励创新的有效手段，因为创新特别是高质量的技术创新能为企业带来"超脱竞争"或"免于竞争"的优势（特定时间内的阶段性优势）。一旦市场竞争被共谋所扼杀，实行共谋的企业的创新动力就会随之衰减，创新的经济社会利益也会随之枯竭。

第三，共谋会导致不利于消费者的分配效应，损害消费者利益。共谋，无论是基于价格、产量、销售地域，还是基于质量、创新以及联合抵制等限制竞争的维度，最终都服务于维持、加强实行共谋的企业的联合垄断势力。[4] 垄断势力的存在意味着，消费者不仅被置于别无选择的境地，而且会为购买相关产品或服务付出高昂代价，即竞争条件下的消费者福利不公平地向实行共谋的企业转移，成为它们手中的垄断利润，从而严重损害消费者利益。

第四，共谋还会导致实行共谋的企业的内部生产效率低下。在面临外部竞争压力时，每个企业都会严格把关生产投入的采购、监督生产过程，或是努力创新产品、优化

---

[1] [美] 小约瑟夫·E. 哈林顿：《共谋理论和竞争政策》，王申、陈媚译，中国人民大学出版社 2021 年版，第 2 页。

[2] 不过，数字化条件下，传统产业组织理论对共谋的这一"先决条件"的假定受到质疑，因为在算法等数字技术的支撑下，企业之间高频互动并能快速洞悉竞争对手的决策参数，这使得即便是企业的数量较多，它们也可能实时地协调彼此的行动。对此，后文将详细论述。

[3] 参见 [美] W. 基普·维斯库斯、小约瑟夫·E. 哈林顿、约翰·M. 弗农：《反垄断与管制经济学》，陈甬军、覃福晓等译，中国人民大学出版社 2010 年版，第 91~99 页。

[4] 在经济学上，垄断势力（显著的市场势力）是指一个企业（或一群一致行动的企业）能够将价格提升到竞争性水平之上，而其销售额的损失不会如此之大和如此迅速以至于这一涨价行为变得无利可图。See William M. Landes & Richard A. Posner, Market Power in Antitrust Cases, *Harvard Law Review*, 1981, Vol. 94, No. 5, p.937.

流程，力求将质量调整成本（Quality Adjustment Costs）[1] 降至最低。然而，一旦企业间达成默契并消除彼此间的竞争，它们在控制质量调整成本方面的动力便会减弱，进而造成内部生产效率的下降。用经济学家约翰·希克斯（John R. Hicks）的话来说，"面对垄断带来的不菲利润，最好的就是安静的生活"。[2]

总而言之，由于共谋是损害市场竞争、阻碍经济效率和减损消费者福利的"坏行为"，因此政府对共谋的反垄断规制就具备了基础理据。

**二、共谋的经济学分类**

产业组织理论对共谋的研究，主要以明示共谋为对象，但也有对默示共谋的关注。明示共谋和默示共谋是产业组织理论对共谋的基本分类。

（一）明示共谋

所谓明示共谋，是指竞争者之间通过协议、决定等可察觉的、显而易见的沟通交流等直接意思联络方式，以及单方面发布公告、隐晦的信息传递、市场信号试探等间接意思联络方式，形成共识和互信，以此协调彼此行动，实施具有一致性的市场行为。明示共谋的核心特征是，相互竞争的企业之间具有服务于共谋的沟通交流、信息传递、人际互动等直接或间接的意思联络，并且一般建立了较为完善的实行共谋的治理机制，以实现固定价格或限制产量（规避彼此竞争）从而提升利润的目的。换句话说，明示共谋通常依赖于竞争者之间频繁且密集的意思交流、信息沟通、人际互动，用以构建竞争者之间的互信基础，化解分散决策的不确定性，并产生以特定方式共同行动的期待。实行共谋的治理机制的形式化或外在化程度越高，沟通交流、共享信息、人际互动等意思联络的证据暴露出来的可能性就越高，因而明示共谋引发反垄断执法机构调查和遭受惩处的可能性也越大。

从本质上看，无论明示共谋是基于协议、决定等直接的意思联络，还是基于隐晦的信息传递、市场信号试探等间接的意思联络，它们都是竞争者之间"合作的共谋"。

（二）默示共谋

产业组织理论主要关注的是共谋结果（即共谋均衡状态以及相应的福利损失），而基本上不关注竞争者达致共谋结果的过程或方式（而这恰恰是反垄断法关注的重点）。

---

[1] 质量调整成本指的是在进行产品质量调整过程中所产生的经济成本，它包括为了确保产品质量满足特定标准或用户需求而进行的各种调整所产生的费用。这些成本可能涉及产品设计、生产流程的改变、原材料的替换或升级，以及相关的质量控制和质量保证活动。通过有效的质量成本管理，企业可以在保证产品质量的前提下，降低不必要的成本支出，从而提高整体的经济效益和市场竞争力。See Maja Glogovac & Jovan Filipovic, "Quality Costs in Practice and an Analysis of the Factors Affecting Quality Cost Management", *Total Quality Management & Business Excellence*, 2018, Vol. 29, pp. 1521-1544.

[2] 转引自[美]理查德·A. 波斯纳：《反托拉斯法》，孙秋宁译，中国政法大学出版社2003年版，第19页。

尽管产业组织理论关于默示共谋概念的内涵和外延还存在一些争议，[1] 但一般来说，所谓默示共谋指的就是寡头企业相互依赖的平行行为，即有意识的平行行为（Conscious Parallelism）。[2] 寡头垄断的核心特点在于，企业间存在相互认识到的依赖关系。正因为这种被认识到的依赖关系的存在，寡头企业在制定价格和产量决策时，会部分地考虑到其他企业的预期反应。这导致了它们有意避免过于激烈的价格和产量竞争，而更倾向于保持行动的一致性，以实现共同利益的最大化。可见，所谓寡头相互依赖的平行行为或有意识的平行行为，本质上是一种竞争者之间"非合作的共谋"——行为产生了与明示共谋类似的不利后果但却不是企业合意（通过直接或间接意思联络）协调的结果，即在特定的市场条件下，寡头企业以竞争性企业所没有的相互依赖方式而形成的协调结果。显然，这里根本不存在共识沟通，也不需要互信交流，甚至连人际互动也无从觅迹，而完全是竞争者基于市场结构等相关经济情势所做出的一致行为。[3] 事实上，寡头企业相互依赖的平行行为并不完全符合"共谋"的语词含义（即共同计划或商量做某事），它之所以被称为"（默示）共谋"，是因为寡头企业利用彼此意识到的依赖关系在价格和产量等决策方面达到了非竞争的均衡，形成了近似于明示共谋的负面结果。[4]

（三）反垄断政策主张分歧

从结果来看，明示共谋与默示共谋并无区别，都会导致竞争受限、效率受挫、福利减损等不利后果。但是，在是否可以运用反垄断法（垄断协议规范）对它们进行规制的问题上，却产生了重大且持久的分歧。

保守派认为，有关垄断协议或限制竞争协议的反垄断法规范，始终要求竞争者之间存在排除、限制竞争的意思联络或合意，因而只有明示共谋（无论基于直接或间接意思联络）具有被认定为垄断协议（协同行为）的可能。如果不顾竞争者之间是否具有限制竞争的意思联络，而对单纯基于相关经济情势做出的一致行为进行处罚，那么无疑是在惩罚"理性行为"，有违法律正义。

---

[1] 例如，霍温坎普教授认为，"默示共谋"这一术语非常适合以下两种情形：①通过非正式的、非言辞的方式交流合同条款，从而达成固定价格行为；②合作性寡头垄断，由一系列重复的试探行为和反应组成，直到当事人之间就价格或产出水平达成均衡。（参见［美］赫伯特·霍温坎普：《联邦反托拉斯政策——竞争法律及其实践》，许光耀、江山、王晨译，法律出版社 2009 年版，第 181 页。）然而，严格来说，上述例子都是通过间接意思联络形成的明示共谋，而非完全不存在沟通交流、信息传递、人际互动等直接或间接意思联络的默示共谋。

[2] 在经济学文献中，有意识的平行行为有诸多近似称谓，如非合作的共谋（Non-cooperative Collusion）、寡头相互依赖（Oligopolistic Interdependence）、适应寡头定价（Oligopolistic Pricing Suits）、不完善卡特尔（Imperfect Cartel）、自我实施的卡特尔（Self-enforcing Cartel）等。See Nicolas Petit, The "Oligopoly Problem" in EU Competition Law, https：//papers.ssrn.com/sol3/papers.cfm?abstract_id=1999829.

[3] 参见黄勇、赵栋：《论企业平行定价行为之规制》，载《价格理论与实践》2011 年第 7 期。

[4] See Marc Ivaldi, Bruno Jullien, Patrick Rey, Paul Seabright, Jean Tirole, The Economics of Tacit Collusion, Final Report for DG Competition, European Commission, March 2003, http：//idei.fr/sites/default/files/medias/doc/wp/2003/tacit_collusion.pdf.

变革派则认为，从经济结果来看，明示共谋和默示共谋都是有害的，且默示共谋所造成的损害较之于明示共谋可能更严重，因此主张有关垄断协议或限制竞争协议的反垄断法规范，不应过分拘泥于"意思联络""一致意思"等主观要件及相关证据，而可以对主观要件作扩大解释，将市场结构等经济情势所造成的竞争者之间的"意思联络"或"一致意思"也包含进来，从而将寡头相互依赖的平行行为或有意识的平行行为纳入规制范围。[1] 例如，波斯纳（Richard A. Posner）按照单方合同解释寡头市场中的价格领导行为。他指出，与悬赏广告一样，价格领导者通过领导一个更高价格而传递了信息，相当于向不特定竞争对手发出了要约，而竞争对手通过自身的跟随行为表达了承诺。在此，企业之间即便没有正式的沟通和交流，仍然存在某种"意思一致"。也就是说，反垄断法上的"协议"或"意思联络"的含义足够广泛，能够涵盖寡头市场的默示共谋。[2]

### 三、维系共谋的四种基本机制

共谋的达成和实施绝非一蹴而就。实行共谋的企业，通常会建立相应的机制来协调各自的行为，以此获得共谋收益（垄断利润），并防止成员暗中背叛。斯蒂格勒（George J. Stigler）是产业组织理论尤其是共谋经济学的代表人物。他在20世纪60年代研究共谋（卡特尔）行为之初就指出，共谋的达成和实施需要依赖下列基本机制：一是定价协调机制；二是收益分配机制；三是执行监惩机制。[3] 也就是说，如果缺少这些机制的作用和助力，共谋就缺少可维持性的基本条件，因而加大了企业从事共谋的难度，共谋也就容易破裂。

（一）定价协调机制

定价协调机制旨在提高价格、减少产量，同时协调竞争者内部的激励以支持共谋的目标。定价协调机制通常要求实行共谋的企业进行关键信息的沟通，如就价格的涨幅达成共识，或者为价格上涨统一说辞。具体来看，主要包含以下举措：①共同提高价格，且须减少买方对涨价的抵触甚至抵制，因为一旦强大的买方行使抗衡势力或者中小买方联合起来对抗共同提价的卖方，那么共谋就将难以为继。②为了化解买方的抵触或抵制，共谋团体通常对涨价作出协调一致的公告以及通告协调一致的理由。③通过协调一致的价格歧视来增加共谋团体的利润。价格歧视是一把"双刃剑"，它可

---

[1] 在高度集中的寡头市场上，企业们究竟是按照一个明示的协议而行为，抑或只不过是对市场上的清楚明白的信号做了同样的解读，这只是细节问题，不影响将它们都纳入《谢尔曼法》第1条的调整范围。参见［美］赫伯特·霍温坎普：《联邦反托拉斯政策——竞争法律及其实践》，许光耀、江山、王晨译，法律出版社2009年版，第179页。

[2] 参见［美］理查德·A. 波斯纳：《反托拉斯法》，孙秋宁译，中国政法大学出版社2003年版，第92页。

[3] See George J. Stigler, "A Theory of Oligopoly", *The Journal of Political Economy*, 1964, Vol. 72, No. 2, pp. 44-61.

能促使一些实行共谋的企业为追求自身利益最大化而背叛共谋，但它也可以通过提升共谋团体整体利润的方式来增进每个成员企业的利益。在实践中，一些共谋团体采用"费率表"的方式，既达到实行一致的价格歧视的目的，又有效监测成员企业的定价行为。④协调企业的内部激励机制。一般而言，企业管理层决策达成共谋的协议需要通过销售部门来实施，但销售部门通常会因从竞争对手处夺走客户并提高所在企业的市场份额而获得奖励，销售部门也习惯了这样的激励机制。因此，为了达成和实施共谋，企业必须调整内部的激励机制才能适应共谋的目标。例如，企业管理层可能会对销售部门突出强调，"维持定价优先于卖出更多的产品"或"重价不重量"。[1]

（二）收益分配机制

收益分配机制主要服务于两个目标：一是分配共谋收益；二是解决恶意或非恶意背离共谋情形下的再分配。三种主要的共谋收益分配机制分别是：①市场份额划分机制，即共谋团体为各成员企业分配一个特定时期内可以达到的最大市场份额。②地域划分机制，即共谋团体划分出特定的地理区域，并约定哪些成员企业可以在该区域销售产品，哪些成员企业不可以。③客户划分机制，即共谋团体将特定客户分配给特定的成员企业，其他成员企业不能向该客户群体销售。

然而，如果由于市场外部因素或经济环境的变化（如大型采购商的突然出现导致市场需求激增），导致某个实行共谋的企业认为其正处于相对不利地位，以至于产生背离共谋的强烈动机，那么共谋的正常运行就很可能会受到破坏。因此，通过公平的利益再分配机制，确保每个实行共谋的企业获得"公正"的共谋收益，这对于共谋的稳定存续和有效运行至关重要。换言之，建立利益再分配机制有助于降低企业背离共谋的动机和可能性。常见的利益再分配机制是内部回购或补偿，即未遵守共谋安排（如超配额卖出）的企业必须从遵守共谋安排（如未超配额卖出）的企业那里购买产出，或者以其他方式补偿它们的损失。

（三）执行监惩机制

执行监惩机制对于保障共谋有效实施、防止成员作弊至为重要，主要包括两项具体机制：一是建立对成员企业的常态化监督机制，以此及时发现成员企业的背离行为或违约行为；二是建立可信有效的惩罚威慑机制，使成员企业不愿、不敢、不能背离共谋。

就监督机制而言，监督的方式和强度不仅因共谋的利益分配机制而有所不同，而且影响成员企业的盈利能力，因为在监督上的巨大投入会侵蚀共谋收益。一般来说，监督可以由实行共谋的企业相互进行，也可以通过聘请专人的方式实施，或者通过第三方机构的帮助来完成，如行业协会、出口协会、咨询公司以及行政主体，甚至还可

---

[1] 参见［美］罗伯特·C.马歇尔、莱斯利·M.马克思：《共谋经济学——卡特尔与串谋竞标》，蒲艳、张志奇译，人民出版社2015年版，第337~338页。

以借助特定的协议或承诺来实现，如最惠客户待遇条款（Most-Favored Customer Clauses）、最优价格保证（Best-Price Guarantee）、转售价格维持（Resale Price Maintenance），等等。[1]

就惩罚威慑机制而言，由于与共谋相关的协议、决定等是不受法律保护的，缺乏国家强制力作为执行保障，因而即使成员背离共谋协议或决定，它并不会遭受国家法律的追责或制裁。因此，为了确保共谋的稳定实施，共谋团体通常会确立可信的、有效的内部惩罚威慑机制。这些机制主要包括：①威胁回归到竞争状态，此时实行共谋的所有企业将获得更低的非共谋利润，即竞争性利润；②向恶意背离共谋的成员企业作出定向惩罚，例如，在采取地域划分的利益分配机制的情形下，允许其他成员企业向背叛者的划定地域进行主动或积极销售（Positive Sale），以吞占其销售利润；③要求实行共谋的企业事先交纳保证金，若发现其暗中违约，则扣罚保证金甚至没收保证金，以"赔偿"守约企业的损失。

（四）对抗压制机制

尽管斯蒂格勒敏锐地揭示了共谋（无论明示共谋还是默示共谋）的可维持性须满足的三项累积条件，亦即达成和维持共谋的三项基本机制，[2] 但其认知尚存缺漏。例如，上游存在7家规模相当的原油加工企业，它们的经营和盈利非常依赖下游仅有的2家汽油销售寡头（如中石油、中石化）的采购，在这种情形下，即便上游7家企业达成了提升销售价格的共谋，但这样的共谋却很难执行，因为下游的2家寡头企业的渠道对上游企业的产品而言构成"瓶颈设施"，换言之，下游2家寡头具有强大的议价优势和抗衡势力，能够轻而易举地瓦解上游企业之间的利益同盟。再如，我国燃油车企业试图达成固定燃油车价格销售水平的共谋（即"不打价格战"协议或避免价格竞争协议），但它们很快发现这样的共谋即使达成也很难实施，因为电动车是燃油车的强有力的竞争性替代品，由于电动车相较于燃油车在技术、成本等方面具有优势，因而电动车企业不仅不会具有加入到汽车销售价格共谋的动机，而且一旦其在市场上强势进入或扩张，即以较低价格进行大规模销售，那么燃油车企业的价格共谋势必被打破。

有鉴于此，在后续的经济学研究中，学者们补充了共谋可维持性的第四个关键条件：即在协调各方运作的市场中，存在显著的进入壁垒。从达成和实施共谋的基本机

---

[1] 参见杨一：《纵向垄断协议交易相对人行政责任的类型化配置》，载《安徽大学学报（哲学社会科学版）》2023年第6期。

[2] 达成和维持共谋的三项基本机制，亦即共谋可维持性须满足的三项基本条件：①达成共识方面的协调。企业须对交易条款（如价格、数量或质量）形成共识或谅解。这意味着，企业既要解决各自在"正确"交易条款方面的任何分歧，也要将交易条款的信息传达给各方。②对背离共谋的监测。监测到偏差越慢、越不完全，协调的能力就越弱，因此企业有更强的动机去作弊。③制造可信的报复威胁，以阻止背离行为。换言之，必须有一种可信的、严厉的惩罚威慑机制促使协调各方不背离共同策略。参见时建中：《共同市场支配地位制度拓展适用于算法默示共谋研究》，载《中国法学》2020年第2期。

制的角度讲，这意味着，共谋团体不仅要有能力消解上下游企业（卖者和买者）的对抗，而且要有能力制约外部竞争者甚至消灭外部竞争者，以消除外部竞争力量对共谋团体的冲击或破坏。基此，我们可以把达成和实施共谋的第四种基本机制，归结为对抗压制机制。

## 第四节　共谋的反垄断法表达及规制路径

合作是人类社会的基本需要，体现在人类实践活动的各个领域。尽管合作有正面的也有反面的，但它的基本内涵是一致的，即为了自身利益并会给共同行动各方都带来利益的一种协作性活动。合作展现出两大鲜明特征：首先，合作是基于各方自愿的选择，而非受超经济力量胁迫下的无奈之举；其次，合作体现了自利性与互利性的统一，它既是追求个人利益的行为，同时也是促进共同利益的行为。产业组织理论所研究的共谋，仅就其结果而言，是一种典型的"反面合作"。共谋对市场竞争机制、经济效率、消费者利益乃至社会公共利益有着不可估量的危害，因而以反垄断为代表的政府监管的介入具备了基本理据。

在当代反垄断法的实施过程中，其紧密依赖于经济学特别是产业组织理论的视角，以至于几乎无法脱离经济学的洞察与指导。这是因为经济学为反垄断法的解释和适用提供了较为可靠的认识论基础和方法论依据，使得反垄断法的实施更加平稳、连续、一致和准确。[1] 不过，也应当看到，尽管技术性的经济讨论能够为反垄断法提供有益启示，但反垄断法并不能完全复制经济学家（有时甚至存在分歧）的观点。因为法律作为一种管理体制，与经济学有着本质的不同。试图将每一种经济复杂性和经济学逻辑都纳入法律之中，可能会因为管理的不可预测性而适得其反，甚至削弱法律所追求的经济目标。[2]

实际上，经济学特别是产业组织理论在探讨共谋问题时，主要致力于论证对明示共谋和默示共谋进行反垄断规制的合理性与正当性；而反垄断法学对共谋的研究则侧重于如何为法律对共谋的规制提供有效的构件支撑和规范保障。换言之，有关共谋的经济学和反垄断法学，尽管相互衔接、互为观照，但仍分属两套不同的知识系统。反垄断法（学）对共谋有其多样且独特的规范（理论）表达，同时存在多元且互补的规制路径。

---

[1] "经济学在反托拉斯过程中至高无上的重要地位已被确立。反托拉斯执法政策和法庭判决将在更大程度上以经济分析作为基础。现在政策问题的支持者和批评者均用竞争和效率概念来论证他们的观点，都明白无误地承认经济理论发挥的核心作用。" [美] J. E. 克伍卡、L. J. 怀特：《反托拉斯革命——经济学、竞争与政策》，林平、臧旭恒等译，经济科学出版社2007年版，第4页。

[2] See Wright Corp. v. ITT Grinnell Corp., 724 F. 2d 227, 234 (1st Cir. 1983).

## 一、共谋的反垄断法表达之一：垄断协议

共谋（通谋）主要是经济学特别是产业组织理论中的用语，在反垄断法以及相关学术研究中虽然也有使用，如美国《谢尔曼法》第1条即禁止"以托拉斯形式或其他形式的联合（combination）或者通谋（conspiracy）"，但除此之外，直接使用共谋或者近似表述而不作转换的却很少见。事实上，各法域及国际组织对共谋的基本反垄断法表达多种多样，如我国将其称为"垄断协议"；[1] 欧盟将其称为"限制竞争协议"；德国将其称为"卡特尔"；法国将其称为"非法联合行为"；日本将其称为"不正当交易限制"；韩国将其称为"不当协同行为"；联合国贸易和发展会议《竞争示范法》则称其为"限制性协议或安排"。[2]

虽然这些称谓的所指都是共谋，但"垄断协议"是我国《反垄断法》独创的概念，在其他国家或地区的立法中别无二例。《反垄断法》第16条规定："本法所称垄断协议，是指排除、限制竞争的协议、决定或者其他协同行为。"在一些学者看来，垄断协议的本质是对市场竞争不当的联合限制，因而在立法上使用"联合限制竞争（行为）"更准确、词与义更一致。[3] 不过，考虑到尊重现有立法和约定俗成从而方便理解和交流，在法律修改时更换"垄断协议"的称谓，已不合时宜。

垄断协议规范最主要的功能就在于规制或制止共谋行为。一般来说，构成垄断协议须具备以下要件：①主体要件是"两个或者两个以上经营者"。垄断协议的主体具有复数性，须具备两个或两个以上经营者，从而组成联合性市场势力（乃至垄断势力）并行使该势力；单个经营者只能单独行使市场势力，如滥用市场支配地位，不存在联合形成并行使市场势力的可能。②主观要件是"意思联络"。反垄断法上的垄断协议与经济学上的共谋的最大区别，就在于前者对主观意思联络的强调，即经营者之间须具有排除、限制竞争的合意。因此，如果经营者只是单纯地效仿或跟随竞争对手的行为，而没有形成相互间一致行动的意思联络或合意，就不能将这种共同行为或平行行为定性为垄断协议。[4] ③行为要件是"协议、决定或者其他协同行为"。无论协议、决定还是其他协同行为，它们的核心所指是经营者相互约束经营活动而采取了共同行为或一致行为，即本应相互竞争的经营者放弃独立决策和行动，而做出相同或相似行为。

---

[1] 我国台湾地区"公平交易法"将其称为"联合行为"。该法第14条第1款规定，本法所称联合行为，指具竞争关系之同一产销阶段事业，以契约、协议或其他方式之合意，共同决定商品或服务之价格、数量、技术、产品、设备、交易对象、交易地区或其他相互约束事业活动之行为，而足以影响生产、商品交易或服务供需之市场功能者。

[2] 参见时建中：《联合国贸易和发展会议"竞争示范法"》，载《经济法学评论》2005年第1期。

[3] 参见张守文主编：《经济法学》，北京大学出版社2018年版，第245页。

[4] 对于这种强调"图谋（意思联络）"的事实或证据而不强调实际经济效果的做法，美国学者波斯纳一度强烈反对，声称"有关共谋定价的法律掏空了（共谋）的经济内涵"。[美]理查德·A. 波斯纳：《反托拉斯法》，孙秋宁译，中国政法大学出版社2003年版，第60~60页。

实际上，协议、决定、其他协同行为也是经营者意思联络的载体，即经营者通过这些载体形成了排除、限制竞争的合意，进而实施一致行为。④危害性要件是"具有排除、限制竞争之目的或者效果"。[1] 所谓"排除、限制竞争之目的"（Restrict Competition by Object），是指从协议、决定或者其他协同行为本身的性质、内容、所处环境及其追求的客观目标来看，具有严重限制竞争的可能，因而无需证明存在实际的反竞争效果，即可禁止该等协议、决定或者其他协同行为。需要注意的是，"目的"（Object）不是指"意图"（Intent），"证明当事人具有限制竞争的主观意图，是一个相关因素，但并非必要条件"。[2] 落入"排除、限制竞争之目的"范畴的垄断协议，主要包括一系列具有严重恶性的横向垄断协议，如固定价格、限制产量、划分市场等，同时也包括相关纵向垄断协议，如固定转售价格、设定最低转售价格、提供绝对的地域或客户保护等。所谓"排除、限制竞争之效果"（Restrict Competition by Effect），是指从协议、决定或者其他协同行为本身的性质、内容、所处环境及其追求的客观目标来看，不具有严重限制竞争的可能，因而需要根据该等行为实施后产生的实际效果来对其违法性作出认定。

进一步看，经济学（产业组织理论）中的明示共谋（无论基于直接或间接意思联络），一般都可以纳入反垄断法中的垄断协议规范予以规制；而默示共谋，即寡头相互依赖的平行行为或有意识的平行行为，不一定都是反垄断法所禁止的垄断协议（协同行为）。换言之，能否通过垄断协议规范来规制寡头相互依赖的平行行为或有意识的平行行为，主要取决于一个国家或地区的具体反垄断政策和法律规定。事实上，目前没有任何一个国家或地区在认定垄断协议或协同行为时放弃意思联络或合意的主观要件。例如，在美国反垄断实践中，界定一项反竞争"协议"的要点是，企业之间存在"一致的目标、共同的设想和理解，或者契合的想法"，[3] 或者"对一个共同的计划做出有意识的承诺，以达到其非法目的"。[4] 再如，在欧盟反垄断实践中，"共同意志"[5] 或"一致意愿"[6] 等意思联络始终是定义"限制竞争协议"的关键要点。又如，在我国，对于垄断协议的认定，无论是反垄断行政执法还是司法审判，均遵循"一致行动+意思联络"的证明要求。这意味着在确认垄断协议时，需要证明相关主体之间存在协

---

[1] 参见时建中主编：《〈中华人民共和国反垄断法〉专家修改建议稿及详细说明》，中国政法大学出版社2020年版，第24页。

[2] Communication from the Commission — Notice — Guidelines on the application of Article 81（3）of the Treaty（2004/C 101/08），para. 22.

[3] American Tobacco Co. v. United States, 328 U. S. 781 (1946).

[4] Monsanto Co. v. Spray-Rite Serv., 465 U. S. 752 (1984).

[5] Case 41/69, ACF Chemiefarma NV v Commission of the European Communities, ECLI：EU：C：1970：51.

[6] Case 49/69, Bayer AG v Commission of the European Communities, ECLI：EU：C：1972：32

同一致的行动，并且这些行动背后有明确的沟通交流或意思联络。[1] 质言之，有关垄断协议的反垄断法规范并不描述超竞争的市场结果，而重在规制企业通过意思联络或交换保证来共同限制竞争的过程。在此，寡头相互依赖的平行行为或有意识的平行行为，由于缺乏共识沟通、互信交流、人际互动等直接或间接意思联络的证据，因而很难纳入垄断协议规范予以规制。

**二、共谋的反垄断法表达之二：共同市场支配地位**

在我国《反垄断法》中，共同市场支配地位（Collective Dominance）并非一个明确提出的概念，而是隐含在第24条关于推定两个或三个经营者具有市场支配地位的规定之中。[2] 这一隐含概念在该条款中得到了体现，用以描述特定情况下经营者之间可能存在的共同市场控制力。[3] 其实，共同市场支配地位的概念和制度实践源于欧盟竞争法，其旨在弥补垄断协议规范应对寡头相互依赖的平行行为等默示共谋问题的不足。从经济学原理看，共同市场支配地位实际上是两个以上经营者通过联合方式形成的显著市场势力，即共同的垄断势力（Shared Monopoly Power）。而经济学上的共谋——无论是明示共谋还是默示共谋，其实质也是经营者基于一定的协调方式形成共同的垄断势力。因此，将共同的垄断势力（共同市场支配地位）与共谋视为可以相互替换的概念，并不存在经济学理论上的障碍。进一步讲，维系共同市场支配地位的基本条件，与达成和维持共谋的基本条件别无二致，即企业须具备协调的动机，市场应具备较高的透明度以便于监测和惩戒背离行为，并且市场上应缺乏充分有效的外部竞争约束等条件。

其实，根据经营者相互间联系或联结（Links）机制的不同，可以将共同市场支配地位进一步区分为：①基于直接联结机制的共同市场支配地位。这大致对应通过协议、决定等直接意思联络形成的明示共谋。②基于间接联结机制的共同市场支配地位。这大致对应于通过寡头市场单一信号传递以及消除信息不对称的特殊定价机制等间接意思联络形成的共谋。③基于纯粹相互依赖之联结机制的共同市场支配地位。这大致对

---

[1] 参见《禁止垄断协议规定》第6条；最高人民法院（2021）最高法知民终1020号民事判决书；最高人民法院（2022）最高法知行终29号行政判决书；北京市西城区人民法院（2017）京0102行初432号行政判决书；北京市第二中级人民法院（2018）京02行终82号行政判决书。

[2] 《反垄断法》第24条规定："有下列情形之一的，可以推定经营者具有市场支配地位：（一）一个经营者在相关市场的市场份额达到二分之一的；（二）两个经营者在相关市场的市场份额合计达到三分之二的；（三）三个经营者在相关市场的市场份额合计达到四分之三的。有前款第二项、第三项规定的情形，其中有的经营者市场份额不足十分之一的，不应当推定该经营者具有市场支配地位。被推定具有市场支配地位的经营者，有证据证明不具有市场支配地位的，不应当认定其具有市场支配地位。"

[3] 运用该规定处理的执法案例，包括"异烟肼原料药垄断案"（国家发展和改革委员会行政处罚决定书〔2017〕1号、2号）、"扑尔敏原料垄断案"（国家市场监督管理总局行政处罚决定书，国市监处〔2018〕21号、22号）。此外，涉及滥用共同市场支配地位的执法案例还有"上海上药第一生化药业有限公司等4家公司垄断案"（上海市市场监督管理局行政处罚决定书，沪市监反垄处〔2023〕202301401号、202301402号）。

应不依赖任何互信交流、共识沟通等直接或间接意思联络而完全基于市场结构等相关经济情势所做出一致行动的情形,即基于寡头相互依赖的平行行为或有意识的平行行为所形成的默示共谋。这三个细分概念类型,有独立的规范意义和实践运用价值。

就基于直接联结机制的共同市场支配地位而言,它可用于规范共谋团体或卡特尔的"第二阶段行为"。经济学对共谋团体或卡特尔的研究表明,共谋团体的协调程度对其行为模式具有显著影响,协调得当的共谋团体会展现出"支配企业行为"的特征,而协调不佳的共谋团体则无法实施此类行为。[1] 这就涉及共谋团体的两阶段运作机制:第一阶段中,包括通过协议、决定等意思联络就限制产出或遏制竞争的计划达成共识,其核心是消除内部成员间的竞争,构建协调良好的共谋团体;第二阶段中,协调良好的共谋团体可能具备共同市场支配地位,进而采取滥用共同市场支配地位的排他行为、剥削行为,以确保其限制产出、提高价格、增加利润的努力行之有效。换言之,基于协议、决定等直接意思联络达成和实施的共谋,其所触发的规范领域不仅限于垄断协议规范,还可及于滥用共同市场支配地位规范。

就基于间接联结机制的共同市场支配地位而言,其规范意义除了在于规范共谋团体或卡特尔的第二阶段行为(滥用共同市场支配地位行为)外,还在很大程度上与经营者集中控制发生关联。经营者集中审查的一个重要关切是协同效应(一种损害理论)。协同效应指的是相关经营者在集中后,共同具备了排除和限制竞争的能力、动机以及可能性。如果集中后相关经营者形成或加强了共同市场支配地位,这无疑造成了极为显著的协同效应,因而会成为经营者集中控制的重点。可见,基于间接联结机制的共同市场支配地位,即基于间接意思联络的共谋效应,是经营者集中控制场合下"协同效应"的一个典例,也是判断经营者集中违法与否的一个重要标准。

就基于纯粹相互依赖之联结机制的共同市场支配地位而言,其规范意义主要在于解决寡头相互依赖的平行行为以及算法默示共谋等类似问题。在该等情形下,经营者之间完全不存在互信交流、共识沟通、人际互动等直接或间接的意思联络,但表现得就像一个共谋团体一样,协调一致地开展市场行为,产生了与公然的垄断协议或协同行为一样的负面经济效果。显然,由于缺乏意思联络的证据,这些协调一致的行为,很难被归入垄断协议或协同行为的规制范围。但是,垄断协议或协同行为规制路径的力所不逮,并不意味着反垄断法的其他规制路径也无效。在此,共同市场支配地位(基于纯粹相互依赖的联结机制)的概念和相关制度,为解决寡头相互依赖的平行行为以及算法默示共谋等类似问题,提供了可行路径:一方面,在适用强制事前申报的经营者集中控制规范路径下,可以借助共同市场支配地位的概念,预防共同市场支配地位的形成或强化;另一方面,在事后的滥用市场支配地位的规范路径下,也可以借助

---

[1] See Robert C. Marshall, Leslie M. Marx, Lily Samkharadze, Dominant-Firm Conduct by Cartels, https://www.researchgate.net/publication/228987383_Dominant-Firm_Conduct_by_Cartels.

共同市场支配地位的概念，制止相互协调的经营者从事滥用共同市场支配地位的各种排他性或剥削性行为。[1]

### 三、共谋的反垄断法表达之三：协同效应

在经营者集中审查理论和实务中，人们一般把经营者集中——横向集中、纵向集中、混合集中——可能导致的排除、限制竞争效应，分为两种基本类型：单边效应（Unilateral Effects）和协同效应（Coordinated Effects）。所谓单边效应，是指集中产生或加强了某一经营者单独排除、限制竞争的能力、动机和可能性。换言之，当经营者集中对竞争造成的限制，使集中后相关市场的经营者有能力将价格提升到集中前的水平以上时，集中就产生了单边效应。所谓协同效应，是指集中产生或加强了市场上相关经营者共同排除、限制竞争的能力、动机及可能性。换言之，当经营者集中改变了市场结构条件和竞争的性质，使以前没有协调其行为或协调其行为较为困难的经营者，现在更可能协调其行为或更有利于协调其行为，进而可能通过提高价格或通过其他方式损害有效竞争时，便产生了协同效应。《经营者集中审查规定》第32条规定："评估经营者集中的竞争影响，可以考察相关经营者单独或者共同排除、限制竞争的能力、动机及可能性。集中涉及上下游市场或者关联市场的，可以考察相关经营者利用在一个或者多个市场的控制力，排除、限制其他市场竞争的能力、动机及可能性。"在该规定中，"相关经营者单独排除、限制竞争的能力、动机及可能性"指的是单边效应，而"相关经营者共同排除、限制竞争的能力、动机及可能性"指的就是协同效应。

共谋与协同效应具有极为紧密的关联性，甚至就是两个互为替换的概念。与经营者通过合并方式导致控制权变化不同，很多经营者集中是通过收购股权或者资产以及新设合营企业等方式导致控制权发生变化。在后一类情形下，参与集中的各方主体在集中后并没有完全消灭，它们依然是具有独立决策和竞争能力的经营者，只不过由于控制权的创设、变更，各方系于紧密的联结机制，因而产生协同效应的竞争担忧。例如，具有竞争关系的A、B、C、D四个经营者，原本D受到C的单独控制，经过资产或股权收购等交易，D受到A、B、C的共同控制，即由单独控制变为共同控制，构成了经营者集中。此例中最大的竞争担忧莫过于协同效应：原本相互竞争的A、B、C三个经营者，在集中后共同控制D，由于这一利益联结和意思联络"枢纽中心"的存在，A、B、C可能在作出决策和行为时规避相互竞争而选择协调，进而损害市场竞争。鉴于一旦批准这样的集中交易，A、B、C三个经营者具有很强的协同排除、限制竞争——达成和实施垄断协议——的能力、动机及可能性，因此反垄断执法机构有可能会禁止这样的集中，或者至少会对集中进行控制，如附加严格的限制性条件，以消除

---

[1] 参见时建中：《共同市场支配地位制度拓展适用于算法默示共谋研究》，载《中国法学》2020年第2期。

将来相关经营者达成和实施垄断协议的竞争担忧,维持市场的有效竞争。由此可见,共谋与协同效应具有非常紧密的联系。欧盟委员会在2004年发布的《横向合并指南》中,对协同效应的检验设定了四项累积要件。具体而言,这些要件包括:首先,集中后的企业须能够形成有效的协调机制;其次,集中后的企业需能够监测背离协调的行为;再次,集中后的企业需具备相应的惩戒机制以应对违约行为;最后,集中后的企业还需具备足够的实力来对抗外部竞争力量。[1] 这四项要件的累积满足,是判断协同效应存在与否的关键。[2]

要而言之,从全链条的共谋反垄断监管执法的角度看,协同效应处于链条的前端——经营者集中控制规范对共谋予以预防(防范共谋风险),垄断协议、共同市场支配地位处于链条的后端——垄断协议规范、滥用共同市场支配地位规范对共谋予以制止(消除共谋实害)。

---

[1] See European Commission, Guidelines on the assessment of horizontal mergers under the Council Regulation on the control of concentrations between undertakings (2004/C 31/03), paras. 44-57.

[2] 参见侯利阳:《共同市场支配地位法律分析框架的建构》,载《法学》2018年第1期。

# 第三章 算法的竞争影响和算法共谋机理

算法的概念起源于数学计算，但其应用早已远超此范围。算法受益于计算机特别是人工智能技术的发展，成为再造企业业务流程体系、激发整体经济活力的关键手段。算法经济在带来积极面的同时，也夹杂着不容忽视的风险挑战和垄断效应，特别是算法共谋效应。由于算法改变了与共谋风险相关的若干市场条件，因而加剧放大了共谋风险，使算法共谋成为数字化时代反垄断的一项核心关注。

## 第一节 算法商业运用对市场竞争的积极影响

算法不仅具有技术属性，即它得益于计算机特别是人工智能技术的发展，而且也具有重要的商业属性，即算法可以被企业用作改进业务流程、优化经营决策、提升竞争优势和生产效率的手段。算法在商业领域的广泛应用，不仅从微观上改变了企业经营的理念模式及竞争格局，而且在宏观上带来了基于算法驱动的显著经济效益。

### 一、微观洞察：算法给企业带来的竞争优势

算法在商业中的运用并不新鲜，算法定价和自动交易早已是金融领域司空见惯的事情。算法收集、消化数据信息进而作出决策和操作的强大能力，从根本上改变了金融，使其从一个以人为主导的行业变成了一个人与计算机协同共存的行业，就像一种"半机械式金融"（Cyborg Finance）。[1] "0"和"1"的编码取代了语音、文字和手势的交流，准确和统一的标准代替了模糊的表达、模棱两可的概念和人为的理解错误。算法定价和自动交易，把在证券交易流程中各个环节出现操作风险的可能性降到了最低。[2]

现如今，算法在商业中的应用领域大幅扩展，几乎各行各业的企业都在引入算法来再造自身的产品、服务及业务流程体系。例如，在搜索领域，检索过滤算法被

---

[1] See Salil K. Mehra, "Antitrust and the Robo-Seller: Competition in the Time of Algorithms", *Minnesota Law Review*, 2016, Vol. 100, No. 4, p. 1334.

[2] 参见高寒：《算法交易：交易系统、交易策略与执行方法》，人民邮电出版社2019年版，第8页。

Google、百度等企业应用于搜索引擎，通过用户输入的查询词信息，搜索满足需求的网页。再如，在近场电商领域，调度决策算法被美团、饿了么等企业应用于配送场景，计算用户订单的预计送达时间，并为订单匹配骑手。又如，在资讯服务领域，新浪微博、今日头条等企业将个性化推荐算法应用于新闻推荐，通过使用用户历史行为数据为用户推荐可能感兴趣的新闻资讯。特别地，诸如电子商务、航空、酒店、出行、旅行等领域的企业，纷纷采取定价算法来自动设定价格，以实现利润最大化、销售量最大化、销售时间最小化等具体目标。相较于传统的人工定价，定价算法具有处理大量数据的优势，这些数据被整合到动态优化过程中，因而能帮助企业依据市场条件的实时变化做出快速反应。定价算法主要包括以下三种：一是监测其他企业价格的定价算法，即价格监测算法（Price Monitoring Algorithms）；二是根据其他企业的价格或市场条件推荐或自动设定价格的定价算法，即动态定价算法（Dynamic Pricing Algorithms）；三是根据特定个人的特征定制价格的定价算法，即个性化定价算法（Personalised Pricing Algorithms）。[1]

企业对算法的广泛应用，不仅重构了企业的运营模式和相互间的互动机制，更推动了市场向数字化方向的迅猛转变。这一过程犹如"多米诺骨牌"效应，一经触发便迅速蔓延，促使算法在各行各业中得到了更为广泛和深入的应用。[2] 概括来讲，企业之所以竞相引入算法，是因为算法能给企业带来以下竞争优势：

第一，算法给企业带来的第一个优势是数据收集、组织和分析的速度。海量的商业数据挑战了人类处理相关信息的认知能力，但给定任意数量的决策参数和数据源，计算机通常可以以人脑无法达到的速度应用相关算法，在不到一秒的时间内检测数百甚至数千个不同的变量，对其作出分析或者平衡，且以指数级的速度做出决策和反应。算法的引入还可以精简销售、会计和市场营销等部门的员工数量，降低企业用工成本。而且，算法可以一天 24 小时，一周 7 天不间断地工作，这一点是人类劳动者无法企及的。

第二，算法给企业带来的第二个优势与其所能分析的复杂性程度有关。在大数据技术以及强大算力的支持下，算法能够将众多变量集成到决策中，为企业提供复杂变量约束下的最优决策。在很多情形下，即便付出大量的时间和努力，人类的思维也无法企及算法所能分析和应对的复杂性程度。例如，华尔街的高频交易公司利用算法的

---

[1] See OECD, Algorithmic Competition, OECD Competition Policy Roundtable Background Note, 2023, p. 11, www.oecd.org/daf/competition/algorithmic-competition-2023.pdf.

[2] 例如，当亚马逊与其他电商将它们的定价算法推广到所有商品门类时，不论对实体商铺，还是对各大电商来说，为了确保自己不在这一轮营销竞争中落败，它们都会竞相将定价算法技术纳入自己的信息技术支持部门，而亚马逊在该领域的开拓可以被看成是"算法军备竞赛"的缩影。随着"算法军备竞赛"的深入，线上购物平台与实体店铺的界限也变得越来越模糊。参见［英］阿里尔·扎拉奇、［美］莫里斯·E. 斯图克：《算法的陷阱：超级平台、算法垄断与场景欺骗》，余潇译，中信出版社 2018 年版，第 20 页。

分析预测优势，在比其他交易者稍快几毫秒的时间差内，捕捉到外汇市场中的价格差，从而动用巨额资金在市场中攫取暴利。[1]

第三，基于算法分析的速度和复杂性程度，算法的第三个优势是有助于企业进行分析预测和业务流程优化。一方面，算法的预测功能在多个维度展现出巨大价值。它不仅可以精准估计市场需求、预测价格走势，还能深入分析客户行为和偏好，甚至评估潜在风险及预测可能影响市场的内外因素。这些信息对于企业的决策制定至关重要，有助于企业更加精准地规划商业战略，同时开发出更多创新性且个性化的服务。另一方面，算法在优化业务流程方面展现出其独特的优势。这主要得益于其自动化的特性以及强大的计算能力。通过降低生产和交易成本、精准细分消费者群体以及设定最优价格策略，算法帮助企业获得了显著的竞争优势，使其能够迅速响应并适应复杂多变的市场环境。

### 二、宏观分析：算法所蕴含的整体经济效益

在当今时代，越来越多的企业正积极运用算法技术来优化定价模型、实现个性化服务定制，并精准预测市场趋势，从而不断提升自身的竞争力和市场适应能力。事实上，算法不仅能再造企业的业务流程、优化企业的生产效率、提升企业的竞争优势，而且能够从整体上赋能经济发展，带来放大、叠加、倍增的经济效益，惠及所有市场主体。例如，相关调研指出，搜索引擎是 2017 年最受欢迎的数字商品类别，平均而言，每个用户访问搜索引擎为其带来的价值约为 17 530 美元。[2]

进一步看，算法商业运用的宏观经济效益主要体现在以下方面：①算法可以成为颠覆性创新的基础，从而产生新的或改进的产品。例如，相关产品可以根据消费者的具体需求进行个性化定制，呈现出产品形态去物质化、产品过程去物质化以及"全时经济"（全时研发、全时生产、全时服务、全时消费）等特点。[3] ②得益于算法的助力，规模较小的新进入者能够凭借精准的市场洞察力或以更低的成本研发出颠覆性的新产品，从而有效降低市场进入壁垒。在算法的帮助下，这些新进入者不仅能够在市场中站稳脚跟，甚至有可能逐步取代在位的垄断者，实现演化式的市场替代。[4] 换言之，算法极大地丰富了市场竞争的维度，不限于传统上的价格、产量、广告等竞争，

---

[1] 参见[美]迈克尔·刘易斯：《高频交易员：华尔街的速度游戏》，王飞、王宁西、陈靖译，中信出版社 2015 年版，第 12 页。

[2] See Erik Brynjolfssona, Avinash Collisa, Felix Eggersc, Using Massive Online Choice Experiments to Measure Changes in Well-being, https://www.pnas.org/doi/epdf/10.1073/pnas.1815663116.

[3] 参见李海舰、李燕：《对新经济形态的认识：微观经济的视角》，载《中国工业经济》2020 年第 12 期。

[4] 在一些数字市场领域，巨大的在位优势使其他企业难以通过面对面的竞争取代垄断者，成功的挑战往往源于邻近市场，即通过算法驱动的互补产品或服务的差异化，以此实现对垄断者的演化式替代。参见[美]卡尔·夏皮罗、哈尔·R.范里安：《信息规则：网络经济的策略指导》，孟昭莉、牛露晴译，中国人民大学出版社 2017 年版，第 155~159 页。

为整体经济注入了更多的创新空间和活力。③算法能够通过为消费者呈现一系列合适的产品，并在价格、质量以及消费者偏好等关键竞争维度上提供详尽的可比信息，显著降低客户的搜索成本。例如，价格比较算法（Price Comparision Algorithms）[1]能够即时为消费者展示各类商品和服务的价格对比，而价格监测算法则能在价格达到最低点时及时通知消费者。此外，数字助手、数字管家等智能算法工具更是通过产品识别、筛选功能，进一步简化了消费者的购物流程，使他们能够更轻松、更准确地找到所需商品。概言之，算法不仅显著降低了消费者的搜索和交易成本，而且增强了消费者作为买家的实力，帮助消费者克服偏见，摆脱操控性技术营销，从整体上优化了消费者的信息结构和购买决策。[2]④算法以其卓越的数据挖掘、分析与处理能力，能够作出更为精准的决策，从而有效平衡市场供需关系，防止整体经济在总量或结构层面出现失调失衡的现象。这种智能化的决策机制不仅提升了市场运行的效率与稳定性，也为经济的可持续发展提供了有力支撑。通过算法的精准应用，我们能够更好地应对市场变化，优化资源配置，推动经济实现更加健康、平衡的发展。[3]

## 第二节 算法商业运用引发的竞争担忧

算法在商业领域的广泛应用，不仅从微观层面重塑了企业的经营理念、运营模式和竞争格局，更在宏观层面催生出显著的、以算法为驱动的经济效益。但是，任何美好的事物都有其阴暗面，算法的商业运用也夹杂着不容忽视的风险挑战和垄断效应，特别是算法共谋效应。

### 一、算法商业运用的经济社会风险

算法商业运用的速度之快、范围之广、影响之深，超出了许多人的预料。尽管没有人否认算法对提升企业生产力和赋能整体经济效益的积极作用，但算法同任何先进的技术一样，也是一把"双刃剑"，如果不加限制地运用，势必导致"算法异化"，带来一系列经济社会问题。例如，当算法被汽车厂商竞相用于汽车自动驾驶时，随之而

---

[1] 价格比较算法是一种通过分析、处理和比较不同来源的价格信息，以辅助消费者或企业做出更明智购买或定价决策的技术手段。See Price comparison Algorithms: How to Implerment Price Comparision Analysis With Machine Learning (20 June 2024), https://facercopital.com/conioni/Price-Compatison-Algorithms-How-to-Implement-Price-Comparison-Analysis-with-Machine-Lenrning.html.

[2] 有学者引入了算法型消费者（Algorithmic Consumers）的概念来描述消费者决策过程的转变，这使得数据驱动的生态系统中的消费者可以将购买决策外包给算法。See Michal S. Gal & Niva Elkin-Koren, "Algorithmic Consumers", *Harvard Journal of Law & Technology*, 2017, Vol. 30, No. 2, pp. 309-354.

[3] See OECD, Algorithmic Competition, OECD Competition Policy Roundtable Background Note, 2023, pp. 10-11, www. oecd. org/daf/competition/algorithmic-competition-2023. pdf.

来的重大政策和法律难题是,算法的设计应当基于何种价值标准——功利(福利)、自由抑或德性?具体来说,为了挽救驾驶者一个人的生命,算法是否可以在此过程中选择不顾多名行人的生命?[1] 再如,尽管大型语言模型有望通过大规模使用人类自然语言执行任务,为人类带来重大机遇,但由于其训练数据可能包含偏见、个人敏感信息以及受知识产权保护的相关信息,因而大型语言模型以及生成式人工智能系统可能对人权、隐私、公平、鲁棒性(Robustness)、[2] 安全性构成风险。而且,它们可以加速和扩大假新闻和其他形式的基于语言的被操纵内容的生产和传播,这些内容可能无法与事实信息区分开来,从而给民主、社会凝聚力和公众对政府的信任带来风险。[3]

事实上,与算法异化交织在一起的风险和挑战还有很多,风险丛生、风险叠加、风险度高、风险变数大是人工智能和数字经济时代的显著特征。[4] 由于目标模糊、设计漏洞、信任缺失、监管不力、责任不清以及防御脆弱等诸多因素,算法的商业应用极易产生一系列异化现象,如"算法霸权""算法操纵""算法共谋""算法歧视""算法黑箱""算法茧房""算法伪造"以及"诱导沉迷"等。这些异化情形不仅可能侵犯个体的生命权、健康权、平等权、思想与行为自由、财产安全,还可能引发经济垄断,影响公平裁量或审判机会,威胁劳动权或就业机会,甚至对金融安全、网络安全、数据安全及国家安全构成重大风险。[5]

## 二、算法垄断效应

在算法带来的上述风险中,本书主要关注的是经济垄断风险特别是共谋风险。也就是说,算法在商业中的不当运用,加剧了企业从事垄断行为的风险,特别是从事共谋行为的风险,进而对市场竞争机制、经济效率、消费者利益以及社会公共利益造成不利影响。传统上,反垄断旨在预防和制止以下三类垄断效应:排他效应(Exclusionary Effects)、剥削效应(Exploitative Effects)、共谋效应(Collusive Effects)。[6] 相应地,算法垄断效应,即反垄断法意义上的算法损害理论[7](Algorithmic Theories of

---

[1] 这个问题实际上是"电车难题"(Trolley Problem)的翻版,参见[美]迈克尔·桑德尔:《公正:该如何做是好?》,朱慧玲译,中信出版社2011年版,第22页。

[2] 算法的鲁棒性是指一个算法对不合理输入数据的反应能力和处理能力,也称为容错性。

[3] See OECD, AI Language Models: Technological, Socio-economic and Policy Considerations, OECD Digital Economy Papers, April 2023 No. 352, pp. 9-10, https://www.oecd-ilibrary.org/docserver/13d38f92-en.pdf.

[4] 参见张文显:《构建智能社会的法律秩序》,载《东方法学》2020年第5期。

[5] 参见苏宇:《算法规制的谱系》,载《中国法学》2020年第3期。

[6] 前两个垄断效应也被称为单边效应(Unilateral Effects)。

[7] "损害理论"(Theory of Harm)是美国、欧盟等反垄断法理论和实务中较为常用的术语,指据以规制或处理限制竞争协议、滥用市场支配地位、经营者集中等垄断行为的理据,以及围绕这一理据所展开的论证性叙事。例如,搭售行为之所以违反了反垄断法,其潜在的损害理论包括"杠杆理论""提升竞争对手成本理论"等。See Philip Marsden & Simon Bishop, "Article 82 Review: What is Your Theory of Harm", *European Competition Journal*, 2006, Vol. 2, No. 2, pp. 257-262.

Harm），包括算法排他效应、算法剥削效应和算法共谋效应。[1] 实际上，排他、剥削、共谋等垄断效应在反垄断经济学以及法学的话语体系中并不是新事物，[2] 只不过在算法的介入和加持下，企业能够以更大的规模和更快的速度实施有关垄断行为，使该等垄断效应的危害范围更广、影响更深。

### （一）算法排他效应

一般而言，反垄断法意义上的排他效应或排他性损害，是指具有显著市场势力的企业（包括一群一致行动的企业）采取打压竞争对手的竞争动机、限制竞争对手的商业机会等方式，对相关市场的竞争过程或有效竞争机制造成直接损害，对消费者利益造成间接损害。企业通过算法实施自我优待（Self-preferencing）、掠夺性定价、搭售等行为，都有可能导致基于算法的排他效应。从近年来执法实践情况看，算法排他效应的竞争担忧主要聚焦在自我优待行为。换言之，尽管基于算法的掠夺性定价、搭售等行为在理论上也可能产生排他效应，但它们尚未成为迫切的竞争担忧。

所谓自我优待，是指优势企业基于推荐算法、排序算法、分配算法等，对自己的（或附属的）产品和服务给予偏好性优待，而将竞争对手的产品或服务置于不利竞争地位。也就是说，优势企业的算法所做出的推荐、排名、分配不是基于"效能竞争"（Competition on the Merits），而是基于打压竞争对手、损害竞争过程等动机。近年来，国外反垄断执法机构查处了多起涉及算法自我优待的案例。例如，在 2017 年的欧盟"谷歌比较购物服务案"中，Google 利用其在通用搜索引擎市场的支配地位，对自家的比较购物服务进行不公平的优待，显著提升了对其的引流和曝光机会。与此同时，Google 将竞争对手的比较购物服务置于不利的竞争地位，限制了它们的流量和展示位置，从而维护了自家服务的市场优势。这种行为严重扭曲了市场竞争的公平性。对此，欧盟委员会不仅对 Google 处以 24.2 亿欧元罚款，而且要求 Google 遵守非歧视性原则，平等对待竞争对手比较购物服务和自家比较购物服务。[3] 再如，2023 年，韩国公平交易委员会对 Kakao Mobility 公司下达了纠正命令，并处以 257 亿韩元的罚款，原因是 Kakao Mobility 公司操纵出租车分配算法，偏袒其关联公司 Kakao T Blue 旗下的出租车，而不是非会员出租车（非会员司机）。[4]

对于优势企业为什么会基于推荐算法、排序算法、分配算法等实施自我优待行为，

---

[1] See OECD, Algorithmic Competition, OECD Competition Policy Roundtable Background Note, 2023, pp. 13-24, https：//www.oecd.org/daf/competition/algorithmic-competition-2023.pdf.

[2] 参见金善明：《中国平台经济反垄断监管的挑战及其应对》，载《国际经济评论》2022 年第 3 期。

[3] See European Commission Decision Case AT.39740-Google Search (Shopping), https：//ec.europa.eu/competition/antitrust/cases/dec_docs/39740/39740_14996_3.pdf.

[4] See Press Release, KFTC Sanctions KaKao Mobility for Giving More Calls to Its Affiliated Taxis (February 14, 2023), https：//www.ftc.go.kr/solution/skin/doc.html?fn=c5345c36473713d9875ccde12ebaf5596bf8cfb554bc639ef11d01700a955991&rs=/fileupload/data/result/BBSMSTR_000000002402/.

有两种较为合理的理论解释：第一种解释是不完善的租金提取（Imperfect Rent Extraction）。例如，Google 通过搜索广告赚钱，这意味着用户和卖家不需要为自然搜索结果中的链接付费，这可能会激励 Google 操纵其搜索算法，以排挤与自己的关联产品或服务竞争的对手。[1] 第二种解释是一家优势企业利用其算法从事客户封锁，从而提高竞争对手的成本。[2] 例如，Buy Box 是亚马逊市场的特色产品，是市场卖家的重要营销渠道；如果卖家购买了亚马逊的物流服务，那么卖家出现在 Buy Box 中的概率就会提高。通过这种"杠杆"方式，亚马逊提高了竞争对手的物流服务成本，使它们无法进入市场，或者难以在市场上长期经营。

（二）算法剥削效应

一般而言，在反垄断法的语境下，剥削效应是指优势企业利用其市场支配地位所带来的商业机会，通过实施不公平的高价、不合理的交易条件、价格歧视等行为，攫取在充分有效竞争环境下无法获得的额外商业利益。这种行为直接侵害了交易相对方或消费者的利益，破坏了市场竞争的公平性，对市场经济秩序造成了不良影响。从近年来的执法实践情况看，算法剥削效应的竞争担忧主要聚焦在个性化定价（Personalised Pricing）行为上。

所谓个性化定价，亦被俗称为"大数据杀熟"，是指企业借助大数据和算法技术，依据不同消费者的支付意愿、消费偏好及使用习惯等因素，实施差异化的交易价格策略。随着大数据和算法技术的迅猛发展，平台企业得以"轻松攀上"价格歧视的高峰，使消费者可能在不自觉中接受更高的价格。众多算法驱动型企业正积极探索各种策略，旨在更精准地实现价格歧视，以最大化商业利益，"回溯企业在数据追踪、收集、处理进程中取得的种种进展，完美价格歧视似乎已然可期……在这个由假象构筑的竞争市场中，我们买得更多，买得更贵"。[3]

其实，个性化定价在本质上是一种一级价格歧视。在经济学上，一级价格歧视，亦称完美价格歧视，是指垄断者精准掌握每位消费者（包括中间客户和最终消费者）对任何数量产品所愿意支付的最高金额，并据此设定价格。这种定价策略确保所定价格恰好与消费者的心理价位相吻合，从而垄断者能够完全攫取每位消费者的消费剩余，实现利润最大化。[4] 一级价格歧视产生了两个显著的影响：一方面，从资源配置效率的角度分析，这种定价策略达到了最优状态。它有效激励企业提高产出水平，使得市场上的供需关系得到更为合理的匹配。换言之，在资源利用和分配效率方面，一级价

---

[1] See Massimo Motta, Self-preferencing and Foreclosure in Digital Markets: Theories of Harm for Abuse Cases, BSE Working paper 1374, 2022, pp. 3-4, https://bse.eu/sites/default/files/working_paper_pdfs/1374_0.pdf.

[2] See Aurelien Portuese et al., *Algorithmic Antitrust*, Springer, 2022, p. 7.

[3] [英]阿里尔·扎拉奇、[美]莫里斯·E. 斯图克：《算法的陷阱：超级平台、算法垄断与场景欺骗》，余潇译，中信出版社 2018 年版，第 119 页。

[4] 参见肖伟志：《价格歧视的反垄断法规制》，中国政法大学出版社 2012 年版，第 40 页。

格歧视与完全竞争具有相似的正面效果。另一方面，从消费者的视角来看，尽管一级价格歧视在整体经济层面上展现了高效率，但在个体福利层面却引发了公平性的问题。在完全竞争的市场环境下，消费者能够享受到一定的消费者剩余，即他们愿意支付的价格与实际支付价格之间的差额。然而，在一级价格歧视的情境下，这部分消费者剩余全部转化为了垄断者的利润。这意味着卖者因此获得了更多的财富，而买者却因此承受了更大的经济负担。因此，这种定价策略可能导致社会福利的不平等分配。如果反垄断政策和法律注重对消费者福利的独立保护，强调对消费者与生产者（供应商）之间不当福利转移效应的矫正，亦即将剥削效应视为反垄断法上独立的损害理论，那么个性化定价（一级价格歧视）的上述第二方面效果就会引起反垄断法的规制。事实上，包括我国、欧盟在内的世界大多数反垄断司法辖区都将剥削性垄断行为纳入规范，即确认个性化定价行为具有垄断行为属性。例如，在我国，《平台经济领域的反垄断指南》第17条就将个性化定价行为作为一种不合理的差别待遇行为，并对其规制中的考虑因素予以指引。

实际上，相较于消费者在结果层面遭受的歧视性价格，那些在算法驱动下服务于个性化定价和利润攫取的不公平行为，可能具有更显著的剥削效应。例如，德国联邦卡特尔局与最高法院均认定，Facebook 滥用其在德国社交网络市场的支配地位，未经用户明确且自愿的同意，擅自从第三方网站和应用程序收集用户数据，并擅自将这些数据与用户在 Facebook 账户中的其他信息进行关联整合。这一行为被判定为剥削性滥用行为，严重侵犯了用户的隐私权和数据安全。[1]

（三）算法共谋效应

一般而言，反垄断法意义上的共谋效应，是指相互竞争的企业以明示或默示勾结的方式协调彼此竞争行为、对外采取一致行动，不仅规避或降低了相互竞争的风险，而且可能一致抵制或打击其他经营者，谋取不正当的垄断收益，进而对市场竞争机制造成直接损害，对消费者利益造成间接损害。事实上，排他效应、剥削效应作为反垄断法上的损害理论尚且存在分歧和争执，[2] 但共谋效应作为反垄断上的损害理论却是各大学派以及各反垄断法域的共识。有关共谋的反垄断历史源远流长、案件数量庞大，几乎在每一个反垄断法域，共谋都被视作危害市场竞争的最大罪恶，以至于美国、德国、日本、韩国等不少国家将共谋行为纳入犯罪和刑法制裁的范围。[3] 我国《反垄断

---

[1] See Facebook, Exploitative business terms pursuant to Section 19 (1) GWB for inadequate data processing, https://www.bundeskartellamt.de/SharedDocs/Entscheidung/EN/Fallberichte/Missbrauchsaufsicht/2019/B6 - 22 - 16.pdf?__blob=publicationFile&v=4; Thomas Höppner, Data Exploiting as an Abuse of Dominance: The German Facebook Decision, 2019, https://ssrn.com/abstract=3345575.

[2] 例如，芝加哥学派的某些评论人士长期以来对排他效应作为一种反垄断法上的损害理论深表怀疑。See Jonathan B. Baker, "Exclusion as a Core Competition Concern", *Antitrust Law Journal*, 2013, Vol. 78, No. 3, pp. 527-590.

[3] 参见张晨颖：《垄断行为刑事化的基础及其构造》，载《法学评论》2023年第5期。

法》虽没有规定垄断行为的刑事责任，但《中华人民共和国刑法》（以下简称《刑法》）将特定的共谋行为纳入规范，即在第 223 条第 1 款规定："投标人相互串通投标报价，损害招标人或者其他投标人利益，情节严重的，处三年以下有期徒刑或者拘役，并处或者单处罚金。"

　　与共谋作为危害市场竞争的最大罪恶的性质相呼应，算法共谋是目前有关算法垄断效应的学术辩论的一个重要焦点。[1] 正如有学者指出，"算法的一大风险在于，它模糊了非法明示共谋与合法默示共谋（即仅基于相互依赖的协调行为）之间的界限，使得企业能够更轻易地维持高于竞争水平的利润，而无需达成明确的协议"。[2] 也就是说，算法不仅改变了共谋场景的内部谱系，而且极大地简化了达成和实施共谋所依赖的条件：企业通过算法频繁互动、彼此监视和试探，市场透明度显著提升；并且更多的可用数据和算法分析的复杂性、深层性意味着，实现利润最大化的协调均衡更容易；发现和惩戒偏离协调均衡的速度和容易程度也大大降低了企业打破协调均衡的动机；因此企业之间的共谋比以往任何时候都更容易、更高效、更稳定。事实上，在算法广泛运用的数字市场上，默示共谋可能从由纯粹市场结构特征所导致的结果（企业消极地相互依赖所实施的平行行为），转变为企业积极追求的一种战略（企业通过算法积极地寻求相互依赖进而实施协调行为）。有鉴于此，《算法的陷阱》一书的作者疾呼："在传统的市场经济中，是市场竞争这只'看不见的手'担负社会资源分配的工作。但现如今在不少产业中，竞争所能发挥的作用却被一只'数字化的手'（算法）所取代，而后者显然是一种可以人为操纵的市场势力。在它的作用下，市场出现了一些反竞争行为。但是面对这种新型的市场垄断形式，各国的反垄断执法机构却欠缺准备，难以招架。"[3] 应当说，这并非无病呻吟、空穴来风。尽管算法引发或加剧了共谋效应，但目前已知的算法共谋的执法案例却很少，主要有美国的"Topkins 案"、[4] 英国的"GB Eye Trod 案"、[5] 西班牙

---

[1] See Thomas K. Cheng, Julian Nowag, "Algorithmic Predation and Exclusion", *University of Pennsylvania Journal of Business Law*, 2023, Vol. 25, No. 1, pp. 41-102.

[2] See Antonio Capobianco, Anita Nyeso, "Challenges for Competition Law Enforcement and Policy in the Digital Economy", *Journal of European Competition Law & Practice*, 2017, Vol. 9, No. 1, p. 25.

[3] ［英］阿里尔·扎拉奇、［美］莫里斯·E. 斯图克：《算法的陷阱：超级平台、算法垄断与场景欺骗》，余潇译，中信出版社 2018 年版，序言。

[4] See Press Release, U. S. De't Just., Former E-Commerce Executive Charged with Price Fixing in the Antitrust Division's First Online Marketplace Prosecution（Apr. 6, 2015）, https://www.justice.gov/opa/pr/former-e-commerce-executive-charged-price-fixing-antitrustdivisions-first-online-marketplace.

[5] See Press Release, U. K. CMA, The CMA has today issued a formal decision that 2 online sellers of posters and frames broke competition law（12 August 2016）, https://www.gov.uk/government/news/cma-issues-final-decision-in-online-cartel-case.

的"Proptech案"[1]、欧盟的"Eturas案"[2]和"Asus案"[3]。我国《反垄断法》自2008年实施以来，执法机构和法院至今未处理过任何一起算法共谋案件。这种执法不足有多方面的原因，对算法共谋的发生机理以及规制方式方法欠缺理论准备或许是一个重要原因。因此，下文将聚焦算法共谋效应，进一步剖析算法引发和加剧共谋风险的机理。

## 第三节 算法何以加剧放大共谋风险

共谋的维持并非易事，须满足若干基本条件，如市场不能过于复杂、不存在充分有效的外部竞争约束等消极条件，企业具有对称性、市场足够透明以便于监测背叛行为、存在及时可信的报复惩罚等积极条件。算法在商业领域的普遍运用，简化或放宽了传统上与共谋风险密切相关的上述条件，因而加剧放大了共谋风险，甚至使算法共谋成为数字商业生态中的一项系统性顽疾。

### 一、实现共谋的基本条件

如本书第二章所述，共谋能使相互竞争的企业规避或降低激烈对抗的风险和损失，使它们享受"垄断所带来的平静生活"。但是，要顺利达成并有效实施共谋，即确保共谋的可维持性，绝非易事，面临着一系列难题。例如，为确定共谋的"焦点"（如价格、产量、市场份额、销售地域或其他共谋条件）而反复磋商或试探，为增进互信和共识而不断进行信息交流或沟通、为防止背叛而必须构建可信的惩戒威慑措施、为防止外部竞争者对共谋团体的侵蚀或破坏而须采取一致对外的压制行为，等等。一般而言，共谋要具有可维持性，必须具备四项基本的"治理机制"，即定价协调机制、利益分配机制、执行监惩机制、对抗压制机制。实际上，这些"治理机制"是为解决共谋

---

[1] See Press Release, Spain, CNMC, The CNMC fines several companies EUR 1.25 million for imposing minimum commissions in the real estate brokerage market，https://www.cnmc.es/sites/default/files/editor_contenidos/Notas%20de%20prensa/2021/20211209_NP_Sancionador_Proptech_eng.pdf.

[2] See Case C-74/14, "Eturas" UAB and Others v Lietuvos Respublikos konkurencijostaryba, ECLI：EU：C：2015：493.

[3] See European Commission Case AT. 40465 - ASUS，https://ec.europa.eu/competition/antitrust/cases/dec_docs/40465/40465_337_3.pdf.

难题而创建的，它们涵盖了达成和实施共谋须具备的基本条件。[1] 在此，我们将实现共谋的基本条件归纳为如下五项。

（一）市场不能过于复杂

寻求共谋的企业，在初始阶段必须解决两个重要的关联问题：一是如何启动共谋安排；二是如何对共谋条件（协调的具体内容）达成共识。如果市场过于复杂，如市场非常分散（相互竞争的企业数量众多）、产品差异很大（涉及许多等级、规格）、定价机制复杂（涉及非线性定价或差异性定价），那么不仅企业启动共谋的动机很弱，而且很难就共谋条件或协调条款达成共识。

一般而言，相互竞争的企业可以采取三种方式达成共谋均衡。一是"基于沟通而达致均衡"（Communicate to Equilibrium），即具有共同利益的企业就共谋的关键信息（如价格、产量、市场份额、销售地域等）进行沟通，从而建立互信和共识，达致共谋均衡。二是"基于理性而达致均衡"（Reason to Equilibrium），即每个市场参与者都推断出存在自我执行的协调（共谋）安排的机会，其他市场参与者也会根据它们所处的市场结构认识到这种安排，从而采取一系列迭代行动，使所有人都能达到利润最大化的共谋均衡。三是"基于焦点而达致均衡"（Focal Point Equilibrium）。竞争者反复互动的博弈可以有多个均衡，其中某个均衡对各企业而言可能特别明显（即焦点），即使它可能不是联合利润最大化的，但这一焦点的存在，可以帮助企业在复杂的市场中协调其行为。[2]

（二）企业应具有对称性

在传统产业组织理论中，企业之间的对称性被认为是实现共谋的一项不可或缺的前提条件。当相互竞争的企业的市场份额、成本结构、生产能力完全对称时，它们具有强烈的达成、实施共谋的动机、能力和可能，因为对称性增加了启动、实施、监控和遵守共谋安排的便利性，从而增加了共同盈利的预期和能力。

市场份额是反映企业对称与否的有效指标。相关市场上企业之间的市场份额越对称，企业之间就越容易共谋，因为市场份额越低的企业，从背离共谋中获得的收益越大，从报复行为中失去的收益越小。然而，市场份额主要是内生的。假定企业以相同的不变边际成本生产相同的产品，没有理由先验地认为它们的市场份额必然是对称的。

---

[1] 有学者将实现共谋的基本条件归纳为如下四项：①达成共识方面的协调。企业须对交易条款（如价格、数量或质量）形成共识或理解。这意味着，企业既要解决各自在"正确"交易条款方面的任何分歧，也要将交易条款的信息传达给各方。②对背离共谋的监测。监测到偏差越慢、越不完全，协调的能力就越弱，因此企业有更强的动机去作弊。③制造可信的报复威胁，以阻止背离行为。换言之，必须有一种可信的、严厉的惩罚威慑机制促使协调各方不背离共同策略。④在协调各方运作的市场中，进入壁垒很高。因为如果进入壁垒很低，利润的增长会吸引新的进入者，并使超竞争性利润迅速受到侵蚀，从而降低在位企业进行协调的动机。参见时建中：《共同市场支配地位制度拓展适用于算法默示共谋研究》，载《中国法学》2020年第2期。

[2] See Michael David Coutts, "Mergers, Acquisitions and Merger Control in an Algorithmic Pricing World", *Berkeley Technology Law Journal*, 2023, Vol. 38, No. 1, p. 183.

但是，当市场份额是非对称的时候，这通常强烈地预示着企业具有不同的边际成本或者不同的生产能力。这时候相关的问题就成为成本、产能、产品范围或质量等更为复杂的非对称性问题。而这些非对称性不仅会阻碍共谋，而且会导致市场份额的非对称性。也就是说，企业不同的市场份额可能反映了企业之间更为复杂的非对称性因素，这些不对称因素使达成和实施共谋变得困难。一方面，不对称企业的竞争动机和所偏好的均衡会有所不同；另一方面，由于这些差异，不对称的企业将难以利用其私人信息来推断或估计其竞争对手的动机和首选均衡。[1]

（三）市场交易应足够透明以便于监测背叛行为

传统产业组织理论认为，市场交易的透明度越高，共谋的稳定性或可维持性就越强。因为市场交易透明度的提升，给共谋团体带来了以下两个方面的重大利好。[2]

第一，价格和销量的高度透明性，有助于共谋团体迅速发现企业的背叛行为，缩短采取报复行为的滞后期，这降低了背叛行为的预期收益，因而有助于共谋的维持。换言之，如果市场交易不具有透明性，暗中降价等背叛行为难以被及时发现，或者即使被发现，矫正这种背叛行为（如发动价格战）已经过了"最佳时期"，需要付出极大的成本和代价，乃至导致共谋走向破裂。在此意义上，市场透明度高，不仅有助于共谋的维持，而且极有利于激发和增强企业共谋的动机。

第二，市场交易的透明程度高，有助于企业消除市场不确定性带来的判断失误，避免由于外生的市场波动导致企业错误地发起价格战，从而增加共谋预期收益的稳定性，因而有助于共谋的维持。价格战往往需要持续足够长的时间才能起到惩戒和阻止潜在背叛行为的效果。但现实中价格战也有可能是由纯粹的"坏运气"（需求的负向冲击）而引发的。市场交易透明度高，有利于相关企业区分清楚故意的背叛和偶发的市场波动，因而有助于避免无谓的价格战，降低共谋实施的成本。[3]

（四）存在及时有效可信的报复惩罚

对背叛共谋的行为，存在及时、有效、可信的报复惩罚，是确保共谋可维持性的必要条件之一，甚至是根本性条件。报复惩罚通常表现为其他企业为反击另外一家企业的背叛行为，而采取的具有攻击性的竞争行为。这样的惩罚措施可以是价格战，即大幅降价销售；也可以表现为将大量产品推向市场，以便实现降价的效果。

报复惩罚须具有及时性、有效性、可信性。首先，在背叛行为发生后，报复惩罚措施须能被及时施加。这就要求企业间存在频繁的互动和相互作用，否则难以找到施加报复惩罚的机会，遑论报复惩罚的及时性。其次，报复惩罚还必须有效。这意味着，

---

[1] 参见余东华：《反垄断经济学》，经济科学出版社2017年版，第265~266页。
[2] 参见唐要家编著：《反垄断经济学：理论与政策》，东北财经大学出版社2022年版，第68页。
[3] 不过，市场交易透明并不是共谋必不可少的前提条件。即使市场不完全透明，至少暂时的共谋仍是有可能在一定条件下得以存续的。只不过这样的共谋经常周期性地被激烈的价格战所打断。

背叛者偏离共谋的收益须小于所受报复惩罚的成本,即回归共谋的未来收益更重要、更可观,亦即报复惩罚须确保背叛者的偏离行为无利可图。最后,报复惩罚还必须可信,即采取的报复惩罚措施须符合作出该等措施的企业的利益。例如,如果观察到某一家企业以更多的供给量或更低的价格偏离共谋,那么只有在切实履行报复惩罚措施对其他竞争者都是有利可图时,这些措施才会被落实。反之,如果相关企业实施报复惩罚措施反倒比放弃该等措施更加受损,那么这样的报复惩罚措施就不会被落实,也就不是可信的。总之,可信的报复惩罚越有效,其他企业的攻击性竞争给背叛企业带来的损失更大,实现共谋就越容易。[1]

(五)不存在充分有效的外部竞争约束

任何企业(包括从事共谋的企业团体)都不是在真空中运转,其在现实经济中的生存能力、盈利水平、市场地位等无疑受到一定的市场约束,即竞争约束。在著名管理学专家波特看来,产业竞争存在五种不同的力量,制约着某一产业的竞争强度和盈利能力。这五种力量分别是现有竞争者之间的竞争,新进入者的威胁,替代产品或服务的威胁,供应商的议价能力,购买方的议价能力。[2] 实际上,抽象的产业由无数具体的企业构成,因而产业竞争的"五力模型"同样适用于单个企业以及从事共谋的企业团体。[3] 也就是说,共谋团体即便解决了内部成员间的竞争问题,还必须消解外部市场约束或竞争约束,否则共谋的稳定性、可维持性就难免受到外部竞争者的冲击或强大交易对手的制约,因而难以实现共谋的目的。

进而言之,共谋团体不仅要有能力阻碍外部竞争者的市场进入或扩张,即确保外部竞争者始终面临难以逾越的进入或扩张壁垒,防止共谋团体的垄断利润被侵蚀;同时,还要有能力化解来自上游供应商或下游购买方的抗衡势力,防止共谋团体的垄断利润向产业链上游或下游转移。

**二、算法对共谋基本条件的简化**

算法在商业领域的普遍运用,改变了传统上与共谋风险密切相关的上述条件,要么简化或放宽了这些条件,要么便利这些条件的实现、使其易于得到满足,因而加剧了数字商业领域的共谋风险,使算法共谋成为数字商业领域中一个明显的竞争担忧和反垄断法关注。

(一)算法在总体上降低了市场的复杂性

尽管企业竞相引入算法后,使其经营决策变得丰富,如可以采取动态定价、差异

---

[1] 参见[德]乌尔里希·施瓦尔贝、丹尼尔·齐默尔:《卡特尔法与经济学》,顾一泉、刘旭译,法律出版社2014年版,第373~374页。
[2] 参见[美]迈克尔·波特:《竞争战略》,陈丽芳译,中信出版社2014年版,第3页以下。
[3] 参见王继荣:《我国经营者集中竞争评估审查因素的改造及完善路径:以波特"五力模型"为基础》,载《当代法学》2019年第4期。

化定价乃至个性化定价等策略，但总体而言，算法降低了市场的复杂性程度，使相互竞争的企业更容易"聚焦"到正确的共谋条件上。

1. 算法可以帮助企业驾驭各种复杂因素而高效地确定共谋焦点

第一，基于强大的数据收集、存储、挖掘、分析、加工、传输等处理能力，算法能够将许多变量或参数集成到决策中，而这种决策所依据的变量的复杂程度，是人类即便付出大量时间和精力也难以达到的。因此，算法可以快速发现并阐明市场中潜在的共谋焦点和行动策略，这些联合利润最大化的均衡焦点和行动策略，通常远远超出了人类的认知能力和范围。实际上，Google 的人工智能业务部门 DeepMind 在算法交互领域的研究中发现，具备更强认知能力的算法能够维持更为复杂的合作均衡，这一发现为证实算法在促进多方合作与协调方面的作用提供了有力支持。近来，DeepMind 的另一款人工智能产品 AlphaFold，更是解决了 50 年前的"蛋白质折叠问题"（Protein Folding Problem），即从蛋白质的一维氨基酸序列预测蛋白质的三维结构。这尤其引人注目，因为理论上蛋白质可能以天文数字的方式折叠自身，从而排除手动计算所有可能的构型。[1] 算法解决问题的这些趋势，进一步印证和支持了以下论断，即算法具有强大的发现或响应人类无法发现的共谋均衡的能力。

第二，虽然算法被用于动态定价、差异化定价、个性化定价等，确实增加了企业在价格维度共谋的复杂性和难度，但共谋的维度不限于价格，还包括特定的客户群体、销售地域等，算法可能增加其他维度的共谋的便利性。此外，一个企业通过算法建立基于用户偏好的个性化数字画像，以此实时更新用户的需求弹性，从而实现完美的价格歧视，这并不排除其他企业也这样做，也就是说，"算法价格共谋"与"算法价格歧视"在实行共谋的企业之间可以并行不悖、相互兼容。关于这一现象，存在三种合理的解释：其一，企业之间可能达成了市场划分协议，如客户划分、地域划分等，即相互承诺不侵入对方细分市场。这样一来，每个企业都能利用其保留市场中的用户偏好信息，进而实施算法价格歧视。其二，所有企业可能都拥有相似的信息来源，这可能是因为用户的个人偏好能够被算法轻易计算出来，或者是因为所有企业都依赖于公共数据库和类似的数据分析工具。[2] 其三，相互竞争的企业的数据和算法是彼此"透明的"，即一个企业的算法可以被另一个企业的算法读取和解码，因而这些企业不仅可以利用各自用户的数字画像，而且经由数据信息聚合，数字画像更加全面完善，个性化定价更加精准和一致。

第三，算法可以更好地识别和回应其他算法发出的共谋邀请。现实中，由于明示

---

[1] See Joel Z. Leibo, Vinicius Zambaldi, Marc Lanctot, Janusz Marecki, Thore Graepel, Multi-agent Reinforcement Learning in Sequential Social Dilemmas, 2017, https://arxiv.org/pdf/1702.03037.pdf.

[2] See Germán Oscar Johannsen, Conscious Parallelism and Price Discrimination in the Era of Algorithms: A Case of Collective Abuse of Dominance?, https://papers.ssrn.com/sol3/papers.cfm?abstract_id=3203292.

共谋特别是基于直接意思联络的明示共谋，往往会留下沟通交流的证据，易于暴露在反垄断执法机构面前并遭受惩处，因而企业往往试图通过单方面行动，如发出价格信号、价格公告来传达共谋的意图。[1] 然而，由于人类认识局限，其很难对有意的共谋邀请行为和纯粹的单方面行为作出区分，因而在响应共谋邀请方面具有诸多不确定性。但是，算法本身具有模式识别的功能，共谋邀请可对应于特定的信号，能够被其他算法快速识别并给予响应或不响应的决策，从而大大缩短了构建共谋的时滞和难度。

2. 算法缓解了维系共谋过程中人类决策的偏见、自我、情绪化等不利因素

第一，算法不太可能受到人为偏见的影响，而这些偏见可能导致不可预测或难以理解的市场行为，制造威胁共谋稳定性的嘈杂信号。实际上，损失厌恶、沉没成本谬误、框架效应等是常见的人类偏见，人类作出市场决策以及从事共谋的过程，也时常受到这些偏见的影响。但是，除非算法以不同于常规的方式进行编码，它通常会依赖于审慎的分析和理性的决策过程，而非依赖于直觉。这种特性使得算法在追求利润最大化的过程中，往往能够找到最优解，有效地克服了人类决策中可能存在的偏见和情绪干扰。[2]

第二，算法也不太可能作出自我的、情绪化的、草率背离共谋利益的非理性行为。例如，在面临归属于其他实行共谋的企业的销售机会时，与反应可能更情绪化、行动更激进的人类销售团队相比，算法不会为了追逐一时私利、放弃共谋团体利益而去抢夺这一销售机会，更不会为赢得这一交易机会而轻率作出低价销售的策略。质言之，算法可以通过消除企业的非理性反应来稳定相互依存关系，从而避免可能破坏共谋安排的任意管理决策引发的价格战。

第三，算法特别是专家算法实际上充当着一种"短期承诺装置"，即严格依据一系列预定义的规则、程序、目标来作出决策，至于这些指令和决策在实现利润最大化方面是否一定是"理性的"，并非是短期内重要的问题。也就是说，相互竞争的企业可以彼此承诺，采用特定的专家算法，对其予以特定的编程来实施既定的共谋策略，然后各自放任不管，从而使人类管理决策与算法决策保持足够的情感距离，以此增强共谋成员的共识和互信，更好地区分故意的背叛行为和偶发的市场波动。

第四，在平衡短期和长期收益的前景时，算法通过引导企业采取追求长期盈利能

---

[1] 需要注意的是，共谋邀请行为本身不构成垄断协议，不引发反垄断法上的责任。其是否能够转化为垄断协议，要视共谋邀请对方的行为而定。对此，英国竞争和市场管理局（CMA）发布的《横向协议指南》指出：A 披露竞争敏感性信息，B 接受了该信息，如果构成协同行为，则 A 应承担责任；如果执法当局能够证明 B 寻求或者接受了这些信息，则 B 也应当承担责任；如果 B 知道披露信息的内容，除非 B 公开与之保持距离或向当局报告，否则当局可以推定 B 考虑了该信息，从而也要承担责任。See U. K. CMA, Guidance on the Application of the Chapter I Prohibition in the Competition Act 1998 to Horizontal Agreements, August 2023, CMA 184, https://assets.publishing.service.gov.uk/media/64dba33bc8dee400127f1d25/Horizontal_Guidance_FINAL.pdf.

[2] 参见［英］阿里尔·扎拉奇、［美］莫里斯·E. 斯图克：《算法的陷阱：超级平台、算法垄断与场景欺骗》，余潇译，中信出版社 2018 年版，第 103 页。

力的策略来降低市场复杂性。一般来说，人类倾向于直接获得收益，即作出销售和营销决策的人倾向于追求即期或短期收益，这可能会增加市场的复杂性。由于不同的人追求即期或短期收益的程度可能存在差异，因此可能会出现一系列潜在的价格焦点。相比之下，企业可以对算法进行编码，从长远的角度看待盈利能力，并实际坚持这一目标，这样就可以缓解人类决策者过分追求即期或短期收益的冲动，有助于减轻不可预测的即期或短期贴现造成的市场复杂性。

第五，企业用于决策的算法可能是"透明的"，即可以被竞争对手的算法读取或解码，这样就极大地化解了实行共谋的企业决策的不确定性，有助于形成采取特定方式行动的共同期待，降低市场的复杂性。也就是说，算法可以相互"通信"，了解彼此如何设置交易条件。这可以通过直接深入算法的代码进行解读与分析，或者间接地观察竞争对手在特定市场环境下的行为模式和盈利能力，洞悉其决策参数，从而理解竞争对手的意图和策略。[1] 在最极端的情况下，竞争者可选择对齐或复制一家领先企业的算法（如果其算法是"透明的"），从而形成非常稳定的共谋均衡。[2]

3. 算法的极致速度和高频互动足以使共谋在反复的"一杆比赛"中完成

第一，对于既透明又以频繁购买为特征的市场，算法的极致速度和高频互动，使企业能够进行更多回合甚至无穷回合的接触和博弈，这不仅使共谋均衡更容易达成，而且共谋均衡可以随时间和市场条件的变换反复切换。换言之，算法处理数据的速度和分析能够达到的复杂性程度，缩短了调整共谋均衡或建立新的共谋均衡所需的时间——往往在"一杆比赛"中就能完成。[3] 这意味着，随着时间的推移，用户或消费者面临的"不同"价格有可能一直都是企业动态共谋均衡下的垄断性价格。

第二，算法运算远超人类运算的高速性还有两个显著的影响。一方面，算法显著提升了实行共谋的企业应对冲击和随机需求条件波动的响应速度。凭借实时数据的便捷可用性以及更快速的网络连接，实行共谋的企业能够迅速捕捉到市场环境的变化，并在极短时间内重建新的共谋均衡，确保共谋策略的持续有效。并且，由于这种高速性，发起价格上涨的企业不会面临客户流失给竞争对手的明显风险，因为竞争对手的算法如若未在几秒内给予是否涨价的回应，发起价格上涨的企业可以改变其价格或试探新的价格焦点。另一方面，由于存在更快和更频繁的互动，算法减少了在一次互动中就要达到最佳均衡的需要。而且，算法的速度缩短了背叛行为发生和检测到背叛之间的时间间隔，这不仅降低了背叛的动机，而且大大降低了背叛所能获得的收益。可

---

〔1〕 See Michal S. Gal, "Algorithms as Illegal Agreements", *Berkeley Technology Law Journal*, 2019, Vol. 34, No. 1, p. 80.

〔2〕 实际上，单方面披露算法，即策略性地让自家算法透明化，可能引发协同行为（Concerted Practices）的质疑，特别是当其他竞争者接受这种算法或者读取其中的决策参数时。然而，鉴于这种行为的高度技术性，企业可能会认为被反垄断执法机构侦测到的风险是可以接受的，因此仍然选择使其算法变得透明或可读。

〔3〕 See Moshe Tennenholtz, "Program Equilibrium", *Games and Economic Behavior*, 2024, Vol. 49, No. 2, p. 364.

见，传统上被认为不利于共谋的市场复杂性因素，在算法的极致速度和强大分析能力面前都得到很大程度的缓解。

(二) 算法在总体上减少了企业之间的不对称性

企业之所以要开展"算法军备竞赛"，是因为算法能为其带来竞争优势。算法及其所支撑的业务流程体系既是特定于企业的技术，也是特定于企业的资产乃至资本。在此意义上，算法似乎不仅没有降低企业之间的不对称性，反而加大了这种不对称性。[1] 但是，基于以下几点原因，算法在总体上减少了企业之间的不对称性，有利于共谋的达成和实施。

1. 算法能更好地估计竞争对手的关键信息从而简化达致共谋均衡的条件

为了维持共谋，企业必须能够对市场需求的波动做出有效反应，但这种反应可能会破坏共谋的稳定性，因为实行共谋的企业可能不确定其销售额的下降是由于竞争对手在作弊，还是由于不相关的需求侧事件。如果实行共谋的企业在成本、产能、产品及其范围等方面具有对称性，那么根据自己的私人信息对竞争对手的行为做出假设或推断，能较为容易地辨别作弊行为和偶发事件；但如果企业间具有不对称性，要作出准确的辨别往往比较困难。不过，算法通过以下两种方式有助于克服这一辨别难题：

第一，算法本身具备强大的分析预测功能，是企业深入理解市场需求曲线的有力工具。特别是学习算法，其独特的优势在于能够精准衡量并检验市场需求变化的各种诱发因素。例如，当共谋所指向的产品供给增加时，这可能暗示着有企业暗中作弊；而当替代性产品进入市场时，则可能对现有的共谋关系造成冲击。通过运用学习算法，企业能够更迅速、更准确地识别这些变化，从而及时调整策略，确保共谋的稳定性与持久性。

第二，算法可以帮助企业更好地估计竞争对手的成本结构、生产能力或其他影响供应条件的关键变量，以及当前的需求条件，从而简化不对称性带来的不确定性。如前所述，算法能够直接深入其他算法的代码进行细致观察和分析，或者通过深入剖析竞争对手的市场行为、盈利状况等来间接学习其决策参数。这一过程极大地简化了确定和维持共谋均衡的任务，使得企业能够更高效地实现共同利益的最大化。

2. 算法可执行复杂的功能来简化不对称企业共谋安排的实现

如前所述，维系共谋的一项重要机制是利益分配机制，该机制在实行共谋的企业具有非对称性的情形下，尤其复杂且重要。例如，A 和 B 是两家意欲共谋的企业，具有不同的成本结构，A 的成本较低，B 的成本较高，假设两家企业都不受产能限制

---

[1] 例如，让 Google 腾飞的技术——PageRank 网页排名算法，至少截至目前，是其他任何开展搜索引擎服务的企业的算法所无可比拟的，甚至有评论者将 Google 的上述算法列为改变世界和未来的九大算法之一。实际上，正是这种基于算法的"不对称优势"，让 Google 在全球通用搜索引擎市场的占有率长年超过 90%。参见 [美] 约翰·麦考密克：《改变未来的九大算法》，管策译，中信出版社 2019 年版，第 25 页。

（即任何一家企业都可以提供整个市场所需的产出）。此际，在 A 和 B 之间平均分配市场和利润不太可能促成共谋的达成和实施，因为 A 的成本较低，它有强烈的动机设定比 B 更低的价格，从而攫取更大的市场份额和收益。虽然给予 A 更大的市场份额有助于减少 A 背离共谋的动机，但这样做又可能影响 B 维持共谋的动机，因为 B 背叛的潜在收益增加了。可见，在不对称的企业中寻找适当的激励来维系共谋是非常复杂的。

传统上，解决上述难题的一个有效办法是内部回购或补偿，即未遵守共谋协定（如超配额卖出）的企业必须从遵守共谋协定（如未超配额卖出）的企业那里购买产出，或者以其他方式补偿它们的损失。有证据表明，算法可以帮助实现类似的机制。例如，在英国"能源销售共谋案"中，两家能源供应商（Economy Energy 和 E Gas and Electricity）同意，任何一家都不会主动瞄准已经由另一家提供天然气或电力的客户。第三方软件供应商 Dyball 提供一种软件（算法）来帮助二者维系这种客户分配，这种软件能有效阻止两家企业主动签约对方客户。在此，Dyball 的算法大大提升了 Economy Energy 和 E Gas and Electricity 对客户划分条款的遵从性。[1] 该案表明：①算法具有强大的缓解企业不对称问题和促进企业遵守共谋均衡的能力。②算法可以通过分析预测和市场分配来帮助企业找到正确的共谋条件，特别是在细致的客户划分方面。③算法可以帮助实行共谋的每个企业校准其应该拥有的供应或需求水平，如通过快速计算回购数量、补偿金额、调整客户清单等方式来维持共谋均衡。

（三）算法放宽了监测背叛行为所需的市场透明度条件

算法放宽了监测背叛行为所需的市场透明度条件，这对共谋的可维持性起着至关重要的支撑作用。一方面，企业对算法的广泛采用，增加了市场的透明度，不仅使共谋的诱因显著增强，而且使监测背叛行为更为容易。另一方面，由于算法的技术特性本就有利于实行共谋的企业彼此监测，因此它降低了市场透明度对维持共谋的重要性。

1. 算法的普遍运用增加了市场透明度

第一，企业将算法作为业务模型的核心组件，用于改进业务流程体系，其前提是收集能被算法自动分析并转换为操作或决策的详细实时数据。为此，企业不仅迫切地需要收集具有海量性、实时性、高速性、多样性、价值性的市场数据，而且迫切地需要开发以及改进优化自动化算法，让收集到的数据能被高效分析处理。[2] 毫无疑问，一旦少数企业开始投资大数据和算法技术，意图从算法竞争中脱颖而出，其余的企业将不可避免地感受到强烈的紧迫感，纷纷效仿以维护自身市场地位，否则将面临被市

---

[1] See Press Release, Ofgem finds E Gas and Electricity, Economy Energy and Dyball Associates in breach of competition law (30 May 2019), https://www.ofgem.gov.uk/publications/ofgem-finds-e-gas-and-electricity-economy-energy-and-dyball-associates-breach-competition-law.

[2] 广泛收集数据可以通过使用在线 cookie、智能卡、条形码、语音识别、射频识别等技术来实现。See OECD, Algorithms and Collusion: Competition Policy in the Digital Age, www.oecd.org/competition/algorithms-collusion-competition-policy-in-the-digital-age.htm, 2017, pp. 21-22.

场淘汰的风险。这种连锁反应最终会导致整个行业陷入激烈的市场数据争夺战，企业之间竞相抓取、收集、交换乃至交易各类市场数据。在此过程中，企业能够实时追踪竞争对手的动向、消费者的偏好变化以及市场环境的微妙调整，从而塑造出一个高度透明且背叛行为易于被察觉的市场环境，这无疑为共谋行为的滋生提供了肥沃的土壤。

第二，应用程序（软件/算法）等数字服务互操作程度不断提升，营造出数据充分涌流、反复叠加利用的商业生态，使企业受益于市场透明度提升和数据可用范围扩大的同时，也使企业共谋的动机和能力同步提升。实际上，应用程序互操作的核心就是相互交换数据、信息等资源进而基于各自的算法开展协同配合的工作。数据信息等资源的可用性提升，当然可以提高算法的工作效能，但同时也意味着算法更容易找到共谋均衡的条件。事实上，应用程序互操作的程度越高——特别是在横向互操作、完全互操作、动态互操作、三边协同互操作等情形下，相互间透明程度就越高，利用数据、算法等从事共谋行为的动机和能力就越强，监测背叛行为也就越容易。

第三，算法可以选择性地对竞争对手透明，该事实也在很大程度上推动了市场透明度的提升。半个多世纪前，计算机科学先驱约翰·诺伊曼（John von Neumann）便深刻洞察到算法的双重性质。首先，算法作为一组指令，服务于决策和操作过程，其本质是一种预设的决策机制，如同制定决策的"处方"。其次，算法亦可作为一个文件存在，供其他程序（即其他算法）读取与利用。这种特性使得算法能够读取并分析其他算法，并在识别到特定类型的程序内容时，执行相应的操作。[1] 算法能够读取或解码其他算法，就如同一个人能"读懂"另一个人的思想，彼此变得透明，从而一举一动都相互了如指掌。对于企业为什么要将其算法变得透明，有以下几种解释：首先，如果一个企业的比较优势并不依赖于算法，那么它在保护算法及其所依赖数据的安全性方面的动机会比较弱。其次，编码可以选择性地创建算法的透明性，如只对定价决策相关的参数提供可读取性，而不是对算法的所有功能都提供可读取性。最后，加强算法透明度和可读取性的动机，根本上是由共谋带来的盈利增长与激烈竞争的盈利状况之间的平衡来决定的，如果前者更重要，那么企业就倾向于增强算法的透明度和可读取性。[2]

2. 算法自身的预测监测功能降低了市场透明度对维持共谋的重要性

传统上，可维持的共谋之所以要求具备较高的市场透明度，最重要的考虑是监测背叛行为的可行性和及时性，即市场透明度越高，越有利于企业相互监测背叛行为，从而保障共谋的稳定性。[3] 实际上，算法在商业领域的普遍使用，本就极大地提升了

---

[1] See Jakob N. Foerster et al., Learning to Communicate to Solve Riddles with Deep Distributed Recurrent Q-networks, 2016, https://arxiv.org/pdf/1602.02672.pdf.

[2] See Michal S. Gal, "Algorithms as Illegal Agreements", *Berkeley Technology Law Journal*, 2019, Vol. 34, No. 1, p. 88.

[3] 市场越不透明，企业就越有可能对"嘈杂"的价格信息进行报复，这反过来又会导致共谋的崩溃。

市场的透明度，从而使背叛行为更容易得到有效监测。然而，即便市场透明度不高或有限，也并不意味着监测无法有效进行。因为算法的诸多技术特性和功能本就服务于预测监测，在此意义上，算法降低了市场透明度对维持共谋的重要性。

第一，得益于运算的高速性和分析的复杂性程度，算法具有人类难以企及的预测和监测能力，因而减少了实行共谋的企业的策略不确定性。具备强大数据挖掘能力的复杂算法，尤其是深度学习算法，能够精准区分对共谋均衡的故意偏离与对市场状况变化的自然反应，以及企业因错误认知而产生的异常行为。这种精准区分的能力不仅使算法能够迅速识别和锁定背叛行为，还能有效避免大量不必要的或无端的报复性惩罚措施，如价格战等，从而确保共谋的稳定性和可持续性。也就是说，算法可以更好地区分削弱共谋安排的机会主义行为和对市场条件变化的真实反应。[1]

第二，算法使企业能够检测大量数据中的模式和共性，而寻求手动处理此类信息的人无法做到这一点。特别是，复杂的学习算法能快速计算无数供需条件变动对利润的影响，挖掘出潜在市场结果的详细模型。这样，企业能够缩小竞争对手的潜在定价策略的范围，甚至可以预测其他实行共谋的企业如何应对供需变化。因此，机器学习与市场数据的深度融合，赋予了算法强大的预测能力，使其能够精准预判竞争对手的行为模式，甚至在背叛行为发生之前便能洞察其端倪。这反过来又降低了实行共谋的企业背离共谋均衡的动机，也就降低了构建可信的报复惩罚机制的需要。[2]

（四）算法显著提高了报复惩罚的及时性和可信度

就其实质而言，共谋的核心在于建立一套奖惩分明的机制，该机制旨在对坚守并维护共谋所带来的有利结果的企业给予相应奖励，同时对于背离共谋、破坏这一有利结果的企业施加相应惩罚。实行共谋的企业通过它们之间直接或间接的意思联络，将未来的奖惩机制和当前的经营行为绑在一起，以激励企业维持较竞争条件下更为有利的结果。这种共识可以视为一种契约，对违约行为给予的惩罚是对手方未来的报复行为。[3] 可见，报复惩罚的及时性和可信性对维持共谋起着至关重要的支撑作用。由于以下几个因素，算法显著提高了企业对背叛行为报复惩罚的及时性和可信性。

第一，算法的速度确保了对潜在背叛行为快速的确定和响应。通过快速检测竞争

---

[1] 例如，英国竞争和市场监督管理局（CMA）对在线乐器零售行业转售价格维持（RPM）的调查提供了这方面的证据。在该案中，CMA 发现卡西欧实施了全市场定价政策（"卡西欧定价政策"），以确保经销商不会以低于特定最低价格的价格在线销售某些产品，该价格部分通过自动价格监控软件 Price2Spy 执行，该算法仅包含监控功能。Price2Spy 通过生成实时警报，为多个经销商的一系列产品生成检测到的价格变化的实时警报，显著改进了卡西欧对其 RPM 安排的监控，也更精确地报复了那些故意背叛的经销商。See Decision of the Competition and Markets Authority, Resale price maintenance in the digital piano and digital keyboard, and guitar sectors（17 July 2020），https：//assets. publishing. service. gov. uk/media/5f5749eae90e070997bc8efa/GAK_decision_-_web_-. pdf.

[2] See OECD, Algorithms and Collusion: Competition Policy in the Digital Age, 2017, p. 22, https：//www. oecd. org/competition/algorithms-collusion-competition-policy-in-the-digital-age. htm.

[3] 参见［美］小约瑟夫·E. 哈林顿：《共谋理论和竞争政策》，王申、陈媚译，中国人民大学出版社 2021 年版，第 2 页。

对手的定价变化并快速处理相关数据，算法可以让遵守共谋策略的企业快速计算出有效的报复惩罚价格，从而剥夺潜在背叛者从任何作弊销售中大量获利的可能性。算法还可以通过增加定价数据的数量、可用性和可访问性来促进更快、成本更低的偏差检测，从而更容易地监控竞争对手的背叛行为。

第二，算法可以帮助企业制定和实施有效的报复惩罚形式，以及确定报复惩罚的适当数量或数额。[1] 企业可以利用算法的分析预测功能，较为准确地估计需求曲线以及竞争对手如何设定其交易条件，进而较为准确地估计背离共谋均衡的企业从中获得的额外利润。这反过来又使遵守共谋安排的企业能够设定一个足够低的报复性价格（但又不会低到不必要地放弃利润），以促进恢复共谋均衡。

第三，算法作为一种程式化手段，可以标准化地调整报复惩罚措施的应用，并服务于共谋均衡的回归。实际上，报复惩罚仅仅是手段，使背叛者快速回归共谋均衡才是目的。但如果这种回归不是相对同步的，其他企业可能担心先前的背叛者仍有隙可乘或拖延回归。这类事件如若周期性地重演，很可能导致共谋走向瓦解。在此，算法的极致速度可以帮助所有实行共谋的企业同时恢复到选定的共谋均衡，使调整价格或交易条件滞后的担忧得到缓解。也就是说，算法作用的共谋环境下，一家企业的价格变动与其竞争对手的价格变动之间几乎不会存在延滞。

(五) 算法的进入壁垒属性

进入壁垒是产业组织理论长期以来关注的重点问题，但"给进入壁垒（以及更普遍的流动障碍）作一个定义，使得其得到同行的广泛认可，并且要在实证上有用，已被证明是件相当困难的工作"。[2] 贝恩（Joe S. Bain）在其开创性的著作《新竞争者的壁垒》中，将进入壁垒理解为，"在位厂商相较于潜在进入者的优势，这些优势反映了在位厂商在不致于吸引新厂商进入的前提下可以将价格持续地提高到竞争水平之上的程度"。[3] 因此，贝恩认为进入壁垒主要来源于规模经济优势、产品差异优势、绝对成本优势。与此不同，斯蒂格勒认为，"进入壁垒是一种生产成本（在某些或某个产出水平上），这种成本是打算进入某一产业的新厂商必须负担，而已在该产业的厂商无须负担的"。[4] 罗伯特·博克（Robert H. Bork）从反垄断的角度出发，对进入市场的障碍提出了更为狭窄的定义。他强调，唯一应被视为障碍的是"人为"制造的进入壁垒，这主要涵盖了如价格掠夺等策略性行为所引发的进入障碍，即所谓的策略性进入壁

---

[1] See Garces Tolon et al., *The Ups and Downs of the Doctrine of Collective Dominance: Using Game Theory for Merger Policy*, Cambridge University Press, 2009, p. 357.

[2] [美] 保罗·杰罗斯基、理查德·J. 吉尔伯特、亚历克西斯·杰克明：《进入壁垒和策略性竞争》，崔小刚译，北京大学出版社2004年版，第10页。

[3] [美] 乔·S. 贝恩：《新竞争者的壁垒》，徐国兴等译，人民出版社2012年版，第2~3页。

[4] [美] G. J. 施蒂格勒：《产业组织和政府管制》，潘振民译，上海人民出版社、上海三联书店1996年版，第69页。

垒。[1] 尽管进入壁垒的定义在学术界和实践中存在较大争议，但在反垄断的实际操作中，我们无需为其设定一个固定的、僵化的定义。在具体案件处理中，更应关注的核心问题并非某一特定壁垒是否符合进入壁垒的某一具体定义，而是市场进入的可能性、及时性以及潜在程度等更为实际和关键的问题。[2] 尽管算法（包括第三方供应商提供的算法）的广泛使用可以产生超竞争的价格，这将吸引潜在的进入者，但算法仍具有不可忽视的进入壁垒属性，至少体现在以下方面：

第一，算法可以充当结构性进入壁垒。[3] 在某些情况下，算法及其相关基础设施本身就可能构成进入壁垒。例如，深度学习算法的复杂性要求巨额投资于互补性资产，包括尖端的数据挖掘和机器学习软件，以及物理基础设施如数据中心等，由于这些投资受到规模经济的制约，潜在的市场进入者可能因难以承担如此高昂的成本而望而却步，因而限制了新竞争者的出现。再如，某个在位企业具有众多跨领域的平台业务，其算法依赖于独特的或不容易复制的数据集，因而在算法性能方面可能比潜在进入者享有显著优势。又如，如果行业内的算法恰好是学习算法，由于机器学习和数据之间的正反馈循环，算法得以不断改进优化，这反过来又使在位者能够吸引更多用户或客户，从而产生更多数据。以上正反馈循环最终造成潜在进入者或许永远无法克服的在位者优势。[4]

第二，算法也可以充当策略性进入壁垒。[5] 即算法的策略性利用有助于提高进入或扩张的障碍程度，从而降低竞争对手进入或扩张的可能性。算法的分析预测功能可用于快速识别对共谋均衡的潜在威胁，进而提高实行共谋的企业对可能破坏共谋稳定的进入或扩张做出反应的能力。例如，共谋团体可以利用算法，采取限制性定价（Limiting Pricing）、掠夺性定价等排他性行为来阻止潜在的进入或扩张。[6] 限制性定价需要实行共谋的企业设定足够低（但不一定低于成本）的平行价格，以向潜在进入者发出可信的信号，表明"我们"的边际生产成本如此之低，以至于"你们"进入后

---

[1] See Robert H. Bork, *The Antitrust Paradox: A Policy at War with Itself*, Basic Kooks, 1978, p. 310.

[2] See OECD, Barriers to Entry, Policy Roundtables 2005, p. 9, http://www.oecd.org/daf/competition/abuse/36344429.pdf.

[3] 结构性进入壁垒指外在不可控因素形成的壁垒，遏制了企业的进入，包括规模经济壁垒、绝对成本优势壁垒、必要资本量壁垒、网络效应壁垒、产品差异化壁垒、政策法律制度壁垒等。参见唐要家：《市场势力可维持性与反垄断》，经济管理出版社 2007 年版，第 23 页。

[4] See Michal S. Gal, Nicolas Petit, "Radical Restorative Remedies for Digital Markets", *Berkeley Technology Law Journal*, 2021, Vol. 36, No. 2, pp. 635-653.

[5] 策略性进入壁垒，也称行为性进入壁垒，是指产业内在位企业为保持市场上的主导地位，获取垄断利润，利用自身的优势通过一系列的有意识的策略性行为构筑起的防止潜在进入者进入的壁垒。参见唐要家：《市场势力可维持性与反垄断》，经济管理出版社 2007 年版，第 23 页。

[6] See Ariel Ezrachi, Maurice E. Stucke, "Artificial Intelligence & Collusion: When Computers Inhibit Competition", *University of Illinois Law Review*, 2017, Vol. 2017, No. 5, p. 1729.

的利润无法覆盖进入成本。[1] 确定这样的价格是一项复杂的活动,如果选择的价格太高,共谋团体将无法阻止进入;如果选择的价格太低,共谋团体将面临无谓的利润减损。在此,基于算法的分析预测功能,其可以帮助共谋团体将价格校准到适当的水平,以便进行有效的限制性定价。如果潜在进入者试图进行任何形式的价格歧视来抢夺客户,算法还可以帮助共谋团体识别和定位最有可能从新进入者那里购买的客户,并着力于这些客户实行有针对性的限制性定价(反制措施)。

第三,算法提升进入壁垒的一种"非常规的"策略性方式,是将潜在进入者纳入共谋团体。事实上,由于具有价格匹配功能的算法包含有效的奖励惩罚方案,因而可以迅速将进入者纳入共谋计划。为此,在位实行共谋的企业必须能快速识别进入者。尽管这是一项艰巨的任务,依赖于高质量的数据和高效的监测和分析,但并非不可能,特别是当进入者与在位者销售相同的产品时,完成该任务的可能性更大。而一旦确定了进入者,实行共谋的企业的价格匹配算法就可以作为一种激励管理手段,鼓励进入者收取超竞争价格,即与实行共谋的企业分享垄断利润。[2]

---

[1] 许多限制性定价策略——在位企业制定的价格,致使其他企业失去进入市场的兴趣——都是以规模经济为条件的。See Harold F. See, William D. Gunther, "Limit Pricing and Predation in the Antitrust Laws: Economic and Legal Aspects", *Alabama Law Review*, 1984, Vol. 35, No. 2, pp. 211-240.

[2] See Maria Arbatskaya, "Can Low-price Guarantees Deter Entry?", *International Journal of Industrial Organization*, 2001, Vol. 19, No. 9, p. 1398.

# 第四章  算法共谋的类型化解析

通过前几章分析，我们可以将算法共谋定义为：相互竞争的企业利用特定类型的算法从事协调的、共同的市场行为，产生垄断或者限制竞争的风险或者效果。概念的抽象程度与其可概观性成正比，但这种高度的抽象性往往导致内涵的匮乏，使概念容易陷入空洞无物的境地。正所谓"概念没有类型是空洞的，类型没有概念是盲目的"。[1] 为了更深入地洞悉算法共谋的内涵和外延，有针对性地对其进行反垄断法规制，有必要依据算法在共谋中所起作用的不同，将算法共谋作如下分类，即划分为监测式算法共谋、轴幅式算法共谋、代理式算法共谋、自主式算法共谋。其中，监测式算法共谋和轴幅式算法共谋属于算法明示共谋的范畴，代理式算法共谋和自主式算法共谋属于算法默示共谋的范畴。无论上述哪种类型的算法共谋，它们都只是算法共谋的经验类型（经验性形象类型），而非我国《反垄断法》或其他法域反垄断法所确定的规范类型（如垄断协议规范所涉及的协议、决定或者其他协同行为）。不过，经验类型也有其意义，一方面它须接受反垄断法相关规范类型的评判框束，另一方面它可为反垄断法相关规范类型的发展完善和改进调适提供经验基础。[2]

## 第一节  算法明示共谋

监测式算法共谋、轴幅式算法共谋之所以属于算法明示共谋的范畴，是因为这两类共谋虽有算法的介入和助力，但仍以人际间的互信交流、共识沟通、信息传递等直接或间接的意思联络为主导。

### 一、监测式算法共谋

所谓监测式算法共谋，指算法作为一种技术工具被企业用于监测已达成的共谋在

---

[1] [德] 亚图·考夫曼：《类推与事物本质——兼论类型理论》，吴从周译，新学林出版股份有限公司1999年版，第117页。

[2] 类型化的展开，需将经验类型与规范类型匹配，而逻辑类型交叉贯穿其中，方可确立完整的类型化结构。换言之，类型化的终点就是以逻辑类型为指引，在不同经验类型的交错杂糅中提炼或定位规范（法律）的真实类型。参见江山：《论垄断行为的类型化规整》，载《经贸法律评论》2021年第2期。

实施过程中可能出现的背叛或偏离行为，以此确保共谋的可维持性和稳定性。由于监测的直接目的是筛查背叛或偏离行为，因而涉及对实行共谋的企业的商业信息、经营数据等进行收集、传输、聚合和查验。在此意义上，监测式算法共谋也被称作信使类算法共谋。实际上，有些监测算法还具有报复惩罚功能，即有关报复惩罚功能的代码被写入了监测算法中，当其发现背叛或偏离行为后就会立即执行触发策略，如发动价格战。

就技术机理而言，监测算法的运行具有显著的数据依赖性，如果不能有效收集实行共谋各方企业在商业决策、价格变化、经营绩效等方面的数据，这类算法的监测和惩戒功能就难以发挥。因此，实行共谋的企业往往需要将所有竞争对手的数据以一种易于使用的、可定期更新的格式汇总起来，以此驱动监测算法的高效运转。事实上，诸如 PriceGrabber、Google Shopping、BizRate，以及"慢慢买""购物党""比一比价"等比价网站，一直都在对大量竞争性企业的经营数据进行聚合。这些比价网站要么直接从在线平台企业接收数据，要么使用网络爬虫来抓取数据。显然，这些数据聚合技术可以从电子商务领域扩展到更多市场领域。这意味着，借鉴上述数据聚合技术的企业，将能够越来越多地使用复杂的监测算法来保障共谋的实施、监控彼此的行为。

监测式算法共谋或信使类算法共谋的特点在于，共谋的达成——排除、限制竞争意思联络的形成——是由人类主体（企业的管理决策者）主导并完成的，即通过人际间的沟通交流、信息传递等直接意思联络方式，或人际间非正式接触、隐性的信息传递、知会等间接意思联络方式，建立共谋合意。在此，算法没有在共谋意思联络的形成（共谋达成）中起到"组织"作用，即没有起到勾起或促成共谋合意的作用，它只是在共谋的实施中起到监测共谋合意的落实情况、惩戒背叛共谋策略的行为等"帮助"作用。如果借用刑法共同犯罪的理论话语来描述监测式算法共谋的主体关系，那么达成共谋的企业及其管理决策者是"共谋罪"的正犯（共同正犯或实行犯），而通过监测、惩戒等方式助力执行共谋合意的算法及其提供者至多是"共谋罪"的共犯（帮助犯）。[1] 换言之，在算法介入之前，企业已经达成固定价格、划分市场、串通投标、限制产量等共谋，企业要做的只是把共谋策略转化为计算机能够识别的语言，使之融入算法。这样，算法替代了传统共谋中由人来完成的监控工作。质言之，在监测式或信使类算法共谋中，共谋披上了算法技术的"外衣"；而算法既不是一个兴风作浪的"黑武士"，也不是一个惩奸除恶的"白武士"，说到底，它不过是人类意志在技术层面的延伸，即执行人类共谋合意的技术工具。[2]

---

[1] 参见吴韬：《垄断协议的组织、帮助行为——〈反垄断法〉第19条的理解与适用》，载《竞争政策研究》2023年第4期。

[2] 在这类共谋中，人类是卡特尔的策划者，是"主人"，计算机算法只是充当了"信使"的角色。参见 Ariel Ezrachi & Maurice E. Stucke：《人工智能与合谋：当计算机抑制了竞争》，焦海涛译，载韩伟主编：《数字市场竞争政策研究》，法律出版社2017年版，第346页。

当然，监测算法的作用不限于快速筛查背叛行为以及施加可信的报复惩罚，它还具有两个方面的激励效应。一方面，由于监测算法筛查到背叛行为的速度如此之快，所施加的惩罚如此有效，这反过来从源头上减少了实行共谋的企业背叛共谋均衡的动机，并大大减少了价格战发生的可能，从而使共谋结构更加稳定和高效。另一方面，监测算法把人从共谋的监控惩戒工作中解放出来，"拉开了共谋者与这些日常性违法活动的距离，计算机的存在大大降低了他们的负罪感"。[1] 由于个人的负罪感减轻，监测算法在一定程度上强化了人类达成更多共谋的动机，即对共谋起到推波助澜的作用。

监测式算法共谋的案例在现实中并不鲜见。例如，在 2010 年，因为非法利用 IT 系统辅助企业的固定产品销售价格行为，希腊竞争委员会（HCC）对家乐福·马里诺波洛斯（Carrefour Marinopoulos）公司开出了 1.25 亿欧元的罚单。[2] 该案中，作为零售连锁企业，马里诺波洛斯采用了一个 IT 系统（实质是一种监测算法）来监控并最终固定市场价格。作为零售连锁网络的核心支柱，该 IT 系统发挥着至关重要的作用，它赋予了马里诺波洛斯实时监控其特许经营者零售定价的能力，以便迅速识别零售价格与指导价格之间的任何偏离。此举旨在确保商品零售价格与整个销售网络的定价策略保持高度一致。这实际上就是利用监测算法来维持价格共谋，是典型的监测式算法共谋。

## 二、轴幅式算法共谋

所谓轴幅式算法共谋，也称中心辐射式算法共谋或平行算法共谋，指具有竞争关系的企业虽然没有进行直接的沟通交流、信息传递等意思联络，但通过间接意思联络进而心照不宣或心领神会地共同采用同一具有"纵向投入品"属性的算法，用以决定产品（包括服务）的价格或对市场变化作出反应，进而产生与横向共谋类似的排除、限制竞争效果。[3] 事实上，轴幅共谋在传统经济领域早就存在，即一个企业（轴心企业或枢纽中心）与其上游或者下游的多个企业（轮缘企业）分别订立相互平行的纵向协议，轮缘企业借助各自与轴心企业的纵向协议关系形成意思联络或"轮辋闭合"（即轮缘企业共谋的合意），以此达成共谋，进而采取一致行动，实现限制竞争的目的，产生损害竞争的效果。其实，无论是传统的轴幅共谋还是新兴的轴幅式算法共谋，它们的组织构造都类似马车或者自行车的车轮，即轴心企业或算法充当车轴，轮缘企业充

---

[1]［英］阿里尔·扎拉奇、［美］莫里斯·E. 斯图克：《算法的陷阱：超级平台、算法垄断与场景欺骗》，余潇译，中信出版社 2018 年版，第 58 页。

[2] See Press Release, The Hellenic Competition Commission Fines a Retailer for Resale Price Maintenance and other Infringements within Its Franchise Network (6 July 2010), https：//www.concurrences.com/en/bulletin/news-issues/july-2010/The-Hellenic-Competition-33885.

[3] 在此，我们可把这一被企业平行采用的算法视作产业链上游的"投入品（原料）"，而该"投入品（原料）"均来自同一家企业。

当辐条，辐条被轮辋所圈住，因此被形象地称为轴辐共谋（Hub-and-spoke Conspiracy）。[1]

在高度动态的市场中维持共谋的困难之一在于，持续的供求变化需要实行共谋的企业经常调整价格、产出和其他交易条件。为此，企业不得不频繁地通过会议、电话、电子邮件或第三方协调等方式来重新协商共谋条件，所有这些行为都有随时暴露在反垄断执法机构或公众面前的风险。在此，实行共谋的企业的另一种解决方案，是寻求第三方算法的帮助（实行共谋的企业之间无须直接沟通），[2] 即充分利用算法在收集组织数据，以及识别、分析、预测、决策等方面的强大功能，进而在价格、交易条件等决策上实现隐蔽的同步调、趋同化，呈现出近似于"有意识的平行行为"的场景——只不过这种平行行为不是由市场结构而是由第三方算法来协调的。也就是说，在轴辐式算法共谋情形下，竞争对手不再直接沟通商讨价格或交易条件，但对同一源自第三方供应商的算法的依赖（同一个定价算法处理市场数据并对市场价格波动做出回应），使企业的行为协调趋同，最终造成与赤裸裸的横向共谋甚为相近的效果。[3]

有疑问的是，对于平行地采用同一算法所导致的上述负面后果，是否可以将其当然直接地归责于算法的供应商或者相互竞争的企业？答案是否定的。原因在于，"这种由算法驱动的中心辐射式共谋既有可能是为了蓄意削弱竞争秩序而生，也有可能是因广泛使用同一个定价算法而酿成的无心之失。换句话说，共谋可能只是结果，而非初衷"。[4] 事实上，随着大数据技术的发展与动态决策对技术要求的提升，市场中的诸多企业均选择将设置定价、交易条件等决策工作外包给第三方算法服务商，并对后者产生越来越强的依赖。例如，以 Boomerang 为代表的信息科技公司，长期以来专注于为企业提供多样化且全面的算法服务，致力于满足企业日益增长的技术需求。假设，一个销售办公用品的企业 A 率先采用了 Boomerang 的某款动态定价算法，这本身不产生任何竞争问题；随即，与 A 竞争的企业 B 和 C 也采用了此款动态定价算法，这或许还不会产生明显的竞争问题；但如果此后销售办公用品的所有企业 E、F、G、H 等都一致采用了此款动态定价算法，那么严重的竞争担忧将接踵而至。这里的要害在于，相互竞争的企业放弃了独立决策，并将各自的决策委托给 Boomerang 旗下的同一款动态定价算法，即原本存在的竞争（竞争性决策）经算法的协调后很可能消失殆尽——同一

---

[1] 参见刘继峰：《"中心辐射型"卡特尔认定中的问题》，载《价格理论与实践》2016 年第 6 期；侯利阳：《轴辐协议的违法性辨析》，载《中外法学》2019 年第 6 期。

[2] 之所以寻求第三方算法的帮助，一是因为竞争者可能都缺乏开发这种算法的能力或资源；二是因为竞争者之间共享算法，可能涉及赤裸裸的横向共谋，容易遭到反垄断执法机构的打击。

[3] See OECD, Algorithms and Collusion: Competition Policy in the Digital Age, 2017, p. 27, www.oecd.org/competition/algorithms-collusion-competition-policy-in-the-digital-age.htm.

[4] [英] 阿里尔·扎拉奇、[美] 莫里斯·E. 斯图克：《算法的陷阱：超级平台、算法垄断与场景欺骗》，余潇译，中信出版社 2018 年版，第 66 页。

算法对所有企业的决策做了主，这即是竞争者采用相同算法的累积效应所导致的横向共谋效果。[1] 进一步而言，当办公用品零售商都在为身为"枢纽中心"的算法服务商 Boomerang 提供相关数据并委托后者承担营销决策工作时，它们很有可能清楚地知道自己的竞争对手也在做同样的事，即彼此积极地、愉悦地依赖同一算法所带来的协同效应和超竞争性利润。这与其说是"行业的垄断"，不如说是"算法的垄断"。

从上例也可以看出，轴辐式算法共谋通常涉及两个层次的共谋：一是代码层的共谋；二是数据层的共谋。[2] 在代码层共谋中，作为"枢纽中心"的算法把相互竞争的企业合围在一起，使它们接受一套相同的决策指令或程序规则。在数据层的共谋中，为了让算法这一"枢纽中心"高效运转，相互竞争的企业将各自控制的用户数据、业务数据、经营管理数据、系统运行数据等数据提供给算法服务供应商，形成大量竞争性数据组成的数据集或数据池，[3] 由此得到训练和改进的算法性能愈加卓越，更容易平衡不同竞争者的决策函数（包括决策的参数、变量及其权重等），从而更有利于找到或优化共谋均衡的条件。

## 第二节 算法默示共谋

代理式算法共谋、自主式算法共谋之所以属于算法默示共谋的范畴，是因为在这两类共谋中不存在人际间互信交流、共识沟通、信息传递等任何直接或间接的意思联络。此二者之所以被称作"共谋"，是因为算法利用彼此意识到的依赖关系在价格和产量等决策方面达致了非竞争的均衡，形成了近似于竞争者明示共谋的负面结果。

### 一、代理式算法共谋

所谓代理式算法共谋，也称预测式算法共谋或信号式算法共谋，指相互竞争的、以利润最大化为目标的企业各自独立研发设计和部署使用算法[4]（企业决策者之间不存在沟通交流、信息传递、人际互动等直接或间接的意思联络），即把算法作为企业决

---

[1] 实际上，选择将营销决策工作外包，既节省人力，又提高效率。不仅如此，随着 Boomerang 争取到更多办公用品领域的企业客户，具有自学习能力的算法也将因为获取更多数据而得到不断优化升级。随着事态进一步的发展，任何一家小零售商自己开发的营销算法都几乎不可能是 Boomerang 的对手。因此，几乎不会有哪家零售商会拒绝选择 Boomerang 的算法服务。

[2] 参见唐要家、尹钰锋：《算法合谋的反垄断规制及工具创新研究》，载《产经评论》2020 年第 2 期。

[3] 数据池中包含大量可替代的竞争性数据极易滋生共谋风险。参见时建中、王煜婷：《"数据池"共享行为的竞争风险及反垄断法分析》，载《江淮论坛》2021 年第 2 期。

[4] 从算法的技术类型来看，代理或预测算法一般是专家算法或学习算法的初级形式（如监督学习算法），它仍需要程序员设定相关参数或识别、提取、构造原始数据中的相关特征（即开展特征工程）。可见，代理式算法共谋并非全无"人"的因素而只有算法的因素。

策者的"代理人",进而这些功能强大的算法积极利用彼此意识到的相互依赖关系,通过收集市场数据特别是竞争对手数据,以预测竞争对手的决策参数、发出共谋邀约的涨价信号、试探竞争对手反应、监测竞争对手动态等方式,推动商品(包括服务)价格平行上涨或其他交易条件同步变化,形成与传统"寡头相互依赖的平行行为"极为相似的默示共谋场景。

传统上,寡头企业之间存在的相互依赖的平行行为,即寡头默示共谋,实质上是在一个集中的市场环境中,几家主导企业在决策和经营过程中共享垄断势力。具体来说,这些企业深刻认识到彼此之间的紧密依赖关系,即每个企业的定价和产量决策都部分地受到竞争对手预期反应的约束。因此,这些企业倾向于避免彼此之间激烈的价格和产量竞争,而是以一种默契的方式共同限制产量和提高价格,从而攫取并共享垄断利润。值得注意的是,这种基于寡头相互依赖形成的默示共谋,通常不会受到反垄断法垄断协议规范的制约。它之所以被称为"默示共谋",是因为这种平行行为所产生的后果,如价格稳定和产量控制,与竞争者之间的明示共谋行为在效果上极为相似,尽管在形式上并未达成明确的协议,也不存在任何直接或间接的意思联络。[1]

例如,在一个离岛上,只有3家汽油销售企业。由于是一个离岛,因而不仅其他企业难以在岛上新设加油站,而且来到岛上的游客对汽油的需求缺乏弹性(即便汽油价格偏高也不会拒绝购买)。同时,由于只有3家企业销售汽油,因而市场交易的透明度非常高,以致有限的几个竞争者能够迅速且有充分把握地获取对手的重大市场策略,[2] 即每家企业的汽油销售价格及变动情况很快就会被其他企业知晓。在这样的条件下,某企业出于争夺消费者的想法率先降低汽油售价,由于市场很透明,其他两家企业很快知道这一消息,并出于维护自身市场份额的考虑快速予以匹配降价。率先降价的企业很快就发现,降价竞争的决策是无利可图的,这样做只会摊薄每个企业的利润。相反,当某个企业率先提高汽油销售价格时,它发现另外两家企业也会采取同样的调价策略。之所以如此,是因为高度的进入壁垒和需求缺乏弹性,使更高的价格能带来更高的收益,开展步调一致的涨价而非激烈的价格战,可以使各企业获得更高的利润。可见,这种寡头垄断市场为企业从事默示共谋提供了天然温床:企业不必使用非法途径,不必成立卡特尔组织,不必进行秘密的、隐蔽的、间接的意思联络,仅凭

---

[1] See Marc Ivaldi, Bruno Jullien, Patrick Rey, Paul Seabright, Jean Tirole, The Economics of Tacit Collusion, Final Report for DG Competition, European Commission, March 2003, http://idei.fr/sites/default/files/medias/doc/wp/2003/tacit_collusion.pdf.

[2] 在分析市场透明度水平时,关键是要明确企业可以从竞争对手的商业活动中获取多少有用的信息。See EU Commission, Guidelines on the Assessment of Horizontal Mergers under the Council Regulation on the Control of Concentrations between Undertakings (2004/C 31/03), paras. 49-50, https://eur-lex.europa.eu/legal-content/EN/TXT/PDF/?uri=CELEX:52004XC0205(02).

相互依赖关系而实施平行行动，就可以攫取和分享垄断利润。[1]

在人工智能和数字经济时代，相互竞争的企业采用代理或预测算法进行经营决策，形成了与上述寡头默示共谋极为相似的场景，并且更进一步，使相互依赖的默示共谋从寡头市场向非寡头市场扩展。也就是说，行业内多家相互竞争的企业（不限于寡头企业）单方面开发或部署算法——作为企业决策者的"代理人"，这些性能卓越的算法特别是机器学习算法在行业的普及和相互依赖，使企业的定价和产量形成了与明示共谋类似的结果或水平。其具体发生机理可以从以下两个方面予以阐释。

第一，算法之所以能代理企业决策者成为共谋达成和实施的主导者，根本上是因为它占据着远远优于企业决策者的数据、信息、知识乃至智慧。在"数化万物、万物皆数"的数字化时代，无论用于企业决策的信息、知识抑或智慧，其本源都是数据——数字数据（Digital Data）。[2] 换言之，算法之所以表现得博闻强识、智慧超凡，是因为它受到具有海量性、实时性、高速性、多样性、价值性的市场数据的训练或驱动。如今，企业所采用的代理算法（预测算法），具备迅速获取并处理诸如竞争对手的定价策略、销售记录以及市场价格变化等关键市场数据的能力，它还可以结合实时数据、历史数据、第三方数据等，对未来数月、数周，甚至几个小时内竞争对手可能变换的策略以及其他市场行情趋势做出预判。在此，企业的软件系统已从"数据存储系统"和"信息记录系统"升级成了"决策支持系统"和"行业预判系统"。当然，数字数据的可用性增强，不仅是因为单个企业的数据采集和处理能力变强，更重要的，是因为当每家企业都使用算法来代理决策时，市场中的整体数据量（包括竞争对手用于支持决策的关键数据）呈现出指数级的增长，数据的质量进而也大为改善。当相互竞争的企业可以从竞争对手的商业活动中获取大量有用的数据，并能够通过算法作出精准的预测时，市场透明度急剧提升，企业共谋的诱因显著增强，代理式算法共谋或预测式算法共谋也就呼之欲出。[3]

第二，算法之所以能成为共谋达成和实施的主导者，关键在于，它有着远超人类决策者、监督者、惩罚者的执行响应速度。首先，在企业将设置价格、交易条件等工作转交给算法后，仅在毫秒之间，为特定人群、特定时段设定的成千上万种商品（包括服务）的价格以及其他交易条件就呈现在了人们眼前。其次，由于算法分析、识别、

---

[1] 面对这种情境，"反垄断执法者岂不受挫。明示共谋与默示共谋的后果相同，即高昂的价格。但是，由于没有垄断协议，默示共谋的参与者却轻易逃避了法律的制裁"。[英] 阿里尔·扎拉奇、[美] 莫里斯·E. 斯图克：《算法的陷阱：超级平台、算法垄断与场景欺骗》，余潇译，中信出版社2018年版，第81~82页。

[2] 在当今"数化万物、万物皆数"的数字化时代，数据可以转换为信息、信息可以转化为知识、知识可以转化为智慧，智慧可以支持决策、行动和价值实现。关于数据、信息、知识、智慧之间的关系，参见荆宁宁、程俊瑜：《数据、信息、知识与智慧》，载《情报科学》2005年第12期。

[3] 全行业范围内的定价算法普及将增强市场透明度并提升企业开展有意识的平行行为的风险。利用自己开发的定价算法，每家企业都有可能将历史定价数据与竞争对手的动态回应数据相结合，从而不断优化自己的经营策略。See Aurelien Portuese et al, *Algorithmic Antitrust*, Springer, 2022, p. 13.

预测、决策的速度如此之快,因而相互竞争的企业虽并非处在寡头市场,但它们的互动却像寡头企业的博弈一样处于高度相互依赖的状态。因此,算法可以在数秒甚至毫秒之内迅速跟进竞争对手的降价,这使得所有企业从事价格战以"偷取"利润的动机微乎其微。相反的是,当某个企业率先涨价时,竞争对手的算法也可以快速识别,且通常不会错过平行涨价以攫取和分享垄断利润的机会。[1] 即使这样的尝试不成功,首先发起价格上涨的企业也可以快速调整价格而不必担心自己被市场抛弃。[2] 也就是说,算法可以降低甚至完全消除发出涨价信号的成本,通过快速的迭代操作,反复测试不同的涨价信号,可以收获不同的市场反应(其中可能包含共谋焦点价格),但不会伴随明显的损失。于是不难想见,每个企业都在持续发出旨在实现联合利润最大化的信号,并监控竞争对手发出的反馈信号,当相互竞争的企业最终通过发出相同的信号达成"协议"时,共谋均衡的条件就找到了。而当打破均衡的情况发生后,新的信号试探和共谋均衡创建又开始进行。对算法而言,这绝不是一项繁重艰难的工作,因为"分秒之间的价格信号就足够培植起一个默示共谋"。[3]

综上所述,算法特别是代理算法(预测算法)的广泛运用,加剧了传统的"寡头垄断问题",使相互依赖的默示共谋即便在缺乏共谋风险相关结构特征的市场上也容易发生,因而进一步暴露出反垄断法在应对相互依赖的平行行为等类似问题上的缺陷。

### 二、自主式算法共谋

所谓自主式算法共谋,也称自主学习型算法共谋,[4] 指共谋的达成和实施完全不涉及人类主体的因素(当然也就不涉及沟通交流、信息传递、人际互动等直接或间接的意思联络),而由具有强大自主学习能力的高级机器学习算法特别是深度学习算法所完成。自主式算法共谋本质上也是一种由算法相互依赖所形成的默示共谋。之所以将它称为"默示共谋",不是说这种一致行动由企业决策者的意思联络、合谋意图或人际互动所造成,而是说这种由"超级算法(上帝之眼)"[5] 所导致的平行行为及经济后

---

[1] 例如,企业可以在午夜对价格进行快速上调,尽管这不会对销售产生任何影响,但可能会被竞争对手的算法识别为一个邀请共谋的信号。

[2] 但在传统线下市场,率先发布单方面涨价公告(公告往往维持较长时间)的企业面临很大的风险。如果大多数竞争对手没有收到信号或故意决定不作出反应,发出信号的企业就会失去销售和利润。这种风险形成了一种激励,即鼓励企业等待竞争对手先发出信号,观望市场反应后再作出跟进与否的决策,最终导致延迟甚至无法达成共谋。

[3] [英] 阿里尔·扎拉奇、[美] 莫里斯·E. 斯图克:《算法的陷阱:超级平台、算法垄断与场景欺骗》,余潇译,中信出版社2018年版,第87页。

[4] 参见王健、吴宗泽:《自主学习型算法共谋的事前预防与监管》,载《深圳社会科学》2020年第2期。

[5] 所谓超级算法,即拥有"上帝视角"的算法,用以描述算法具备把控全局商业行为的视野和能力。参见 [英] 阿里尔·扎拉奇、[美] 莫里斯·E. 斯图克:《算法的陷阱:超级平台、算法垄断与场景欺骗》,余潇译,中信出版社2018年版,第97页。

果与竞争者之间明示共谋极为相似。[1]

如前所述，机器学习算法是一种可以从数据中学习且不依赖基于规则的编程的算法，换言之，学习算法并不严格遵循静态程序指令，而是通过学习数据输入来构建决策过程，赋予机器在没有明确编程的情况下学习的能力。而深度学习算法是机器学习算法的高级形式，它学习的是样本数据的内在规律和表示层次，最终目标是建立模拟人脑进行分析学习的神经网络，让机器能够像人一样具有分析学习能力。区别于传统的机器学习算法（浅层学习算法），深度学习算法最主要的特点在于：与传统机器学习算法的"特征工程"方法相比，深度学习算法强调"特征学习"的重要性，即利用大数据来学习特征，以此刻画数据丰富的内在信息。不同于监督学习算法、无监督学习算法、强化学习算法等初级机器学习算法，深度学习算法完全不需要人工对原始数据进行特征识别、提取和构造。这意味着，程序员对于深度学习算法在将输入转换为输出过程中所使用的具体特征或信息一无所知。换言之，深度学习算法并不向程序员透露其决策过程的任何细节，因此不论结果的质量如何，程序员都无法了解导致该结果的内在逻辑和依据。

对企业或人类来说，深度学习算法是一个"魔力棒"也是一个"黑箱子"，其工作方式无从被外界知晓，但以一种复杂、快速和准确的方式处理原始数据，类似于人类的大脑，并在不揭示决策过程背后相关特征的情况下提供最佳输出。因此，依靠深度学习算法，相似的人工神经网络更有可能"理解"彼此，并使默示共谋更为牢固和持久。重要的是，这些算法在创建时并不存在可能引起共谋的代码或指令，即不仅不存在勾起共谋的人类合意，也不存在可能激发共谋的特定人类意图及代码嵌入。导致共谋的，是机器的自主深度学习，这种学习发生在一个由拥有类似思维和相同的利润最大化目标的"强人工智能体"占领的透明市场之上，而企业及其管理人员、技术人员对此毫不知情，也无从知情。

自主式算法共谋进一步扩大了默示共谋的疆域，默示共谋的实现甚至不再受某些传统共谋实现条件的约束，如市场简单性、企业对称性等对自主式算法共谋已非必要的前提条件。这类算法之所以能促成比代理式算法共谋更进一步的默示共谋，主要有以下原因：其一，在优胜劣汰的丛林法则之下，竞争推动算法技术日新月异。与此同时，不能掌握深度学习算法技术并将其用于业务流程体系再造的企业都将被市场淘汰。进而言之，市场上适者生存和迭代进化的深度学习算法，在相互依赖的决策过程中，主宰了市场的走向。其二，市场各领域、环节、关系、主体、行为、客体等都实现了以计算机二进制数字0和1的编码表达，市场中可用数字数据的体量呈指数级增长，

---

[1] See Marc Ivaldi, Bruno Jullien, Patrick Rey, Paul Seabright, Jean Tirole, The Economics of Tacit Collusion, Final Report for DG Competition, European Commission, March 2003, http：//idei. fr/sites/default/files/medias/doc/wp/2003/tacit_collusion. pdf.

极大地满足了深度学习算法的深层学习需求，不仅提炼出数据中无比丰富的内在信息，而且可能使自身迎来从"强人工智能"向"超级人工智能"[1]跃迁的契机。其三，拥有"上帝视角"的深度学习算法，具备把控全局商业行为的视野和能力，以致这些算法几乎不具有通过秘密降价、提高产品质量、抢夺客户等方式来拓展市场份额的动机，也就是说，任何企业都无法从竞争中占到些许便宜，市场沉陷于默示共谋所导致的垄断深渊。

自主式算法共谋或许是算法共谋的终极形态。尽管其目前尚未成为现实，也缺少这方面的实际案例，但上文的论述并非就是科幻，因为诸多学术研究和实验结果都表明了其真实的危险。从反垄断法的角度看，要紧的问题在于，由于这种共谋的达成和实施并不是人类明确设计的结果，而完全由具有强大学习能力的算法自主执行和完成，因而在法律上不具有将责任归结于企业或企业决策者以及技术开发人员的基础。面对随时可能降临的"超级算法共谋"，目前反垄断执法工具箱里似乎没有任何有针对性的弹药。

## 第三节　算法共谋的类型关系辨析

算法共谋的各类型之间既存在联系，也存在区别。本节主要对监测式算法共谋与轴幅式算法共谋、监测式算法共谋与代理式算法共谋、轴幅式算法共谋与代理式算法共谋、自主式算法共谋与其他算法共谋类型的关系予以辨析。

### 一、监测式算法共谋与轴幅式算法共谋的辨析

虽然监测式算法共谋和轴辐式算法共谋通常都被归类为明示共谋的范畴，但两者的意思联络机制展现出截然不同的特点。在监测式算法共谋中，企业决策者为了达成共同的利益目标，可能会选择签署明确的合作协议，或者通过其他方式进行可被外界察觉的沟通交流。这些沟通交流的形式多样，可能包括面对面的会谈、电话交流、电子邮件往来等。通过这些直接意思联络方式，企业决策者们能够就各自的行动计划和策略达成一致，形成对未来共同行动的明确期待。换句话说，在监测式算法共谋中，意思联络的核心机制——即共谋的达成——主要依赖于人类主体之间的直接和明显的沟通。算法在这一过程中并不直接参与意思联络的创建或形成，而是作为一种辅助工

---

[1]　超级人工智能，是指计算机程序经过持续发展，逐渐成为全面超越世界上所有人类的人工智能。现在只有科幻电影中出现的机器人属于超级人工智能范畴，它们具备了思维和情感能力。一般认为，在可预见的未来，超级人工智能还完全停留在人类的想象之中，短期内无法实现。参见许春艳等主编：《人工智能导论（通识版）》，电子工业出版社2022年版，第18~19页；赵汀阳：《人工智能的神话或悲歌》，商务印书馆2022年版，第2页。

具，用于执行和监测已经达成的共谋。这与轴辐式算法共谋中算法扮演的更为核心的角色形成了鲜明对比。值得注意的是，监测式算法共谋中的这些沟通交流通常是言辞的、书面的，或者其他易于被外界察觉和记录的形式。这种"赤裸裸"的沟通交流方式不仅使得共谋的达成变得更加可追溯，也为可能的反垄断执法提供了线索和便利，即监测式算法共谋被发现和受到打击的概率更高。

在轴辐式算法共谋中，竞争者之间并没有签订明确的协议，也缺乏言辞的、书面的或其他易于被人察觉的直接意思联络。相反，这些具有竞争关系的竞争者选择平行地采纳第三方提供的算法，以此作为它们决策的基础。这种算法就像一个"枢纽中心"，从表面上看，各个企业之间并没有直接的交流和联系，一切都显得风平浪静，但透过算法这一"枢纽中心"，这些企业实际进行着广泛而深入的"接触"和"知会"。具体来说，为了让算法能够作出更为精准和高效的决策，各个企业会主动将其控制的用户数据、业务数据、经营管理数据等（包括那些具有高度竞争敏感性的数据），传输并汇集到第三方管理的数据集或数据池中。在这个过程中，竞争者之间的意思联络建立在数据传输共享和统一的代码决策规则的基础之上。因此，轴辐式算法共谋不仅涉及数据信息层的协同（共谋），还涉及代码规则层的协同（共谋）。实际上，当某个企业决定采用第三方提供的平行算法时，这通常意味着该企业清楚地知道其他竞争者也已经采用了相同的算法，并且了解到第三方会将自己的数据（包括那些具有高度竞争敏感性的数据）整合进共享的数据集或数据池中，以供"枢纽中心"和其他竞争者使用。换言之，这些企业在采纳算法之初，就已经预见到了竞争可能会被规避，以及算法共谋的可能性。从法律的角度来看，这种主观认识状态，成为了反垄断法对相关企业进行归责的重要基础。如果企业明知其采用的算法和数据共享行为可能导致竞争受限或形成共谋，但仍然选择这样做，那么它们就可能会面临反垄断法追责。

进一步看，在监测式算法共谋中，如果算法是外部第三方提供的，那么该第三方可能只承担"为其他经营者达成垄断协议提供实质性帮助"的法律责任；而在轴辐式算法共谋中，相同算法的提供者对竞争者之间意思联络的形成和维持暨共谋的达成和实施起着组织支撑作用，可能要承担"组织其他经营者达成垄断协议"的法律责任。[1]

## 二、监测式算法共谋与代理式算法共谋的辨析

代理式算法共谋与监测式算法共谋，尽管都涉及利用算法来促进竞争企业间的共谋（包括默示共谋），但两者之间存在显著的区别。在监测式算法共谋中，共谋的达成暨意思联络的形成在算法介入之前就已经完成。换句话说，企业决策者们在引入算法

---

〔1〕 我国《反垄断法》第19条规定，经营者不得组织其他经营者达成垄断协议或者为其他经营者达成垄断协议提供实质性帮助。

之前，已经就共谋的具体计划和内容达成了明确的合意（意思联络）。在这种情况下，算法并不介入共谋的策划或形成过程，而是作为一种技术工具来执行这一已经达成的共谋合意。从这个角度来看，算法可以被视为是人类决策者意志在技术层面的延伸。监测算法的核心作用在于对实行共谋的企业进行行为监测，即它会密切关注这些企业是否有任何背叛或偏离共谋策略的行为。一旦发现任何偏离或背叛共谋的情况，算法会迅速传递和通报有关信息，以便相关方及时采取报复行动等措施，从而确保共谋的稳定性和持久性。这种基于算法的监测机制降低了企业背离共谋协议的动机和能力，同时也强化了共谋的可维持性。总的来说，监测式算法共谋中，人类决策者的互动和意思联络是促成共谋的核心，而算法则扮演着执行和监测共谋的角色。

代理式算法共谋与监测式算法共谋有着显著的不同，其间企业决策者从未就共谋进行过直接的沟通交流和信息传递，甚至连隐晦的接触或间接的暗示都不曾有过。这种默示共谋，或者说相互依赖的平行行为，完全是由各企业决策者所委托的"代理人"——算法——来主导并全程实施的。代理算法（预测算法）大多属于强化学习、深度学习等性能卓越的算法，凭借其强大的数据处理和预测决策能力，不仅促成了企业间的默示共谋，更是主导了整个共谋的实施过程。代理算法能够准确地分析市场动态，预测竞争对手的行为，并据此调整自身的策略，以确保各家企业能够在不进行直接或间接意思联络（人际互动）的情况下，依然能够形成并维持默契的协调行为。与监测式算法共谋中算法仅作为"帮助者"的角色不同，在代理式算法共谋中，算法的角色和作用得到了极大的提升，它们成为了默示共谋的全过程"实行者"，即从共谋的策划、达成、实施到迭代，算法都发挥着全面主导的作用。

借用刑法共同犯罪理论的话来讲，如果监测算法（以及潜在的该算法的第三方供应商）是共谋犯罪的"共犯"（帮助犯），那么代理算法（以及潜在的开发设计和部署利用这些算法的相互竞争的企业）就是共谋犯罪的"正犯"（实行犯）。这种类比清晰地呈现出两种算法在共谋（共同违法行为）中的不同作用，进而对区别行为定性和责任归结具有重要意义。

### 三、轴幅式算法共谋与代理式算法共谋的辨析

作为算法明示共谋的轴幅式算法共谋与作为算法默示共谋的代理式算法共谋，虽然都不涉及相互竞争的企业之间显而易见的沟通交流，而是借助算法对共谋的达成和实施起到便利作用，但是二者所蕴含的便利机制是迥然有别的。

在轴幅式算法共谋的框架内，共谋具有结构复杂性和主体多元化的特点。与代理式算法共谋不同，轴幅式算法共谋的当事方并不局限于具有竞争关系的企业，而是引入了共谋实行者之外的主体——第三方协调者，即算法服务供应商。这个协调者在整个共谋体系中扮演着举足轻重的角色，其为多个相互竞争的企业提供统一的决策算法

和共用的数据基础,成为连接各企业的纽带。由于共用相同的算法和数据基础,多个独立企业之间原本应该存在的竞争性决策被统一、集中的算法决策所取代。这种转变意味着,各企业在决策行动中所面临的不确定性和竞争性被极大地消解,这不仅使共谋的达成变得更为容易,还使共谋的实施更加稳定,即降低了背离共谋均衡的风险。从更深层次的角度看,轴辐式算法共谋是一种包含隐性的共谋数据信息传递、共享、聚合的"三边协同行为"。在这个过程中,算法服务供应商作为轴心,连接多个辐条——即共用同一算法的竞争企业,由辐条(轮缘企业)向算法服务供应商的数据共享,以及算法服务供应商向辐条(轮缘企业)提供的统一算法服务,共同构成共谋得以达成、实施和维持的关键基础。总之,轴辐式算法共谋不仅改变了传统共谋的"双边"形态,还提高了共谋的隐蔽性和稳定性,在行为定性、损害识别、责任归结、有效补救等多方面给反垄断执法带来新的挑战。

在代理式算法共谋的情境中,共谋的主体限定在具有竞争关系的企业之间,这里并不涉及任何第三方主体的协调或介入。这些企业在联合利润最大化的目标驱动下,各自独立研发设计和部署利用强化学习、深度学习等先进算法。这些算法不仅拥有强大的数据收集、处理以及分析、识别、预测、决策能力,而且能够深入洞察竞争对手的决策参数,实时监测市场动态,甚至预测未来的市场走向。这种高度的市场透明性和企业的相互依赖性,营造出一个共谋诱因极强的市场环境,导致企业的算法决策呈现出高度的一致性。这种场景与传统上寡头相互依赖的平行行为极为相似,但又在某种程度上更加隐蔽、影响更为广泛和深远。具言之,在代理式算法共谋中,企业间的一致行为并非静态的、短期的"一次性"均衡,而是算法在联合利润最大化等初始参数的指令下通过自学习、自适应功能而反复实现的动态的、长期的"迭代性"均衡。从本质上看,代理式算法共谋表现为一种不涉及沟通交流、信息传递、人际互动等直接或间接意思联络的默示共谋,属于典型的"双边协同行为"。尽管这种协同行为在结果上与明示共谋相差无几,甚至在某些方面对经济效率、消费者利益的危害更为严重,但由于缺乏企业决策者之间签订协议、沟通交流等直接或间接的意思联络证据,它很难被定性为垄断协议。实际上,这种基于算法的相互依赖的平行行为,复刻甚至扩展了经典的"寡头垄断问题",不仅使反垄断执法进一步深陷执法工具短缺的窘境,而且可能使市场公平竞争和消费者利益遭受更大的威胁。尽管目前还没有代理式算法共谋的现实案例,但诸多学术研究和实验结果都表明了其真实的危险。有鉴于此,如何挖潜和创新反垄断执法手段,以有效预防和制止代理式算法共谋等新型垄断行为,成为当前和未来反垄断工作的重要课题。

### 四、自主式算法共谋与其他算法共谋类型的辨析

自主式算法共谋,以及监测式、轴辐式和代理式算法共谋,它们均属于算法助力

或主导的共谋。然而，深入剖析这四种类型，会发现算法在其中的角色和所展现出的智能水平有着显著的差异。在"监测式算法共谋→轴辐式算法共谋→代理式算法共谋→自主式算法共谋"的算法共谋谱系中，算法的作用渐次凸显，从辅助决策逐渐变为主导决策。相应地，算法的智能水平渐次增长，从专家算法、监督学习算法（以及无监督学习算法、强化学习算法）到深度学习算法不断进化。与此同时，人类决策者在其中的作用渐次消退——在监测式算法共谋和轴辐式算法共谋中尚且有协议、沟通交流、信息传递、人际互动等直接或间接的意思联络的存在；及至代理式算法共谋，既无人类协议也无人类意思联络，有的可能只是企业及其管理者在开发创建算法时植入其中的反竞争动机或意图（如设置联合利润最大化、跟进竞争对手策略等决策参数或代码指令）；再到自主式算法共谋，连企业及其管理者反竞争（共谋）的动机或意图都没有了，人的因素彻底消失，共谋的达成和实施完全在算法的掌控之下，即发生在一个纯粹的"算法世界"里。

从反垄断法应对的角度看，对于监测式算法共谋、轴辐式算法共谋、代理式算法共谋，反垄断执法的工具箱尚且有弹药可用——尽管可能不好用；但对于自主式算法共谋，由于这种共谋的达成和实施并不是人类明确设计的结果，缺乏将责任归结于企业及其决策者以及相关技术人员的基础，因而反垄断执法工具箱里没有任何有针对性的弹药。换言之，在没有解决人工智能特别是强人工智能（乃至超级人工智能）的法律主体地位及其责任能力等棘手问题，[1] 并将人工智能体纳入反垄断法的责任主体范围前，通过反垄断执法来规制自主式算法共谋注定是"无力"或"徒劳"之举，因为根本没有适格的法律主体来承担制裁性或补救性法律责任。[2] 进而言之，在包括反垄断法在内的法律系统没有对人工智能体的法律地位及责任能力作出妥当安排前，应对将来可能出现的自主式算法共谋的挑战，可能需要更多地综合采取共谋风险的数字化筛查（智能筛查）、监管背景下的算法审计、强调自律的企业合规等预防性手段。

---

〔1〕 See Simon Chesterman, "Artificial Intelligence and the Limits of Legal Personality", *International and Comparative Law Quarterly*, 2020, Vol. 73, No. 2, pp. 819-844. 实际上，经济与合作发展组织（OECD）关于《更新人工智能系统定义的解释性备忘录》也回避了这一棘手问题，其指出："经合组织对人工智能系统的定义有意不解决人工智能系统及其潜在有害影响的责任问题，这一责任最终由人类承担，（经合组织）并不以任何方式预先确定或抢占各国在这方面做出的监管选择。" OECD, Explanatory Memorandum on the Updated OECD Definition of an AI System, 2024, p. 6, https://www.oecd-ilibrary.org/docserver/623da898-en.pdf.

〔2〕 由于算法可能脱离人类操作者而自主做出决策，传统反垄断法的制裁措施，如监禁、罚款等威慑手段，将面临潜在的威慑失败问题。See Ariel Ezrachi & Maurice E. Stucke, "Artificial Intelligence & Collusion: When Computers Inhibit Competition", *University of Illinois Law Review*, 2017, Vol. 2017, No. 5, pp. 1803-1804.

中　篇

## 算法共谋的反垄断法适用

　　传统上，垄断协议规范是规制共谋行为的最主要的反垄断法制度。监测式算法共谋和轴辐式算法共谋或多或少、或明或暗地存在协议、沟通交流、信息传递、人际互动等意思联络，因而是传统垄断协议规范可以有效规制的算法共谋类型。代理式算法共谋和自主式算法共谋不存在任何直接或间接的意思联络，它们扩大并加剧了经典的"寡头垄断问题"，把垄断协议规范应对该等问题本就存在的"裂缝"撕扯为"巨缝"。从功能定位上看，滥用共同市场支配地位规范的发轫，是为了弥补垄断协议规范适用于寡头默示共谋存在的缺陷。滥用共同市场支配地位是一个纯粹基于客观事实的判断，无论"共同实体""共同市场支配地位"要件还是"滥用"要件的分析判定，经营者是否存在主观意思联络均非其中必需的检验步骤，因而展现出规范算法共谋特别是算法默示共谋的特别潜力。算法在数字商业领域的普遍运用，很大程度上放宽或简化了造成协同效应须满足的基本条件，使诸如经营者能够就协调条件达成共识、协调具有内部可维持性、协调具有外部可维持性等条件，要么易于得到满足、要么相关性减弱，因而更容易引发或强化协同效应。针对协同效应的经营者集中救济，既可以采取剥离算法、数据等结构性措施，也可以采取隔离数据、限制算法（如引入"破坏性"算法、修改算法代码、要求算法合规)、强制设置算法调价时滞或实行临时性价格冻结等行为性措施。

——题记

# 第五章　垄断协议规范对算法共谋的适用

着力于预防和制止共谋风险或共谋效应的垄断协议规范，虽然可以基于已有的规范框架、认定规则、核心概念来较为有效地应对监测式算法共谋、轴幅式算法共谋等算法明示共谋，但难以招架代理式算法共谋、自主式算法共谋等算法默示共谋带来的挑战。实际上，垄断协议规范的这种局限性，在其应对无意思联络的寡头平行行为时就早已暴露，只不过算法默示共谋的出现，把垄断协议规范的这一"裂缝"撕扯为"巨缝"。

## 第一节　垄断协议的基本规范框架

禁止垄断协议制度在反垄断法三大支柱性制度中可谓"独占鳌头"，其缘由大抵在于威胁市场竞争的最普遍、最有害的方式就是卡特尔或共谋限制竞争，[1] 以至于"历史上，有国家将反限制竞争法称为卡特尔法，足见卡特尔在反垄断法中的地位"。[2] 不仅如此，一说到"共谋"或"卡特尔"，人们大多会不假思索地将其与反垄断法中的"垄断协议""协同行为""限制竞争协议""非法联合行为"等概念联系在一起，以至于先入为主地认为，规范共谋行为的反垄断法制度就只有禁止垄断协议制度。

不可否认，禁止垄断协议制度的确是预防和制止共谋行为的最主要的法律制度。其制度运作的旨归在于，区分出对经济有益的合作和对竞争机制、市场功能有害的共谋，进而激励"好合作"带来更多的经济效益、创新收益、消费者利益等社会公共利益，同时遏制"坏合作"对自然运作的市场条件的不当干预、对价格机能或竞争机制的不当扭曲。鉴于广泛的经济合作所蕴含的巨大利益，[3] 在适用反垄断法时，不应草率地给有关合作行为贴上"垄断协议"的标签。事实上，"企业可能基于管理的需要，如改进生产程序，降低成本，或技术上的诉求，如引进新技术，增加生产力等，而有

---

[1] 企业联合，或一称卡特尔，乃工业公家最普遍常见的限制竞争方式，其危害竞争之烈，早为识者所共见，故欲纳之于规范亦为举世所共同。参见何之迈：《公平交易法专论》，中国政法大学出版社2004年版，第51页
[2] 刘继峰：《横向价格卡特尔法律规制研究》，中国政法大学出版社2010年版，前言。
[3] 对合作的经济社会需要及其蕴藏的巨大利益，参见本书第二章相关论述。

联合个别企业组成卡特尔之行为。易言之，个别企业时而面对某些特别经济环境，而无法以单独力量调整、适应，联合行为可能是克服之计。当然，亦不能否认，很多企业间的协议、合作意在借此组织市场，扩大经济力量，进而为交易之操纵，破坏自由竞争"。[1]

## 一、我国反垄断法关于垄断协议规定的考察

### （一）《反垄断法》有关垄断协议的规定

我国《反垄断法》第二章以专章的形式对"垄断协议"作了规定，包括第 16 条（垄断协议的定义）、第 17 条（横向垄断协议）、第 18 条（纵向垄断协议）、第 19 条（组织、帮助达成垄断协议）、第 20 条（垄断协议豁免）、第 21 条（行业协会不得组织垄断协议）。而与垄断协议法律责任相关的规定集中在《反垄断法》第七章"法律责任"，包括第 56 条（达成、实施垄断协议的法律责任）、第 59 条（确定罚款数额时考虑的因素）、第 60 条（民事诉讼和民事公益诉讼）、第 63 条（对特别严重违法行为的加倍处罚）等。就上述文本规定来看，我国反垄断法有关垄断协议的规定具有以下鲜明特点：

第一，对垄断协议作了两种分类：一是基于不同的意思联络方式，将垄断协议细化为"协议、决定以及其他协同行为"等多个类型，旨在展现垄断协议在形成过程中多样化的沟通交流或意思联络手段；二是从主体间关系的角度出发，将垄断协议划分为"横向垄断协议"和"纵向垄断协议"两大类。其中，"横向垄断协议"主要指的是具有竞争关系的经营者之间达成的垄断协议，而"纵向垄断协议"则是指经营者与交易相对人之间达成的垄断协议。这种分类旨在呈现不同主体间如何通过垄断协议来影响市场竞争格局。

第二，"其他协同行为"这一表述，是我国反垄断法在界定垄断协议时的独特之处。"其他"二字的存在，实际上体现了立法者对于垄断协议范畴的宽泛理解，即"协议"和"决定"同样被视作协同行为的一种样态。换言之，垄断协议与协同行为在本质上具有同一性，它们都是市场主体间为达成限制竞争目的而采取的联合行动。在这个意义上，"协议"和"决定"不仅是协同行为的典型形式，同时也构成了垄断协议的重要组成部分。[2] 然而，考虑到"协同行为"（Concerted Practices）的概念源自欧盟竞争法，其理论和实践都将协同行为作为限制竞争协议（垄断协议）在协议、企业联

---

[1] 何之迈：《公平交易法专论》，中国政法大学出版社 2004 年版，第 52 页。
[2] 不过，有学者认为，"协同行为"附加了"其他"之后便产生了划分标准不统一的问题，因而主张把该条修改为，"本法所称垄断协议，是指排除、限制竞争的协议、决定或者协同行为"。参见刘继峰：《试析我国〈反垄断法〉垄断协议概念的形式逻辑问题》，载《北京化工大学学报（社会科学版）》2012 年第 4 期。

合组织的决定之外的第三种表现形式。[1] 因而为避免解释冲突，我们不妨对协同行为作广义和狭义的区分，将广义的协同行为视同于垄断协议，而将狭义的协同行为用于特指"其他"情形，即经营者之间虽然未达成书面或口头形式的协议或决定，但基于彼此间的默契和心照不宣的意思联络，共同实施了协调一致的行为，以达到排除或限制竞争的目的。这种协同行为虽然没有明确的协议或决定作为依据，但通过经营者之间的默契配合和行动一致，同样能够产生限制市场竞争的效果。

第三，从横向垄断协议的组织模式或架构来看，其形态丰富多样。在基本形态上，横向垄断协议通常表现为简单的"双边共谋（协同）行为"，即具有直接竞争关系的经营者通过直接或间接的意思联络达成共同行动。然而，随着市场环境的复杂化和参与者的多样化，横向垄断协议的组织模式和表现样态也变得更加多元。一种情况是横向竞争关系与纵向交易关系相互交织，形成更为复杂的轴辐共谋（本质上是一种协同行为，即"三边协同行为"）。在这种情况下，经营者不仅与直接竞争对手进行共谋，而且可能借助供应商、客户等纵向关系中合作伙伴的组织或帮助来建立、稳固或加强共谋协调。另一种情况是引入第三方主体（组织或个体）作为中介或协调者，推动形成"三边共谋（协同）行为"或更广泛的"多边共谋（协同）行为"。这些第三方往往具备专业的协调能力和资源，有利于经营者之间达成和实施更紧密的共谋。

第四，明确区分了垄断协议的"达成"与"实施"。区分"达成"与"实施"的意义不仅在于两种行为或状态的法律责任不同，而且更在于，禁止"达成"的对象大致对应于"本身违法"或"目的限制竞争"的垄断协议类型，如固定价格、限制产量、划分市场等被反垄断法明确列举的恶性垄断协议。换言之，这类协议由于具有严重的反竞争性质，因而一旦"达成"——经营者形成限制竞争的意思联络或合意，[2] 反垄断法即对其予以制止，而无须考察协议实施后的实际效果。而对于未明确列举的"其他垄断协议"，只要不是"目的限制竞争"的协议，一般不适用达成即被禁止的规制逻辑，即通常需要考察协议实施的效果，在作出合理性分析和正反两面因素的衡量后才决定是否予以制止。

第五，垄断协议的认定模式极具中国特色。横向垄断协议（以及组织、帮助达成垄断协议）适用"原则禁止+例外豁免"的认定模式；纵向垄断协议适用"原则禁止+合法推定（安全港规则）+例外豁免"的认定模式。采取两种有所区分的认定模式或

---

[1] See Ariel Ezrachi, *EU Competition law: An Analytical Guide to the Leading Cases (Fifth Edition)*, Hart Publishing, 2016, p. 57.

[2] 关于垄断协议成立（达成）之判断标准，理论上不乏争议，存在"实施时说""合意时说""着手时说"等学说，目前以"合意时说"为多数说，即认为：垄断协议之规范始点，应以合意状态成立时，而非以是否实施或着手状态，为判断垄断协议成立之标准，自无法以该垄断协议是否已实际造成影响市场功能的具体效果作为规范的门槛，也因此足以影响市场功能的判断标准应采抽象危险理论。参见汪渡村：《公平交易法》，五南出版公司2015年版，第98~99页。

许具有一定的现实考虑，但在反垄断法的文本中作出如此逻辑迥然有别甚至矛盾割裂的规定，在全世界反垄断法域中恐怕绝无仅有。[1] 这样一来，竞争者之间联合研发等具有较强经济效益的横向协议无法享受"安全港"规则的保护，具有严重反竞争性质的固定转售价格、限定最低转售价格等恶性纵向垄断协议反而可以受到"安全港"规则的保护。

（二）我国台湾地区"公平交易法"有关联合行为的规定

我国台湾地区"公平交易法"（2017 年 5 月 26 日修正，6 月 14 日公布）将共谋表达为"联合行为"。该法第 14 条第 1 款规定，本法所称联合行为，指具有竞争关系之同一产销阶段事业，以契约、协议或其他方式之合意，共同决定商品或服务之价格、数量、技术、产品、设备、交易对象、交易地区或其他相互约束事业活动之行为，而足以影响生产、商品交易或服务供需之市场功能者；第 2 款规定，前项所称其他方式之合意，指契约、协议以外之意思联络，不问有无法律拘束力，事实上可导致共同行为者；第 3 款规定，联合行为之合意，得依市场状况、商品或服务特性、成本及利润考量、事业行为之经济合理性等相当依据之因素推定之；第 4 款规定，第 2 条第 2 项之同业公会或其他团体藉章程或会员大会、理、监事会议决议或其他方法所为约束事业活动之行为，亦为本法之联合行为。[2] 就上述文本规定来看，我国台湾地区对联合行为（垄断协议）的规定有以下鲜明特点：

第一，联合行为仅限于位于产业链同一层面或环节、具有竞争关系的经营者达成和实施的横向垄断协议，即以事业在同一产销阶段之水平联合，足以影响生产、商品交易或服务供需之市场功能者为限，而不包括纵向垄断协议。实际上，"纵向垄断协议"这一称谓本身存在一定的逻辑问题。所谓"协议"，"通常为共同行为（Gesamtakt），各个意思表示系平行的，其需求是相同的"，[3] 即意思表示具有一致性，效果上对当事人形成约束。但很多被归入纵向垄断协议的情形，如转售价格限定、转售地域限定、搭售、附加不合理的交易条件等，其意思表示一般是相向的而非平行的，且在很多情形下凸显的是经营者对交易相对人的交易约束、限制甚至强制。进一步讲，"纵向垄断协议"在反垄断法上的损害理论不仅仅是共谋效应，还可能是排他效应、剥削效应等，这与横向垄断协议（联合行为）在反垄断法上最主要的损害理论——共谋效应，是截然不同的。综上可见，用"纵向限制行为"或"纵向约束行为"概括纵向垄断协议所指各类情形，更加精准确切。实际上，我国台湾地区"公平交易法"将联合行为限定为横向垄断协议，或许正是基于上述考虑。

---

[1] 参见时建中：《新〈反垄断法〉的现实意义与内容解读》，载《中国法律评论》2022 年第 4 期；焦海涛：《垄断协议"安全港"制度的性质定位与规范修复》，载《环球法律评论》2023 年第 6 期。

[2] 参见廖义男：《公平交易法》，元照出版公司 2022 年版，第 315~316 页。

[3] 赖源河编审：《公平交易法新论》，中国政法大学出版社 2002 年版，第 237 页。

第二，富于特色地用"其他方式之合意"来涵盖契约、协议、决定之外的意思联络方式，并且特别地强调，"（其他方式之合意）不问有无法律拘束力"。也就是说，事实上可导致共同行为的任何意思联络方式，比如能使竞争者产生以特定方式共同行动之期待的沟通交流、信息传递、暗示默会、秘密接触等人际互动，都满足"合意"的要求。

第三，确立了"合意（意思联络）"推定规则，即"联合行为之合意，得依市场状况、商品或服务特性、成本及利润考量、事业行为之经济合理性等相当依据之因素推定之"。这实际上是依靠间接证据或环境证据对联合行为合意（意思联络）要件的推定，有助于减轻反垄断执法机构或原告在证明"基于其他方式之合意的联合行为"上的困难。当然，这种推定是可反驳的，即实施涉嫌联合行为的事业可以提供证据，对其行为的一致性或者相对一致性作出联合行为之外的合理解释，从而推翻指控。也就是说，基于合意（意思联络）推定规则来认定联合行为须排除合理怀疑，除非当事人不能就平行行为作出合理的解释，否则不能对联合行为（垄断协议）作出最终认定。

## 二、垄断协议的一般构成

不同于经济学上的共谋概念，垄断协议（联合行为）的法律概念并不描述某种均衡（结果），"而是描述一种达成超竞争性市场结果的特定过程——可以被称为谈判或交换保证的被禁止的过程（forbidden process of negotiation and exchange of assurances）"。[1] 由于这种认识和方法的差异，经济学家可以理直气壮地说，寡头相互依赖的平行行为和更宽泛的算法相互依赖的平行行为是有害行为，反垄断政策理应予以回应，通过垄断协议规范等加以制止；但法学家很可能对这种建议和观点表示疑虑乃至强烈反对，因为上述平行行为是基于特定市场结构条件或客观经济情势所作出的"理性"行为，反垄断法如果制止这些行为，毋宁就是在反对"理性"，有违法律公平正义之追求。[2] 实际上，如果我们能精确测算和衡量每一种合作行为的经济效果——当其产生净的负面效果时就对其予以制止，那么反垄断法以及垄断协议或联合行为等法律概念及制度都是多余的。说到底，之所以需要诉诸垄断协议规范来检验繁复多样的经济合作行为，是因为人类认识存在重大局限（包括所占有的信息、分析预测能力等局限）；而法律作为一种平衡各种价值后的"程序化装置"，能将筛查和检验有害合

---

[1] Jonathan B. Baker, "Identifying Horizontal Price Fixing in the Electronic Marketplace", *Antitrust Law Journal*, 1996, Vol. 65, No. 1, p. 47.

[2] 首先，寡头垄断价格行为可以被描述为"协议"，也可以被描述为个人行为——根据相关经济事实做出的理性的个人决定。在这种情况下，每个卖家在避免价格竞争时，并不是同意它的竞争对手的意见，而只是把它们可能的决定作为客观的市场事实扔进它的价格计算中。其次，当寡头垄断者的定价行为在本质上与竞争行业中的卖方行为相同时，将其称为非法是值得怀疑的。See Donald F. Turner, "The Definition of Agreement under the Sherman Act: Conscious Parallelism and Refusal to Deal", *Harvard Law Review*, 1962, Vol. 75, No. 4, p. 666.

作行为的误差大幅降低，防止出现明显的过度规制或规制不足，进而发挥固根本、稳预期、利长远的作用。自此而言，垄断协议的构成要件至关重要，它为经济合作行为设置了边界。一般而言，一项经济合作行为构成垄断协议（联合行为），须满足如下四个构成要件。

（一）存在"独立决策"的复数经营者

"经营者"是我国《反垄断法》上的一类重要主体，是指从事商品生产、经营或者提供服务的自然人、法人和非法人组织。这一概念与我国台湾地区"公平交易法"所采用的"事业"，以及欧盟竞争法所采用的"企业"（Undertaking）等概念，并无本质上的差异。它们都旨在揭示主体独立从事经济活动之特征，至于其"组织形态，权利能力或财产权之归属以及营利目的等并非决定因素"。[1] 反垄断法上的经营者，具有两个主要特征：一是参与市场经济活动，即经营者作出的行为具有竞争属性，可能产生特定的竞争影响。在此意义上，若政府以私人主体身份参与市场经济活动，也可以被认定为经营者。二是具有经济上的独立性，即言称"经营者"就意味着该主体具有独立作出决策、独立参与市场竞争、独立承担竞争后果的能力，至于其法律形式如何并不重要。[2] 那些在民事法律上虽然属于独立的法律主体，但是事实上不具有独立的决策能力的主体（如隶属于母公司的子公司），其达成和实施垄断协议的法律效果（法律责任）及于控制该法律主体的经济实体。

竞争虽然落实于具体的行为，但源自有关主体的决策；当行为具有竞争性时，与之相应的决策必然也具有竞争性。垄断协议虽最终表现为排除、限制竞争的行为及效果，但它源于具有独立决策能力的经营者放弃了独立决策，代之以协调彼此的行动、规避相互竞争的风险。从另一个角度看，与其说是无限制的竞争力量的互相作用导致了经济资源的最优配置、最低的价格、最高的品质和最大的物质进步，不如说是不受限制的独立决策的相互作用造就了这一切。这正是反垄断法以及垄断协议规范的法理基础和逻辑起点。[3]

此外，由于垄断协议是一种"共同垄断行为"而非"单独垄断行为"，因此须具备复数主体，即两个或两个以上经营者。单个经营者只能单独行使市场势力，如滥用市场支配地位，不存在联合形成并行使市场势力的可能。

（二）经营者之间必须具有意思联络

如前所述，垄断协议（联合行为）的法律概念并不描述共谋的结果或均衡，而是描述经营者通过意思联络（如签订协议、沟通交流、信息传递、人际互动、隐秘接触

---

[1] 赖源河编审：《公平交易法新论》，中国政法大学出版社2002年版，第234页。
[2] 参见王晓晔：《反垄断法》，法律出版社2011年版，第77页。
[3] 《欧洲经济共同体条约》中竞争规则引以为基础的基本思想是，每个企业皆须自治地决定自己要采取怎样的经济行为，自治地考量其在共同市场上推行何种策略，包括其究竟向多少人提出要约与销售产品。参见刘旭：《中欧垄断协议规制对限制竞争的理解》，载《比较法研究》2011年第1期。

等）来交换保证或建立互信、共识，即产生以特定方式共同行动的期待，进而造成或可能造成垄断或超竞争性市场的结果。我国《反垄断法》第 16 条规定："本法所称垄断协议，是指排除、限制竞争的协议、决定或者其他协同行为。"从意思联络方式上看，这里的"协议"和"决定"，是两种为反垄断法所确认的最典型、也是最集约高效的意思联络方式，即可以在很大程度上准确无误地让经营者产生以特定方式共同行动的期待；"其他协同行为"则类似于我国台湾地区"公平交易法"上的"其他方式之合意"，覆盖了协议、决定之外足以使经营者产生以特定方式共同行动之期待的诸多人际互动和知会方式，其不必经过要约、承诺的过程，也不问有无法律拘束力，事实上可导致共同行为者皆可。

就"协议"而言，其内涵和外延远超出合同法意义上的契约或协议。垄断协议意义上的"协议"，不要求经营者作出要约、承诺的意思表示，也不要求意思表示具有法律拘束力，只要能导致经营者建立起互信共识进而形成行动的共同约束即可，至于"协议"的形式或载体如何，在所不问。例如，正式的书面协议（有相应的书证）、非正式的口头协定（有相应的证人证言、视听资料或当事人供述）以及通过即时通讯软件形成的聊天约定（有相应的电子证据）等，皆无不可。

就"决定"而言，其在疏通和构建意思联络的作用上，相较于"协议"的作用不遑多让。在欧盟竞争法上，企业联合组织的决定（Decisions by Associations of Undertakings）是企业达成限制竞争协议的一种重要意思联络方式，并被《欧盟运行条约》第 101 条所禁止。我国《反垄断法》借鉴了这一立法术语。实际上，由于决定由企业商会、行会等"团体内部"意思形成，一经作出对参与表决或未表决的经营者都有约束力，因而与经营者之间达成的协议并无二致，即都可以让经营者产生以特定方式共同行动的期待。当然，决定的形式多样，书面的、口头的、电子讯息的，皆无不可。

就"其他协同行为"而言，其完整语义是"其他意思联络方式所导致的协同行为"或"基于其他意思联络方式的协同行为"。其他意思联络方式，涵盖了协议、决定之外所有在事实上可导致经营者共同行为的方式，包括但不限于下列情形：①向竞争对手寄送自家产品或服务的价目表；②通过电视、报纸或其他媒体单方面公布商品涨价公告；③借助行业性年会、交流会、研讨会等载体，披露自家经营信息特别是面向未来的定价、产量等竞争敏感信息；④反复向竞争对手建议一致采用第三方科技公司提供的某款定价软件算法；⑤动员上游厂商向下游主要竞争者施加消除信息不透明的特殊定价机制，如固定转售价格或限制最低转售价格；⑥动员行业协会定期发布涉及竞争敏感信息的调研报告；⑦推动同行业竞争者创建业务中心、专票平台、统一采销机构、合营公司等组织；⑧响应政府监管要求的过程中披露竞争敏感信息，如在经营者集中事前申报时，作为尽职调查要求的一部分，涉案竞争者可能会披露自家定价算法的竞争敏感参数，滋生并购前共谋或协同的风险。⑨赤裸裸地请求政府部门充当

"中间人",让其暗示或明示相关竞争对手应采取何种行动。

就"其他意思联络"在反垄断法上的本质意涵而言,它指某经营者将限制竞争和共同行动的意思、作法或讯息,传达或联络给有竞争关系的其他经营者,表现此意思、作法或讯息而为传达或联络的经营者,并没有要为要约而受其拘束的意思,但内心希望其他经营者能心领神会并借此建立互信和共识;而受传达或联络的经营者,即便领会其意思、作法或讯息,并在事实上采取了一致行为或共同行为,但并非为承诺之表示,故并无成立契约或协议之"意思表示一致"(意思合致)。严格而言,垄断协议或联合行为,强调的不是"合意"或"意思表示一致",它也不以经营者意思表示一致而成立契约或协议为必要,而以其间有"意思联络"并因此导致共同行为为已足。[1] 实际上,欧盟法院曾运用"知会"与"接触"等术语来阐释"其他意思联络"的内涵。其核心观点是,协同行为的构成并不要求双方行为人都作出明确的意思表示,仅需某一企业单方面表达其意图,且这一意图必须被其竞争对手所知晓并理解,从而使其竞争对手有可能采取相应的同类行为。这种单方面的意思表示构成了协同行为的基础,促进了竞争者之间的默契配合与行动一致。[2] 总之,"协同行为"是指经营者之间虽未达成书面或口头形式的协议或决定,但彼此间进行了有效的意思联络,从而默契地实施了协调一致、共同排除或限制竞争的行为;或者如欧盟法院的经典诠释,协同行为是指企业"尚未达到可以称为订立了协议的阶段,但却有意识地以彼此间实际上的合作来代替竞争的风险"。[3]

(三)相互约束经营活动

经营者开展竞争有许多维度,包括定价、生产、采购、服务、质量、研发、创新、商业化、标准化等诸多维度。甚至在人工智能和数字经济时代,消费者隐私或个人信息保护水平,作为决定服务质量的关键因素,也成为经营者竞争的重要维度。[4] 也就是说,一项数字服务(如 App 应用程序服务)较高的个人隐私或个人信息保护水平,能为经营者赢得更多消费者的信赖和选择,从而为其带来竞争优势。[5] 现实中,经营者在所有这些维度开展竞争,能带来提升经济效率、促进消费者利益等多元开放的利益。但是,一旦它们选择相互协调,在上述一个或多个竞争维度上进行共谋,彼此经营活动便受到约束,竞争的风险被规避之后,取而代之的是经济效率、消费者利益乃至创新活力等利益的减损。

可见,构成垄断协议的又一要件在于,经营者需通过协议、决定或其他形式的意

---

[1] 参见廖义男:《公平交易法》,元照出版公司 2022 年版,第 322 页。
[2] 参见刘旭:《中欧垄断协议规制对限制竞争的理解》,载《比较法研究》2011 年第 1 期。
[3] Case T-12/89, Imperial Chemical Industries Ltd. v Commission of the European Communities, ECLI: EU: T: 1991: 38.
[4] 参见张占江:《个人信息保护的反垄断法视角》,载《中外法学》2022 年第 3 期。
[5] 参见焦海涛:《个人信息的反垄断法保护:从附属保护到独立保护》,载《法学》2021 年第 4 期。

思联络，共同确定商品或服务的价格，或对数量、技术、产品、设备、交易对象、交易地区等进行限制，从而相互约束各自的经营活动。其实，相互约束经营活动的实质，就是消除、限制或缓和内部竞争，可以是价格方面的竞争，也可以数量方面的竞争，乃至其他更宽泛维度的竞争。

有疑问的是，"相互约束经营活动"（限制内部竞争）与"意思联络"（无论是协议、决定还是其他方式）是什么关系？对此，理论上存在标的说、目的说、效果说、功能说等诸说。①依标的说，经营者意思联络之内容即为相互约束经营活动，经营者行动自由据此应受拘束。②依目的说，则主张相互约束经营活动是经营者意思联络的"共同目的"。③依效果说，则主张以经营者之意思联络是否事实上产生拘束经营活动之效果为断。④依功能说，则着重于意思联络对于经营活动约束之"作用"，认为有决定性者乃意思联络是否具有约束经营活动的具体合适性。概括来看，标的说在实务上难以克服对于垄断协议（联合行为）禁止规定显而易见的规避行为；而效果说在许多情形的认定又失之过宽，因此有所谓"限制的效果说"之提出，将对"相互约束经营活动"之要件稍予限缩，认为只有协议、决定或其他意思联络之方式适于产生约束经营活动之效果且为意思联络时客观上所能预见者为限，成立垄断协议（联合行为）。目前，功能说与限制的效果说，似有整合为德国和我国台湾地区通说之趋势。[1]

（四）具有产生排除、限制竞争效果的高度可能性或有此效果

经营者经由协议、决定或者其他意思联络方式，就相关经营活动形成相互约束并实施共同行为，如果这样的共同行为根本不产生排除、限制竞争的效果，或者产生的排除、限制竞争效果非常微小，以至于在法律上几乎可以忽略，那么这样的"意思联络+共同行为"即便符合垄断协议的外观，也不应将其认定为垄断协议。[2] 换言之，构成垄断协议的一个重要要件是，经营者基于意思联络所作共同行为，必须具有产生排除、限制竞争效果的高度可能性或有此效果。

现实中，涉及固定价格、限制产量、划分市场、串通投标的协议、决定或者协同行为，由于它们本身具有严重的反竞争性质，几乎不会带来任何促进经济效率或消费者利益的补偿性利益，经营者一旦"达成"（形成意思联络或合意）该等行为，就已

---

[1] 参见廖义男、黄铭杰主编：《联合行为要件之评析及竞争法与智财法之交错》，元照出版公司2022年版，第79页；汪渡村：《公平交易法》，五南出版公司2015年版，第94页；赖源河编审：《公平交易法新论》，中国政法大学出版社2002年版，第243~244页。

[2] 例如，欧盟《非重要协议通告》规定：对于不构成对竞争明显限制的竞争者之间达成的协议，如果受该协议影响的任何相关市场上协议各方的总市场份额不超过10%；对于不构成对竞争明显限制的非竞争者之间达成的协议，如果受该协议影响的任何相关市场上协议各方的市场份额不超过15%，那么上述协议不受《欧盟运行条约》第101条第1款的禁止。再如，美国《关于竞争者之间共谋的反托拉斯指南》规定：对于不属于本身违法的协议，如果实行共谋的企业总共的市场份额不超过竞争可能受到影响的每一相关市场的20%，执法机构不会对该竞争者共谋进行指控。参见时建中：《新〈反垄断法〉的现实意义与内容解读》，载《中国法律评论》2022年第4期。

经具有产生排除、限制竞争效果的高度危险性和可能性，因而反垄断法及其执法司法往往推定它们具有排除、限制竞争的效果。例如，在美国，对固定价格、限制产量、划分市场等"赤裸裸共谋"的有害效果和违法性的推定是绝对的、不容反驳的，即适用"本身违法"的认定规则。再如，在我国、欧盟，固定价格、限制产量、划分市场等涉及"目的限制（核心限制）竞争"或被反垄断法典型列举而予以禁止的行为，对其有害效果和违法性的推定虽然不是绝对的，即允许抗辩或主张豁免，但是抗辩成功或主张豁免成功的可能性微乎其微，因而几近于对该等行为采取了事实上的"本身违法"的认定规则。[1]

实际上，"具有产生排除、限制竞争效果的高度危险性和可能性"，也就是欧盟竞争法所谓的"具有排除、限制竞争之目的"。所谓"目的"（Object），实质上指协议、决定等的行为标的，即是否指涉固定价格、限制产量、划分市场等竞争敏感事项，亦即从协议、决定等行为本身的性质、内容、所处环境及其追求的客观目标来看，是否具有严重限制竞争的可能。进一步讲，对于固定价格、限制产量、划分市场、串通投标等"目的限制""核心限制"之外的行为，其是否构成垄断协议，一般需要根据其效果进行判断，即在"达成并实施"之后才能作出判断。但是，排除、限制竞争的效果是一个程度问题，如果被动等待行为持续性地实行之后再作判断，竞争可能已经遭受非常严重的损害。因此，从预防和制止并重的角度考虑，在行为足以产生排除、限制竞争的"净效果"时，就得认定构成垄断协议。我国台湾地区"公平交易法"将这一要件概括表述为"足以影响生产、商品交易或服务供需之市场功能"，它们的内涵是一致的。[2]

### 三、垄断协议的特殊形态

2022 年修正的我国《反垄断法》在第 19 条增加了禁止组织、帮助达成垄断协议的规定，即"经营者不得组织其他经营者达成垄断协议或者为其他经营者达成垄断协议提供实质性帮助"。实际上，垄断协议达成中的组织者及其组织行为、实质性帮助者及其实质性帮助行为，是超出上文所述的垄断协议一般构成要件的"额外因素"，它们不是构成垄断协议的必须要件或要素，但由于其介入，使垄断协议呈现出较为复杂的特殊形态，可称之为"有组织者参与的垄断协议"和"有帮助者参与的垄断协议"。套用刑法学有关共同犯罪的理论，如果说《反垄断法》第 17 条、第 18 条规定的垄断协议的主体——具有竞争关系的经营者、经营者与交易相对人——是实行垄断协议的"正犯（共同正犯）"，那么《反垄断法》第 19 条规定的主体——作为组织者或实质性帮

---

[1] 参见叶卫平：《反垄断法分析模式的中国选择》，载《中国社会科学》2017 年第 3 期。
[2] 参见廖义男：《公平交易法》，元照出版公司 2022 年版，第 316 页。

助者的经营者——就是参与垄断协议的"共犯（组织者和帮助者）"。[1]

（一）增设"有组织者/帮助者参与的垄断协议"条款的必要性

从理论上讲，达成和实施垄断协议并非易事，尤其要使垄断协议具有可维持性、稳定性更是一件繁琐复杂的工作。在很多情况下，单靠垄断协议实行者（如具有竞争关系的经营者）自身的力量，很难有效构建诸如定价协调、利益分配、执行监惩、对抗压制等诸项必要机制，进而难以彻底解决市场过于复杂、企业不对称、市场缺乏透明度、报复惩罚不力等威胁垄断协议可维持性的若干难题。在此，通过引入第三方组织者或帮助者，借助其穿针引线、意思沟通、信息传递、监督反馈、施加惩戒、协调保障、利益调和等作用，往往能使上述难题得到很大程度的缓解，从而使垄断协议更容易达成和实施。换言之，组织者、帮助者虽不是垄断协议的实行者，但它们的存在和作用，能使具有竞争关系的经营者等实行者更轻松、更稳定、更持久、更高效地从事垄断协议。进而言之，相较于垄断协议的一般形态，有组织者或帮助者参与的垄断协议对竞争机制、经济效率、消费者利益等的损害更突出。鉴于这种更严重的危害性，就非常有必要将其纳入反垄断法规制范围，即不仅禁止简单的垄断协议，更要禁止复杂的垄断协议；不仅要将具有竞争关系的经营者等垄断协议实行者绳之以法，也要将组织者、帮助者等垄断协议参与者关进反垄断法的笼子里。

从实践层面看，在以往我国反垄断执法机构查处的一些垄断协议案件中，由于《反垄断法》缺乏对组织、帮助达成（实施）垄断协议的规定，导致参与垄断协议的组织者、帮助者逃逸于法律制裁，严重制约了反垄断法的实施效果和立法目标的实现。例如，在"冰醋酸原料药垄断协议案"中，江西锦汉公司作为第三方主体，在台山新宁、成都华邑、四川金山三家具有竞争关系的公司间通过电话沟通、交流市场行情、交换产销量信息等方式反复进行"穿针引线"，对台山新宁、成都华邑、四川金山三家公司横向垄断协议的达成和实施起到了策划组织的作用，但未受到执法机构的处罚，逃逸于反垄断法的制裁。[2] 再如，在"朔州市机动车检测公司垄断协议案"中，为监督具有竞争关系的各公司的车辆检测收费标准执行情况，贾某聘请专人统计7家公司每日的检车数量和收入，并进行收入分配。此后，贾某又成立朔州市顺通机动车管理有限公司，由该公司继续负责上述统计及收入分配事宜，并且涉案企业均与顺通公司签订《委托管理公司合同》，委托顺通公司进行统一经营管理。在此，贾某聘请的专人以及此后的顺通公司对垄断协议的达成、实施提供了实质性帮助，但均未受到执法机构的责任追究。[3] 又如，在"醋酸氟轻松原料药垄断案"中，天药股份与太平洋制药商定以独家总经销的形式，共同包销广州安信医药有限公司的进口醋酸氟轻松原料药

---

[1] 参见陈兴良：《规范刑法学（上册）》，中国人民大学出版社2017年版，第226页。
[2] 参见国家市场监督管理总局行政处罚决定书，国市监处〔2018〕17-19号。
[3] 参见山西省市场监督管理局行政处罚决定书，晋市监价监罚字〔2022〕54-60号。

货源，并将价格提高到 15 万元/公斤。为落实独家总经销的会谈决策，天药股份指定天津医药集团太平医药有限公司作为平台与广州安信医药有限公司签订《醋酸氟轻松总经销协议》，随后又形成《关于〈醋酸氟轻松总经销协议〉中相关问题备忘录》，与太平洋制药共同包销、控制广州安信医药有限公司进口醋酸氟轻松原料药货源，并约定将醋酸氟轻松原料药价格提高到 2017 年 15 万元/公斤，2018 年 20 万元/公斤，2019 年 20 万元/公斤。《醋酸氟轻松总经销协议》签订后，双方均按约提价。在此，广州安信医药实际上是通过接受"赎买"的"不作为"方式帮助天药股份与太平洋制药间接达成、实施了垄断协议，换言之，若广州安信医药不提供这种"不作为"的帮助，天药股份与太平洋制药的垄断协议就不可能有效实行。遗憾的是，执法机构未对广州安信医药的行为作出定性和处理。[1]

（二）垄断协议的实行者、组织者、帮助者及其相应行为

1. 垄断协议的实行者

所谓垄断协议的实行者，指的是那些违反《反垄断法》第 17 条和第 18 条规定的经营者。这些经营者可能从事包括但不限于固定或变更商品价格、限制商品生产或销售数量、分割销售或原材料采购市场，以及联合抵制交易等禁止性行为。同时，垄断协议的实行行为也包括经营者与交易相对人之间的行为，如固定向第三方转售商品的价格或限定向第三方转售商品的最低价格等。这些行为都旨在通过合作或协调，操控市场竞争条件，以谋求共同的经济利益。

2. 垄断协议的组织者

所谓垄断协议的组织者，指对垄断协议的达成（以及实施）起到穿针引线、引起决意、构筑共识、增进互信、协调利益等组织、策划、指挥、保障作用的主体。[2] 从原理上讲，垄断协议的组织者既可以是经营者，也可以是行业协会乃至行政主体。就作为组织者的经营者而言，既可以是垄断协议的实行者，也可以是垄断协议实行者之外的第三方经营者。例如，A、B、C、D 四家经营者同为具有竞争关系的砖瓦企业，A 作为市场份额最高、经济实力最强的一家企业，率先造意，不仅煽动、鼓吹其他三家企业达成垄断协议，而且为垄断协议的实施积极策划方案，B、C、D 接受了 A 的提议，并在垄断协议实施过程中对 A 的指挥言听计从。在此，A 既是垄断协议的实行者，也是垄断协议的组织者，可谓垄断协议的"一级主犯"，在决定其所应受的罚款等制裁时，应当将此双重身份和作用纳入考虑。再如，在"冰醋酸原料药垄断协议案"中，

---

[1] 参见天津市市场监督管理委员会行政处罚决定书，津市监垄处〔2021〕1-3 号。
[2] 《禁止垄断协议规定》第 18 条第 1 款规定，反垄断法第 19 条规定的经营者组织其他经营者达成垄断协议，包括下列情形：①经营者不属于垄断协议的协议方，在垄断协议达成或者实施过程中，对协议的主体范围、主要内容、履行条件等具有决定性或者主导作用；②经营者与多个交易相对人签订协议，使具有竞争关系的交易相对人之间通过该经营者进行意思联络或者信息交流，达成本规定第 8 条至第 13 条的垄断协议；③通过其他方式组织其他经营者达成垄断协议。

江西锦汉公司并非垄断协议实行者，而是作为第三方经营者，在台山新宁、成都华邑、四川金山三家具有竞争关系的公司间通过电话沟通、交流市场行情、交换产销量信息等方式反复"穿针引线"，对三家公司横向垄断协议的达成和实施起到了策划组织的作用。在此，江西锦汉公司作为垄断协议实行者之外的第三方经营者，对引起三个实行者的共谋决意和实行行为，功不可没，应当受到惩处。

就作为组织者的行业协会而言，行业协会本身是以保护和增进行业内企业利益为宗旨的经济类社会组织，但由于职能定位不清晰或者被俘获等原因，其组织协调职能可能发生异化，引发组织本行业企业达成垄断协议的风险。[1] 有鉴于此，我国《反垄断法》第21条明确规定，行业协会不得组织本行业的经营者从事垄断协议。

就作为组织者的行政主体而言，也不排除行政机关或法律法规授权的具有管理公共事务的组织，滥用行政权力，组织相关企业达成和实施垄断协议。例如，在"赤峰烟花爆竹批发企业垄断行为案"中，赤峰市松山区安全生产监督管理局为防范因恶意竞争导致的产品质量下降及潜在安全事故，同时引导批发企业更积极地参与市场管理，联合当地公安、质监等部门共同发布"通告"，对烟花爆竹批发企业实施划片管理制度。该制度规定，每个指定区域由唯一批发商负责供货，零售商须从所属区域的该批发商处购进商品，严禁批发商之间的交叉供货和设点，以确保市场秩序和安全稳定。在此，经营者达成、实施垄断协议系受到赤峰市松山区安全生产监督管理局等行政机关的行政指令，即垄断协议是由该等行政主体组织、策动。[2]

总体而言，尽管垄断协议的组织者的类型多样，但《反垄断法》第19条的规定却将组织者的范围限制在"经营者"的范畴，这种局限性的规定不利于全面规制组织、策划、指导垄断协议达成和实施的行为，有可能让部分组织者特别是行政主体逃逸于反垄断法的制裁。

3. 垄断协议的帮助者

所谓垄断协议的帮助者，指对实行者达成（以及实施）垄断协议起到强化意思联络、承担沟通渠道、创造便利条件等辅助作用的主体。[3] 从垄断协议所处阶段看，帮助行为可以分为达成阶段的帮助行为和实施阶段的帮助行为。达成阶段的帮助行为，指作为帮助者的经营者或其他主体为实行者达成垄断协议暨形成限制竞争的意思联络提供便利，如传授从事垄断协议的经验方法、作为"传话筒"传递各实行者的竞争敏感信息、就共谋计划和实施方案给予改进建议等。实施阶段的帮助行为，指作为帮助者的经营者或其他主体为实行者实施垄断协议暨实现共谋预期效果提供便利，如监督

---

[1] 参见孙春苗:《论行业协会:中国行业协会失灵研究》，中国社会出版社2010年版，第8页。
[2] 遗憾的是，在查处垄断协议的同时，涉案行政机关及其负责人并未被一并处理。参见内蒙古自治区工商行政管理局行政处罚决定书，内工商处罚字〔2014〕001号。
[3] 《禁止垄断协议规定》第18条第2款规定，反垄断法第19条规定的经营者为其他经营者达成垄断协议提供实质性帮助，包括提供必要的支持、创造关键性的便利条件，或者其他重要帮助。

各实行者对共谋计划的遵从情况、统筹垄断收益并制定分配方案、通报背叛或偏离共谋计划的经营者、对市场条件变化以及外部竞争者的冲击予以实时监测等。

从帮助行为的方式来分，帮助行为可以分为物质性的帮助行为与精神性的帮助行为。物质性的帮助行为，包括为实行者从事垄断协议提供资金、技术工具、场所聚点等帮助。例如，垄断协议实行者面临外部竞争者冲击时，可能需要一致采取限制性定价乃至掠夺性定价等手段来阻吓外部竞争者的进入，此时就需要投入大量资金（即"烧钱"）来实现该阻吓效果，如果第三方明知或应当知道资金需求是用于从事垄断协议（即联合抵制外部竞争者），仍为其提供资金帮助，那么构成垄断协议的帮助行为自无疑义。精神性的帮助行为，常见的是为从事垄断协议的实行者出主意、想办法、撑腰打气、站脚助威、强化决意等。例如，甲、乙、丙三家企业原本已经达成垄断协议，但是丙（企业决策者）看到一则反垄断执法新闻报道后变得摇摆不定，为了让丙决意实行垄断协议，甲、乙委托另一行业长年从事垄断协议的丁对丙反复劝导、打气撑腰乃至面授机宜、倾囊相传，最终丙决意实行垄断协议。在此，丁的精神性帮助行为对垄断协议的达成加功显著，因而成立垄断协议的帮助行为也无疑义。

从帮助行为的时间来分，帮助行为可分为事前帮助行为、事中帮助行为与事后帮助行为。相较于事前帮助行为、事中帮助行为，事后帮助行为较难理解。举例而言，甲、乙、丙实行垄断协议，丁作为一家外汇企业，负责帮助甲、乙、丙将巨额垄断收益转移到海外，以防将来东窗事发而被反垄断执法机构没收。在此，如果转移垄断收益是甲、乙、丙、丁事前通谋过的，那么丁的行为就构成垄断协议的帮助行为（事后的帮助行为），否则不构成帮助行为。

（三）垄断协议的实行行为与组织行为、帮助行为的关系

就垄断协议的组织行为与实行行为的关系而言，它们具有诱发关系和制约关系。所谓诱发关系，指产生与被产生的关系。组织行为是组织经营者实行垄断协议的行为，以勾起从事垄断协议的意思联络和制造从事垄断协议的决意为其特征。如果没有组织行为，垄断协议的意思联络和决意难以产生，相应的实行行为也难以发生。所谓制约关系，指组织者的组织、策划、指挥、协调行为与经营者的实行行为具有制约与被制约的关系。组织者虽然可能没有实行垄断协议，但是其对垄断协议的实行者具有一定的控制力或支配力，也就是说，垄断协议实行者的行为正是在组织者的组织、策划、指挥、协调下实施的，实行垄断协议的计划、方案、方法、焦点、措施乃至技术工具（如算法软件）等都受组织者的制约。可见，垄断协议组织行为的危害性较之于实行行为的危害性，有过之而无不及。因此，组织者应对在其制约下的垄断协议实行行为所造成的一切负面结果承担法律责任。

就垄断协议的实行行为与帮助行为的关系而言，它们具有协同关系。帮助行为对垄断协议的达成和实施虽然可能有所加功，但不具有决定性作用，它只对垄断协议意

思联络的形成或垄断协议实施的稳定性提供某些便利性条件和次要的辅助性作用。一方面，帮助行为对垄断协议的实行行为不具有诱发性，实行者从事垄断协议的意思联络和决意是自行萌发或由组织者催发，并不是在帮助者的作用下产生的。换言之，但凡能诱发实行者产生从事垄断协议的意思联络和决意的外部主体及其行为，都不应被定性为帮助者和帮助行为，而适宜被定性为组织者和组织行为。另一方面，帮助行为对垄断协议的实行行为不具有制约性，即垄断协议是在实行者自身意志（或组织者的意志）的支配、控制下实施的，不受帮助者的调配和指挥。这就表明帮助者在垄断协议的达成和实施中不起主要作用，而只起次要作用或辅助作用，其所应承担的法律责任相较于实行者、组织者所应承担的法律责任，理应有所区别和减等。

需要注意的是，一般来说，不仅成立垄断协议的实行行为需要意思联络之要件，成立垄断协议的组织行为、帮助行为也需要意思联络之要件。意思联络[1]是共同从事垄断协议意思的相互沟通（组织者、帮助者主观上必须是故意的，这种故意可以是明知也可以是应知其行为在组织、帮助实行者从事垄断协议），它须存在于实行者与实行者之间、组织者与实行者之间、实行者与帮助者之间，而不要求垄断协议参与人之间也须存在意思联络。比如组织者与帮助者之间、帮助者与帮助者之间即使没有意思联络，也不影响垄断协议以及各组织行为、帮助行为的成立，只要组织者、帮助者与实行者之间有意思联络就足够了。如果帮助者与实行者之间没有意思联络，但客观上作出了加功于垄断协议的帮助行为，这就属于"片面帮助者"，[2] 是否得被评价或定性为垄断协议的帮助者进而承担相应的法律责任，可能存在争议。我们认为，只要帮助者具有单方面帮助垄断协议的意思，那么不论其是否与实行者建立意思联络，都宜将其纳入帮助者范畴进行处罚，以此起到威慑警示的作用。[3]

（四）组织者、帮助者的法律责任

对垄断协议参与者（相对于垄断协议实行者）的主体，有多重分类方式，其中最主要的有两种是：一是以分工为基础的分类，即如《反垄断法》第19条将垄断协议参与者分为"组织者"和"（实质性）帮助者"；二是以作用为基础的分类，如分为"主

---

[1] 这里面包含特定的认识因素和意志因素。认识因素包括如下内容：①组织者、帮助者认识到自己与实行者互相配合共同从事垄断协议；②组织者、帮助者认识到自己的行为性质，并且认识到垄断协议的性质；③组织者、帮助者概括地预见到共同行为与共同危害结果之间的因果关系，即认识到自己的行为会引起的危害结果。从意志因素来看，组织者、帮助者须系于主观故意。

[2] 组织行为一般是建立在意思联络基础之上的，几乎不会出现"片面组织者"的情况。关于刑法上的"片面共犯"理论。参见高铭暄、马克昌主编：《刑法学》，高等教育出版社2017年版，第167页。

[3] 在最高人民法院审理的一起侵权纠纷案件中，被告华美公司在不到1年时间内向多位原告发包工程2.65亿元，骗取"质保金"560万元。最高人民法院认为，虽然呼和浩特市政府在本案侵权纠纷中，没有与侵权人华美公司形成共同的意思联络，不构成侵权的共同故意，但是因为其在整个项目的实施过程中，通过授权委托承建、不实扩大宣传、提供虚假投资证明以及提供经济担保等行为，客观上为华美公司实施侵权行为提供了帮助，因此，需要就华美公司给30家上诉人造成的财产损失承担相应的赔偿责任。参见程啸：《侵权责任法》，法律出版社2021年版，第397页。

要作用者""次要作用者（或辅助作用者）"。实际上，之所以需要对垄断协议参与者予以分类，一方面是行为定性的需要，即区分组织行为和帮助行为，另一方面是解决责任问题的需要，即依据其对垄断协议的达成和实施加功之大小，来实现过罚相当的责任科处。因此，相较于前一种分类，后一种分类更重要，也更具实际意义。例如，我国《刑法》是以"作用为主兼顾分工"对共同犯罪人予以分类的，即以作用为标准将共同犯罪人分为主犯、从犯、胁从犯，同时考虑到以分工为标准分类的教唆犯，进而对它们的法律责任分别予以不同规定。[1]

然而，我国《反垄断法》未对垄断协议实行者、组织者、（实质性）帮助者的法律责任予以区分——至少在法律文本中没有作任何区分。该法第 56 条第 2 款规定："经营者组织其他经营者达成垄断协议或者为其他经营者达成垄断协议提供实质性帮助的，适用前款规定。"而"前款规定"即是适用于垄断协议实行者的法律责任规定。这样的制度设计虽然解决了组织者、帮助者等垄断协议参与者的行为"于法无据"的问题，[2] 但是考虑到组织行为统帅全局的组织、策划、领导、协调作用，其危害性较之于实行行为的危害性更甚，而帮助行为（包括实质性帮助行为）在垄断协议的达成和实施中不起主要作用，只起次要或辅助作用，因而完全不对它们的责任予以区分以体现过罚相当，这难免引人质疑。实际上，立法者之所以将"帮助"限定为"实质性帮助"，目的就是要突出帮助的作用程度，即实质性帮助非一般的"仅仅提供会议举办场所、交通便利、人员接送"[3] 等情形，而是那些对垄断协议的达成和实施作用明显、加功显著的便利行为。但是，无论实质性帮助的作用如何巨大，它也只发挥次要或辅助作用（只不过这种次要或辅助作用有大小之分而已）。因此在我们看来，仍有必要对帮助者的责任予以区别和减等，即不应在责任科处时把帮助行为等同视作实行行为，亦即不应把"帮助者实行者化"。

## 第二节　垄断协议规范对算法明示共谋的适用

监测式算法共谋和轴幅式算法共谋是典型的算法明示共谋，即它们不是以一种类似于寡头相互依赖的平行行为所形成的默示共谋，亦即或多或少、或明或暗地存在着协议、信息传递、沟通交流、人际互动等直接或间接的意思联络，因而是传统垄断协议规范可以完全覆盖和有效规制的算法共谋。

---

[1] 参见王世洲：《现代刑法学（总论）》，北京大学出版社 2018 年版，第 253~254 页。
[2] 参见王先林主编：《最新反垄断法条文对照与重点解读》，法律出版社 2022 年版，第 65 页。
[3] 王翔主编：《中华人民共和国反垄断法解读》，中国法制出版社 2022 年版，第 93 页。

## 一、垄断协议规范对监测式算法共谋的适用

如前所述,在监测式算法共谋中,经营者将算法作为一种技术工具,用于监测已达成的垄断协议在实施过程中可能出现的背叛或偏离行为,以此确保垄断协议的可维持性和稳定性。监测式算法共谋有两个鲜明特点:一是垄断协议的达成(限制竞争的意思联络的形成)由人类主体(企业管理决策者)主导并完成,算法并未在垄断协议的达成环节予以助力或加功,而只是在后续垄断协议的实施环节就监督监测以及报复惩罚等事项发挥作用;二是实行垄断协议的经营者,一般会将各自的经营数据特别是与共谋条件有关的竞争敏感数据实时动态地汇集聚合起来,用以驱动监测算法有效运转,使其充分发挥监测背叛、惩戒偏离的作用。有鉴于此,垄断协议规范适用于监测式算法共谋须着重处理以下问题。

(一)经营者达成垄断协议的认定

在监测式算法共谋中,尽管算法是垄断协议实行进程中的一个关键因素,但它对于垄断协议的认定来说几乎是无关紧要的。它与垄断协议的相关性在于,实行者在形成意思联络或合意的时候,就算法作为垄断协议执行监惩机制的重要技术支撑手段,达成了共识。换言之,将算法用于监测并保障共谋执行,是垄断协议的内容之一,而非引起意思联络或引发垄断协议的肇因。可见,监测式算法共谋是一种典型的算法辅助型垄断协议,而非算法驱动型垄断协议。

进一步而言,将垄断协议规范适用于监测式算法共谋,并将其认定为垄断协议,关键在于对经营者(人类决策者)排除、限制竞争意思联络的证明。如前所述,"垄断协议"法律概念的精髓在于,它旨在描述一种达成超竞争性市场结果的特定过程——可以被称为经营者谈判或交换保证的被禁止的过程。[1] 经营者进行意思联络的方式可以是直接的,如采取面谈、电话、信息、书信等"协议"或"决定"方式;也可以是间接的,如采取特定的暗示或暗语、市场信号试探、消除市场信息不透明的特殊交易或定价机制(如转售价格维持、最惠客户待遇条款、基点定价)等共识沟通方式。[2] 无论意思联络采取何种方式,都不要经过要约和承诺的过程,也不要求相关意思表示具有法律约束力,而只要通过一定形式的"联络""接触""知会""互动",使各经营者产生以特定方式共同行动的期待即可。

此外,这里认定垄断协议的另一个关键问题在于,经营者意欲相互约束的经营活动(限制竞争的维度),是价格、销量、地域范围、客户范围还是诸如个人信息保护水平等宽泛的质量维度?当共谋限制竞争的维度是价格、销量、销售地域或客户范围时,

---

[1] See Jonathan B. Baker, "Identifying Horizontal Price Fixing in the Electronic Marketplace", *Antitrust Law Journal*, 1996, Vol. 65, No. 1, p. 47.

[2] 参见江山:《论横向信息分享安排的反垄断法规制》,载《价格理论与实践》2016年第8期。

由于这些限制本身具有严重的反竞争性质（被我国《反垄断法》第 17 条和第 18 条明确列举并予以禁止），因而它们一般适用"存在即违法"的认定规则。[1] 而当共谋的限制竞争的维度是诸如个人信息保护水平等质量维度时，由于这些限制的竞争意义及潜在效果具有模糊性，因而一般需要考察其实施效果，在足以产生排除、限制竞争的"净效果"（即足以影响市场功能）的时候才对其作出违法认定。

（二）对数据聚合行为的预防性规制

由于监测式算法共谋所使用的算法，大多是只具有单一监测功能的"初级"算法，其数据收集的能力有限，因而需要实行垄断协议的经营者将各自的经营数据，特别是有关共谋条件或焦点的数据，以一种易于使用、可定期更新的格式汇总起来，以此驱动监测算法的运转。这种数据聚合行为的本质是数据（信息）交换行为。尽管其发生在垄断协议达成之后，但及早发现这种数据交换行为，能为反垄断执法机构提供筛查垄断协议（监测式算法共谋）的线索。因此，在监测式算法共谋背景下，对服务于共谋目的的数据交换或聚合行为予以前置式识别和规制，[2] 是"预防"垄断协议（监测式算法共谋）的应然要求。

从规制原理上看，竞争对手之间的数据交换或聚合行为可能具有有利于竞争的方面，但这种行为可能会通过便利垄断协议实施等方式严重损害竞争机制和消费者利益。因为数据的交换聚合，人为地提高了市场透明度，有利于竞争对手彼此监测以及施加惩戒，并随时间推移更有效地维持共谋均衡。[3] 一方面，通过数据交换或聚合行为来人为地提高透明度，有助于实行者监测彼此是否遵守了垄断协议。具体来说，为了使共谋能够持续下去，经营者有必要及时检测出偏离共谋均衡的行为。如果经营者能够获得关于竞争对手的动态、准确的数据信息，它们就能更好地识别出哪家经营者在哪些产品上出现了偏差，从而确保共谋执行监惩机制的有效运作。另一方面，数据交换或聚合行为提高了实行共谋的经营者惩罚背离垄断协议的能力，降低了惩罚偏离垄断协议的成本。数据信息的交换聚合可以帮助实行共谋的经营者快速发现背叛者，并通过精准惩罚背叛行为来维持垄断协议的内部稳定性。此外，人为提高透明度也使共谋团体能更好地确定新进入者进入市场的机会，并协调采取相应的对抗压制措施，这同样增加了垄断协议的稳定性。[4]

---

[1] 经营者之间的一些协议、决定或者协同一致的行为，一旦形成，必然会产生排除或者限制竞争的后果，通常对这类协议采取本身违法原则，即只要经营者的协议、决定或者协同一致的行为被证实存在，就构成垄断协议。从一些国家的经验看，适用本身违法原则的一般都是横向垄断协议，如固定价格协议、限制产量或者销量协议、划分市场协议等。适用本身违法原则的协议并不是固定不变的，随着情况的变化，对有些协议也适用合理分析原则。参见安建主编：《中华人民共和国反垄断法释义》，法律出版社 2007 年版，第 39 页。

[2] 参见时建中、郭江兰：《论平台经济领域前置式反垄断监管》，载《探索与争鸣》2021 年第 9 期。

[3] 参见王玉辉：《论信息交换违法性判定的进路和方法》，载《中州学刊》2023 年第 2 期。

[4] See OECD, Information Exchanges Between Competitors under Competition Law, Series Roundtables on Competition Policy, 2010, p. 11, https://www.oecd.org/daf/competition/48379006.pdf.

上述分析意味着，基于驱动监测算法运作的需要，实行共谋的经营者一般会从事反竞争的数据交换或聚合行为。也就是说，如果发现这些数据交换或聚合行为是服务于垄断协议（监测式算法共谋）的目的，那么即便还没有对垄断协议（监测式算法共谋）作出认定，也可以从预防垄断协议暨前置式反垄断规制的角度，对这种数据交换或聚合行为予以规制。例如，《墨西哥经济竞争法》在第9条对服务于垄断协议的信息交换行为予以预防性禁止，即规定："绝对垄断行为是指相互竞争的经济实体之间达成的合同、协议、安排、卡特尔或者联合，其目的为下列之一者：（一）限定、提高、协同一致或操纵市场提供或需求的商品或服务的购买价格或销售价格，或者为达到此相同的目的或效果而交换信息。"〔1〕我国反垄断执法机构一般将数据信息交换行为作为评估认定垄断协议或协同行为的一部分，附带性地对其作出评价，而没有在立法上确立类似墨西哥竞争法对数据信息交换行为的前置式规制。从加强和改进预防性反垄断的角度考虑，将来修改《反垄断法》时，可以借鉴上述规定，从而进一步夯实反垄断法预防监测式算法共谋等垄断协议的制度基础。

（三）监测算法的第三方供应商可能构成垄断协议的帮助者

以上讨论的是垄断协议规范适用于监测式算法共谋的一般情形，即监测算法由实行垄断协议的经营者自行研发部署使用的情形。美国司法部反托拉斯局查处的"Topkins案"就属于这种情况。在该案，Topkins与其他几家企业共谋操纵亚马逊第三方市场的广告海报价格。Topkins和其他竞争者事先达成了共谋协议，在协议中规定了各方所要达到的目标价格，然后再借助由Topkins编写的算法来执行和监测这一协议。〔2〕与上述情况不同，在监测算法由第三方供应商提供的特殊情形下，监测式算法共谋的规制，还可能涉及第三方供应商帮助行为的认定和处理问题，即涉及《反垄断法》第19条"经营者不得组织其他经营者达成垄断协议或者为其他经营者达成垄断协议提供实质性帮助"规定的适用。

在此，判断第三方供应商为垄断协议实行者提供监测算法的行为是否构成实质性帮助行为，除了要考察该算法对垄断协议的实施是否起到现实的帮助作用（即对于监测垄断协议实施是否具有明显的加功），更重要的，还要考察第三方供应商与垄断协议实行者之间是否具有意思联络，其核心是判断第三方供应商是否具有帮助垄断协议实施的主观故意。具体来说，如果第三方供应商"知道或者应当知道"相关经营者采购自己的算法是用于监测垄断协议的实施，那么就满足了存在主观故意的要件，进而具有被认定为垄断协议实质性帮助行为的基础。进而言之，帮助者在垄断协议被调查、

---

〔1〕 时建中主编：《三十一国竞争法典》，中国政法大学出版社2009年版，第359~361页。

〔2〕 See Press Release, U. S. De't Just., Former E-Commerce Executive Charged with Price Fixing in the Antitrust Division's First Online Marketplace Prosecution (Apr. 6, 2015), https://www.justice.gov/opa/pr/former-e-commerce-executive-charged-price-fixing-antitrustdivisions-first-online-marketplace.

起诉等法定程序启动之前，通过任何渠道知道其行为便利了垄断协议的实施，但未主动向反垄断执法机构报告相关情况和提供证据的，也应当认定其符合"知道或者应当知道"即存在主观故意的要件。[1] 实际上，我国于2024年公布的《最高人民法院关于审理垄断民事纠纷案件适用法律若干问题的解释》对此有所规定，肯定了"知道或者应当知道"的归责标准，即在第26条第1款规定："经营者、经营者团体等组织其他经营者达成、实施垄断协议，给原告造成损失，原告依据民法典第一千一百六十八条的规定主张实施组织行为的经营者、经营者团体等与达成、实施垄断协议的其他经营者承担连带责任的，人民法院应当予以支持。"解释第26条第2款规定："经营者、经营者团体等为其他经营者达成、实施垄断协议提供实质性帮助，给原告造成损失，原告依据民法典第一千一百六十九条第一款的规定主张提供帮助行为的经营者、经营者团体等与达成、实施垄断协议的其他经营者承担连带责任的，人民法院应当予以支持。但是，经营者、经营者团体等能够证明其不知道且不应当知道其他经营者达成、实施有关协议的除外。"这即是说，"知道或者应当知道"是认定实质性帮助行为不可或缺的主观要件。坚持这一主观要件，可以将反垄断法对实质性帮助行为的打击控制在合理范围，避免造成过度规制和寒蝉效应。

### 二、垄断协议规范对轴辐式算法共谋的适用

不同于监测式算法共谋，轴辐式算法共谋的构造较为复杂，其中具有竞争关系的经营者虽然没有进行过任何直接的沟通交流、信息传递等意思联络，但通过间接意思联络进而心照不宣或心领神会地共同采用相同第三方供应商提供的算法，用以决定产品（包括服务）的价格或对市场变化作出反应，进而产生与横向垄断协议类似的排除、限制竞争效果。这里最核心的竞争问题在于，原本相互竞争的经营者放弃了独立决策和"自治准则"，而将定价等决策委诸于相同的算法服务供应商。这一"枢纽中心"的存在意味着，竞争被协调和缓和，甚至被规避和消解，整个商业生态仿佛被一个无所不知、无所不能的"中央计划指令者"所支配，所谓的竞争和竞争性价格仅仅是一种幻象。

（一）轴辐式算法共谋的基本规制思路：以"三边协同行为"为抓手

运用垄断协议规范来规制轴辐式算法共谋时，由于具有竞争关系的经营者不仅不存在协议，甚至没有进行过任何直接的沟通交流、信息传递等意思联络（但存在经由算法供应商协调的间接的信息传递、暗示默会等意思联络），因而无法用"协议"的规

---

[1] 参见宁立志主编：《〈中华人民共和国反垄断法〉释评》，法律出版社2023年版，第102页。

范路径予以应对，而只能用"协同行为"的规范路径加以解决。[1] 并且，轴辐式算法共谋场合下，由于涉及第三方算法供应商的组织或帮助行为，因而潜在的协同行为不是简单的双边协同行为，而是以第三方供应商及其算法为"枢纽中心"的三边协同行为。

在这种三边协同关系中，既有纵向关系，又有横向关系。纵向关系是第三方算法供应商与具有竞争关系的经营者分别订立纵向协议建立的（如网约车平台经营者与平台内司机订立接入协议和平台服务协议，司机默认使用平台经营者提供的定价算法），是"明"的安排。横向关系是具有竞争关系的经营者之间"暗"的共谋。认定三边协同行为的关键，是确认具有竞争关系的经营者透过第三方算法供应商这一"枢纽中心"而形成的意思联络或信息交流。换言之，这一"暗"的横向垄断协议，不是具有竞争关系的经营者之间通过直接的意思联络或者信息交流达成的，而是通过分别与第三方算法供应商这一"枢纽中心"签订相互平行的纵向协议间接达成的。

可见，认定轴辐式算法共谋构成《反垄断法》所禁止的协同行为（三边协同行为），难点不在于主体复数性、行为一致性、限制竞争性等要件，而在于竞争者之间意思联络之要件，即美国法有关轴幅共谋认定所要求的"轮辋闭合"要件（轮缘经营者之间须存在意思联络）。如果竞争者（轮缘经营者）之间没有意思联络，或者说无法证明竞争者透过第三方算法供应商建立了间接的意思联络，那么这就是一个"无辋之轮"（Rimless Wheel），[2] 不能被认定为三边协同行为或轴幅共谋。

（二）意思联络及"轮辋闭合"的证明方式

一般来说，对意思联络有两种证明方式：一是基于信息交流的直接证明；二是基于客观情势的间接证明（推断证明）。

垄断协议或协同行为所要求的意思联络要件的核心内涵，是竞争者采取一致行动的共识和信赖，而建立这种共识和信赖，主要依靠信息交流，即通过信息交流确立互信，打消各自行动的不确定性和竞争风险。并且，信息交流的方式多样（协议、决定是其中两种信息密度最大、形成意思联络最集约高效的方式），不要求经过要约和承诺的过程，亦不要求意思表示具有法律约束力；无论是通过语言或非语言的方式，如点头、眼神交流，还是直接沟通或借助第三方中介进行沟通，甚至是不作任何表示而被

---

[1] 所谓协同行为，是指经营者之间虽然没有达成书面或者口头协议、决定，但相互进行了默会的沟通（间接意思联络），心照不宣地实施了协调的、共同的排除、限制竞争行为。参见全国人大常委会法制工作委员会经济法室编：《〈中华人民共和国反垄断法〉条文说明、立法理由及相关规定》，北京大学出版社2007年版，第67页。

[2] Dickson案中，法院的立场即为典型："无辋之轮共谋是指各被告与一个共同被告分别达成协议，但是被告之间并没有联系……无辋之轮共谋并不是一个单独的、统一的共谋。"据此，法院作出的基本判断是，无辋之轮在形态结构上不可能成立；相应地，轴辐共谋是作为一个包含"中心—边缘"结构的整体存在的，轴心与轮辋之间的纵向连接和轮辋之间的横向连接缺一不可。See Dickson v. Microsoft Corp. 309 F. 3d 193 (4th Cir. 2002).

动地接受信息乃至默许或容任该等信息,[1] 都有可能形成意思联络。我国《禁止垄断协议规定》第 6 条所规定的认定其他协同行为应当考虑的第三项因素,[2] 即是"经营者之间是否进行过意思联络或者信息交流"。"或者"这一逻辑连接词表明,意思联络和信息交流是互为替换的概念,即"意思联络=信息交流"。进而言之,对意思联络的证明,关键在于对经营者信息交流的证明,以及对经营者就相关信息知悉情况的证明。这即是基于信息交流对意思联络的直接证明。

然而,反垄断执法越严格、越精细,经营者愈会擦拭信息交流的痕迹,不留下蛛丝马迹,以至于反垄断执法机构难以发现经营者之间(包括有第三方组织或帮助的情形)显而易见的、可为人察觉的意思联络或信息交流。在这种情况下,反垄断执法机构在协同行为的证明上,处于极大的困境:涉案行为若是由经营者各自独立决策作出,不符合其自身经济利益和正常市场条件,但却苦于找不到任何意思联络或信息交流的直接证据。在此,反垄断执法机构不得不转而依靠相关市场的市场结构、竞争状况、市场变化等逻辑一致的间接证据,来推断经营者对相关信息的知悉情况,即推断经营者之间存在意思联络。这即是基于客观情势对意思联络的间接证明(推断证明)。

实际上,以上两种证明路径在我国相关执法司法规定中,已经有所体现。例如,《平台经济领域的反垄断指南》第 9 条规定:"认定平台经济领域协同行为,可以通过直接证据判定是否存在协同行为的事实。如果直接证据较难获取,可以根据《禁止垄断协议暂行规定》第六条规定,按照逻辑一致的间接证据,认定经营者对相关信息的知悉状况,判定经营者之间是否存在协同行为。经营者可以提供相反证据证明其不存在协同行为。"再如,《国务院反垄断委员会关于原料药领域的反垄断指南》(以下简称《原料药领域的反垄断指南》)第 8 条规定:"认定原料药领域协同行为,可以通过直接证据判定是否存在协同行为的事实。如果直接证据较难获取,可以根据《禁止垄断协议暂行规定》第六条规定,按照逻辑一致的间接证据,认定经营者对相关信息的知悉情况,判定经营者之间是否存在协同行为。经营者可以提供相反证据证明不存在协同行为。"又如,《最高人民法院关于审理垄断民事纠纷案件适用法律若干问题的解释》第 18 条规定:"人民法院认定反垄断法第十六条规定的其他协同行为,应当综合考虑下列因素:(一)经营者的市场行为是否具有一致性;(二)经营者之间是否进行过意思联络、信息交流或者传递;(三)相关市场的市场结构、竞争状况、市场变化等情况;(四)经营者能否对行为一致性作出合理解释。原告提供前款第一项和第二项的初步证据,或者第一项和第三项的初步证据,能够证明经营者存在协同行为的可能性

---

[1] 参见周智高:《价格协同行为的认定思路分析》,载《中国价格监督检查》2013 年第 7 期。
[2] 按照该条的规定,认定其他协同行为,应当考虑下列因素:①经营者的市场行为是否具有一致性;②经营者之间是否进行过意思联络或者信息交流;③经营者能否对行为的一致性作出合理解释;④相关市场的市场结构、竞争状况、市场变化等情况。

较大的，被告应当提供证据或者进行充分说明，对其行为一致性作出合理解释；不能作出合理解释的，人民法院可以认定协同行为成立。本条所称合理解释，包括经营者系基于市场和竞争状况变化等而独立实施相关行为。"

在轴辐式算法共谋场景下，相互竞争的经营者（轮缘经营者）与算法供应商（轴心经营者）之间通常系于明确的纵向协议（包括平台服务协议等），存在明显的信息交流、意思沟通的载体或途径，因而对此间意思联络暨"轮辋闭合"的证明主要采取第一种方式，即基于信息交流的直接证明。不过，轴辐式算法共谋场景下，发起和策动轴辐共谋（三边协同行为）的既可以是轮缘经营者，也可以是轴心经营者，因而需要区分两种不同的信息交流机制来证明"轮辋闭合"，即"$A_1 \to B \to A_2$"型和"$A_1 \leftarrow B \to A_2$"型信息交流机制，兹分述如下。

（三）基于"$A_1 \to B \to A_2$"型信息交流机制的三边协同行为

轴辐式算法共谋可能是由轮缘经营者（横向层面的竞争性经营者）发起策动的。例如，某电子商务平台内的家电产品经营者 $A_1$，意欲与平台内其他家电产品经营者（$A_2$、$A_3$、$A_4$ 等，概括简称 $A_2$）达成和实施横向垄断协议，但是自发形成横向垄断协议存在一定的技术性困难，如所销售的产品不完全相同、产品成本结构不同，在市场变化时难以就价格及时做出一致性调整等。通过三边协同行为，平台经营者 B 可在平台内经营者 $A_1$、$A_2$ 之间进行信息传递和沟通协调，便于组织达成横向垄断协议以获得垄断利益，且使这一横向垄断协议更加隐蔽，起到掩盖作用。同时，横向垄断协议具有不稳定性，平台内经营者 $A_1$、$A_2$ 之间信息不对称，往往会有经营者背地里作弊，导致横向垄断协议因陷入信任危机而瓦解。通过三边协同行为，平台经营者 B 可以监督横向垄断协议的执行、对背叛者进行惩罚，保障横向垄断协议有效实施。

在以上三边协同行为场景中，$A_1$ 和 $A_2$ 的意思联络是基于"$A_1 \to B \to A_2$"型信息交流机制得以建立的：①作为电子商务平台服务的一部分，平台内经营者 $A_1$ 向平台经营者 B 寻求用于家电产品销售的定价算法服务，或者要求改进升级原本就存在的定价算法服务。为此，平台内经营者 $A_1$ 向 B 披露了其详细的用户数据、业务数据、经营管理数据等数据，以及有关未来各类产品定价、销售等策略意图的数据信息。②平台内经营者 $A_1$ 希望或者预见到 B 将运用这些数据信息，训练或优化用于家电产品的定价算法，并且将其予以推广，让其他与 $A_1$ 竞争的平台内经营者 $A_2$ 也加以利用。③平台经营者 B 事实上接收了 $A_1$ 所传递的数据信息，并开发或改进了定价算法。不仅如此，B 还向与 $A_1$ 竞争的平台内其他经营者 $A_2$ 推荐这种算法，并将该算法的决策优势和应用前景悉数介绍。④在 B 的推荐和介绍中，平台内经营者 $A_2$ 知悉或预见到竞争对手 $A_1$ 将经营数据信息及相关策略披露给共同的"枢纽中心"B 的具体环境。⑤与 $A_1$ 竞争的平台内经营者 $A_2$ 事实上采用了 B 推荐的定价算法，并且为了获得更好的算法性能，$A_2$ 也将其控制的用户数据、业务数据、经营管理数据等数据以及有关未来各类产品定价、销售等策略意图的数据信息告知了 B。

由此可见，原本仅由 $A_1$ 和 $A_2$ 无法或很难达成的横向垄断协议，通过 B 的组织形成了固定的信息传递路径，$A_1$ 和 $A_2$ 的意思联络经此迂回形成闭环，进而构成了由 $A_1$ 发起策动、B 居间组织、$A_2$ 领会响应的"$A_1 \to B \to A_2$"型三边协同行为。当然，"$A_1 \to B \to A_2$"型信息交流机制或三边协同行为，可进一步衍生出"$A_1 \to B \leftarrow A_2$"型信息交流机制或三边协同行为，即 $A_1$、$A_2$ 在形成初步意思联络后，将各自经营数据信息持续不断地传输给平台经营者 B（定价算法供应商），用以持续优化改进算法性能，同时随着市场条件变化不断更新共谋均衡的焦点。这就产生了数据聚合（数据交换）的竞争担忧，以及对此种行为予以预防性规制的需要。鉴于上文对此已有论述，此处不赘。

概言之，从行为定性上看，$A_1$、B、$A_2$ 的行为可依据《反垄断法》第 16 条的规定[1]被整体认定为协同行为（三边协同行为），这不存在理论和规范上的障碍。但从归责的角度看，《反垄断法》第 16 条的规定不是严格意义上的"一般条款",[2] 能否适用第 56 条的罚则尚且存在疑问。因此，仍有必要对 $A_1$、B、$A_2$ 的角色和作用予以区分，进而适用《反垄断法》第 17 条、第 19 条和第 56 条的规定，对它们分别予以制裁。有疑问的是，在"A1→B→A2"型三边协同行为中，平台经营者应被认定为"组织者"还是"帮助者"？应当看到，B 虽然不是横向垄断协议的造意者（$A_1$ 才是造意者），但 B 起着非常关键的形成意思联络的"枢纽中心"作用，舍此"枢纽中心"，$A_1$ 和 $A_2$ 难以产生从事垄断协议的决意，也难以形成稳定持续的信息交流暨意思联络，因此将 B 认定为垄断协议的组织者并无不妥。这意味着，适用《反垄断法》第 56 条的罚则时，B 承担的责任（罚款）不应比实行者 $A_1$ 承担的责任轻。此外，在"A1→B←A2"型三边协同行为中，由于平台经营者 B 没有起到引发 A1 和 A2 从事横向垄断协议的意思联络或决意的作用，而只是对横向垄断协议的实施起到辅助或次要的促进作用，因此适宜将 B 认定为横向垄断协议的帮助者，并且适用《反垄断法》第 56 条的罚则时，B 承担的责任（罚款）应当比 A1 和 A2 承担的责任轻。

（四）基于"$A_1 \leftarrow B \to A_2$"型信息交流机制的三边协同行为

轴辐式算法共谋也可能是由轴心经营者发起策动的。例如，一家玩具销售在其整个业务中占据较大比重的大型电商平台 B，为了维持和巩固自己在玩具销售市场的优势地位，设计了一种涵盖定价、监测等功能的算法，并要求选择在平台 B 内经营的具有竞争关系的玩具销售商（$A_1$、$A_2$、$A_3$、$A_4$ 等，概括简称 $A_1$ 和 $A_2$）：①必须使用该算法，将其用于定价、监测等销售过程；②一旦选择在 B 平台销售，就不能入驻其他竞

---

[1] 该条规定：本法所称垄断协议，是指排除、限制竞争的协议、决定或者其他协同行为。

[2] 一般条款须包含垄断协议的全部要件，而《反垄断法》第 16 的规定，即"本法所称垄断协议，是指排除、限制竞争的协议、决定或者其他协同行为"，并没有包含主体（复数经营者）、主观意思联络等要件；并且，该条文没有与概括性的禁止规定相搭配，因而其"一般条款"的定位实难成立。参见郝俊淇：《论我国垄断协议类型序列的立法完善》，载《中国政法大学学报》2022 年第 1 期。

争性平台。为此，上述算法会对其库存、销量、营业额等经营数据予以实时收集、分析和监测；③接受算法所内置的"平价代码指令"，即在平台 B 上销售的相关玩具的价格，不能高于其他竞争性平台上具有可比性的同类玩具的销售价格。通过平台经营者 B 的组织协调，$A_1$、$A_2$ 选择独家入驻平台 B 并使用其算法，这实际上形成了联合抵制其他竞争性电商平台的三边协同行为。

在这种三边协同行为场景中，$A_1$ 和 $A_2$ 的意思联络是基于"$A_1 \leftarrow B \rightarrow A_2$"型信息交流机制得以建立的：①发起和策动垄断协议（联合抵制）意思联络的主体是平台经营者 B，并且相关策略、作法、讯息很大程度上被编写在具有定价、监测、决策等功能的算法中，而这种算法嵌入在平台经营者 B 为平台内相互竞争的玩具销售商 $A_1$、$A_2$ 所提供的服务中。换言之，透过算法，B 分别向 $A_1$、$A_2$ 含蓄地下达了从事垄断协议（联合抵制）的"指令"。②具有竞争关系的平台内经营者 $A_1$、$A_2$ 明知或预见到彼此都收到了 B 传递的信息和下达的"指令"，即明知或预见到彼此都采用了 B 提供的算法。在此，$A_1$、$A_2$ 的销售渠道、销售机会、销售价格等虽然受到限制，自身利益受到一定制约，但出于担心失去大型电商平台 B 这一更重要的销售渠道，或出于担心受到屏蔽店铺、搜索降权、流量限制、技术障碍、扣取保证金等不利待遇，或出于维护长期利益的考虑，于是在"竞争对手参加我就参加、竞争对手退出我就退出"的前提下，接受了 B 的交易条件及其提供的算法。③平台经营者 B 在 $A_1$、$A_2$ 之间来回穿梭，组织了横向垄断协议（联合抵制）的交易计划，并且通过算法来助力保障该计划的达成、实施、监测、惩罚等工作。同时，$A_1$、$A_2$ 知道整体性交易计划的存在，且知道竞争对手也会参加该项计划，事实上各方也积极实施了该项计划，据此形成紧密的意思联络，整个交易构成三边协同行为。

从行为定性上看，$A_1$、B、$A_2$ 的行为可依据《反垄断法》第 16 条的规定被整体认定为协同行为（三边协同行为）。然而，从归责的角度看，仍有必要对 $A_1$、B、$A_2$ 的角色和作用予以区分，进而适用《反垄断法》第 17 条、第 19 条和第 56 条的规定，对它们分别予以制裁。在此，平台经营者 B 不仅通过算法等手段勾起了垄断协议（联合抵制）的意思联络和决意，而且对平台内经营者 $A_1$、$A_2$ 在整个垄断协议实施过程中互信和共识的维系起到关键的支撑作用，因此将 B 认定为垄断协议组织者并无不妥。而 $A_1$、$A_2$ 作为垄断协议（联合抵制）的实行者，虽在整个过程中处于"半推半就"的状态，但仍透过 B 及其提供的算法就如何开展共同行动，建立了确切的期待并实际做出了一致行为，因此成立垄断协议也无疑义。但鉴于 $A_1$、$A_2$ 联合抵制、限制其他电商平台的行为更多是为了 B 平台的利益，不完全与自身利益契合，具有一定的"胁从"色彩，因而它们承担的责任（罚款）理应轻于平台经营者 B 承担的责任（罚款）。刑法上就有类似的区别处理，如我国《刑法》第 28 条规定："对于被胁迫参加犯罪的，应当按照他的犯罪情节减轻处罚或者免除处罚。"

## 第三节　算法默示共谋对垄断协议规范的挑战

代理式算法共谋和自主式算法共谋是典型的算法默示共谋，其间不存在互信交流、共识沟通、信息传递等任何直接或间接的共谋意思联络，它们之所以被称作"共谋"，是因为算法利用彼此意识到的依赖关系在价格和产量等决策方面达致了非竞争的均衡，形成了近似于竞争者明示共谋的负面结果。由此，算法默示共谋扩大并加剧了经典的"寡头垄断问题"，进一步暴露出垄断协议规范在应对该等问题上的局限性。

### 一、算法默示共谋将垄断协议规范的"裂缝"撕扯为"巨缝"

在代理式算法共谋，相互竞争的企业各自独立开发设计算法，把算法作为企业决策者的"代理人"，这些算法积极利用彼此意识到的相互依赖关系，通过收集市场数据和竞争对手数据，以预测竞争对手的决策参数、发出涨价信号、试探竞争对手反应、监测竞争对手动态等方式，推动商品（包括服务）价格平行上涨或其他交易条件同步变化，从而导致与寡头相互依赖的默示共谋极为相似的情形。自主式算法共谋则进一步扩大了寡头默示共谋的疆域。在这里，共谋的达成和实施完全不涉及人的因素，而由具有强大自主学习能力的高级机器学习算法特别是深度学习算法自主完成，即依靠深度学习算法，相似的人工神经网络更有可能"理解"彼此，使基于算法相互依赖的默示共谋更为牢固和持久。

显然，代理式算法共谋和自主式算法共谋，放大并加剧了"寡头垄断问题"，使相互依赖的默示共谋即便在缺乏共谋风险相关结构特征的市场上也容易发生，成为更频繁的市场结果。[1] 经典的"寡头垄断问题"涉及如下场景：在高度集中、稳定和透明的寡头市场中，企业的行为对竞争对手的行为具有重大影响。经过一段时间的反复互动，企业意识到它们各自的策略选择是相互依赖的，通过相互匹配或跟随行为，它们可以在没有实际意思联络的情况下，将价格设定在超竞争水平。简言之，寡头市场的结构有利于企业通过相互依赖和彼此意识，将价格平行地推高到垄断水平。[2] 迄今为止，世界各国反垄断法为应对寡头垄断问题提供了有限的解决办法。特别是，垄断协议规范须以"意思联络"或"沟通交流"为核心要件，而寡头相互依赖的默示共谋尽管与竞争者明示共谋所造成的结果没有差异，但其间没有沟通交流、信息传递、人际互动等任何直接或间接的意思联络，因而难以运用垄断协议规范加以调整。因此，有

---

[1] See OECD, Algorithms and Collusion: Competition Policy in the Digital Age, 2017, p.34, www.oecd.org/competition/algorithms-collusion-competition-policy-in-the-digital-age.htm.

[2] 参见叶泽：《寡头垄断企业竞争策略》，科学出版社2012年版，第129~132页。

学者指出,"制约反垄断法以及反垄断政策有效性的最终难题就是寡头垄断问题"。[1]如今,代理式算法共谋的出现以及自主式算法共谋的随时降临,将"寡头垄断问题"扩展到非寡头市场领域,使基于算法相互依赖的默示共谋可能成为数字经济领域更为普遍的问题,进一步挑战垄断协议规范以及反垄断法体系的有效性。

在上述意义上,如果说寡头相互依赖的默示共谋是垄断协议规范以及反垄断法迄今未能有效治愈的"伤痕",那么代理式算法共谋的出现以及自主式算法共谋的可能发生,无疑增加了新的更大的"伤痕",把反垄断法的"裂缝"撕扯为"巨缝"。[2] 对此,无非有两种应对之举:一种是在垄断协议规范层面寻求弥合"巨缝"的可能;一种是跳出垄断协议规范,在其他反垄断法规范领域寻求弥合"巨缝"的办法。

**二、垄断协议规范层面的潜在应对举措及其局限**

从垄断协议规范视域看,面对算法默示共谋的挑战,主要有两种应对之策:一是通过对意思联络的推断证明,将算法默示共谋纳入协同行为的规制范围;二是舍弃垄断协议认定中的意思联络要件,将垄断协议规范的重点放在超竞争的市场结果或均衡结果。但总体看,这两种应对路径都存在难以挣脱的局限。

(一) 将算法默示共谋认定为协同行为的可能和限度

从理论上讲,"协同行为"的法律概念在内涵和外延上足够宽广,似可以涵盖代理式算法共谋、自主式算法共谋等算法默示共谋。实际上,欧盟竞争法起初创设"协同行为"这一概念,作为限制竞争协议的特殊类型和兜底规范,主要目的和功能就是涵盖那些无法对主观要件(意思联络)进行直接证明的协调行为。这就涉及上文所述协同行为意思联络的另一种证明方式,即基于客观情势的间接证明,其基本的证明方法与美国反托拉斯法中"以间接证据证明的共谋"大致相同。[3] 我国反垄断法的配套规范也肯定了基于相关市场的市场结构、竞争状况、市场变化等间接证据,来推断经营者之间存在意思联络或信息交流的证明方法。[4] 概括来讲,这些间接证据主要包括以下两种类型。

第一类是反映有利于协同行为的市场条件的证据,简称"结构性证据"。[5] 主要包括:①市场相对集中;②所涉产品是标准化的;③经营者的成本结构和生产过程相

---

[1] Barry J. Roger, "The Oligopoly Problem and the Concept of Collective Dominance: EC Development in the Light of U. S. in Antitrust Law and Policy", *Columbia Journal of European Law*, 1996, Vol. 2, No. 1, p. 25.

[2] See Salil K. Mehra, "Antitrust and the Robo-Seller: Competition in the Time of Algorithms", *Minnesota Law Review*, 2016, Vol. 100, No. 4, p. 1340.

[3] 参见许光耀:《"经济学证据"与协同行为的考察因素》,载《竞争政策研究》2015年第1期;刘继峰:《依间接证据认定协同行为的证明结构》,载《证据科学》2010年第1期。

[4] 参见《禁止垄断协议规定》第6条;《平台经济领域的反垄断指南》第9条;《原料药领域的反垄断指南》第8条。

[5] 换言之,在具备这些条件的市场上,协同行为相对容易达成和实施。

似；④经营者的经营范围或环节较为单一；⑤市场价格可以迅速变化；⑥市场是地方性的或者市场的地域范围不大；⑦没有外围强势竞争者存在；⑧市场进入需要很长时间；⑨交易相对人不集中；⑩所涉产品是非耐用品；⑪价格竞争比其他形式的竞争更重要；⑫总需求稳定或开始下降；⑬在竞争价格上需求缺乏弹性；⑭固定成本相对于可变成本的比率较高；⑮相关行业有过垄断协议反垄断执法"记录"。[1]

第二类是从行为相关关系的角度揭示协同行为高概率存在的证据，又称"行为性证据"。[2] 具有"超强相关关系"的行为性证据主要包括以下几种情况：①当价格或利润达到较高水平或呈现增长趋势时，一组经营者主动限制产量；②在经营者具备额外产能且价格或利润同样处于高位或增长状态时，其市场份额、客户保有或地域性市场支配地位保持稳定；③经营者之间进行资源转移交易，且缺乏除共谋之外的建设性动机；④市场份额总和超过50%的经营者从事了通常只有具备市场支配地位的经营者才能实施的行为，且没有单个经营者具备足够的市场势力能单方面完成此种行为；⑤通过运用可靠的经济计量模型进行预测，并与非协同行为产生的标杆数据进行对比，价格预测无法解释潜在协同行为在当期或特定地域的实际价格路径，且处于特定的高阶状态；⑥在产品同质化程度较高的行业中，一组经营者在特定时期内突然转变销售队伍的激励机制，从追求市场份额转向维持和提高价格。[3] 此外，具有"较强相关关系"的行为性证据包括：①整个市场范围针对交易相对人的歧视性待遇；②区域性价格差异过大；③领导者的市场份额不断下降；④同时出现价格的上涨和产量的减少；⑤出现整个行业范围的转售价格维持；⑥共同采取基点定价。[4]

上述两类间接证据及其所包含的若干事实因素，为协同行为意思联络的推断提供了一定的方法支撑和指引。但是，具体到代理式算法共谋、自主式算法共谋等算法默示共谋，要运用上述间接证据对其间意思联络作出准确的推断，存在不少难题或阻碍，因而制约了基于间接证据推断意思联络的协同行为规制路径的可行性和有效性。

第一，上述列举的结构性证据和行为性证据，并非是严格对应于每一个算法默示共谋案件的"证据核对清单"。这些证据所包含的事实因素对算法默示共谋而言，可能是不充分的甚至是关联性不足的，也可能根本没有出现在个案中。换言之，在算法默

---

〔1〕 See Marc Ivaldi, Bruno Jullien, Patrick Rey, Paul Seabright, Jean Tirole, The Economics of Tacit Collusion, Final Report for DG Competition, European Commission, March 2003, http://idei.fr/sites/default/files/medias/doc/wp/2003/tacit_collusion.pdf.

〔2〕 其原理在于，协同行为与一些特定行为具有伴生关系或常态联系，即存在协同行为的情况下，就很可能存在这些特定行为。因此，基于经验法则，通过对这些具有相关关系的行为的识别，可用于推断协同行为的存在，这即是将相关关系转换为法律认可的因果关系的过程。

〔3〕 See William E. Kovacic, Robert C. Marshall, Leslie M. Marx, Halbert L. White, "Plus Factors and Agreement in Antitrust Law", *Michigan Law Review*, 2011, Vol. 110, No. 3, pp. 413-430.

〔4〕 参见[美]理查德·A.波斯纳：《反托拉斯法》，孙秋宁译，中国政法大学出版社2003年版，第92~108页。

示共谋场合下，反垄断执法机构获得这些证据的数量和质量都可能是受限的，这从整体上制约了对存在意思联络的推断力，进而制约了对协同行为的证明力。

第二，即使获得了足够数量和质量的结构性证据、行为性证据，它们还必须形成逻辑一致的证据链，不能有任何相互抵牾或矛盾的地方，否则就不能成立对意思联络的推断。这即是推断意思联络所必须遵循的"优势证据标准"（Predominance Evidence Standard），这种证明标准所包含的理念和要求是，通过间接证据对意思联络进行推断，任何单一的事实因素（如市场结构、竞争状况、市场变化、市场行为等）都无法得出可靠的结论，而应当综合考虑这些因素，只有当对所有因素的分析都逻辑一致地指向相同结论，才能证明意思联络的存在。实际上，《平台经济领域的反垄断指南》第9条和《原料药领域的反垄断指南》第8条关于认定协同行为的规定，都确立了有关推断意思联络的"优势证据标准"，即强调"按照逻辑一致的间接证据"。由于这种证明标准的要求极高，因而在算法默示共谋案件中，要对收集到的结构性和行为性证据建立起完全逻辑一致的证据链，恐怕存在极大的难度，以至于几乎难以实现——稍有逻辑的分岔或割裂，整个推断证明工作就将坍塌。

第三，即便反垄断执法机构在夹缝中奇迹般地发现了逻辑一致的证据链，但意思联络并非就此当然存在，此时举证责任发生转移，被指控者可以对行为一致性作出合理解释，以提出对存在意思联络的任何合理怀疑。其背后的基本原理是：除非只能对一致性的市场行为作出协同行为（垄断协议/共谋）的解释，即排除经营者基于独立意思作出仅仅是外观一致的行为，否则不能说明这种一致性行为与经营者的利益以及正常市场条件不相容。就此来看，被指控经营者可作出的对行为一致性的合理解释何其多样，如主张以成本为基础的相同行为，相互依赖关系下的平行行为，价格领导下的跟随行为，应对竞争的一致行为，以及基于品质、安全、信用、文化、环保等考量的一致抵制，等等。这即是说，在应对算法默示共谋问题上，基于间接证据推断意思联络的协同行为规制路径面临重重围阻，被指控经营者有太多理由来解释定价或行为一致的合理性。例如，被指控经营者可以类比论证式地反问，下雨时街上行人纷纷自发撑起雨伞，难道这也是协同行为或共谋？

第四，从长期的实践情况看，全球没有哪个国家或地区的哪个反垄断案例，是完全脱离了信息交流的因素而全部基于间接证据对协同行为作出推断和认定的。[1] 例如，我国反垄断执法机构在处罚决定书中明确将相关行为定性为"协同行为"的2起案件，都涉及信息交流的因素。在"安徽信雅达等三家密码器企业垄断协议案"中，三家涉案企业相互之间虽没有签订书面协议或者口头约定，但通过人民银行合肥支行

---

[1] 参见孙瑜晨：《反垄断中价格协同行为的认定及其规制逻辑》，载《北京理工大学学报（社会科学版）》2017年第5期。

牵头组织的会议以及行政发文形成意思联络。[1] 在"赤峰烟花爆竹批发企业垄断协议案"中，涉案企业虽未曾签订书面协议，但安监部门作出的行政限定指令，是促成涉案企业意思联络的重要机制。[2] 规制实践及成功经验的极度匮乏，在很大程度上让反垄断执法机构对基于间接证据推断意思联络的协同行为规制路径望而却步。

第五，传统上"意思联络"是作为人的企业决策者之间从事的协议、决定、沟通交流、信息传递、人际互动等意思表达和交互。如果说代理式算法共谋中由于存在人类专家对原始数据的特征提取、构造以及对算法有关参数的设置，因而尚且有人类"意思联络"存在的空间和余地，那么在自主式算法共谋的场合，传统"意思联络"的概念则显得格格不入。因为在后者，共谋的达成和实施完全不涉及人类主体的因素，而由具有强大自主学习能力的高级机器学习算法特别是深度学习算法所完成。依靠深度学习算法，相似的人工神经网络可以"理解"彼此，并使默示共谋更为牢固和持久。可见，这里的"意思联络"存在于强人工智能体之间，而非存在于人类主体之间。这意味着，基于间接证据推断意思联络的协同行为规制方式，在自主式算法共谋场合存在严重的规范（预设）与事实之间的错位。退一步讲，即便承认强人工智能体之间的意思联络，但由于设计和部署这些机器的人类对此毫不知情，也无从知情，因而难以将责任归结到人类主体身上。总之，对自主式算法共谋而言，"意思联络"是一个不甚相关和陈旧的法律概念。

（二）认定垄断协议时放弃意思联络要件的设想和限度

寡头相互依赖以及算法相互依赖所导致的默示共谋，在结果上与竞争者明示共谋具有相似性和同等的有害性。有学者指出：目前针对垄断协议或协同行为的规制方法过于形式主义，无法解决竞争者之间有害的相互依赖行为；狭隘地看待"意思联络""沟通""协议"等要件的含义，与以"更加经济学的方法"（More Economic Approach）为基础的反垄断法形成鲜明冲突，因而需要扩大对上述主观要件的解释或索性放弃该要件，即主张意思联络不再是定义垄断协议或协同行为的要点。据此，垄断协议或协同行为的法律责任将迎来扩展，即有关垄断协议或协同行为的法律规范将禁止竞争对手通过相互依赖的猜测和行动达到非竞争的结果，而不论它们在这样做时是否进行了意思联络。[3]

应当说，这样的建议不无道理。就算法默示共谋而言，上文讨论的预测算法（代理算法）和深度学习算法都可能导致非常快速的价格迭代变化，最终收敛到一个共同的价格，类似于企业管理决策者之间实施价格垄断协议的实际谈判过程。由此可见，

---

[1] 参见安徽省工商行政管理局行政处罚决定书，皖工商公处字〔2016〕1-3号。
[2] 参见内蒙古自治区工商行政管理局行政处罚决定书，内工商处罚字〔2014〕001号。
[3] See Louis Kaplow, "Direct Versus Communications-Based Prohibitions on Price Fixing", *Journal of Legal Analysis*, 2011, Vol. 3, No. 2, pp. 449-538.

能够在毫秒内快速发出信号和做出回应的算法技术已经模糊了"意思联络""沟通""协议"等要件的含义,使其作为一个违法性要件存在的必要性和可验证性大大降低。相反,坚持要求特定形式的意思联络或沟通交流证据来证明协同行为或垄断协议,只会让反垄断执法调查变得混乱不堪。这源于一种"证据悖论",即反垄断执法机构或法院往往难以从市场条件最有利于共谋的非竞争性行为中,推断出意思联络或沟通交流的存在。换言之,市场条件越有利于共谋,越不需要进行意思联络;相反,只有在市场条件不利于共谋的情况下,才强烈需要进行意思联络或沟通交流。因此,坚持意思联络的主观要件,反而成了垄断协议或协同行为法律规范的"枷锁"或"束缚",使那些有害于经济和消费者利益的默示共谋逃逸于反垄断法制裁。[1] 这就好比在纵火罪的认定上,不聚焦于证明有害结果的火情,反而执着于要求证明烟雾的存在,显然是极其荒谬的。

但是,正如前文反复论说和强调的,垄断协议(协同行为)的法律概念并不描述结果或均衡,"而是描述一种达成超竞争性市场结果的特定过程——可以被称为谈判或交换保证的被禁止的过程"。[2] 基于下述原因,仍然有必要将意思联络作为定义垄断协议的核心要点及其认定中的核心要件。

第一,垄断协议或协同行为即使没有达到超竞争的结果或均衡,也应当予以预防和制止。换言之,对垄断协议或协同行为的规制,反垄断执法机构不可能等到它已经产生既定的危害后果后才去评价和处理,如果这样,竞争机制、经济效率、消费者利益以及社会公共利益将遭受难以想象和无法补救的巨大损害。进而言之,对于垄断协议或协同行为,要"防早防小",事前事中的一分预防胜过事后危害扩张后的任何制止和补救。正因如此,有关垄断协议或协同行为的法律规范就必须倚重"意思联络"的概念。一旦经营者签订协议或进行了沟通交流、信息传递,进而产生了共同行动的期待,垄断协议或协同行为就已经达成,反垄断法就应当及时介入。质言之,反垄断法谴责的是经营者交换限制竞争意思的过程,而不是不合理的价格结果或均衡结果。

第二,如果有关垄断协议或协同行为的法律规范不再保留意思联络要件,那么不难想见,亚当·斯密所描述的同业企业聚会时公然共谋的场景会更加泛滥。具体到数字经济领域,经营者完全可以有意识地在超竞争性均衡结果之下,借助专家算法或学习算法,将目标设定为追求靠近但小幅高于竞争性结果的某种"次优均衡",进而实行更加普遍的"单个危害小但整体危害大"的明示共谋和默示共谋。扼要而言,放弃意思联络要件,可能产生强大的激励经营者从事垄断协议等违法行为的负面效应,从而

---

[1] See Louis Kaplow, "On the Meaning of Horizontal Agreements in Competition Law", *California Law Review*, 2011, Vol. 99, No. 3, pp. 683-818.

[2] Jonathan B. Baker, "Identifying Horizontal Price Fixing in the Electronic Marketplace", *Antitrust Law Journal*, 1996, Vol. 65, No. 1, p. 47.

使整个经济特别是数字经济被竞争的假象所包裹，被垄断协议的阴霾所笼罩。

第三，如果有关垄断协议或协同行为的法律规范舍弃意思联络的要件，进而禁止在没有任何沟通交流情况下实现的超竞争性均衡结果，很可能会导致重大的错误成本（Error Costs）。因为损害赔偿的前景会抑制那些实际上高效且正当的、但仅仅表面上类似于垄断协议的行为，也就是说，企业会担心上述行为可能引发的反垄断法责任，因而在商业行为或商业合作的开展方面变得畏手畏脚。进而言之，舍弃意思联络要件而仅仅盯住是否造成超竞争性的均衡结果，可能会使反垄断执法机构或法院无法轻易区分有害的相互依赖的平行行为和无害的非相互依赖的平行行为，从而造成重大和长期的经济代价。[1]

第四，尽管波斯纳在很早以前指出，有意识的平行行为具备要约和承诺的要素，因而在字面和实质上都满足了达成"协议"的条件，并责备"有关共谋定价的法律被掏空了经济内涵"。[2] 但近来，波斯纳改变了对"协议"或"意思联络"的宽泛解释，并警告反垄断法将"默示共谋当作是明示共谋来对待"的危险。这种转变的重要原因之一，是波斯纳认识到对相互依赖的默示共谋制定有效补救措施的困难性。不过，波斯纳也指出，相较于竞争对手利用它们对彼此当前和未来可能行动的一般知识来协调市场结果，竞争对手利用意思联络来协调市场结果的效率可能更低。可见，意思联络对正当合法目的来说可能是不必要的。然而，在垄断协议的背景下，即使结果是一种竞争性均衡，这也会让人怀疑竞争对手之间的目的是非法的，否则为什么要"画蛇添足"地进行意思联络呢？这些直觉有助于解释，为何反垄断法始终将意思联络作为垄断协议定义的一部分，并将其作为衡量反竞争效应的基准，而不仅仅是一种促进行为或便利机制（Facilitating Practices）。[3]

第五，意思联络即使只是廉价的谈话，对竞争对手协调价格和产量等决策也是有用的，而且往往是必要的。一般来说，意思联络有助于在实行垄断协议或协同行为的企业之间培养成功卡特尔通常需要的那种信任。更复杂的市场必然涉及不太完备的卡特尔初始协议，更需要意思联络来填补空白，并根据市场条件的变化修改条款。如果在更复杂的市场中，企业确实长期保持平行一致的非竞争性做法，那么即使没有直接证据，反垄断执法机构或法院也得结合各种逻辑一致的间接证据推断出它们进行了意思联络或信息交流。[4]

---

［1］ See William H. Page, "Objective and Subjective Theories of Concerted Action", *Antitrust Law Journal*, 2013, Vol. 79, No. 1, p. 232.
［2］ ［美］理查德·A. 波斯纳：《反托拉斯法》，孙秋宁译，中国政法大学出版社2003年版，第61~62页。
［3］ See Richard A. Posner, "Review of Kaplow, Competition Policy and Price Fixing", *Antitrust Law Journal*, 2014, Vol. 79, No. 2, p. 761.
［4］ See Michal S. Gal, "Algorithms as Illegal Agreements", *Berkeley Technology Law Journal*, 2019, Vol. 34, No. 1, p. 117.

(三) 跳出垄断协议规范的其他应对路径

以上分析可见，算法在商业领域的普遍应用，改变了传统上与共谋风险密切相关的市场结构条件，加剧扩大了算法共谋的风险。着力于预防和制止共谋风险或共谋效应的垄断协议规范（禁止垄断协议制度），显得力所不逮：它虽然可以基于已有的核心概念、规范框架、认定规则等，较为有效地应对监测式算法共谋、轴辐式算法共谋导致的问题，但难以应对代理式算法共谋、自主式算法共谋等算法默示共谋带来的挑战。因此，为保证反垄断法体系应对算法共谋特别是算法默示共谋的整体有效性，弥补垄断协议规范自身的局限，有必要跳出垄断协议规范的单一制度路径，从"视域融合"和"规范协同"的角度，在更广阔的反垄断法制度领域，寻求解决算法共谋特别是算法默示共谋问题的制度路径。正如本书第二章所述，共谋的反垄断法表达不仅仅只有垄断协议或协同行为，还包括共同市场支配地位和协同效应（经营者集中控制所关注的协同效应）。也就是说，预防和制止共谋风险或共谋效应的反垄断法规范，实际上还有滥用共同市场支配地位规范和经营者集中控制规范。就算法共谋的有效规制而言，后两者具有垄断协议规范所无法替代的制度价值。接下来的两章将分别予以探讨。

# 第六章 滥用共同市场支配地位规范对算法共谋的适用

从功能定位上讲，滥用共同市场支配地位规范旨在弥补垄断协议规范适用于寡头默示共谋所存在的缺陷和不足，即把无意思联络的寡头平行行为纳入滥用市场支配地位的规范框架。鉴于算法在商业领域的普遍运用，改变了传统上寡头默契协调所依赖的市场结构条件，使基于算法相互依赖的平行行为更加普遍，将经典的'"寡头垄断问题"扩展到非寡头市场，因此有必要拓展滥用共同市场支配地位规范的适用范围，将经营者基于算法的默契协调行为也纳入规制。[1] 不过，在应对算法共谋问题上，滥用共同市场支配地位规范并非尽善尽美，受限于自身事后"反应式"规制的属性，以及共同市场支配地位标准"枪口过高"的现状，其适用效果也可能存在一定的局限。

## 第一节 滥用共同市场支配地位的基本规范框架

我国《反垄断法》并未直接对"共同市场支配地位"这一概念作出明确规定，但这一概念实际上隐含在关于多个经营者具有市场支配地位的推定制度之中。共同市场支配地位的概念及其相关制度，最早源于欧盟竞争法，并在一系列案件的调查、审理过程中得到了深入的阐释和发展。滥用共同市场支配地位的规范构成暨分析框架包括以下四个部分：一是存在两个以上经营者；二是该等经营者形成了一个共同实体；三是该共同实体具有市场支配地位（共同市场支配地位）；四是存在滥用共同市场支配地位行为。

### 一、我国反垄断法关于滥用共同市场支配地位规定的考察

（一）《反垄断法》中的隐含概念：共同市场支配地位

我国《反垄断法》第三章"滥用市场支配地位"，包括三个条文，分别是第22条

---

[1] 参见时建中：《共同市场支配地位制度拓展适用于算法默示共谋研究》，载《中国法学》2020年第2期；焦海涛、宋亭亭：《数字时代共同市场支配地位的认定标准》，载《上海财经大学学报》2021年第3期。

关于禁止滥用市场支配地位的规定，第 23 条关于认定经营者具有市场支配地位应当考虑因素的规定，第 24 条关于市场支配地位推定的规定。这些规定中并没有明确出现"共同市场支配地位"的概念。共同市场支配地位是作为一个隐含概念嵌套在第 24 条关于市场支配地位推定的规定之中。《反垄断法》第 24 条第 1 款规定："有下列情形之一的，可以推定经营者具有市场支配地位：（一）一个经营者在相关市场的市场份额达到二分之一的；（二）两个经营者在相关市场的市场份额合计达到三分之二的；（三）三个经营者在相关市场的市场份额合计达到四分之三的"；第 2 款规定："有前款第二项、第三项规定的情形，其中有的经营者市场份额不足十分之一的，不应当推定该经营者具有市场支配地位"；第 3 款规定："被推定具有市场支配地位的经营者，有证据证明不具有市场支配地位的，不应当认定其具有市场支配地位。"可见，通过设定特定的市场份额阈值来推定两个或三个经营者具备市场支配地位的规定，实际上隐含了共同市场支配地位的概念。这一推定规定不仅为共同市场支配地位提供了规范依据，更为后续对滥用共同市场支配地位行为的规制铺垫了基础。总体来看，我国《反垄断法》关于共同市场支配地位的规定具有以下考虑和特点：

第一，确立了共同市场支配地位推定制度，为应对默示共谋难题提供了另一种反垄断法规范路径。将多个经营者视为一个整体来推定其共同具有市场支配地位，主要是为了有效应对寡头垄断问题，以及其他基于相互依赖关系的默示共谋问题。如果若干经营者占据了一个市场主要的市场份额，它们便处于紧凑的寡头市场中，很容易观察彼此行为、预测彼此策略，进而通过实施共同行为控制市场，表现得如同一个具有单独市场支配地位的经营者一样，但反垄断执法机构在获取它们达成垄断协议或进行意思联络的确凿证据方面，往往面临着巨大的挑战。为了有效应对寡头垄断问题，通过采用将多个经营者的市场份额合并计算的方式以推定它们具备共同市场支配地位，[1] 能够为滥用共同市场支配地位规范的适用铺垫基础。这样的制度安排不需要考察经营者之间是否具有意思联络或信息交流，即便缺乏直接证明它们达成垄断协议的证据，也可以有效地对行为一致的寡头经营者或其他经营者进行规范和制约。[2]

第二，"可以推定"而非"应当推定"，市场份额阈值并非"安全港"。共同市场支配地位推定制度，即当两个经营者在相关市场上的合计市场份额达到 2/3，或者三个经营者在相关市场的合计市场份额达到 3/4 时，可以假定这些经营者共同占据了市场的支配地位。"可以"一词表明，即便满足了市场份额阈值标准，也不是必须或应当推

---

[1] 共同市场支配地位是市场支配地位的衍生类型。一般来说，具有市场支配地位并不违法，因为取得这种地位可能是经营者高效经营、效能竞争的结果，违法的是滥用这种地位的行为。不过，在经营者集中控制领域，形成或加强（共同）市场支配地位的经营者集中，一般会受到反垄断法的禁止或限制，在这种情况下，市场支配地位是确定经营者集中违法与否的标准。参见侯利阳：《共同市场支配地位法律分析框架的建构》，载《法学》2018 年第 1 期。

[2] 王翔主编：《中华人民共和国反垄断法解读》，中国法制出版社 2022 年版，第 117 页。

定，如果经营者之间明显存在实质性竞争或行为不具有一致性，反垄断执法机构可以不推定（也不应推定）它们具有共同市场支配地位。同时，关于共同市场支配地位的推定，《反垄断法》中还设定了"微量不计"的判定准则。具体来说，若某一经营者的市场份额低于1/10，则不应将其视为具备市场支配地位，即不纳入市场支配地位的考量范畴。然而，必须明确的是，上述市场份额阈值并非经营者的"避风港"或"安全港"。即使经营者在相关市场的市场份额未达到50%，或两个经营者合计市场份额未达到2/3，或三个经营者合计市场份额未达到3/4，也并不能完全排除其具备市场支配地位或共同市场支配地位的可能性。在实际认定中，还需综合考虑其他多种因素，以确保判定的准确性和公正性。

第三，共同市场支配地位推定制度还着眼于节约执法成本和促使经营者加强自律合规。一方面，各国反垄断执法的经验表明，判断经营者是否具有共同市场支配地位，需要依法开展大量深入细致的调查取证工作，往往旷费时日，这对讲求行政效率的执法机构来说，无疑是个难题。因此，设计一种相对较为快速地确定经营者是否具有共同市场支配地位的法律制度，有利于降低执法成本、提高执法效率。[1] 另一方面，经营者对其在相关市场上所占的市场份额比较清楚，推定制度通过明确经营者达到一定的市场份额就可以推定其具有共同市场支配地位，有利于经营者自主判定其是否属于具有共同市场支配地位的潜在情形，进而能促使其谨慎实施相关行为，加强自律合规，维护市场竞争秩序。[2] 这一点恰与欧盟《数字市场法》（*Digital Market Act*，DMA）通过指定"守门人"平台企业，进而明确其相应义务的做法有异曲同工之处。[3]

第四，市场份额被作为指示市场支配力量的最重要的因素。之所以将市场份额作为推定经营者具有共同市场支配地位的首要考察因素，除因为市场份额本身易于计算外，更多是因为相较于其他相关因素（如控制销售市场或者原材料采购市场的能力、

---

[1] 参见吴高盛主编：《中华人民共和国反垄断法释义》，中国法制出版社2007年版，第59页。

[2] 参见曹康泰主编：《中华人民共和国反垄断法解读：理念、制度、机制、措施》，中国法制出版社2007年版，第95页。

[3] 欧盟《数字市场法》对于"守门人"范围的确定，采取了定性和定量相结合的方法。一个企业如果同时满足了如下三个定性标准，就应该被指定为数字市场的"守门人"：①该企业对于互联网市场具有重要的影响（Significant Impact）；②该企业提供了一项核心平台服务（Core Platform Service），这一核心平台服务被企业用户作为触达终端用户的重要通道；③该企业能够稳固并持久（Entrenched and Durable）地享有这一地位，或者在近期能够预见到能持续这一地位。与此同时，《数字市场法》对于"守门人"认定的定量标准分为三个层次，即企业层面、核心平台服务层面和持续时间层面：①企业至少在三个欧盟成员国提供相同的核心平台服务，并且在近三年任一财政年度的欧盟年营业额（Turnover）等于或超过75亿欧元；或者该企业至少在三个欧盟成员国提供相同的核心平台服务，并且在最后一个财年平均市值总值（Market Capitalisation）或其等价市场估值（Market Value）至少75亿欧元；②企业提供的核心平台服务成立或位于欧盟境内，并在上一财政年度最少拥有4500万月活跃终端用户；或者该企业提供的核心平台服务成立于欧盟境内，并在上一财政年度最少拥有1万名年活跃企业用户；③在过去三个财政年度内，该企业提供的核心平台服务每年都达到上述第二个标准的要求。See REGULATION（EU）2022/1925 OF THE EUROPEAN PARLIAMENT AND OF THE COUNCIL of 14 September 2022 on contestable and fair markets in the digital sector and amending Directives（EU）2019/1937 and（EU）2020/1828（Digital Markets Act）.

财力和技术条件等),市场份额与市场支配地位有较强的正相关性,能够较好地反映经营者的支配力量。当经营者的市场份额越大时,通常在相关市场内控制商品价格、数量以及阻碍竞争对手进入市场的能力越强。[1] 不过,在数字经济领域,竞争状况往往瞬息万变,一时占据较高市场份额的经营者很有可能在较短时期内因为技术迭代而被市场淘汰。因此,不仅需要考察市场份额的比重,而且需要考察维持该市场份额的时间,并着重评估经营者对推定可能作出的反证及其说明力。[2]

第五,明确了推定的反证制度。推定与认定在举证责任上存在显著区别。在推定共同市场支配地位的过程中,举证责任落在被推定的经营者身上,而非反垄断执法机构。若被推定的经营者未能提出反证,或所提出的反证未获认可,则该推定将被视为成立。被推定的经营者可依据《反垄断法》第23条所规定的认定经营者具有市场支配地位应当考虑的相关因素及其他因素,通过证明其与其他经营者间存在实质性竞争、行为不具有一致性,或相较于竞争对手并无显著优势地位等证据,来反驳共同市场支配地位的推定。若其提供的证据具有足够的说服力,反垄断执法机构不应认定其具有共同市场支配地位。规定反证制度的目的就是保障推定过程的公正性与准确性,确保经营者的合法权益得到充分保障。[3]

第六,尽管确立了推定共同市场支配地位的制度,但缺乏对共同市场支配地位的明确定义及认定标准。其实,共同市场支配地位的概念是建立在经济学有关共谋(无论是明示还是默示共谋)的一般原理之上的。如果经营者无法达成并维持稳定的共谋,即无法解决那些影响共谋稳定性和可持续性的难题,那么它们就不可能像单个具有市场支配地位的经营者那样行事,因此也就无法确立共同市场支配地位。换言之,共同市场支配地位的成立,必须建立在经营者之间稳定且可持续的共谋关系之上。遗憾的是,《反垄断法》虽然"规定了对共同市场支配地位的推定,但却没有对共同市场支配地位的含义做出一些界定,如具有共同市场支配地位的经营者之间是什么关系,在实施中容易引起歧义"。[4]

(二)我国台湾地区"公平交易法"对共同市场支配地位的规定

我国台湾地区"公平交易法"(2017年5月26日修正,6月14日公布)用三个条

---

[1] 推定的前提是找出事物之间存在的客观联系的经验法则。只有通过长期、反复的实践,归纳出合乎逻辑的常态联系和因果关系后,才能够进行推定。参见宁立志主编:《〈中华人民共和国反垄断法〉释评》,法律出版社2023年版,第142页。

[2] 参见王先林主编:《最新反垄断法条文对照与重点解读》,法律出版社2022年版,第86页。

[3] 参见全国人大常委会法制工作委员会经济法室编:《〈中华人民共和国反垄断法〉条文说明、立法理由及相关规定》,北京大学出版社2007年版,第113页。

[4] 吴炯主编:《中华人民共和国反垄断法解读》,中国工商出版社2007年版,第108页。不过,《禁止滥用市场支配地位行为规定》对如何认定共同市场支配地位作了一些指引,即在第13条规定:"认定两个以上的经营者具有市场支配地位,除考虑本规定第七条至第十二条规定的因素外,还应当考虑经营者行为一致性、市场结构、相关市场透明度、相关商品同质化程度等因素。"可见,成立共同市场支配地位,往往需要经营者(以及它们之间的行为互动、经济联系等)具备垄断协议的外观,至于其有无意思联络或沟通交流等主观情事,在所不问。

文对"独占的含义"（市场支配地位的含义）、"不纳入独占事业认定范围的情形"（市场支配地位的推定）和"独占事业之禁止行为"（禁止滥用市场支配地位）作了规定。

"公平交易法"第7条是关于"独占"定义的规定，即："[第一款] 本法所称独占，指事业在相关市场处于无竞争状态，或具有压倒性地位，可排除竞争之能力者。[第二款] 二以上事业，实际上不为价格之竞争，而其全体之对外关系，具有前项规定之情形者，视为独占。"

"公平交易法"第8条是关于"不纳入独占事业认定范围的情形"的规定，即："[第一款] 事业无下列各款情形者，不列入前条独占事业认定范围：一、一事业于相关市场之占有率达二分之一。二、二事业全体于相关市场之占有率达三分之二。三、三事业全体于相关市场之占有率达四分之三。[第二款] 有前项各款情形之一，其个别事业于相关市场占有率未达十分之一或上一会计年度事业总销售金额未达主管机关所公告之金额者，该事业不列入独占事业之认定范围。[第三款] 事业之设立或事业所提供之商品或服务进入相关市场，受法令、技术之限制或有其他足以影响市场供需可排除竞争能力之情事者，虽有前二项不列入认定范围之情形，主管机关仍得认定其为独占事业。"

总体来看，我国台湾地区"公平交易法"关于共同市场支配地位的规定具有以下考虑和特点：

第一，对"共同市场支配地位"作了较为清晰的界定。鉴于少数事业虽然并未从事联合行为（垄断协议），但实际上不为价格之竞争，例如全体市场由少数厂商控制或支配，形成寡占之局面，事业可能借助价格领导机制操纵市场，因而对于二以上事业处于寡占之情形，亦有加以规范之必要。[1] 基于此，"公平交易法"第7条将寡头相互依赖的非竞争行为（平行行为）纳入规范，即规定"二以上事业，实际上不为价格之竞争，而其全体之对外关系，具有前项规定之情形者，视为独占"。实际上，上述规定也是对"共同市场支配地位"的定义。根据该定义，共同市场支配地位具有如下特征：①主体复数性，须存在两家或更多的事业；②两家或更多的事业在外观上或对外关系中处于一种"全体"状态，即德国反限制竞争法所谓的"整体"，或欧盟竞争法所谓的"共同实体"（a collective entity）；③作为全体或整体的两家或更多的事业，在决策和行动上"不为价格之竞争"，即规避彼此之间的竞争风险，把竞争最重要的维度（价格）消解了。④两家或更多的事业，实际上不进行价格竞争，且其整体对外关系与独占事业在实质上无异，即这些事业在相关市场均处于无竞争状态或拥有压倒性地位，具备排除竞争的能力。

第二，推定二以上事业具有共同市场支配地位（视为独占）有两项累积性考察因素：一是市场占有率（市场份额）；二是总销售金额。首先，每个事业的市场占有率达

---

[1] 参见赖源河编审：《公平交易法新论》，中国政法大学出版社2002年版，第172页。

到1/10，或者上一会计年度的事业总销售金额须达到主管机关所公告的相应金额。按照我国台湾地区公平交易委员会于2015年3月4日所公告之金额，该总销售金额须达新台币20亿元。[1] 其次，两家事业在相关市场的整体占有率达到2/3，或三家事业在相关市场的整体占有率达到3/4。由此可见，在推定共同市场支配地位方面，台湾地区"公平交易法"不单单倚重市场份额的单一指标，也注重经营者上一会计年度总销售金额对市场支配力量的指示作用。

第三，满足不列入独占事业认定范围的情形，并非意味着相关事业就处于绝对的"安全区"，它们仍可能被主管机关认定为具有共同市场支配地位。若事业的设立或其提供的商品、服务在进入相关市场时，受到法律、技术限制或存在其他足以影响市场供需、排除竞争能力的情形，尽管某些情况下并不直接纳入独占事业的认定范围，但主管机关仍有权根据实际情况认定其为独占事业。也就是说，"对于因法令、技术之限制，而阻碍其他事业进入竞争者，或有其他原因而排除事业竞争，增加进入特定市场之困难性者，虽然依前款规定，不属于独占事业之范围，但公平交易委员会仍得审酌认定其为独占事业"。[2] 易言之，两个以上事业的联合市场份额虽未达市占率的2/3或3/4，或者有的事业上一会计年度的总销售金额未达主管机关公布的数额，但如果这些事业由于法律、技术限制等原因实际上并不进行价格竞争，并且其全体在相关市场的对外关系中处于无竞争状态或具有压倒性地位，具备排除或者限制竞争的能力，主管机关仍有可能将其认定为具有共同市场支配地位。

**二、欧盟竞争法上涉滥用共同市场支配地位的案例考察**

如何应对寡头垄断问题即寡头相互依赖的平行行为，可谓世界各反垄断法域面临的共同难题。就反垄断法最为发达的两大法域——美国反托拉斯法和欧盟竞争法而言，两者在应对这一问题的实际做法和规范路径上存在着明显的差异。

在美国，有学者曾提出"共享垄断势力"（Shared Monopoly Power）的概念，设想借此扩张《谢尔曼法》第2条有关"垄断化"（Monopolization）禁止制度（即滥用市场支配地位禁止制度）的适用范围，将寡头相互依赖的平行行为纳入规范。[3] 具体而言，构成非法的垄断化须满足以下两个条件：首先，企业在相关市场上必须拥有垄断势力；其次，这种垄断势力的获得或维持必须是出于企业的故意行为，而非因产品卓越、经营灵活或偶然的历史事件所带来的增长效应。[4] 在此，"垄断势力"（即市场支配地位）的要件具有较大的解释空间，理论上可以包含两个或两个以上企业的"联合

---

[1] 参见廖义男：《公平交易法》，元照出版公司2022年版，第198页。
[2] 赖源河编审：《公平交易法新论》，中国政法大学出版社2002年版，第180页。
[3] See Donald F. Turner, "The Definition of Agreement under the Sherman Act: Conscious Parallelism and Refusal to Deal", *Harvard Law Review*, 1962, Vol. 75, No. 4, pp. 655-706.
[4] See United States v. Grinnel Corp. 384 U. S. 570-571, (1996).

垄断势力"，例如协调良好的卡特尔实际上就处于形成、维持、加强联合垄断势力的动态过程。如果具有单独垄断势力的单个企业可以适用《谢尔曼法》第 2 条的"垄断化"规定，为什么具有联合垄断势力的两个以上企业不能适用这一规定呢？这样，就可以将从事共谋特别是默示共谋的两个以上企业纳入"垄断化"禁止制度的规范框架，进而解决《谢尔曼法》第 1 条（关于共谋的禁止性规定）难以有效涵盖的寡头之间不存在意思联络的相互依赖的平行行为。但遗憾的是，美国反垄断执法机构和法院未曾采纳过这一建议，而始终坚定地认为《谢尔曼法》第 2 条只能用于规范单边行为（Unilateral Conduct），即"垄断势力"要件是针对单个企业而言的，涉及复数企业的垄断势力及不当行为属于《谢尔曼法》第 1 条的管辖范围。[1]

与美国反垄断执法机构和法院对《谢尔曼法》第 2 条规定极为保守的解释不同，《欧盟运行条约》第 102 条有关禁止滥用市场支配地位的规定本身就蕴含着"共同市场支配地位"的概念，因而为应对明示共谋和可能的默示共谋提供了限制竞争协议规制路径（《欧盟运行条约》第 101 条）之外的又一种路径。《欧盟运行条约》第 102 条规定："一个或更多企业（one or more undertakings），滥用其在共同市场上，或者其重大部分中的支配地位，如果有可能影响成员国间的贸易，则被视为与共同市场不相容而禁止。这类滥用主要有……"其中，"一个或更多企业"的表述，从字面意义理解，既涵盖了一个企业滥用其在共同市场或其重大部分中的支配地位的情况，也涵盖了两个或更多企业滥用其在共同市场或其重大部分中的支配地位的情形。这意味着，欧盟竞争法中的市场支配地位概念，涵盖了"单独市场支配地位"和"共同市场支配地位"两种形式。迄今为止，欧盟委员会和欧盟法院在《欧盟运行条约》第 102 条的框架下，已经查处和审理了 4 起涉及滥用共同市场支配地位的案例，这些案例为共同市场支配地位的原理阐释和规范认定提供了宝贵的指导和参考。

（一）首次承认"共同市场支配地位"概念

在 1992 年的"意大利平板玻璃案"[2] 中，欧盟法院首次对《欧盟运行条约》第 102 条中的"企业"概念进行了说明和澄清，并正式承认了"共同市场支配地位"概念的存在。在该案中，欧盟委员会裁定三家意大利平板玻璃生产商因达成限制竞争协议而违反了《欧盟运行条约》第 101 条。同时，委员会还发现，这三家企业的行为也触犯了《欧盟运行条约》第 102 条的相关规定。委员会明确指出，作为紧凑寡头垄断市场的参与者，这三家企业（作为整体）享有高度的独立性，几乎不受市场竞争压力的影响，因此它们有能力阻碍有效竞争的维持。更具体地说，这些企业可以不顾及其

---

[1] 参见［美］赫伯特·霍温坎普：《联邦反托拉斯政策——竞争法律及其实践》，许光耀、江山、王晨译，法律出版社 2009 年版，第 179 页以下。
[2] Joined cases T-68/89, T-77/89 and T-78/89, Società Italiana Vetro SpA, Fabbrica Pisana SpA and PPG Vernante Pennitalia SpA v Commission of the European Communities, ECLI: EU: T: 1992: 38.

他市场参与者的行为，按照自己的意愿行事，从而对市场竞争造成显著的不利影响。委员会的结论是，这三家企业在市场上是作为一个整体而不是作为个体出现的，它们的行为构成了对共同市场支配地位的滥用，因为这些行为限制了消费者选择供应来源的自由，限制了市场的出口潜力，并扭曲了内部市场的竞争。此后，除其他争点外，欧盟普通法院审议了委员会关于共同市场支配地位的结论。

法院注意到，根据《欧盟运行条约》第 102 条的措辞，其本身就规定"一个或更多的企业"可以滥用市场支配地位。事实上，所有当事人都承认，如果企业构成一个经济单位，则《欧盟运行条约》第 101 条下"协议"或"协同行为"的概念不包括属于同一集团的企业之间的协议或协同行为。因此，当《欧盟运行条约》第 101 条提到"企业"之间的协议或协同行为时，它指的是两个或两个以上能够相互竞争的经济实体之间的关系。法院指出，在法律或经济层面上，没有充分理由认为《欧盟运行条约》第 102 条中的"企业"与第 101 条中的"企业"含义有所不同。一般而言，两个或更多独立的经济实体，完全有可能通过特定的"经济联系"（Economic Links）在某一特定市场上联合，进而在该市场上对其他经营者形成支配地位。例如，当两个或更多独立企业通过协议或许可方式共同掌握技术领先优势时，它们便能在很大程度上独立于竞争对手、客户，甚至最终独立于消费者行事。

但法院同时指出，为了确立《欧盟运行条约》第 102 条规定下的违法行为，循环利用构成《欧盟运行条约》第 101 条规定下的违法行为的事实是不够的，也不能仅仅凭借当事人共同占有相当大的市场份额，就认定它们拥有共同市场支配地位。在此，法院实际上认为，违反《欧盟运行条约》第 102 条规定的行为，不必以违反该条约第 101 条规定为前提，并且共同市场支配地位的构成要件与限制竞争协议的构成要件不尽相同。

在该案中，欧盟普通法院虽然对《欧盟运行条约》第 102 条下的"共同市场支配地位"概念进行了澄清，但正如学者所指出的，法院的分析既令人振奋又令人失望。尽管法院承认了共同市场支配地位的存在，然而遗憾的是，它并未对"经济联系"（Economic Links）这一概念作出精确阐释，这无疑留下了诸多待解之谜。[1]

（二）"共同实体"被嵌入共同市场支配地位的分析

在"CMB 案"[2]中，欧盟委员会和法院对《欧盟运行条约》第 102 条下共同市场支配地位的认定进行了更为深入的探究。该案中，欧盟委员会发现，比利时海事运输公司（CMB）滥用了与其他企业的共同市场支配地位。这些企业共同组成了一个班轮公会，并实施了一项合作协议，旨在通过有选择性的降价（限制性定价），将一个独

---

[1] See Chris Withers, "Mark Jephcott, Where To Go Now For E. C. Oligopoly Control?", *European Competition Law Review*, 2001, Vol. 22, No. 8, p. 297.

[2] Joined Cases C-395/96P and C-396/96P, Compagnie maritime belge transports SA, Compagnie maritime belge SA and Dafra-Lines A/S v Commission of the European Communities, ECLI: EU: C: 2000: 132. .

立的竞争对手赶出市场（这种做法被称为"战斗船"）。欧盟普通法院驳回了 CMB 要求撤销委员会决定的申请。CMB 向欧洲法院（Court of Justice）提出上诉，对其与班轮公会其他成员拥有共同市场支配地位的结论提出异议。

欧洲法院明确指出，两个或两个以上在法律上相互独立的经济实体完全可能共同拥有市场支配地位，只要从经济角度来看，它们作为一个"共同实体"在特定市场上共同表现或共同行动。在裁决两个或两个以上企业具有共同市场支配地位之前，原则上必须先对有关企业在相关市场上的地位进行经济评估，然后再审查有关企业是否滥用其在市场上的地位。具言之，滥用共同市场支配地位的认定包括三个步骤：首先，必须确定有关企业在某一特定市场上与其竞争对手、客户和消费者相比是否集体地构成一个"共同实体"。其次，在这种共同实体成立的地方，接下来的问题是该实体是否占据市场支配地位。最后，根据《欧盟运行条约》第 102 条，共同市场支配地位本身并不是被苛责的理由，人们应该进一步质疑"共同实体"是否滥用了其市场支配地位。

在确认"共同实体"存在的过程中，法院强调需详细审查导致相关企业间产生关联的经济联系或因素，换言之，这些经济联系或因素是它们之间建立关联的基础。尤为重要的是，必须确认这些经济联系或因素赋予了它们独立于竞争对手、客户和消费者共同行动的能力。仅仅依靠企业通过《欧盟运行条约》第 101 条所规定的协议、企业联合组织的决定或协同行为而相互联结的事实，并不足以充分证明共同实体的存在。然而，当一项协议、决定或协同行为（无论是否获得《欧盟运行条约》第 101 条第 3 款的豁免）得以实施时，它无疑会加强相关企业在特定市场上的紧密联系，进而增加它们在竞争对手、客户和消费者面前以共同实体形式出现的可能性。在确立共同市场支配地位时，一项协议或法律上的其他联系并非不可或缺的要素；相反，共同市场支配地位的认定可能基于多种相关因素，并依赖于深入的经济评估，特别是对相关市场结构的细致分析。

可见，该判决清楚地表明，即使在没有协议或法律上的其他联系的情况下，当企业作为一个共同实体经营时，也可能发现存在共同市场支配地位，例如基于寡头相互依赖的默示共谋有可能成立共同市场支配地位。实际上，在欧盟委员会 2005 年发布的关于查处排他性滥用行为适用《欧盟运行条约》第 102 条的讨论文件中，委员会指出：为了确立共同市场支配地位，有必要审查企业之间相互联系的因素。这些因素可能源于协议的性质和条款。所有权利益和其他法律上的联系也可以引导相关企业进行协调。然而，一项协议或法律上的其他联系的存在，并不是确定共同市场支配地位所不可缺少的。这样的发现还可能基于对有关市场结构的评估。市场结构和企业在市场上相互作用的方式可能会导致共同市场支配地位的出现。[1]

---

[1] See DG Competition Discussion Paper on The Application of Article 82 of The Treaty to Exclusionary Abuses, 2005, http://ec.europa.eu/competition/antitrust/art82/discpaper2005.pdf.

### (三)"纵向共同市场支配地位"的提出

在"爱尔兰糖业案"[1]中,欧盟委员会和欧盟普通法院认定,纵向经济关系中也可以存在共同市场支配地位,即"纵向共同市场支配地位"。爱尔兰糖业(Irish Sugar)是爱尔兰唯一的甜菜加工商和主要的糖供应商,因违反《欧盟运行条约》第102条的规定而被委员会罚款。在调查中,欧盟委员会接受了爱尔兰糖业的说法,即尽管其持有SDL的51%的资本,但它并不控制SDL的管理层。由于缺乏控制,委员会无法将这两家企业视为一个经济实体。于是委员会转变办案思路,认定爱尔兰糖业与其产品分销商(SDL)拥有共同市场支配地位且滥用了这种地位。爱尔兰糖业向欧盟普通法院申请撤销该决定,并对委员会关于其与SDL占据共同市场支配地位的裁决提出异议。

法院指出,共同市场支配地位是指某些企业基于相互间的紧密联系,能够共同制定市场策略,并在很大程度上独立于竞争对手、客户以及最终消费者,共同采取行动。两个实体之间经济独立性的存在,并不妨碍它们占据共同市场支配地位。所讨论的经济实体的独立,并不足以消除它们占有共同市场支配地位的可能性。在这种情况下,委员会确定了爱尔兰糖业和SDL之间的联系因素,表明这两个经济实体有能力采取共同市场政策。这些联系因素涵盖了爱尔兰糖业在SDL母公司(SDH)的持股情况,以及在SDH和SDL董事会中的代表情况;同时,还涉及SDL与爱尔兰糖业之间的直接经济往来,包括爱尔兰糖业为SDL向客户给予的所有促销和回扣所提供的资金支持。法院还指出,爱尔兰糖业与SDL处于纵向商业关系的事实,并不影响共同市场支配地位的认定。判例法中没有任何内容支持关于共同市场支配地位的概念,不适用于纵向商业关系中的两个或两个以上企业的主张。正如欧盟委员会所指出的,纵向关系中的企业,尽管没有被整合到构成同一企业的程度,却能够滥用共同市场支配地位,这是法律不能接受的。

对于滥用行为,法院进一步指出,虽然共同市场支配地位的存在可以从企业在相关市场上的共同行为推断出来,但滥用行为并不一定是所有相关企业的行为。进而言之,具有共同市场支配地位的企业可能存在共同或者单独的滥用行为,只要这种滥用行为与利用企业在市场上的共同支配地位有关就足够了。

该案颇具吸引力,因为欧盟普通法院在此案中支持了委员会的观点,即纵向商业关系中同样可能存在共同市场支配地位,即所谓的"纵向共同市场支配地位"。并且法院认为,即使采取行动的是其中一家企业而不是整个共同实体,也可以成立滥用共同市场支配地位。这近似于刑法共同犯罪中"一人实行,全部既遂"的罪责认定方式。可见,要求企业在市场上作为一个共同实体出现,并不意味着它们在市场上的所有方

---

[1] Case T-228/97, Irish Sugar plc v Commission of the European Communities, ECLI:EU:T:1999:246.

面都必须作出相同或共同的行为。[1]

（四）融入经济学共谋理论的"共同实体"认定

在"Piau案"[2]中，法院对共同实体和共同市场支配地位的认定作了更具启示意义的阐发，为经济学共谋理论融入共同实体和共同市场支配地位的认定，提供了宝贵的契机。在该案中，打算从事足球球员经纪人职业的Piau先生，就《国际足球协会（FIFA）球员经纪人条例》向委员会提出申诉。他声称，该条例限制了他进入该职业的机会，从而限制了竞争。委员会启动了行政调查程序，而国际足联随即通过了新的球员经纪人条例。此后，委员会指出，欧盟没有兴趣继续进行这一程序。Piau先生对这一决定提起了诉讼。欧盟普通法院在其判决中，审议了《欧盟运行条约》第102条下共同市场支配地位的认定问题。

法院指出，《欧盟运行条约》第102条明文规定，禁止一个或更多拥有市场支配地位的企业滥用其支配地位。其中，"一个或更多企业"的表述，意味着两个或更多在法律上保持独立的经济实体，只要从经济视角看，它们在特定市场上呈现出共同实体的特征或采取共同行动，均可被视为具有市场支配地位。要确立"共同实体"（进而确认共同市场支配地位）的存在，需满足以下三个必要条件：首先，寡头垄断市场上的每个成员必须能够洞察其他成员的行为，以确保共同策略的执行与监督；其次，默契协调（Tacit Coordination）的局面必须持久，即各成员应有动力维持市场共同策略；最后，当前与未来的竞争对手、交易对手及消费者的预期反应，不应危及共同策略的预期成效。最终，法院判定，修订前的《国际足球协会（FIFA）球员经纪人条例》在实施过程中，可能促使相关企业（即足球俱乐部）以共同实体的形式出现在竞争对手、交易对手及消费者面前。然而，修订后的条例并未导致共同市场支配地位及滥用问题的出现，因此，Piau先生的诉讼被驳回。

实际上，"Piau案"法院提出的三项累积条件，很大程度上是以经济学中的共谋（无论明示或默示共谋）理论为基础的。如前文所述，共谋的达成和实施，即共谋的稳定性和可维持性，依赖于一系列严格的条件，如市场条件不能过于复杂、企业应具有对称性、市场应足够透明以便于监测背叛行为、存在及时有效可信的报复惩罚、不存在充分有效的外部竞争约束等，而"Piau案"法院用于检验共同实体的三项条件，皆涵盖于上述条件之中。这也意味着，即使没有协议或法律上的其他联系，基于寡头相互依赖的平行行为等默示共谋也可能成立共同市场支配地位，换言之，导致企业相互依赖的市场结构、市场条件，本身就是一种强有力的让企业之间产生关联的经济联系或因素。

---

[1] See Alison Jones, Brenda Sufrin, EU Competition Law: Texts, Cases, and Materials, Oxford University Press, 2014, pp. 279-280.

[2] Case T-193/02, Laurent Piau v Commission of the European Communities, ECLI: EU: T: 2005: 22.

### 三、滥用共同市场支配地位的规范构成

基于我国反垄断法有关禁止滥用市场支配地位的相关规定以及共谋的经济学原理,同时结合欧盟竞争法在处理滥用共同市场支配地位案件中形成的经验,可以认为,滥用共同市场支配地位的规范构成暨分析框架包括以下四个部分:一是存在两个以上经营者;二是该等经营者形成了一个共同实体;三是该共同实体具有市场支配地位(共同市场支配地位);四是存在滥用共同市场支配地位行为。

**(一)存在两个以上经营者**

滥用共同市场支配地位的主体是经营者,并且具有复数性,即两个以上经营者。单个经营者仅可实施独立的滥用市场支配地位行为,即如美国《谢尔曼法》第2条所定义的"单边行为",指企业单方面滥用其垄断势力的行为。与此相对,滥用共同市场支配地位的行为,须有两个以上经营者共同参与,单个经营者无法实施此类行为。

我国《反垄断法》第15条第1款规定:"本法所称经营者,是指从事商品生产、经营或者提供服务的自然人、法人和非法人组织。"实际上,这里"经营者"的概念,与《欧盟运行条约》上的"企业"概念一样,都着重于对主体经济功能的判断。"经营者"的概念适用于从事经济活动(因而可能影响市场竞争)的任何实体,而不论其法律资格有无、法律地位和筹资方式如何。这种界定主体资格的功能主义方法,侧重于对主体活动的商业性质的判断,而不在意从事这些活动的主体类型。因此,经营者可能涉及公司、合伙企业、行业协会、俱乐部、个人乃至行政主体。进一步讲,在反垄断领域,法人人格分离的公司法主体原则,让位于注重经济功能判断的经营者或企业的反垄断法概念。一方面,基于"经营者"的概念,可以将单一经济单位(单一经济实体)内不同法律实体之间的协议排除在反垄断法的适用之外(不成立垄断协议或共同市场支配地位),并将其视为职能的内部分配。另一方面,基于"经营者"的概念,可以把分开的法律实体视为一个单一的经营者(单一经济实体),从而使一组法律实体(如一组公司)对其中一个法律实体(如一个公司)从事的反竞争行为承担法律责任。

总之,构成共同实体和共同市场支配地位的复数经营者,它们之间原则上不能存在决策以及经济功能上的控制与被控制关系,如果存在控制与被控制关系,则属于单一经济实体的范畴,而无法成立共同实体和共同市场支配地位。

**(二)复数经营者形成了一个共同实体**

复数经营者须形成一个共同实体,[1]这是认定共同市场支配地位的不可缺少的前

---

[1] 德国《反限制竞争法》将"共同实体"称为"整体",即在该法第19条第3款规定,一个企业至少占有1/3的市场份额,推定它具有市场支配地位。由多个企业组成的整体具备以下条件时,推定其具有市场支配地位:①3个或3个以下企业组成的整体,共同占有50%的市场份额,或者②5个或5个以下企业组成的整体,共同占有2/3的市场份额。但企业能够证明,它们之间存在实质性竞争,或者企业组成的整体相对于其他竞争者并不具有突出的市场地位的,不在此限。参见中华人民共和国商务部反垄断局编:《世界主要国家和地区反垄断法律汇编(上册)》,中国商务出版社2013年版,第699页。

提和基础。换言之，共同实体就好比是共同市场支配地位的"前身"。[1] 共同实体的外部特征在于，经营者行动的共同性或一致性；其内在特质则在于，经营者之间不存在实质性竞争。因此，认定相关经营者是否构成一个共同实体，须从外在形式和内在特质两个方面进行判断。

1. 形式分析：经营者行为具有一致性

存在共同实体的情形下，经营者行为方式最直观的特征就是具有共同性、一致性或平行性（以下统称"一致性"），也就是一致地涨价、一致地降价、一致地减少供给、一致地增加供给、一致地变更产品或服务质量、一致地调整交易条件、一致地抵制某竞争对手或交易相对人，等等。如果不同经营者的行为存在差异甚至大相径庭，人们一般不会怀疑这是一群经营者在共谋垄断或组成了共同实体。其原理在于，具有差异性的行为恰与经营者独立决策、分散决策的市场经济特征相符，即是经营者自由竞争和实质性竞争的表征。质言之，经营者行为的一致性是推断存在一个共同实体（共同市场支配地位）的必要的初始证据。

2. 实质分析：经营者之间不存在实质性竞争

经营者一旦组成一个共同实体，其最本质的特征是它们之间的竞争特别是价格竞争在很大程度上已被缓和或消解——尽管这些"经营者"仍是能够自主决策、独立经营的实体。也就是说，认定共同实体不能仅作外观层面的行为一致与否的观察，还要深入到实质层面，分析经营者之间是否不存在实质性竞争。一般来说，用以推断或证明经营者之间不存在实质性竞争的证据，可统称为"消解实质性竞争的经济联系证据"，分为以下两类：

第一类是经营者之间的协议或结构性的经济联系证据。例如，经营者之间达成的触犯反垄断法的垄断协议或协同行为（不论是否得到了反垄断法豁免），以及经营者之间存在的人事连锁、少数投票表决权、小额持股、合营企业、财务金融支持、技术研发帮助以及系于共同的管理规范及章程等其他合同或结构性经济联系。存在这些明面上的经济联系，意味着经营者之间的利益趋同，因而有助于证明它们之间不存在实质性竞争。

第二类是经营者之间基于特定市场条件的经济联系或相互依赖证据。正如欧盟委员会和法院反复指出的，经济联系不必是严格的企业之间的合同或结构性的联系，即共同实体可以建立在"其他联系因素"的基础上，这将取决于对相关市场结构的经济评估。这即是说，在寡头垄断等市场结构条件下，企业相互依赖关系的存在（彼此意识到定价、产量等决策的相互依赖性），有可能构成充分且必要的经济联系因素，用以

---

[1] "共同实体"与"共同市场支配地位"的关系，就如同"经营者集中"与"具有或者可能具有排除、限制竞争效果的经营者集中"的关系。在这两对范畴中，前者都属于定性判断，后者都属于定量判断（程度判断）。

证明相关经营者构成一个共同实体。易言之，即便企业之间不存在任何协议、合同以及结构性的经济联系，只要它们系于特定的市场结构条件或客观经济情势，从而能够理性地观察、预测、响应或匹配彼此的策略并作出一致性的市场行为，那么就可以推断它们形成了一个共同实体。进而言之，所有有助于建立经营者之间相互依赖的默示共谋（平行行为）的条件，都可以转化为用于证明存在共同实体的实质性经济联系证据。这些条件或经济联系因素包括：①存在反复的相互作用（重复博弈），以有利于不断找到或优化协调均衡的条件；②存在可观的未来收益，以有利于夯实经营者从事或维系协调均衡的动机；③存在较高的市场透明度，以有利于实时观察其他经营者的动态和潜在的偏离协调均衡的行为；④存在可信、及时和有效的报复惩罚，以有利于阻止或矫正任何背离协调均衡的行为；⑤存在结构性或策略性的进入壁垒，以有利于应对当前和未来竞争对手以及客户、消费者的反应，确保它们不危及共同策略的预期结果。[1]

总而言之，形成一个共同实体的复数经营者内部，必须缺乏实质性竞争，这是它们在市场上表现出行为一致性的根本原因。不过，经营者之间也不需要完全消除竞争，缺乏实质性竞争只要求经营者不应在最重要的竞争维度上（如价格、数量）进行竞争，换言之，即便经营者在其他维度存在一定程度的竞争，也不妨碍它们形成了一个共同实体。

（三）共同实体具有市场支配地位

就像单个经营者不一定具有市场支配地位一样，即便两个或两个以上经营者形成了一个共同实体，其也不一定具有市场支配地位。证立共同实体只是证立共同市场支配地位的前提和基础。要实现从共同实体到共同市场支配地位的质的跃变，需要满足严格的条件，遵循市场支配地位评估的一般方法和程序。

基于市场支配地位的意涵，我们可以说：当两个或更多经营者形成的共同实体，拥有显著的经济实力，能够显著独立于竞争对手、客户和消费者的竞争约束，进而妨碍相关市场有效竞争的维持时，就可认定该共同实体具备市场支配地位，即构成该共同实体的经营者共同拥有市场支配地位。可见，要成立共同市场支配地位，一方面组成共同实体的经营者，必须有能力通过扭曲竞争过程来阻碍相关市场中的有效竞争；另一方面组成共同实体的经营者，必须有能力在很大程度上独立于外部竞争约束——即便其不需要完全摆脱这种约束，但具备这样的能力是至关重要的，而这种能力在结果上即体现为持续性地将价格大幅提高到竞争水平以上来获取垄断利润。

评估市场支配地位的过程，实质上就是对上述两方面能力进行检验的过程。以我国《反垄断法》第23条为例，该条规定了在认定经营者是否拥有市场支配地位时应当考虑的因素，这些因素包括但不限于：经营者在相关市场上所占的份额及其他经营者

---

[1] See Marilena Filippelli, *Collective Dominance and Collusion: Parallelism in EU and US Competition Law*, Edward Elgar Publishing Limited, 2013, pp. 177-182.

的累积市场份额、相关市场的竞争态势、经营者自身的经济实力（如其财务金融实力和技术创新能力）、经营者对上下游市场的控制能力以及交易相对人对其的依赖程度、市场进入的及时性、充分性和有效性以及是否存在重大的进入或扩张障碍等。通过对这些因素的考量，可以更为准确地判断经营者是否具备市场支配地位。

（四）滥用共同市场支配地位

通常而言，经营者（无论是单个经营者还是由两个及以上经营者组成的共同实体）拥有市场支配地位本身并不构成违法行为，它们完全有权利用这种地位带来的优势参与市场竞争。[1] 但是，市场支配地位具有重要的法律义务内涵，其蕴含着一套"义务束"，占据这种地位的经营者或共同实体，负有不得扭曲市场竞争过程、不得损害市场有效竞争、不得盘剥交易相对人或消费者等特殊义务。[2]

在我国《反垄断法》第22条、第23条和第24条所构建的滥用市场支配地位规范体系中，单个经营者及由两个或更多经营者组成的共同实体所拥有的市场支配地位，本身并不违法，并且反垄断法不会脱离经营者的行为来孤立地关注这种地位。也就是说，单独或共同的市场支配地位若被滥用于实施排除或限制竞争的行为，进而损害市场竞争、其他经营者及消费者的利益，则将受到反垄断法的禁止。

我国《反垄断法》第22条列举了滥用市场支配地位的几种典型行为，包括但不限于不公平定价、掠夺性定价、拒绝交易、限定交易、搭售或附加不合理的交易条件以及歧视性待遇等，这些列举并非是穷尽性的。[3] 处于共同市场支配地位的经营者（共同实体）可能通过滥用其地位来实施这些反竞争行为，以直接榨取交易相对人的利益并获得超竞争的利润——此即剥削性滥用行为，或者打压竞争对手的竞争动机或限制竞争对手的商业机会，直至将竞争对手排挤出市场并损害竞争过程——此即排他性滥用行为。[4]

## 第二节 滥用共同市场支配地位规范对算法共谋的适用

滥用共同市场支配地位是一个纯粹基于客观事实的判断，无论"共同实体""共同

---

[1] See EU Commission, Guidance on the Commission's enforcement priorities in applying Article 82 of the EC Treaty to abusive exclusionary conduct by dominant undertakings, [2009] OJ C 45/7, para. 1.

[2] 参见郝俊淇：《滥用市场支配地位的反垄断法原理》，中国社会科学出版社2022年版，第33~37页。

[3] 类似地，我国台湾地区"公平交易法"第9条非穷尽地列举了如下滥用独占优势的行为：①以不公平之方法，直接或间接阻碍他事业参与竞争；②对商品价格或服务报酬，为不当之决定、维持或变更；③无正当理由，使交易相对人给予特别优惠；④其他滥用独占优势之行为。其中，第一项所规制的实乃排他性滥用行为，第二项所规制的实乃剥削性滥用行为，第三项则重在规制具有独占优势的买方滥用其市场支配力量，向中小供应商施加不公平的低价或其他不合理的交易条件（如"上架费""通道费"等）。参见廖义男：《公平交易法》，元照出版公司2022年版，第202~204页。

[4] 参见时建中主编：《反垄断法——法典释评与学理探源》，中国人民大学出版社2008年版，第215页。

市场支配地位"要件还是"滥用"要件的分析判定，经营者是否存在主观意思联络均非其中必需的检验步骤，因而有望克服垄断协议规范在规制无意思联络的协调行为方面的障碍，展现出规范算法共谋特别是算法默示共谋的特别潜力。

### 一、算法"控制"和经营者的识别

就其本质而言，算法是一种规则和程序，它具有描述（特征构造）、控制（行动导向）乃至规范（秩序型塑）的功能，甚至在一些学者看来，"算法即是法律"。[1] 实际上，算法经济的兴起，给人类社会带来了前所未有的繁荣，但与此同时，算法对经济社会生活的"操控"也备受质疑，"算法持续对你的数据集进行旋转和降维处理，直至深入解读你的内在特质。这使得Facebook能够依据点赞记录来预测你的性格，通过你的表情、照片甚至与屏幕的互动来评估你的精神状态。尽管算法在高维空间的理解上可能超越了你对自己的认知，但它们却往往缺乏公平公正的态度"。[2] 数学家凯西·奥尼尔（Cathy O'Neil）在《算法霸权》一书中，阐述了人们对算法无处不在的滥用以及算法对人类生活的宰制，从评估老师的教学成果、在线推销大学课程，到提供民间信贷、预测回到社会的犯人再次犯罪的可能性等，算法随心所欲地做出与我们有关的决定，根据的仅仅是一些可疑的假设和不准确的数据。[3]

其实，在算法共谋场景里，算法的"控制"或"操控"同样存在。例如，数以万计的网约车司机加入Uber平台，并使用后者提供的统一的算法进行出行服务定价。算法不容乘客与司机议价，仅毫秒时间就给出服务的"预估价""一口价"等单方面价格，但无论司机或者乘客都不知道算法据以定价的机理和数据，只能"规则黑箱化""程序刚性化"地收款或支付。在这里，原本具有竞争关系、本应独立决定服务价格的司机，通通系于作为"枢纽中心"的Uber的算法，这被不少学者认作是最易于滋生轴辐共谋的典型场景——司机借助Uber平台及其算法形成了共谋的"轮辐"。[4]

运用滥用共同市场支配地位规范规制上述轴辐共谋，首先要证明司机是具备经济功能和独立决策属性的"经营者"，只有满足这一点，才能进一步考察司机群体（Uber的轮辐）是否形成了一个"共同实体"，进而才有评估Uber的轮辐（共同实体）是否构成了"共同市场支配地位"以及实施"滥用行为"的余地。如前所述，反垄断法上"经营者"的概念适用于从事经济活动的任何实体，而不论其法律资格有无、法律地位

---

[1] 参见蒋舸：《作为算法的法律》，载《清华法学》2019年第1期。
[2] ［瑞］大卫·萨普特：《被算法操控的生活：重新定义精准广告、大数据和AI》，易文波译，湖南科学技术出版社2020年版，第1页。
[3] 参见［美］凯西·奥尼尔：《算法霸权：数学杀伤性武器的威胁》，马青玲译，中信出版社2018年版，前言。
[4] 参见［英］阿里尔·扎拉奇、［美］莫里斯·E.斯图克：《算法的陷阱：超级平台、算法垄断与场景欺骗》，余潇译，中信出版社2018年版，第68页以下。

和筹资方式如何。这种功能主义的主体识别方法，侧重于对主体活动的商业性质的判断，而不在意从事这些活动的主体类型。因此，经营者是公司、合伙企业还是行业协会、俱乐部、个人等，皆无关紧要。显然，加入 Uber 平台的司机作为"个人"，是从事经济活动的主体，其行为可能对市场竞争产生影响。也就是说，司机的这种个人主体身份，并不妨碍其成为反垄断法上的经营者。

进一步看，"经营者"与"单一经济实体"其实是等值或可互为替换的两个概念，都着重于对相关实体是否具备独立决策、独立行动能力的判断。正因为这种"独立性"，经营者成为从功能上清晰可辨、不受其他实体控制的市场竞争力量的独立来源。不同的法律实体（如子公司）如果受一个共同的法律实体（如母公司）控制，它们实际不具有独立决策的能力，母公司可对这些子公司的经营决策施加决定性影响，因而这些法律实体应当被"打包"认作为一个经营者，即公司集团作为整体从事具有反垄断法意义、可能产生反垄断法效果的竞争行为。至此可见，判断加入 Uber 平台的司机是否属于经营者，关键在于其是否具有独立决策的能力，其实质是司机能否自治地参与市场竞争，即自治地决定自己要采取怎样的经济行为，自治地考量在市场上推行何种策略，包括究竟向哪些人、多少人提出要约，销售何种价格、多少数量的出行服务，等等。[1]

就此而言，无论是先加入还是后加入 Uber 平台的司机，都是彻头彻尾的"价格接受者"，他们既无法与顾客面对面商议价格，也无法开展面向消费者的价格竞争。而且，Uber 的算法精准地盘算着每个加入平台的司机，根据不同司机对平台的"忠诚性""依存度""贡献值""出勤率"等因素，把他们分为三六九等，为其派发个性化或差异性的交易机会，同时设置激励性的奖励机制或惩罚机制，以最大程度地调动每个司机的积极性，为平台创造更多的利润和价值。鉴于 Uber 透过算法对司机的行动施加了决定性的影响，以致司机从事出行服务时其定价的权限、交易的机会、工作的强度等皆转移给 Uber 的算法并受其控制，[2] 而不具有自主决策的空间和余地（即司机一旦选择加入 Uber 平台就不得不受其控制），因上似乎很难将这些司机认定为反垄断法意义上的"经营者"。[3] 如果这一推论成立，Uber 及其轮辐（具有竞争关系的司机）就理应被定性为一个经营者，即单一的经济实体，进而不满足证立共同实体以及共同市

---

[1] 在 1975 年对"Sugar 案"的判决中，欧洲法院指出："根据那些（《欧洲经济共同体条约》中竞争规则引以为基础的）基本思想，每个企业皆须自治地决定（自己要采取怎样的经济行为），自治地考量其在共同市场上推行何种策略，包括其究竟向多少人提出要约与销售产品。"Case 23-75, Rey Soda v Cassa Conguaglio Zucchero, ECLI：EU：C：1975：121.

[2] 在反垄断法上，"控制"的概念较为广泛，控制可以由权利、合同或任何其他手段构成，考虑到有关事实或法律，单独或联合使用相关手段可能对一个企业施加决定性影响。参见［西］瓦罗纳等：《欧盟企业合并控制制度：法律、经济与实践分析》，叶军、解琳译，法律出版社 2009 年版，第 12 页。

[3] 与此相关的讨论：Mark Anderson 等：《共享经济遇上反垄断法：Uber 是公司，还是卡特尔，或是介于两者之间？》，载《竞争政策研究》2018 年第 3 期。

场支配地位所需的前提要件——存在两个以上经营者。

实际上，在监测式算法共谋、代理式算法共谋，以及轴心经营者未完全控制轮缘经营者的轴幅式算法共谋等大多数算法共谋（算法协调）情形下，运用算法的主体是能够独立决策并从事经济活动的经营者，即使其中存在第三方提供算法（如监测算法由第三方提供）的可能，但由于这种算法并未完全替代（控制）决策者作出从事共谋行为的决意，至多辅助了决策，因而不影响"存在两个以上经营者"要件的满足。

**二、从事算法协调的经营者形成了一个共同实体**

（一）外观分析：竞争者的行为具有一致性

在共同实体的规范视域下，具有竞争关系的经营者基于算法做出的行为具有协调性，至于这种协调行为、平行行为或一致行为（以下统称"一致行为"）是基于意思联络还是纯粹的相互依赖关系所致，皆在所不问。申言之，认定两个以上具有竞争关系的经营者是否形成了一个共同实体，首先应从行为外观着眼，考察经营者的行为是否具有一致性。如果行为具有一致性，再进一步予以实质分析，即考察经营者之间是否不存在实质性竞争；如果行为不具有一致性，一般就排除了成立共同实体的可能。

对于"一致行为"不应作僵化的理解。经营者的市场行为一致性是指相互竞争的经营者在算法的作用下，同时或相继采取相同或相似的市场行动。在判断行为是否相同时，应着重考虑两个核心要素：①行为的相同性程度。这里的"相同"应作广义解释，它不仅涵盖了完全一致的行为，还包括那些基本相似或"近似"的行为。例如，若一方基于算法将价格上调10%，而另一方随后也基于算法进行价格调整，无论是提价9%、10%还是11%，这种提价幅度的相近性使得经营者之间的竞争压力得以有效缓解。然而，如果一方提价10%，而另一方提价幅度为2%或20%，尽管提价方向相同，但幅度上的差异显著，不足以抵消彼此间的竞争压力，因此这样的提价行为既非相同，也非相似。[1] ②行为的同时性或时间上的临近性。如果经营者作出相同或相似行为间隔较长时间，一般不应将它们的行为视为具有一致性，因为在这个较长的时间间隔内，它们的不协调行为给彼此施加了竞争压力。这一点在算法辅助或主导定价决策的环境里尤其重要，因为算法分析决策的速度之快远超人类主体发布或更新调价公告的速度。如果间隔较长时间而未响应或匹配价格变化，数字市场上共谋均衡的条件很可能已经改变。因此，算法共谋为行为同时性或时间上的临近性提出了更高的要求。

还应当注意的是，算法的高频互动以及作出决策的高速性意味着，经营者行为的一致性是动态协调均衡中的一致性（而非传统线下经济里稳定的共同策略中"长时间"的行为一致性），即竞争者在高频互动和反复博弈中，不断切换或优化协调均衡条件，

---

[1] 参见郭宗杰：《反垄断法上的协同行为研究》，载《暨南学报（哲学社会科学版）》2011年第6期。

由此频繁地做出并调整相同或相似的市场行为。孤立地看每一个竞争者，其就同样的商品或服务，可能每月、每周甚至每天或每时都在调整价格，但这可能不是在应对竞争或抢夺客户，而是默契地与其他竞争者一起维持动态协调均衡的一致行为。其实，消费者可能不乏这样的体验：1个月前在A网购平台购买某日用品的价格为40元，可比较的竞争性平台上该日用品的价格也相同或相似（如41元）；但过了一个月，消费者再次购买时，A平台上该日用品的价格变为了50元，可比较的竞争性平台上该日用品的价格也同步调整（如49元或51元）。这极有可能就是算法作用下，竞争者在高频互动中不断切换或优化协调均衡所导致的一致行为。

竞争者一致行为的高频同步切换特点，给反垄断监管执法带来了重大挑战，即如何快速识别数字经济领域经营者市场行为及其变动的相同性或相似性？对此，加强和改进价格监测是一个必要的举措。所谓价格监测，"是人们对市场价格变化进行监视、分析及预测趋势的活动，主要是指政府从调节经济运行和保持价格基本稳定的目的出发，对市场价格实施的长期连续性的监视、分析及预测趋势的活动"。[1] 实际上，为有效调控市场价格总水平，科学地制定政府管理的价格，并为经营者的经营活动和消费者的消费行为提供充分的价格信息，我国价格主管部门很早就根据《中华人民共和国价格法》（以下简称《价格法》）第28条的规定[2]实行了对重要商品、服务的价格监测制度，即对重要商品、服务价格的变动进行监测和预警。基于此，市场监管部门一方面应与价格主管部门加强协作，共享重要商品、服务的价格变动等监测信息，另一方面也应适应数字化时代智能监管的需要，积极运用大数据、人工智能等创新技术，及时构建技术支撑有力、覆盖范围全面、过程全息可视、筛查快速敏捷的在线监测预警系统，为市场监管执法特别是反垄断监管执法提供有力的基础保障。[3]

（二）实质分析：消解实质性竞争的经济联系

两个以上相互竞争的经营者基于算法的协调，在做出或调整市场行为方面具有相同性或相近性，这只是它们形成一个共同实体的"表面证据"，要进一步坐实共同实体的认定，还须考察那些足以消解实质性竞争的存在于经营者之间的"经济联系"，一是促成协调的协议或结构性的形式经济联系，二是导致相互依赖关系的市场结构条件等实质经济联系。

---

[1] 张化中主编：《价格监测及预测预警》，中国市场出版社2006年版，第1页。

[2] 《价格法》第28条规定："为适应价格调控和管理的需要，政府价格主管部门应当建立价格监测制度，对重要商品、服务价格的变动进行监测。"此外，国家发展和改革委员会还发布了《价格监测规定》，并在第1条规定："为科学、有效地组织价格监测工作，保障价格监测数据的真实性、准确性及及时性，发挥价格监测在宏观经济调控和价格管理中的重要作用，正确引导生产、流通和消费，保持市场价格总水平的基本稳定，根据《中华人民共和国价格法》，制定本规定。"

[3] 参见袁嘉、左添熠：《构建竞争失序风险监测预警机制的理据与进路》，载《竞争政策研究》2023年第4期。

1. 促成协调的协议或结构性的形式经济联系

不可否认，利用算法从事协调行为的经营者之间，也可能存在不同形式的协议或结构性的经济联系。正是这些经济联系使它们具有趋于一致的利益，或在一定程度上化解了协调中的利益冲突，因而有利于协调的稳定性和可维持性。

在某些情形下，即便各经营者运用了监测算法、信号算法、预测算法乃至自主学习算法等来便利协调行为，它们仍可能通过人类决策者达成了协议、决定、协同行为等反垄断法意义上的垄断协议，这可能是协调行为得以稳固和可维持的基础。而这里的协议、决定以及促成协同行为的沟通交流、信息传递、知会接触、人际互动等意思联络机制，都可以纳入共同实体规范语境下经营者之间的"经济联系"范畴。换言之，经营者之间达成一项垄断协议，有助于说明它们形成了一个共同实体。例如，在监测式算法共谋（协调）情形下，算法仅作为技术工具，被用于监测已达成的垄断协议在实施过程中可能出现的背叛或偏离行为，以此确保垄断协议的可维持性和稳定性。这里垄断协议的达成是由人类主体（经营者的管理决策者）主导并完成的，算法只是执行垄断协议的工具，是人类意志在技术层面的延伸。因此，对证立共同实体最具说明力的经济联系因素是经营者（管理决策者）达成的垄断协议，尽管监测算法也可以被评价为一项经济联系因素，但其对共同实体的证明力明显弱于垄断协议。

有疑问的是，存在垄断协议或协同行为这一"强经济联系因素"的情形，是否可以当然地对相关经营者作出共同实体的认定，或者说是否可以径直推定相关经营者形成了一个共同实体？答案是否定的。理由在于，经营者需要公然借助垄断协议来进行协调，这一事实往往意味着协调的难度很大，因而不得不冒着违反禁止垄断协议规定的风险达成垄断协议，换言之，相关市场的结构条件可能非常不利于经营者从事稳定持续的协调（共谋）。正如波斯纳所言，相较于竞争对手利用它们对彼此当前和未来可能行动的一般知识来协调市场结果，竞争对手利用意思联络来协调市场结果的效率可能更低。[1] 这即是说，垄断协议尽管是证立共同实体的有力证据，但从原理上看，它对于相关经营者形成一个共同实体既非充分条件、也非必要条件。因此，即便在发现了垄断协议的场合，仍有必要对相关市场的结构条件进行评估，如分析市场透明度、经营者对称性、市场进入难易等因素，用以验证同时涉及垄断协议和算法因素的情况下竞争者协调的可维持性。只有通过上述验证后发现协调是可维持的，才能认定相关经营者形成了一个共同实体。

还必须要强调的是，即便适用反垄断法的垄断协议规范认定了垄断协议，这并不排除累积适用反垄断法的共同市场支配地位及滥用规范，来评价共同实体的滥用市场支配地位行为。正如欧盟法院在"CMB案"的判决中所指出的，《欧盟运行条约》第

---

[1] See Richard A. Posner, "Review of Kaplow, Competition Policy and Price Fixing", *Antitrust Law Journal*, 2014, Vol. 79, No. 2, p. 761.

101 条和第 102 条的表述清晰表明，同一行为完全有可能同时违反这两条规定，不能预先断定这两条规定不能同时适用于同一行为。[1] 此外，协议、决定、协同行为等基于"安全港规则"被推定合法，或者基于"豁免规则"被豁免，皆不影响其作为经济联系因素用于证明相关经营者形成了一个共同实体。

当然，协议或结构性的形式经济联系证据，其外延颇为宽泛，不限于垄断协议意义上的协议、决定以及促成协同行为的沟通交流、信息传递、知会接触、人际互动等意思联络机制，还包括经营者之间存在的人事连锁、少数投票表决权、小额持股、合营企业、财务金融支持、技术研发帮助，以及系于共同的第三方技术供应商（如第三方算法服务供应商）、共同的管理规范及章程等经济联系因素。只要这些经济联系因素与相关市场的结构条件相结合，能够逻辑一致地证明相关经营者之间不存在实质性竞争，就可以证立共同实体。

2. 导致相互依赖关系的市场结构条件等实质经济联系

如果把经营者之间存在的协议或结构性的经济联系称为"形式联系"，那么使这些"形式联系"发挥利益调和与行动导引作用的实质基础，无疑是那些有利于经营者形成相互依赖关系——产生共同行动之预期、共识和互信——的市场结构条件，这种静默无声但作用更为显著的经济联系，可被称为"实质联系"。其实，即便经营者之间不存在任何协议以及结构性的形式经济联系，但只要它们系于特定的市场结构条件或客观经济情势，从而能够理性地观察、预测、响应或匹配彼此的策略并作出一致性的市场行为，那么也得认定它们形成了一个共同实体。所有有助于建立经营者之间相互依赖的默示共谋（平行行为）的条件，都可以转化为用于证明存在共同实体的实质性经济联系证据。

其实，算法被经营者普遍采用以及在数字商业领域的广泛流行意味着，其已经成为影响甚至决定市场结构条件的一项关键因素。对证立共同实体而言，算法是一项不容忽视的"实质经济联系因素"。算法嵌入在数字商业活动的各领域、诸环节，提升了市场透明度、使经营者处于高频互动状态、激发数字数据的体量呈指数级增长，在改进经营者业务流程体系和提升整体经济效益的同时，也使整个市场处于协调或共谋诱因极强的环境。换言之，算法的存在——无论是监测算法、信号算法、预测算法还是自主学习算法，本身就极大地强化了经营者从事共谋或协调活动的动机和能力。当经营者利用算法进行协调时，由于算法简化了协调赖以存在和维持的下述市场结构条件（即促成共同实体的"实质经济联系因素"），因此更容易证立相关经营者形成了一个共同实体。

第一，实现相互依赖的一致行为或默契协调的第一项实质性条件是，经营者须存

---

[1] Joined Cases C-395/96P and C-396/96P, Compagnie maritime belge transports SA, Compagnie maritime belge SA and Dafra-Lines A/S v Commission of the European Communities, ECLI：EU：C：2000：132.

在高频互动或博弈，以有利于快速发现或更新协调均衡的条件。其实，算法最显著的特点就是分析决策的速度。即便一个普通的计算机算法，也能够以每秒数万亿比特的速度收集处理数据，以毫秒的时间作出决策，这是人类永远无法企及的。对处于互动博弈的竞争者而言，留给对手用于响应和决策的时间越短，协调就越稳定。由于算法在数据收集、组织和分析上的极致速度，能使其在极短的时间准确做出决策和反应，因而以往看似困难重重的协调，在算法的作用下可能"一杆比赛"就完成了。

第二，实现相互依赖的一致行为或默契协调的第二项实质性条件是，存在可观的未来收益，以有利于夯实经营者维持协调均衡的动机。在以前，人们一般认为，是由于存在可观的未来收益（即不菲的垄断性利润），经营者才具有从事共谋或协调的动机。但是，在算法普适于数字经济的当下，上述认识逻辑不一定成立，因为经营者将算法用于辅助或主导决策，通常意味着算法能帮助经营者发现多重协调均衡方案，从略高于竞争水平的协调均衡、到较高于竞争水平的协调均衡、再到显著高于竞争水平的协调均衡等，无论哪种协调均衡都能为相关经营者带来可观的利益。实际上，从防止遭到反垄断调查以及其他严厉监管的角度考虑，经营者往往会策略性地选择"温和的协调均衡"，即选择只高出竞争性水平不多的协调均衡，亦即以"细水长流"的方式来获得共同的超竞争性收益。其至，为了给当局或公众营造出一种激烈竞争的表象，它们会偶尔故意发动价格战或把协调均衡设置在竞争性水平之下，继而不久后再悄悄切换到高于竞争性水平的协调均衡。那种认为网约车服务价格不比传统巡游车服务价格贵，所以就没有对网约车平台进行反垄断监管执法之必要的认识，其不当之处就在于忽略了算法辅助或主导决策下，经营者存在着多重可切换的协调均衡。实际上，许多传统经济中的固定价格、限制产量、分割市场等恶性垄断协议，还没来得及实施（即价格还没来得及提高到竞争性水平之上），就遭到了严厉的惩处。既然这样，有什么理由区别性地宽容对待数字商业生态中固定价格、限制产量、分割市场等恶性算法协调呢？

第三，实现相互依赖的一致行为或默契协调的第三项实质性条件是，存在较高的市场透明度，以有利于实时观察竞争对手的动态和潜在的偏离协调均衡的行为。毫不夸张地说，在算法特别是具备强大学习能力的算法面前，竞争对手彼此近乎是"透明"的存在，算法不仅可以读取另一个算法的代码或参数，了解彼此的"思想"，还可以实时观测竞争对手的行为，并以毫秒级的速度作出有针对性的反应，这些都从根本上降低了从事协调的经营者背离协调均衡的动机。再者，算法的普遍运用，使相关市场中的数字数据呈指数级增长，可用数据的增多，也使市场透明度大大提升，从而使经营者彼此间的行为更易于被观察和监测，这同样极大地降低了偏离协调均衡的动机。

第四，实现相互依赖的一致行为或默契协调的第四项实质性条件是，存在可信、及时和有效的报复惩罚，以有利于阻止或矫正任何背离协调均衡的行为。一方面，对于市场供需状况的突然变化,算法可以将众多变量纳入分析,并快速准确地辨别这种变化是源自恶意的背叛行为还是偶发的正常市场波动,从而大大减少不必要或无端的价格战。另一方面,算法在分析、监测、作出决策和反应方面的速度,意味着任何偏离协调均衡的行为都很难获得偏离带来的利益,反而可能由于引发激烈的价格战而得不偿失。这即是说,算法的存在,本就暗示着一种可信及时有效的报复惩罚机制,因此任何竞争者在众多相互依存的算法面前,几乎都不会有背离均衡的动机,也不敢贸然作出"特立独行"的行为。

第五,实现相互依赖的一致行为或默契协调的第五个实质性条件是,存在结构性或策略性的进入壁垒,这些壁垒有助于应对当前和未来竞争对手以及客户、消费者的反应,从而确保它们不会对协调策略的预期结果造成威胁。算法是否对市场进入造成了显著的结构性障碍,这一点其实存在争议。一方面,算法的普遍可用性似乎降低了潜在竞争者的进入障碍,因而可能对在位协调的经营者造成一定的冲击。另一方面,在位者的算法受益于其相互共享的优质数据集的训练和改进,与特定数据集形成正反馈循环,算法的性能往往是其他潜在竞争者所无法比拟的,因而带来显著的结构性进入壁垒,使潜在竞争者难以冲击在位经营者的协调均衡。尽管存在上述不确定性,算法的策略性进入壁垒属性却几乎不存在争议。也就是说,在位从事协调的经营者可以利用算法进行高效、精准的限制性定价乃至掠夺性定价等排他性行为,以此打压潜在竞争者的进入动机,使其不敢进入、不愿进入、不能进入,从而使协调均衡免受外部竞争压力的破坏。此外,一些辅助消费者决策的人工智能工具,如 Google 公司的 Gemini、Apple 公司的 Siri、Amazon 公司的 Alexa 等,它们虽然可以在一定程度上优化消费者的信息结构和决策合理性,因而可能以一种"以数制数""以算抵算""以智御智"的方式抗衡在位经营者基于算法协调的负面影响。然而,考虑到"算法型消费者"市场往往被大型供应商所主导,无法排除上述数字助手可能被用于服务供应商的不正当目的的可能性,因而此类算法驱动的消费者抗衡势力的实际效果还有待观望。[1]

综上所述,算法的普遍运用,使算法内嵌于市场,成为市场的结构性要素乃至数字经济的"结缔组织"(Connective Tissue),深刻改变了传统上协调均衡所依赖的系列条件,使这些条件易于得到满足。因此,对共同实体的认定而言,算法连同其所改变的这些市场结构条件,本身就可能构成促成经营者之间相互依赖或默契协调的实质性经济联系。进一步看,在监测式算法协调(共谋)、轴辐式算法协调(共谋)场景,由于经营者所采用的算法多为专家算法或某些初级的学习算法,因而算法所促成的经营者之间的实质性经济联系可能不尽充分,但这些实质性经济联系可以与经营者之间的协议或结构性的经济联系结合在一起,形成逻辑一致的证据链,推导出共同实体的

---

〔1〕 参见时建中:《共同市场支配地位制度拓展适用于算法默示共谋研究》,载《中国法学》2020 年第 2 期。有关算法驱动的消费者抗衡势力在制约算法共谋方面的作用,本书第八章将进一步深入讨论。

存在。而在代理式或预测式算法协调（共谋）、自主式算法协调（共谋）场景，由于算法多属高级的学习算法乃至深度学习算法，因此算法所促成的经营者之间的实质性经济联系即相互依赖关系，可能更有助于推断相关经营者形成了一个共同实体。

当然，对于共同实体的认定，经营者可进行抗辩，举证经营者之间的行为不具有一致性，或者举证经营者之间存在实质性竞争，从而推翻共同实体的指控。需要注意的是，由于组成共同实体的经营者之间仍是能够独立决策的实体，不存在控制与被控制关系（否则它们就应被归入单一经济实体的范畴而被视作一个经营者），因而它们之间的竞争往往没有被完全消除，即在一些对协调或共谋并非至关重要的维度上仍存在竞争，如远离市场端的研发竞争，或对价格协调无关紧要的广告竞争、雇员竞争、售后服务竞争等。在此，经营者能否举证因存在上述"不重要"维度的竞争而否定共同实体的指控？答案是否定的。如前所述，"缺乏实质性竞争"是指经营者在对竞争至关重要的维度上不存在竞争，即它们消除或化解了彼此之间的价格竞争、数量竞争，因而即便经营者举证在其他维度存在一定程度的竞争，也不妨碍对它们作出形成了一个共同实体的认定。

### 三、基于算法协调的共同实体具有市场支配地位

共同市场支配地位，是指两个以上经营者系于特定的经济联系而组成的共同实体，具有能够控制商品价格、数量或者其他交易条件，或者能够阻碍、影响其他经营者进入相关市场能力的市场地位。

（一）共同实体和共同市场支配地位的关系

就共同实体与共同市场支配地位的关系而言，前者是后者的基础，后者是前者经量变到质变的结果。

如果把市场势力[1]看成是一个力量程度从左到右渐次递增的滑尺，那么在滑尺偏左侧的位置，共同实体是经营者具有"弱联合市场势力"的状态，而在滑尺偏右侧的位置，共同市场支配地位是经营者具有"强联合市场势力"的状态。不过，二者在滑尺上的定位也存在其他可能情形，这主要取决于经营者所在市场的结构条件。例如，在寡头市场环境中，共同实体可能包含了行业里相互协调的大多数寡头经营者，因而共同实体与共同市场支配地位实际并无差异，甚至这些寡头经营者组成的共同实体达

---

[1] 所谓市场势力，也称垄断势力，是指企业或企业集团将价格提高并维持在竞争水平之上的能力。市场势力的行使导致产量减少和经济福利的损失。尽管能够给出精确的市场势力的经济定义，但是市场势力的实际衡量并不简单。一种被建议的方法是勒纳指数，即价格超过边际成本的程度。然而，由于边际成本并不容易衡量，一个可供选择的办法是在实际中用平均可变成本来代替边际成本。参见经济合作与发展组织编写：《产业组织经济学和竞争法律术语解释》，崔书锋、吴汉洪译，中国经济出版社2006年版，第92页。

到了"共同垄断"的极端程度,具有了"超级/突出的共同市场支配地位"。[1] 这正是我国《反垄断法》第 24 条所刻画的场景:当两个经营者在相关市场的市场份额总和达到 2/3,或三个经营者的市场份额总和达到 3/4 时,便可推定它们拥有共同市场支配地位。也就是说,寡头市场中相互协调的经营者形成了共同实体,就几乎形成了共同市场支配地位。但是,在寡头市场结构之外,如十多家经营者利用算法开展竞争,它们处于垄断竞争[2] 的市场结构,在此,如果只有 2 家或 3 家经营者从事算法协调(共谋),即便形成了基于算法协调的共同实体,也不能径直将这里的共同实体与共同市场支配地位等同起来,二者存在明显的市场势力程度差异。

进而言之,在广泛的非寡头垄断市场中,对共同实体的认定,在一定意义上就是对经营者具有"弱共同市场支配地位"的认定。因为两个或更多经营者经过协调,其市场势力得以整合,形成相较于单个经营者更为强大的市场影响力。这种整合后的市场势力使得它们能够在一定程度上操控商品价格、数量及其他交易条件,或者对其他经营者进入相关市场构成一定的阻碍与影响。但是,上述共同实体的市场势力程度远未达到共同市场支配地位的"支配力量"程度,因此要认定其具有市场支配地位,还需要依据《反垄断法》第 23 条的规定,结合个案事实,展开具体分析。

(二)评估共同实体具有市场支配地位应重点分析的因素

评估共同实体是否具有市场支配地位,应重点分析以下因素,包括共同实体在市场份额、规模经济、范围经济、网络效应、掌控和处理数据能力等方面的优势。

1. 共同实体的市场份额

市场份额是衡量经营者是否具有市场支配地位的最直接的指标,因为它有助于说明该经营者在过去的竞争中是否足够成功。这一点在数字经济领域依旧成立。那种认为在互联网行业"市场份额只是判断市场支配地位的一项比较粗糙且可能具有误导性的指标"[3] 之认识,似乎是继承了保守经济学(芝加哥学派)"错误的"遗产。[4] 实际上,如果共同实体具有持久的高市场份额,往往预示着其具有市场支配地位。所

---

[1] 突出的市场支配地位,又称压倒性地位或绝对优势。参见孙晋:《反垄断法——制度与原理》,武汉大学出版社 2010 年版,第 87 页。

[2] 经济学一般将市场结构分为完全竞争、垄断竞争、寡头、垄断(独占)四种状态。这主要根据经营者数量、信息透明度、产品差异程度、进出市场难易等因素所作的分类。垄断竞争是这样一种市场结构,即存在许多有实力的竞争对手,任何一个企业都不能占有 10% 以上的市场份额。参见肖兴志主编:《产业经济学》,中国人民大学出版社 2016 年版,第 18 页。

[3] 最高人民法院(2013)民三终字第 4 号民事判决书。

[4] 由于对保守经济理论(芝加哥学派理论)的极端与错误解释(且经常不顾事实)已占据了反托拉斯的主流,有理由认为,美国正朝着一个根本性的错误方向变化。参见[美]罗伯特·皮托夫斯基等:《超越芝加哥学派——保守经济分析对美国反托拉斯的影响》,林平、臧旭恒等译,经济科学出版社 2013 年版,第 3 页。

谓"持久",一般是就过去三年而言的,[1] 即在过去三年共同实体一直保持着高市场份额。所谓"高市场份额",一般指不低于50%的市场份额,但这并非意味着共同实体的市场份额低于50%就不会被认定具有市场支配地位。若综合考虑其他因素,能够确定共同实体具备决定价格、数量及其他交易条件的能力,或具备阻碍、影响其他经营者进入相关市场的能力,那么即便共同实体的市场份额未达到50%(如仅为40%),也应认定其具备市场支配地位。此外,由于共同实体处于算法驱动的数字经济领域,在衡量市场份额的指标选择上,可考虑交易金额、交易数量、销售额、活跃用户数、点击量、使用时长等指标。选择的标准是看基于何种指标计算出的市场份额,更能真实反映共同实体的市场支配力量。[2]

2. 共同实体的规模经济

工业化生产的突出特点是规模经济,[3] 其有利于提高资源配置效率,但也可能助长垄断的产生和发展。规模经济所带来的成本降低、效率提升等显著优势,与垄断可能导致的市场失灵、创新受阻等潜在弊病,两者间的张力与矛盾,被经济学界广泛称为"马歇尔冲突"。在算法驱动的数字经济领域,数字产品(包括各类数字服务)的边际成本或可变成本近乎于零,而固定成本相对较高。这使得规模经济效应在数字经济领域相较于工业经济领域更为显著,甚至展现出极致规模报酬的特质。换言之,相较于庞大的用户基数,数字产品的生产成本显得微不足道,这赋予了市场上在位经营者显著的竞争优势。[4] 因此,这里需要着重考察组成共同实体的经营者,是否成功吸引并占据了足够数量和规模的用户群体,构建了竞争对手难以匹敌的"安装基础"(如应用程序软件安装基础),即形成了由于大量用户连接到同一生态或网络而形成的强大的需求方规模经济。易言之,当多个经营者组成的共同实体具备强大的规模经济,这种在位优势使得竞争对手无论投入多少财力、人力、物力也难以获得满足最低有效规模(临界规模)的用户数量,其挑战在位者的动机和能力受到限制,这就有助于说明共同实体具有市场支配地位。

---

〔1〕 实际上,欧盟《数字市场法》对"守门人"的认定就是以"过去三年"的营业额等指标为参考依据,即规定:企业至少在三个欧盟成员国提供相同的核心平台服务,并且在近三年任一财政年度的欧盟年营业额等于或超过75亿欧元;或者该企业至少在三个欧盟成员国提供相同的核心平台服务,并且在最后一个财年平均市值总值或其等价市场估值至少75亿欧元。See REGULATION (EU) 2022/1925 OF THE EUROPEAN PARLIAMENT AND OF THE COUNCIL of 14 September 2022 on contestable and fair markets in the digital sector and amending Directives (EU) 2019/1937 and (EU) 2020/1828 (Digital Markets Act).

〔2〕 参见吴韬:《互联网反垄断案件中的市场份额与经营者市场地位评估》,载《竞争政策研究》2015年第1期。

〔3〕 在经济学中,"如果在某一区间生产1单位单一或复合产品的平均成本递减,就可以说存在规模经济"。臧旭恒、杨蕙馨、徐向艺主编:《产业经济学》,经济科学出版社2015年版,第86页。

〔4〕 See Directorate-General for Competition (European Commission), Competition Policy for the Digital Era, 2019, p. 2, https://op.europa.eu/en/publication-detail/-/publication/21dc175c-7b76-11e9-9f05-01aa75ed71a1/language-en.

### 3. 共同实体的范围经济

范围经济是指企业通过扩大经营范围所实现的总体成本节约。当企业同时生产两种或更多产品时，如果其总成本低于单独生产每种产品所需成本之和，那么就可以说该企业实现了范围经济。这种经济效益的产生，往往源于企业在生产过程中的资源共享、流程优化以及管理协同等方面所实现的效率提升。[1] 在算法驱动的数字经济领域，经营者往往不满足于仅在单一的产品或服务领域内耕耘。它们更倾向于借助自身的核心产品或服务，叠加并汇聚众多与之互补的产品或服务，从而构建起一个多元化、协同化的平台生态。这种战略布局的本质，实际上是一种范围经济优势的体现。多个经营者组成的共同实体，它们的产品和服务范围更广，其实施平台包抄（Platform Envelopment）行为的能力更强，[2] 即可以利用一个产品或服务领域的共同优势，来影响其他产品或服务的市场竞争，从而在更多领域建立优势。因此，共同实体的范围经济优势也有助于说明其具有市场支配地位。实际上，2021年德国联邦议会通过的"《反限制竞争法》数字化法案"就着重关注了平台经营者的跨市场影响力，并提出了市场支配地位的变体概念——"中介势力"（中介平台所具有的对跨市场竞争至关重要的意义），这也是对欧盟《数字市场法》提出的"守门人"条款在成员国层面的立法回应。[3]

### 4. 共同实体的网络效应

需求方规模经济也被称为"网络效应"。这一效应的核心在于，随着产品使用人数的不断增加，产品的价值也呈现出显著的增长趋势。网络效应可以用梅特卡夫法则来描述，该法则指出网络的价值并非简单地与用户数量呈线性增长，而是以其平方的速度迅猛增长。换言之，如果在一个网络中，每个用户所获得的价值为1美元，那么当网络规模达到10个用户时，整个网络的总价值将远超过原价值的10倍，而是接近100美元。[4] 这充分展示了网络效应的强大力量，也解释了为何许多数字经济领域的经营者都致力于扩大用户基数，以充分利用这种规模经济优势。如果多个经营者组成的共同实体已经具有明显的网络效应优势，那么新的竞争者想要削弱或替代共同实体，仅仅提供比前述经营者更加质优价廉的产品或服务是远远不够的、甚至可能是不相关的，它要做的是必须劝服每个被"锁定"在前述经营者产品或服务上的用户或消费者，转移到自身的产品或服务上。但在这种情况下，每个用户或消费者恐怕都不愿冒着丧失网络效应所带来的便利而被孤立的风险，去支援新的竞争者。Microsoft在搜索引擎市场

---

[1] 参见王俊豪主编：《产业经济学》，高等教育出版社2016年版，第21页。

[2] See Daniele Condorelli, Jorge Padilla, Harnessing Platform Envelopment in the Digital World, https://papers.ssrn.com/sol3/papers.cfm?abstract_id=3504025.

[3] 参见丁道勤、夏杰主编：《数字守门人：欧盟〈数字市场法〉评析》，法律出版社2023年版，第83页。

[4] [美] 卡尔·夏皮罗、哈儿·R.范里安：《信息规则：网络经济的策略指导》，孟昭莉、牛露晴译，中国人民大学出版社2017年版，第180页。

上挑战 Google 的失败，就是对此最好的注解。[1] 究其原因，共同实体之所以能够展现出强大的在位网络效应优势，是因为其构建的网络平台为用户或消费者提供了持续递增的效用。这种效用不仅体现在便捷的服务、丰富的资源等方面，更在于用户能够在这个平台上建立稳定的社会联系、操作习惯，乃至形成深厚的情感依赖。因此，用户或消费者往往表现出显著的粘性，即他们更倾向于长期留在该平台，并难以轻易转向竞争对手平台。这种优势不仅巩固了共同实体在市场中的地位，还为其未来的扩张和发展奠定了坚实的基础。综上可见，网络效应对于证明共同实体具有市场支配地位，是一个强有力的证据。

5. 共同实体掌控和处理数据的能力

在以往，数据（特指数字数据）在市场竞争中的意义并不显著，因此并非评估经营者市场势力的关键因素。然而，随着人工智能和数字经济的蓬勃发展以及算法的广泛运用，数据的体量呈现出惊人的指数级增长态势。尤其值得关注的是，消费者数据逐渐汇聚在少数大型平台经营者手中，这种数据的集中化趋势不仅加剧了市场竞争的不平等性，更成为平台垄断势力的一个重要支撑点。数据不对称集聚现象，即所谓的"数据垄断"，已成为人工智能和数字经济时代一个核心的竞争担忧。[2] 实际上，多个经营者组成的共同实体将算法用于辅助和主导决策，其决策的质量，不仅取决于算法的性能，更取决于训练、调优（微调）算法的数据集的体量和质量。如果共同实体在市场经营中不对称地集聚具有实时性、高速性、多样性、价值性的数据特别是消费者数据，这些数据集不仅可能成为其"关键资产"甚至构成市场中的"必要设施"，[3] 而且可用于改进优化其算法，使算法的性能实现持续提升，这反过来又可以助力共同实体获取更多的数据。于是，在"数据（数据的不对称集聚）→市场势力""算法（处理数据的能力）→市场势力""数据-算法正反馈循环→市场势力"的协同作用下，共同实体将可能具有远超竞争对手的重大市场优势。概言之，共同实体掌控和处理数据的强大能力，也有助于说明其具有市场支配地位。

**四、基于算法协调的滥用共同市场支配地位行为**

在认定基于算法协调的经营者形成了一个共同实体后，基于算法协调的滥用共同市场支配地位行为，实际上就是共同实体的滥用市场支配地位行为。一般来说，滥用共同市场支配地位行为，是构成共同实体的经营者所作出的平行或一致的排除、限制

---

[1] Microsoft 在很长一段时间内投入数十亿美元打造其搜索引擎"必应"（Bing），甚至还推出了一项奖励计划，向使用必应搜索引擎的用户付费，但至今依旧无法撼动 Google 搜索近乎垄断的地位。

[2] 占据市场支配地位的企业通过控制庞大的个人数据集，为市场进入设置障碍，可能阻止竞争对手开发竞争性产品。参见［美］莫里斯·E. 斯图克、艾伦·P. 格鲁内斯：《大数据与竞争政策》，兰磊译，法律出版社2019年版，第297页以下。

[3] 参见王健、吴宗泽：《论数据作为反垄断法中的必要设施》，载《法治研究》2021年第2期。

竞争行为。基于此，将滥用共同市场支配地位理解为"平行滥用市场支配地位"倒也无妨。[1] 在通常情形下，平行行为贯穿于"共同实体认定→共同市场支配地位认定→滥用共同市场支配地位认定"之始终，由此产生的一个基础性问题是，能否将平行行为直接等同于滥用市场支配地位行为？答案是否定的。对此，在区分平行行为是否具有同类性和连续性的基础上，可从以下两个方面予以说明。

（一）同类性和连续性平行行为下的滥用共同市场支配地位认定

当同类平行行为贯穿于"共同实体认定→共同市场支配地位认定→滥用共同市场支配地位认定"诸环节，即同类平行行为具有连续性的情况下，不能依据始终存在同类平行行为的事实，就认定基于算法协调的经营者（共同实体）滥用了共同市场支配地位。因为以上各环节的同类平行行为，可能在"量"和"质"的方面都有差异，而构成滥用共同市场支配地位所要求的平行行为有其独特的法律规定性。

以算法驱动的不公平高价行为为例，当这种行为由一个具有单独市场支配地位的经营者实施时，该经营者可能一直都在通过算法从事较高的定价行为，但要构成滥用市场支配地位的不公平高价行为，一般不仅需要满足"价格过高"的法定条件，而且要满足"价格不公平"的法定条件。为此，这可能需要综合运用定量的价格－成本比较法、资本收益率分析法，以及定性的产品价格比较法、地域价格比较法、时间价格比较法、关联条件推断法等方法来加以认定。[2] 类似地，尽管组成共同实体的经营者一直都在通过算法从事平行定价行为，但要将这种行为认定为滥用共同市场支配地位的不公平高价行为，同样需要满足不公平高价的上述认定条件和两阶段检验：①运用价格－成本比较法、资本收益率分析法等定量分析方法，判断共同实体内各经营者对产品实际收取的价格与实际发生的成本之间是否存在"过高"的差额；②运用产品价格比较法、地域价格比较法、时间价格比较法、关联条件推断法等定性方法，判断共同实体内各经营者的产品销售价格，与竞争对手的产品销售价格或自身历史上的产品销售价格相比是否是"不公平"的。如果经过上述两个步骤的检验后得出的答案是肯定的，才能认定算法驱动的平行定价行为构成滥用共同市场支配地位的不公平高价行为。

由此可见，尽管外观上都是基于算法的平行定价行为，但证立共同实体需要考察的平行定价行为，不涉及对价格是否"过高"和"不公平"的关注，而证立滥用共同市场支配地位则不仅需要平行定价行为的外观，还需要这种平行定价行为满足"过高"和"不公平"的法定要求。

---

[1] 有学者在学理上称共同市场支配地位为平行市场支配地位，并认为，平行滥用市场支配地位指多个市场主体独立实施且行为具有一致性的滥用支配地位的行动。参见刘继峰：《竞争法学》，北京大学出版社2018年版，第161页。

[2] See Robert O'Donoghue & A. Jorge Padilla, *The Law and Economics of Article 82 EC*, Hart Publishing, 2006, p. 609.

(二) 非同类性和非连续性平行行为下的滥用共同市场支配地位认定

相较于平行行为自始至终都具有同类性和连续性的情形，滥用共同市场支配地位的平行行为，可能与此前据以认定共同实体和共同市场支配地位的平行行为，不属于同类行为，因而也不具有连续性，即前后两类平行行为的性质不同。例如，据以认定共同实体和共同市场支配地位的平行行为，是经营者基于算法所从事的平行定价行为，但此后触犯反垄断法的平行行为（平行滥用行为），是该等经营者实施的平行或一致的拒绝交易行为、限定交易行为、搭售行为、歧视性待遇行为等滥用共同市场支配地位行为。

从协调或共谋的原理上讲，共同实体更换平行行为的类别，是协调均衡或共谋焦点发生改变所引发的结果。为什么基于算法协调的共同实体要切换平行行为的类别，即改变协调均衡的条件？这主要有以下两种解释。

1. 为追求更多垄断利润而更换平行行为

具有市场支配地位的共同实体想要追求更多垄断利润，因此需要借助更多样、更复杂的平行行为手段来实现该目标。以滥用共同市场支配地位的算法个性化定价行为（即平行的算法价格歧视行为/歧视性差别待遇行为）为例，算法个性化定价是指经营者借助大数据和算法技术，基于交易相对人的支付意愿、消费偏好以及使用习惯等因素，实施差异化的交易价格策略。这种定价方式本质上趋近于一级价格歧视或完美价格歧视，即实行非线性定价以最大程度地占据不同消费者的剩余，并优化经营者的利润结构。共同实体内实行算法个性化定价的各经营者将迎来两个重大有利结果：一是各经营者实现最大化产出，生产效率达到最优水平，由此导致整体经济的配置效率与完全竞争状态下没有差异；二是所有消费者的剩余转移向经营者，成为经营者（共同实体）的垄断利润。可见，基于算法协调的共同实体一旦具备市场支配地位，其往往具有强烈的动机来为每个消费者精准画像，进而实施平行的算法个性化定价行为。换言之，为了追求更多垄断利润，滥用共同市场支配地位的算法个性化定价行为，成为了共同实体反竞争协调策略的关键组成部分。

然而，上述情形确实与很多人的直觉相违背，甚至令人错愕，因为按照传统的认知，算法价格歧视是破坏算法共谋定价最有力的武器，即二者是非兼容的对立存在。例如，霍温坎普教授曾指出，价格歧视是寡头企业为欺骗寡头协调定价而采取的一种策略，而《罗宾逊—帕特曼法》对价格歧视行为的谴责，实际上在某种程度上是对寡头企业共谋定价行为的暗中支持。[1] 但在人工智能和数字经济时代，有必要改变以上解释。基于以下三种机理，算法价格歧视和算法价格共谋完全可能兼容在一起：①共同实体内的经营者达成了客户划分、地域划分等市场划分的协调均衡，即彼此默认在

---

[1] 参见 [美] 赫伯特·霍温坎普：《联邦反托拉斯政策——竞争法律及其实践》，许光耀、江山、王晨译，法律出版社 2009 年版，第 632 页。

各自的细分市场互不入侵。这样一来，每个经营者都能够充分利用其保留市场中的用户偏好数据和信息，实施算法个性化定价行为。②共同实体内的经营者往往拥有相似的数据和信息基础。这既可能是因为用户的个人偏好能够被算法轻易分析出来，也可能是因为经营者之间进行了实时的数据信息共享，或者共同建立了一个数据池供成员使用，甚至参考了公共数据库和类似的数据分析工具。这种数据共享和相似的算法分析过程，使得各经营者能够更精准地实施算法个性化定价行为。在这种情况下，共同实体内各经营者实施的平行的算法价格个性化定价，实际上成为了它们算法协调策略的重要组成部分。[1] ③共同实体内各经营者的数据和算法相互"透明化"，这意味着一个经营者的算法能够轻松地被其他经营者读取和解码。这种透明度不仅使经营者能够充分利用各自用户的数字画像，而且通过数据信息的聚合，数字画像变得更为全面和精细。这种聚合效应进一步提升了算法个性化定价行为的精准度和一致性。

当然，从反垄断法的角度讲，关键还在于如何认定算法个性化定价行为的违法性。我国《反垄断法》第22条第1款规定："禁止具有市场支配地位的经营者从事下列滥用市场支配地位的行为：……（六）没有正当理由，对条件相同的交易相对人在交易价格等交易条件上实行差别待遇……"该项有关不合理差别待遇的规定可成为规范算法个性化定价行为的依据。其中违法性认定的关键在于以下几点：①判断交易相对人（如消费者、用户、客户等）是否属于条件相同的交易相对人；②共同实体是否针对相同等级和质量的商品或服务，对处于相同或相似条件的交易相对人实施了差异性的定价行为；③这种差异性价格是否产生排除、限制竞争的效果（即产生排他效应），或者是否在群体或整体层面产生直接榨取交易相对人或消费者利益的福利转移效果（即产生剥削效应）。[2]

2. 为维持共同市场支配地位而实施反制性平行行为

我们知道，经营者之所以滥用市场支配地位，其目的无非服务于市场支配地位的维持或加强，这对于基于算法协调的经营者（共同实体）滥用共同市场支配地位同样适用。实际上，上述平行算法个性化定价行为的例子，可视为共同实体为加强共同市场支配地位并攫取更多垄断利润而做出的努力。此外，在很多情形下，由于受到外部竞争者的挑战或冲击，共同实体不得不采取诸如一致抵制、平行限制性定价、平行掠夺性定价等手段，来打压潜在进入者的竞争动机或者限制强势挑战者的竞争能力，从而更好地维护共同市场支配地位，防止此种地位和利益遭到减损或破坏。例如，在我国电动汽车市场上，尽管比亚迪、奇瑞、小鹏、长安、现代等企业各自占据一定的市

---

[1] See Germán Oscar Johannsen, Conscious Parallelism and Price Discrimination in the Era of Algorithms: A Case of Collective Abuse of Dominance?, https://papers.ssrn.com/sol3/papers.cfm?abstract_id=3203292.

[2] 参见郝俊淇：《平台经济领域差别待遇行为的反垄断法分析》，载《法治研究》2021年第4期；孟雁北：《反垄断法规制平台剥削性滥用的争议与抉择》，载《中外法学》2022年第2期。

场份额，可能并未形成共同市场支配地位，但当小米宣布即将推出其电动汽车"su7"时，这些已经占据市场领先地位的电动汽车企业，似乎达成了一种默契，纷纷采取了大幅降价销售的策略。此等行为的实质，其实是对小米这一潜在竞争者的集体反制。它们试图通过降低价格，从竞争动机和竞争能力上双重打压小米，使其不敢轻易进入电动汽车市场，或者即便进入该市场后也不敢贸然扩张。这样的策略，不仅是对小米的震慑，更是为了维护这些在位企业群体的市场地位和利益。通过这种集体行动，它们策略性地营造出市场进入和扩张壁垒，限制新进入者的发展空间。当然，如果上述企业被认定具有共同市场支配地位，那么它们所实施的平行掠夺性定价（或限制性定价）行为就可能构成滥用共同市场支配地位。

以基于算法的平行掠夺性定价为例，这里违法性认定的关键在于，判断共同实体下每个经营者的定价是否低于特定的成本衡量标准。我国《反垄断法》第 22 条第 1 款规定："禁止具有市场支配地位的经营者从事下列滥用市场支配地位的行为：……（二）没有正当理由，以低于成本的价格销售商品……"该款规定并没有说明应对成本采取何种衡量标准。不过，《禁止滥用市场支配地位行为规定》第 15 条第 2 款规定："认定以低于成本的价格销售商品，应当重点考虑价格是否低于平均可变成本。平均可变成本是指随着生产的商品数量变化而变动的每单位成本。涉及平台经济领域，还可以考虑平台涉及多边市场中各相关市场之间的成本关联情况及其合理性。"尚有疑问的是，掠夺性定价是否需要以"补偿"（经后期提价弥补舍本销售造成的损失）为要件？我们认为，构成滥用共同市场支配地位的掠夺性定价行为不需要"补偿"要件，其原因主要在于两个方面：①组成共同实体的经营者做出平行的掠夺性定价行为，主要目的是威慑外部竞争者，即传递某种"进入很危险"或"进入后无利可图"的信号，而不是扩张或加强共同市场支配地位，因此无须以获得补偿或预期获得补偿为条件。[1]②证明共同实体具有市场支配地位，本身就需要对市场结构进行评估，包括市场份额、产能和进入壁垒等因素，而这些因素也是对"补偿"要件进行分析时，所采取的结构性分析方法须涵盖的事项。因此，便利共同市场支配地位形成的市场条件可以提供一个可信的预示，即竞争对手由于平行掠夺性定价行为而受到压制将导致未来价格上涨，亦即已经存在共同市场支配地位的前提下，推定一致行动的掠夺者可以获得补偿。[2]

---

[1] 关于掠夺性定价的不对称财力限制理论、金融市场掠夺理论、信号策略理论、声誉效应理论、多重收益掠夺理论等。See Patrick Bolton, Joseph F. Brodley, Michael H. Rioedan, "Predatory Pricing: Strategic Theory and Legal Policy", *Georgetown Law Journal*, 2000, Vol. 88, No. 8, pp. 2239-2330.

[2] 相比较而言，美国反托拉斯法之所以强调对掠夺性定价的违法认定必须满足"补偿"要件，重要原因在于，掠夺性定价更多发生在"企图垄断"的案件中，涉案企业并不具有垄断势力（市场支配地位），因而满足"补偿"要件才能可信地证明竞争损害的存在。参见[美]赫伯特·霍温坎普：《联邦反托拉斯政策——竞争法律及其实践》，许光耀、江山、王晨译，法律出版社 2009 年版，第 397~399 页。

## 第三节　滥用共同市场支配地位规范适用于算法共谋的限度

就应对算法加剧的共谋风险而言，滥用共同市场支配地位的规范路径有其明显的优势。相较于垄断协议规范路径及其难以逾越（也不应逾越）的"意思联络"要件，滥用共同市场支配地位是一个纯粹基于客观事实的判断，无论是"共同实体""共同市场支配地位"要件还是"滥用"要件的分析判定，经营者的意识、意图、意思联络等主观因素均非其中必需的检验步骤，因此不仅能将监测式算法共谋、轴辐式算法共谋等算法明示共谋纳入规范，而且具有规制代理式算法共谋、自主式算法共谋等算法默示共谋的强大潜力，很大程度上缓解了垄断协议规范应对缺乏意思联络证据的算法默示共谋的乏力和局限。但是，正所谓金无足赤，滥用共同市场支配地位规范适用于算法共谋也有其限度和不足。对此，可以从滥用共同市场支配地位规范体系的内部视角和外部视角加以审视和反思。

### 一、规范体系内的审视

我国《反垄断法》有关滥用市场支配地位的整章规定，没有确立"共同市场支配地位"概念，这一概念是隐含在对两个以上经营者具有市场支配地位的推定制度中。在这样的规范体系下，滥用共同市场支配地位规范适用于算法共谋（算法协调）行为，存在因文本制度设计而固有的局限，可能难以实现预期的规范效果。

（一）推定标准与算法共谋的场景错配

《反垄断法》第24条关于共同市场支配地位的推定制度，实际上是以工业经济时代的寡头市场为场景预设的。在这样的市场中，市场结构高度紧凑，一般只存在2家、3家或极少数几家经营者，并且它们的产品趋于同质、成本结构或产能结构等较为对称、市场透明度很高、市场进入存在明显障碍，由此这些经营者之间形成了一种特殊的相互依赖关系，这种关系在竞争性经营者之间是不存在的。每个寡头经营者在制定定价和产量决策时，都会充分考虑竞争对手的预期反应。因此，这些寡头经营者倾向于避免过于激烈的价格和产量竞争，而是以一种默契的方式共同限制产量或提高价格，从而攫取并共享垄断利润。正是基于这些基础情事，《反垄断法》才规定，两个经营者在相关市场的市场份额合计达到2/3的，或者三个经营者在相关市场的市场份额合计达到3/4的，可以推定经营者具有市场支配地位。

但是，在人工智能和数字经济时代，算法在商业领域的广泛应用，已对传统上与寡头共谋或协调风险紧密关联的市场结构条件产生了深远影响，要么简化或放宽了这些条件，要么便利了这些条件的实现、使其易于得到满足，因而加剧了数字经济领域的共谋风险，使传统上在寡头市场才会出现的默示共谋（寡头相互依赖的平行行为），扩展到非寡头市场，以至于基于算法的平行行为或默契协调成为数字经济领域普遍的经济现象和竞争担忧。也就是说，在算法普遍作用的环境下，经营者之间相互依赖的平行行为或默契协调（默示共谋），可能在垄断竞争的市场结构里就实现了。在垄断竞争的市场结构下，可能存在十多家甚至几十家有实力的竞争者，任何一个经营者的市场份额都不超过30%，但它们却可以借助监测算法、信号算法、预测算法、自主学习算法等，实现稳定和高效的协调均衡。

由此来看，我国《反垄断法》第24条关于推定共同市场支配地位的市场份额阈值的设定（即两个经营者在相关市场的市场份额合计达到2/3的，或者三个经营者在相关市场的市场份额合计达到3/4的，可以推定经营者具有市场支配地位），与算法共谋的场景显得格格不入，存在规范与事实之间的错配，可能制约推定制度的现实效力。基于此，可以考虑降低共同市场支配地位推定制度中的市场份额阈值门槛，[1] 同时将涉及更多经营者数量的情形纳入推定制度。这些皆是制度完善的必要举措。

（二）对推定共同市场支配地位缺乏"共同实体"的前提限定

根据现行《反垄断法》的规定，对于经营者是否具备共同市场支配地位的推定，市场份额被视为一个核心且单一的判定因素。具体而言，当相关经营者在特定市场的市场份额总和达到2/3或3/4，并且其中每个经营者的市场份额均超过1/10时，便可推定这些经营者共同拥有市场支配地位。诚然，这样的规定有助于节约执法成本、提高执法效率，同时还有利于相关经营者建立合法预期、加强自律合规，维护市场竞争秩序。[2] 然而，单个经营者与两个以上经营者形成市场支配地位的内在机理是迥然有别的：基于单一的市场份额因素来推定经营者具有单独市场支配地位，并不存在太大问题，但仅仅基于单一的市场份额因素就推定两个以上经营者具有共同市场支配地位并使其承担潜在的特殊义务，而完全不考察它们是否形成了良好的协调以致表现得就像是单独的"经营者"（共同实体），这样恐怕会使相关经营者畏惧合作的法律风险而束手束脚，进而造成抑制经济活力、阻碍创新动力的寒蝉效应。[3]

申言之，当前有关共同市场支配地位推定制度的规定，欠缺"共同实体"这一关键的分析概念，即欠缺对两个以上经营者是否形成了"共同实体"（或"整体"/"全体"）的法定检验步骤。这样一来，不仅相互之间不存在任何协调或一致行为的经营

---

〔1〕 降低推定制度涉及的市场份额标准的呼吁以前就存在。例如有学者指出，韩国市场不大，将市场支配地位的推定标准规定在50%以上的市场份额是合适的，但我国地域辽阔，市场很大，反垄断法关于市场支配地位的法律推断标准与上述国家的规定相比较，标准太高，可以作适当的降低。参见吴炯主编：《中华人民共和国反垄断法解读》，中国工商出版社2007年版，第109页。

〔2〕 参见曹康泰主编：《中华人民共和国反垄断法解读：理念、制度、机制、措施》，中国法制出版社2007年版，第95页。

〔3〕 参见李剑：《〈反垄断法〉中推定的限度——对共同市场支配推定规则的反思》，载《社会科学研究》2021年第4期。

者，很容易被错误纳入共同市场支配地位以及滥用行为禁止的规制实践，给经营者带来不必要的干扰和烦恼，而且反垄断执法机构如此轻易地就避开对"共同实体"的举证责任以及对经济联系因素的细致考察，很可能使反垄断执法过于激进膨胀，造成不当规制、错误打击和过度威慑的风险。

因此，在《反垄断法》上明确"共同市场支配地位"概念，具有迫切的必要性。可以考虑在《反垄断法》第22条增加一款，作为第4款（位于第3款关于市场支配地位的定义之后），即规定：本法所称共同市场支配地位，是指两个以上经营者组成的共同实体，具有能够控制商品价格、数量或者其他交易条件，或者能够阻碍、影响其他经营者进入相关市场能力的市场地位。同时，应同步将《反垄断法》第24条有关"两个经营者在相关市场的市场份额合计达到三分之二的""三个经营者在相关市场的市场份额合计达到四分之三的"等表述，更改为"两个经营者组成的共同实体在相关市场的市场份额合计达到三分之二的（可适当下调阈值）""三个经营者组成的共同实体在相关市场的市场份额合计达到四分之三的（可适当下调阈值）"等，以明确在作出共同市场支配地位的推定之前，"共同实体"检验步骤的必要性和重要性。

**二、规范体系外的反思**

跳出滥用共同市场支配地位的规范视域，不难发现，该规范路径是一种事后制止和补救机制，难以预防算法共谋的发生，也难以对算法滋生的共谋风险予以及时纠偏。而且，它以"市场支配地位"作为启动规制的门槛，"枪口过高"可能导致遗漏一些未达到共同市场支配地位程度，但对经济同样有害的算法协调（共谋）行为。

（一）垄断协议和滥用共同市场支配地位规范的预防功能匮乏

事实上，无论垄断协议规范还是滥用共同市场支配地位规范，都属于反垄断法对垄断行为的事后制止制度，即当垄断行为导致竞争损害或具有造成竞争损害的高度风险（高度可能性）时，才通过上述制度予以规制。因此，当把这两种"反应式"规制制度应用于算法共谋时，它们只能通过高昂的罚款或严厉的惩戒来起到特别威慑和一般威慑的执法效果，但很可能难以补救或恢复算法共谋造成的竞争损害，也无法基于"防早防小""防患未然"等理念在事前对算法共谋作出有效的预防和纠偏。换言之，垄断协议和滥用共同市场支配地位规范本质上不是"前摄式"规制制度，在预防垄断行为特别是算法共谋行为的功能方面具有局限性。

我国《反垄断法》第1条有关立法目的之规定，首先强调"为了预防和制止垄断行为"[1]，而预防垄断行为的最主要机制，就是适用事前申报程序的经营者集中控制制度。作为与垄断协议规范、滥用（共同）市场支配地位规范并列的三大反垄断法支

---

[1] 我国《反垄断法》第1条规定："为了预防和制止垄断行为，保护市场公平竞争，鼓励创新，提高经济运行效率，维护消费者利益和社会公共利益，促进社会主义市场经济健康发展，制定本法。"

柱性规范之一，经营者集中控制规范着眼于对竞争损害效应（包括共谋效应或协同效应）的预防和矫正，具有适用于算法共谋或协调行为的广阔空间。通过对集中可能导致的协同效应的认定，以及附加减少集中对竞争产生不利影响的结构性或行为性限制条件（救济措施），这种"前摄式"的反垄断法规制机制具有预防算法共谋或协调行为风险的巨大潜力，能与垄断协议规范、滥用共同市场支配地位规范等"反应式"规制机制形成良好的制度合力，进而有望把算法共谋更全面有效地关进反垄断法的笼子里。

（二）共同市场支配地位标准的"枪口过高"

运用滥用共同市场支配地位规范来处理算法共谋的另一个明显局限是，它启动规制的门槛比较高，要求从事算法协调的经营者组成的共同实体必须达到市场支配地位的程度。换言之，滥用共同市场支配地位规范只适合于规制那些处于"高位协调"的算法共谋——共同实体内一致行动的各经营者能够长期性地将价格大幅提高到竞争性水平之上，而其销售额没有任何损失或损失微乎其微；而无法规制那些处于"中低位协调"的算法共谋——共同实体内一致行动的各经营者只是阶段性地将价格并非大幅地提高到竞争性水平之上，而其销售额没有遭受迅速损失或损失不大。从反垄断政策的角度看，这两种共谋效应或协调效应都是有害的，都应当予以规制，但滥用共同市场支配地位规范似乎旨在"抓大放小"，把"枪口"抬到了比较高的位置，以至于无法对更广泛的算法共谋行为予以规制。

实际上，在大数据、人工智能等技术的支撑下，从事算法共谋的经营者往往能够找到多重而非单一的协调均衡，并且可以快速在各种协调均衡中来回切换。从防止遭到反垄断调查以及其他严厉监管的功利目的考虑，经营者往往会策略性地选择"温和的协调均衡"，即选择只高出竞争性水平不多的协调均衡，亦即以"温水煮青蛙"或"细水长流"的方式来获得共同的超竞争性收益。甚至，为了给当局和公众营造一种激烈竞争的表象，它们会偶尔故意发动价格战或把协调均衡设置在竞争性水平之下，继而不久后再悄悄切换到高于竞争性水平的协调均衡。如此一来，滥用共同市场支配地位规范在应对算法共谋上"枪口过高"的问题就更加严重了。调低"枪口"，如引入相对市场支配地位或相对优势地位的概念和制度，[1] 或许是一个有效解决问题的办法。但据悉，滥用相对优势地位规范或被放入修正后的《中华人民共和国反不正当竞争法》中，这可能会造成法律解释、制度衔接等方面的困难。不过，竞争法体系内有这种制度总比没有好。另一种解决问题的思路是，"反应式"机制的不足让"前摄式"机制来弥补，也就是加强事前的经营者集中控制制度的实施，将事后可能暴露的算法共谋问题尽量在事前及早预见、做好布防、有效解决。

---

〔1〕 参见袁嘉：《德国滥用相对优势地位行为规制研究——相对交易优势地位与相对市场优势地位的区分》，载《法治研究》2016年第5期。

# 第七章　经营者集中控制规范对算法共谋的适用

在现代反垄断法中，相较于垄断协议规范和滥用（共同）市场支配地位规范，经营者集中控制规范发轫较晚，其最鲜明、最独特的规范价值源于事前审查控制机制的建立，即对导致控制权变化且形成或加强市场势力[1]的合并、资产或股权收购等交易予以"前摄式"的预防性规制，从而弥补垄断协议规范、滥用（共同）市场支配地位规范等事后"反应式"规制的被动和不足。将经营者集中控制规范应用于算法共谋的规制，一方面需要依据相关审查标准对算法协同效应这一潜在的竞争损害予以评估验证，另一方面需要采取有效、必要的救济措施（附加限制性条件）减少算法协同效应对竞争产生的不利影响。尽管将经营者集中控制规范适用于算法共谋具有明显的制度优势，但也应当看到，由于经营者集中申报标准的制约、经营者可能策略性地选择实施隐蔽的共谋而非公开的集中，因而其规范功能和实效可能受到一定的限制。

## 第一节　经营者集中控制的基本规范框架

经营者集中，是指一个或多个经营者通过合并、收购股权或资产、委托经营、租赁经营、合营联营、人事或技术控制等方式，导致经营者之间控制权的变化或转移（以下统称变化），[2]并引起市场结构持久改变的行为。[3] 经营者集中控制制度是对经营者集中行为的规范，是对经营者通过集中行为形成或加强市场势力予以控制的一套规则和程序，其旨在维持合理的市场结构，防止市场势力过度集中。[4] 实际上，经营者集中作为市场经济活动中屡见不鲜的现象，具有多重影响。从积极方面来看，它

---

[1] 经营者集中形成或加强的市场势力不必达到市场支配地位的程度，但比一般意义上的市场势力在程度上更显著。See ICN Unilateral Working Group, Dominance/Substantial Market Power Analysis Pursuant to Unilateral Conduct Laws, p. 1, http://www.internationalcompetitionnetwork.org/uploads/library/doc317.pdf.

[2] 控制权的变化（经营者集中）可能在下列情况发生：①从单独控制权变为共同控制权，目标经营者变成合营企业，构成经营者集中；②从共同控制权变为单独控制权，在持有控制权的股东退出合营企业导致变成单独控制权时，构成经营者集中；③共同控制权的变化，如持有控制权的股东变化、股东主体数量增加等，均构成经营者集中。

[3] Jianzhong Shi & Yang Yang, *Merger Control in China*, LexisNexis, 2017, p. 24.

[4] 参见王先林：《竞争法学》，中国人民大学出版社2018年版，第263页。

有助于形成规模经济效应，通过资源整合和配置优化，显著提升经营者的竞争力和整体实力，进而推动市场的高效运转和持续发展。然而，从消极方面来看，经营者集中也可能导致市场中竞争者数量的减少，进而催生或加剧市场势力的形成。这种情况下，共谋或反竞争协调行为的发生概率将增加，从而对市场竞争产生不利影响。[1] 因此，为了防止经营者集中可能引发的种种不利后果，各法域的反垄断法均对经营者集中实施必要的监管与控制措施，以确保市场竞争的公平性和有效性。控制的手段主要是通过强制事前申报制度，由反垄断执法机构对相关交易进行审查，决定是否批准以及在何种条件下批准经营者实施集中。

## 一、我国反垄断法关于经营者集中控制规定的考察

### （一）《反垄断法》有关经营者集中控制的主要实体规定

我国《反垄断法》第四章以专章的形式对"经营者集中"作了规定，其主要实体规定包括第 25 条（经营者集中的界定）、第 26 条（经营者集中强制事前申报）、第 33 条（经营者集中审查应当考虑的因素）、第 34 条（经营者集中审查决定）、第 35 条（附加限制性条件批准经营者集中）。违法实施经营者集中的法律责任由该法第 58 条予以规定。此外，《国务院关于经营者集中申报标准的规定》（以下简称《经营者集中申报标准的规定》）、《经营者集中审查规定》《平台经济领域的反垄断指南》等反垄断法配套规范，对经营者集中控制作了细化规定。就此来看，我国反垄断法有关经营者集中的实体规定具有以下考虑和特点：

1. 通过列举相关情形对"经营者集中"予以界定

经营者集中是反垄断法独有的概念和标识性范畴，只有明确经营者从事的何种行为属于"集中"的范畴，经营者集中控制规范才具备对其适用的前提。[2]《反垄断法》第 25 条虽未直接定义"经营者集中"，但通过具体列举的方式阐明了其内涵与外延。具体而言，经营者集中涵盖以下情形：一是经营者之间的合并；二是经营者通过收购股权或资产实现对其他经营者的控制；三是经营者通过签订合同等方式获得对其他经营者的控制权或能够对其施加决定性影响。实际上，要判断经营者之间的一项交易是否构成经营者集中，其核心的判断标准在于交易是否导致了控制权的变化。换言之，关键在于经营者通过该交易是否能够对其他经营者施加决定性影响。然而，这一判断并非一目了然，而是取决于诸多复杂的法律和事实因素，包括但不限于交易的规模、

---

[1] 参见孟雁北：《反垄断法》，北京大学出版社 2017 年版，第 185 页。
[2] 参见刘继峰：《竞争法学》，北京大学出版社 2018 年版，第 197~199 页。

交易双方的市场地位、交易后经营者的股权结构、管理层的变动以及业务整合情况等。[1]

导致控制权变化的第一种方式是合并。经营者集中控制规范中的"合并"分为新设合并和吸收合并两种情形,这与公司法上的合并在表现形式上并无差异。但是,二者的规范旨趣不同,前者旨在预防市场结构持久性的不利变化以及经营者市场势力的过度集中,而后者重在维护公司股东利益以及债权人利益。

导致控制权变化的第二种方式是股权或者资产收购。经营者可以通过多种方式,如购买或置换,来获取其他经营者的股权,进而成为控股股东,这一过程会导致控制权的变化。[2] 或者,经营者可以通过购买、置换、抵押等多种方式,获取其他经营者的资产,进而成为实际控制人,这一过程同样会引发控制权的变化。需要强调的是,并非任何资产收购都可以导致控制权的变化,经营者集中意义上的资产收购,要求被收购的资产对相关市场的竞争具有意义,即资产与生产经营密切相关,能提升经营者的竞争能力。例如,让 Google 公司腾飞的技术——PageRank 网页排名算法,无疑是一项具有重大竞争价值的资产。如果其他经营者通过收购或其他方式获得了这一算法技术(资产),意味着其掌控了 Google 公司在搜索引擎领域的核心竞争力。这种控制权的变化,不仅会改变 Google 公司与收购方以及其他搜索引擎公司的竞争关系,还可能对整个搜索引擎市场的竞争格局造成重大影响。因此,从反垄断法的角度来看,通过收购关键算法技术从而导致控制权的变化,构成经营者集中的一种形式,在符合申报标准的情况下会受到进一步的审查及监管。

导致控制权变化的其他方式包括合同、协议等方式。对从事相关交易的经营者而言,不同的交易形式在税法、公司法等法律后果方面具有不同的利弊。因此,尽管经营者的最终目的都是为了建立对其他经营者的控制权,但可能会有意采取合并、资产或股份收购以外的其他交易方式。[3] 鉴于导致控制权变化的交易方式多种多样,无法在立法上一一列举,《反垄断法》第 25 条第 3 项设置了兜底条款,即"经营者通过合同等方式取得对其他经营者的控制权或者能够对其他经营者施加决定性影响"的,皆构成经营者集中。在此,"控制权=施加决定性影响",二者内涵并无差异。实践中,取得控制权的其他方式包括经营者通过委托经营、租赁经营、委托投票、合营(联营)

---

[1] 根据《经营者集中审查规定》第 5 条的规定,这些因素主要包括:交易的目的和未来的计划;交易前后其他经营者的股权结构及其变化;其他经营者股东(大)会等权力机构的表决事项及其表决机制,以及其历史出席率和表决情况;其他经营者董事会等决策或者管理机构的组成及其表决机制,以及其历史出席率和表决情况;其他经营者高级管理人员的任免等;其他经营者股东、董事之间的关系,是否存在委托行使投票权、一致行动人等;该经营者与其他经营者是否存在重大商业关系、合作协议等。

[2] 一般而言,经营者取得目标公司 50% 以上的股权,即属于控股股东。在某些情况下,经营者虽未取得 50% 以上的股权,但仍可以对目标公司施加决定性影响。

[3] 参见 [美] 克里斯托弗·L. 萨格尔斯:《反托拉斯法:案例与解析》,谭袁译,商务印书馆 2021 年版,第 311~313 页。

等合同或协议方式，[1] 或者通过人事安排、技术控制等方式导致控制权的变化。不过，考虑到"取得控制权或者能够对其他经营者施加决定性影响"的内涵过于模糊、不利于经营者自律合规，因此我国反垄断执法机构设立了商谈程序，即在正式申报前，经营者可以通过书面方式就交易是否构成经营者集中向反垄断执法机构提出商谈请求。[2]

2. 确立了经营者集中所适用的强制事前申报制度

我国《反垄断法》对经营者集中采取了强制事前申报的做法，[3] 即在第26条第1款规定："经营者集中达到国务院规定的申报标准的，经营者应当事先向国务院反垄断执法机构申报，未申报的不得实施集中。"《反垄断法》第26条第2款规定："经营者集中未达到国务院规定的申报标准，但有证据证明该经营者集中具有或者可能具有排除、限制竞争效果的，国务院反垄断执法机构可以要求经营者申报。"此外，《反垄断法》第58条对违法实施经营者集中的行为作出了处罚规定。具体而言，对于达到申报标准但未申报即实施集中的经营者，或者申报后未经批准擅自实施集中的经营者，以及违反审查决定实施集中的经营者，都将面临法律的制裁。

实际上，对构成经营者集中的情形实行强制事前申报和审查，最大的制度收益在于"防患未然"，即对可能增强重大市场势力、导致市场结构产生持久不利变化进而造成竞争损害以及消费者损害的交易，进行前置性的制止或修正，亦即采取预防性的控制。但也应当看到，强制事前申报和审查可能会带来行政、管理、调查、磋商、交易时滞以及错误控制等显性或隐性成本。[4] 因此，强制事前申报制度对申报标准、申报门槛等的设定，应在预防竞争损害与降低经营者负担之间取得恰当平衡。最新修订的《经营者集中申报标准的规定》，最大变化在于显著提高了申报的营业额门槛，从而降低了相关交易方的交易和合规成本，同时也可以使反垄断执法机构将更多的精力放在可能会对市场竞争产生较大影响的交易上，有利于节约执法资源，提高审查效率。

3. 对经营者集中审查采取较为原则的排除、限制竞争标准

经营者集中审查的实体标准是经营者集中控制规范的核心内容，采取何种审查标

---

[1] 例如，《平台经济领域的反垄断指南》第18条特别强调了涉及协议控制架构（VIE架构）的经营者集中属于反垄断审查范围。

[2]《经营者集中审查规定》第12条规定："……在正式申报前，经营者可以以书面方式就集中申报事宜提出商谈申请，并列明拟商谈的具体问题。"

[3] 各法域立法中，经营者集中申报制度有三种模式：一是强制事前申报，符合申报标准的集中在实施前必须向反垄断执法机构申报并取得批准，我国、美国、欧盟等大多数法域采用此种模式；二是强制事后申报，符合申报标准的集中在实施后的法定期限内必须向反垄断执法机构申报并取得批准，比如日本、韩国、俄罗斯、印度尼西亚等；三是自愿申报，实施集中不以向反垄断执法机构申报并取得批准为前提或后置条件，比如英国、澳大利亚、印度等。参见国家市场监督管理总局反垄断局：《中国反垄断立法与执法实践》，中国工商出版社2020年版，第158页；时建中主编：《反垄断法学》，中国政法大学出版社2024年版，第233~234页。

[4] 参见李剑：《经营者集中强制申报制度的实效与转变》，载《交大法学》2021年第4期。

准具有重大关涉，直接决定了集中行为限制竞争与非限制竞争（非法与合法）的界限，进而决定了经营者之间的交易能否得到批准。我国《反垄断法》第 3 条有关垄断行为的规定，将"具有或者可能具有排除、限制竞争效果的经营者集中"与"经营者达成垄断协议""经营者滥用市场支配地位"并列，作为反垄断法上的三大重点违法行为；同时，该法第 34 条规定，"经营者集中具有或者可能具有排除、限制竞争效果的，国务院反垄断执法机构应当作出禁止经营者集中的决定"。从上述规定看，我国对经营者集中审查采取了"具有或者可能具有排除、限制竞争效果"的审查标准，简称"排除、限制竞争标准"。相较于其他法域关于经营者集中审查的实体标准，如欧盟的"严重妨碍有效竞争标准"（Substantial Impediment to Effective Competition，SIEC）、美国的"实质减少竞争标准"（Substantial Lessening Competition，SLC）、德国的"市场支配地位标准"（Market Dominance，MD），[1] 我国的"排除、限制竞争标准"稍显原则和宽泛。尽管《反垄断法》第 33 条列举了在审查经营者集中时应考虑的因素，如市场份额、市场控制力、市场集中度，以及对市场进入、技术进步、消费者和其他经营者的影响等，但它们其实是对所有涉嫌垄断行为进行竞争分析所应当考虑的共同因素。因此，《反垄断法》第 33 条的规定并未就"排除、限制竞争标准"提供具体化的操作指引，导致该审查标准可能存在过于宽泛、模糊甚至空洞的问题。

4. 对附加限制性条件批准经营者集中作了原则性规定

当经营者集中得到批准时，可能会伴随着一系列附加的条件或义务，这些条件或义务被视为经营者集中的救济措施，旨在纠正或缓解集中可能带来的潜在竞争损害，确保市场公平竞争和消费者利益得到保护。我国《反垄断法》第 35 条规定："对不予禁止的经营者集中，国务院反垄断执法机构可以决定附加减少集中对竞争产生不利影响的限制性条件。"对该条规定，应从以下两个方面予以把握。

第一，附加限制性条件针对的是"不予禁止的经营者集中"。所谓不予禁止的经营者集中，涉及如下几种情形：①集中不产生任何排除、限制竞争的影响，无条件给予批准；②集中虽对竞争产生了不利影响，但相较于这种负面影响，集中对经济效率、消费者利益等的增益更加显著，即具有更大的促进竞争的正面效益；③集中虽对竞争产生了不利影响，但该项集中是实现某些社会公共政策目标和利益所必须的。[2] 附加限制性条件批准集中主要针对后两种情形。在这两种情形下，虽然集中得到批准，但它毕竟或多或少包含排除、限制竞争的因素，因此为了防止集中实施后这些限制竞争因素仍然存在甚至产生实际的限制竞争效果，就有必要对其附加限制性条件，即接受有关承诺进而要求参与集中的经营者剥离相关资产或业务，或者承担特定的作为或不作为义务。不过，考虑到附加限制性条件在很多情况下构成对集中交易的实质性修改

---

[1] 参见刘和平：《欧盟并购控制法律制度研究》，北京大学出版社 2006 年版，第 134 页以下。
[2] 参见钟刚：《反垄断法豁免制度研究》，北京大学出版社 2010 年版，第 91 页以下。

和"不予禁止"的基础，因此即便一项集中交易原本是应被禁止的，但由于附加限制性条件的"救济"，其也可能转化为不予禁止的经营者集中。换言之，"应当禁止"还是"不予禁止"，这在很大程度上取决于附加限制性条件能否解决涉案竞争问题。

第二，所附加的限制性条件旨在"减少集中对竞争产生不利影响"。这里的关键词是"对竞争产生不利影响"和"减少"。就前者而言，附加限制性条件应当严格针对集中对竞争产生的不利影响，与限制竞争的因素密切相关，而不能借所附加的限制性条件来实现其他非相关目的，如将限制性措施作为执行产业政策的手段。就后者而言，附加的限制性条件的作用，须限定在集中对竞争产生的不利影响范围内，以"减少"不利影响、恢复和维持相关市场竞争为目标，而不能逾越此范围来寻求进一步"增加"或"促进"竞争的举措。[1] 也就是说，反垄断执法机构不能滥用权力，无限扩大限制性条件的范围。

(二) 我国台湾地区"公平交易法"关于事业结合的规定

在我国台湾地区"公平交易法"（2017年5月26日修正，6月14日公布）中，经营者集中被称为"事业结合"。该法用4个条文明确了事业结合的相关实体规范，涉及第10条对事业结合情形的规定，第11条对事业结合强制事前申报的规定，第12条对豁免申报的规定，第13条对许可结合决定之附加条件或负担的规定。总体上看，这些规定具有以下考虑或特点：

1. 对事业结合的界定采取法律推定模式

我国台湾地区"公平交易法"第10条第1款规定："本法所称结合，指事业有下列情形之一者：一、与他事业合并。二、持有或取得他事业之股份或出资额，达到他事业有表决权股份或资本总额三分之一以上。三、受让或承租他事业全部或主要部分之营业或财产。四、与他事业经常共同经营或受他事业委托经营。五、直接或间接控制他事业之业务经营或人事任免。"由此可见，在事业结合的界定上，上述规定采取了法律推定之模式，即只要事业从事的交易或行为符合上述规定的五种情形之一，便推定这种交易或行为属于"事业结合"，进而在满足申报标准的情形下就需要向反垄断执法机构申报并接受审查。

事实上，目前各反垄断法域界定经营者集中（事业结合）的做法可以归纳为两种：一是我国、欧盟以控制权变化为核心的认定模式；二是我国台湾地区、美国以法律规定为核心的推定模式。[2] 例如，我国《反垄断法》第25条详尽地列举了可能构成经营者集中的常态情形，如合并、股权或资产购等，并在此基础上，以兜底性条款规定了认定经营者集中的实质标准。这一标准强调的是，一个经营者通过不特定的方式取

---

〔1〕参见叶军：《经营者集中附条件研究——欧美反垄断法律移植和中国本土化经验》，法律出版社2022年版，第127页。

〔2〕参见叶军：《经营者集中法律界定模式研究》，载《中国法学》2015年第5期。

得对其他经营者的控制权,或者能够对其他经营者施加决定性影响。[1] 在此,即便发生了股权或资产收购交易,但如果没有导致控制权的变化,也不构成经营者集中。相比较而言,在我国台湾地区"公平交易法"第 10 条第 1 款关于事业结合的推定模式下,只要拟议的交易属于该条规定的情形,且又不属于第 12 条规定的豁免情形,就推定其属于事业结合,至于相关交易是否导致了控制权的变化,在所不问。

2. 对事业结合采取事前监督原则

我国台湾地区"公平交易法"第 11 条第 1 款规定:"事业结合时,有下列情形之一者,应先向主管机关提出申报:一、事业因结合而使其市场占有率达三分之一。二、参与结合之一事业,其市场占有率达四分之一。三、参与结合之一事业,其上一会计年度之销售金额,超过主管机关所公告之金额。"由此可见,事业能否实施结合行为,必须事先受到反垄断执法机构的监督规范,即对事业结合实行强制事前申报之要求。一般认为,对事业结合采取事前监督原则或事前准许主义具有必要性和合理性。这是因为,为预防达到一定规模的事业结合可能引发的市场竞争恶化及限制竞争风险,采取事前监督的方式可以确保结合行为符合法律法规,从而避免未来因结合行为被认定为违法而面临被迫解体的风险。[2] 不过,考虑到事业结合须经许可,若主管机关拖延决策,可能损害事业结合的预期目标与利益,因此有学者呼吁采用"事前异议原则"。该原则要求事业在结合前,须将结合计划事先向反垄断执法机构申报,若执法机构在申报后的规定期限内未提出异议,则依据该计划实施的事业结合将合法生效,执法机构此后不得再行禁止。[3] 这一原则旨在确保事业结合的效率和合法性,同时赋予反垄断执法机构必要的审查时间,以维护市场竞争秩序。

3. 没有对事业结合的审查标准作明确规定

我国台湾地区"公平交易法"没有关于事业结合审查标准的明确规定,甚至没有关于审查事业结合相关考虑因素的规定,而仅在该法第 13 条第 1 款规定:"对于事业结合之申报,如其结合,对整体经济利益大于限制竞争之不利益者,主管机关不得禁止其结合。"在实践中,我国台湾地区反垄断执法机构对事业结合的限制竞争效果进行重点考察,主要关注两个方面:一是"单方效果",即事业结合后,由于消除了参与方之间的竞争压力,使得结合后的实体能够提高商品价格或服务报酬,从而获取更大的经济利益;二是"共同效果",即事业结合后,参与方与其竞争者之间可能形成相互约束,或者即使没有明确的约束,但采取了一致性的行为,导致市场实质上缺乏竞

---

[1] 这一规定不仅涵盖了常见的经营者集中形式,还确保了法律在应对新型经营者集中情形时的灵活性和适应性,为反垄断执法提供了有力的法律依据。

[2] 参见赖源河编审:《公平交易法新论》,中国政法大学出版社 2002 年版,第 207 页。

[3] 参见汪渡村:《公平交易法》,五南出版公司 2015 年版,第 60 页。

争。[1] 其实，这里所言的单方效果即经营者集中的单边效应（Unilateral Effects），而共同效果则对应于下文将着重分析的经营者集中的协同效应（Coordinated Effects）。

4. 明确了许可结合决定适用附加负担的条件

我国台湾地区"公平交易法"第 13 条第 2 款规定："主管机关对于第十一条第八项申报案件所为之决定，得附加条件或负担，以确保整体经济利益大于限制竞争之不利益。"该条是关于许可结合决定适用附加条件或负担（即附条件批准经营者集中）的规定，其有两个特点：一是可以附加条件或负担的结合案件限于特定情形之案件，即"公平交易法"第 11 条第 8 项规定的"延长期间之申报案件"。具体来说，在一般期限（30 工作日之内）范围内就可以审查完毕的结合案件，反垄断执法机构不得附加条件或负担，只有进入延长期间（不得逾 60 工作日）的案件才可以考虑附加条件或负担。二是附加条件或负担须具有特定的预期效果，即确保由此带来的整体经济利益大于限制竞争之不利益。一般认为，确保整体经济利益大于限制竞争之不利益，指对事业结合所附加的条件或负担必须能够有效恢复竞争，而非对结合后价格或数量加以管制，否则与竞争法所鼓励的自由市场分散式的决定机制恐相违背。[2]

## 二、经营者集中审查标准的规范层次

（一）经营者集中审查标准的二元理论范式

尽管人们普遍承认，经营者集中将导致市场竞争格局的变化，可能形成不利于有效竞争的市场结构条件，甚至对竞争机制造成严重损害，但是在基于何种基础理论范式规制或控制经营者集中的问题上，却存在两派对立的认识分歧，即以哈佛学派为代表的结构主义理论范式和以芝加哥学派为代表的行为主义理论范式。

主张经营者集中审查（控制）应采取结构主义理论范式的哈佛学派，其认识建立在"市场结构—企业行为—企业绩效"的因果逻辑基础上，即认为市场结构即便不对企业行为和绩效起到单向的决定作用，但也是企业采取特定行为和实现一定绩效的至关重要的前提基础。[3] 换言之，市场份额、市场集中度等市场结构性要素在经营者集中审查中具有基础性的地位和作用。因此，在结构主义理论范式下，只要经营者集中导致市场结构过于集中，如形成或加强市场支配地位，就应当被禁止。可见，结构主义理论范式下的经营者集中反垄断审查标准，是一种非常严格的预防性规制标准。美国 20 世纪 30 年代到 20 世纪 60 年代的企业并购反垄断控制政策，以及欧盟 2004 年以前的企业集中反垄断控制政策，实际上都贯彻了哈佛学派的结构主义理论范式。[4]

---

[1] 参见廖义男：《公平交易法》，元照出版公司 2022 年版，第 264 页。
[2] 参见汪渡村：《公平交易法》，五南出版公司 2015 年版，第 73 页。
[3] 参见李天舒：《"结构—行为—绩效"范式的理论演进与现实应用》，载《改革与战略》2008 年第 7 期。
[4] 参见王晓晔：《欧共体竞争法》，中国法制出版社 2001 年版，第 321 页。

主张经营者集中审查（控制）应采取行为主义理论范式的芝加哥学派认为，市场结构与企业行为及其绩效之间不具有必然的逻辑联系，即便在高度集中的市场结构里，企业之间仍可能存在激烈的竞争，因此不能将市场结构作为经营者集中控制的逻辑起点，更不能推定经营者集中形成或加强了市场支配地位就是违法的。相反，其主张应当把考察重点放在参与集中的经营者的可能行为和效率上。概言之，在行为主义理论范式下，市场份额、市场集中度等市场结构性条件，不是判定经营者集中是否限制竞争的决定性因素，更重要的是要考虑经营者集中所导致的企业行为方式的变化及其可能带来的经济效率收益。即便寡头企业之间的合并导致市场变得高度集中，但只要该合并可能带来压倒性的效率收益，就不应受到禁止或过分限制。可见，行为主义理论范式下的经营者集中反垄断审查标准，是一种较为宽松的预防性规制标准。美国在20世纪70年代经历"里根革命"以后，对企业并购采取的反垄断控制政策迎来重大转向，贯彻了行为主义理论范式，尤其注重对经济效率的分析，反映了国家对企业并购反垄断控制的放松。[1]

（二）经营集中审查的四类概括性标准

在上述两大理论范式的影响下，当今世界经营者集中反垄断审查的实体标准可归纳为四种类型：一是形成或加强市场支配地位标准，即市场支配地位标准（Market Dominance，MD），其基本上采纳了结构主义理论范式，例如德国、瑞典、阿根廷和2004年之前的欧盟。二是严重妨碍有效竞争标准（Substantial Impediment to Effective Competition，SIEC），该标准以行为主义理论范式为基础，同时将结构主义理论范式作为必要的补充，例如目前的欧盟。[2] 三是实质减少竞争标准（Substantial Lessening Competition，SLC），基本上采纳了行为主义理论范式，例如美国、英国、澳大利亚、日本、加拿大等。[3] 就我国而言，《反垄断法》及其配套规范没有明确采取上述任何一种概括性的审查标准，而是以更加宽泛、包容性极强的排除、限制竞争标准作为经营者集中审查的一般标准，并且这种标准在实际运用中融合了结构主义和行为主义理论范式的相关考虑因素，[4] 因而可称之为上述三类标准之外经营者集中反垄断审查的"第四类标准"。

---

〔1〕 参见卫新江：《欧盟、美国企业合并反垄断规制比较研究》，北京大学出版社2005年版，第111页。

〔2〕 实际上，欧盟2004年发布新的企业并购条例，其中所采取的"严重妨碍有效竞争标准"很大程度上是欧盟以前所采取的"形成或加强市场支配地位标准"和美国等法域所采取的"实质减少竞争标准"的混合物。"严重妨碍有效竞争标准"并没有完全取代以前的"形成或加强市场支配地位标准"，而是拓宽了标准的范围，一方面将形成或加强市场支配地位作为严重妨碍有效竞争的一个典型例子，另一方面将没有达到市场支配地位标准但仍对有效竞争造成限制的情形纳入控制范围，例如把所谓的"非合谋寡头垄断"包含在内。参见［西］瓦罗纳等：《欧盟企业合并控制制度：法律、经济与实践分析》，叶军、解琳译，法律出版社2009年版，第133~134页。

〔3〕 参见吴振国、刘新宇：《企业并购反垄断审查制度之理论与实践》，法律出版社2012年版，第53页。

〔4〕 我国《反垄断法》第33条对审查经营者集中应当考虑的市场份额、市场控制力、市场集中度、对市场进入和技术进步的影响、对消费者和其他有关经营者的影响等因素作了规定。

相较于其他三种标准特别是德国的市场支配地位标准，我国的排除、限制竞争标准尽管稍显抽象、宽泛，但显著优势在于，它具有足够的包容性，能够把经营者集中几乎所有潜在的限制竞争风险涵盖进去，而不必以形成或加强市场支配地位、造成严重妨碍有效竞争或实质减少竞争为条件。换言之，即便经营者集中限制竞争的潜在危害没有达到形成或加强市场支配地位、造成严重妨碍有效竞争或实质减少竞争的程度，也可以依据排除、限制竞争标准对其予以控制。在人工智能和数字经济时代，考虑到基于算法协调的经营者可能具有多重协调均衡，特别是实行略高于竞争性水平的"温和的协调均衡"，因此我国的这一审查标准更有助于将这类基于算法的"温和的共谋或协调"纳入规范。但是，相较于其他三种标准，我国的排除、限制竞争标准的劣势也很明显。由于该标准的包容性和弹性过大，如果把握不准、实施不当，可能导致"包摄过度"或"过度规制"的弊端，即把很多本来具有促进竞争效果、能够增进经济效益的经营者集中也纳入控制范围（即造成错误禁止或过分限制）。换言之，排除、限制竞争标准的内涵和外延非常宽泛，如果在审查实践中理解、续造、操作不当，可能会把"好的集中"认定成"坏的集中"，或者把"问题不大的集中"认定成"问题很大的集中"，即由于标准过于抽象而难以有效筛查和准确辨别那些真正对竞争有害的经营者集中。

（三）经营者集中审查的损害理论

"损害理论"（Theory of Harm）是美国、欧盟等反垄断法理论和实务中较为常用的术语，指据以规制或处理限制竞争协议、滥用市场支配地位、反竞争的经营者集中等垄断行为的理据，以及围绕这一理据所展开的论证性叙事。[1] 在经营者集中审查标准的视域下，如果说结构主义或行为主义理论范式是"第一层次的标准"，形成或加强市场支配地位、严重妨碍有效竞争、实质减少竞争、排除限制竞争等是"第二层次的标准"，那么单边效应、协同效应等具体损害理论，就是据以认定经营者集中具有或可能具有排除、限制竞争效果的具体标准，构成位于上述基础理论范式和概括性（一般性）标准之下的"第三层次的标准"。这些具体标准不仅为反垄断执法机构提供了控制经营者集中的具体理据，同时也确保了在评估经营者集中行为时能够更加精确和有针对性地识别潜在的竞争损害风险。随着数字经济的兴起，有学者提出了经营者集中的创新损害理论，即针对初创企业、新兴平台的"扼杀式"并购的创新损害理论。[2] 但鉴于"作为平台市场中创新研发和商业化过程的有效机制，并购能够实现规模效益、激励风险投资并且产生创新乘数效应"，[3] 创新损害以及"扼杀式"并购的损害理论存在明

---

[1] 例如，"杠杆理论/效应"（作为单边效应的一种子类型）曾被我国反垄断执法机构用以禁止"可口可乐并购汇源案"。参见邓峰：《传导、杠杆与中国反垄断法的定位——以可口可乐并购汇源反垄断法审查案为例》，载《中国法学》2011年第1期。

[2] 参见韩伟：《迈向智能时代的反垄断法演化》，法律出版社2019年版，第199页以下。

[3] 李希梁：《平台扼杀式并购的反垄断悖论》，载《法学研究》2024年第1期。

显的局限性和模糊性,尚未成为一种具有共识性内涵、可用于指导实务的损害理论。也就是说,经营者集中的损害理论主要还是传统上的单边效应损害理论(以下简称"单边效应")和协同效应损害理论(以下简称"协同效应")。[1] 欧盟、美国、英国、澳大利亚等众多法域在各自的并购反垄断指南中,均对单边效应和协同效应进行了较为详细的阐述。这些指南不仅解释了单边效应和协同效应的基本概念,还深入探讨了它们在并购审查中的重要作用。通过对单边效应和协同效应的评估,这些法域的反垄断执法机构能够更准确地判断并购交易是否可能对市场竞争产生负面影响,从而作出公允的审查决定。在我国,《经营者集中审查规定》第 32 条第 1 款规定:"评估经营者集中的竞争影响,可以考察相关经营者单独或者共同排除、限制竞争的能力、动机及可能性。"其中,相关经营者单独排除、限制竞争的能力、动机及可能性指的就是单边效应;相关经营者共同排除、限制竞争的能力、动机及可能性指的就是协同效应。

就单边效应而言,它实际上是一种经营者集中的"静态损害效应",反映了在给定竞争对手市场行为不发生变化的情况下,经营者集中对于经营者单方面提高价格和降低产量(以及降低质量)的动机和能力的影响。[2] 当经营者集中对竞争造成的限制使集中后的实体(可能是一个或更多经营者)有能力将价格提升到集中前水平以上(或者将质量降低到集中前水平以下)时,集中就产生了单边效应。集中后的实体有可能提高价格(或降低质量)的原因在于,集中前提高价格(或降低质量),则一部分销售额将为竞争对手夺取,而集中后,该部分销售额可通过另一参与集中的经营者的增加销售额部分挽回。集中前客户在当事方产品间转换的倾向性越大,则集中所造成的竞争限制的程度就越高,这些单边效应的程度也就越强。即使剩余竞争对手不提高价格(或不降低质量),集中后的实体也会因竞争的消除或减少而有涨价(或降低质量)的动机,因此这类竞争关注被称为单边效应。[3]

(四)协同效应的损害机理和引发条件

事实上,从 20 世纪早期一直到 20 世纪 80 年代,人们对经营者集中主要的担忧是:集中减少了市场上竞争者数量,提高了市场集中度,从而增大了市场上经营者进行协调或共谋(无论是明示共谋还是默示共谋)的可能性。[4]

相对于单边效应这一经营者集中的"静态损害效应",协同效应可被视作经营者集中的"动态损害效应",它反映了经营者集中对于经营者之间互动协调以达成明示或默

---

[1] 人工智能和数字经济时代,经营者集中也可能导致集中后经营者对用户个人信息或数据保护水平的降低,即产生所谓的隐私损害效应。不过,隐私损害或个人信息保护水平的降低,本质上是一种质量方面的单边损害效应,不宜将其视为一种独立于单边效应的损害效应类型。有关这方面的探讨,参见王磊:《数据驱动型并购中隐私损害的反垄断审查》,载《当代法学》2023 年第 3 期。

[2] 参见余东华:《反垄断经济学》,经济科学出版社 2017 年版,第 439 页。

[3] 参见[英] Daniel Gore 等:《经济学分析方法在欧盟企业并购反垄断审查中的适用》,黄晋等译,法律出版社 2017 年版,第 123 页。

[4] 参见辜海笑:《美国反托拉斯理论与政策》,中国经济出版社 2005 年版,第 172 页。

示共谋（协调）以及维持共谋（协调）的动机和能力的影响。[1] 简言之，由于经营者集中改变了市场结构条件和竞争的性质，使以前没有协调其行为或协调其行为较为困难的经营者，现在更可能协调其行为或更有利于协调其行为，进而通过提高价格、降低质量或通过其他方式损害有效竞争。可见，协同效应涉及两种情形：一种是经营者集中前不存在任何共谋或协调，但经营者集中能够营造便利于共谋或协调的市场结构条件（如更少的竞争者数量、更透明的市场环境等），因此相关经营者如果意欲共谋或协调，它们可能会从事经营者集中，将其作为便利共谋或协调的手段。另一种是经营者集中前已经存在共谋或协调（无论是基于意思联络的明示共谋还是基于相互依赖的默契协调），但这一共谋或协调的效果可能不甚理想，稳定性和可维持性堪忧（这可能是市场结构不集中、市场透明度有限、难以对共谋或协调策略的执行予以有效监督等原因所致），因此已经处于共谋或协调中的经营者选择将经营者集中作为手段，以此改进共谋或协调的"治理结构"，亦即寻求更有利于共谋或协调的市场结构条件。

不过，无论集中前是否已存在共谋或协调，都不影响经营者集中协同效应的引发条件，换言之，上述两种情形的损害机理和引发条件是一致的。集中后的各方经营者从事共谋或协调，可以采取不同的形式，涉及影响竞争的各种维度。例如，经营者可以共谋固定价格、限制产量、划分市场（如按地理区域或客户特征进行划分）。再如，共谋或协调还可能涉及经营者达成一种共同理解，即它们避免在竞争性产品方面采取过于激进的定价或产量策略。无论采用何种机制，共谋或协调将导致经营者保持比在竞争更激烈的市场中更高的价格或更低的质量。而要引发这种基于协同效应的竞争损害效果（不要求证明事实上发生了这种损害效果），传统理论认为，一般需要满足以下几个基本条件。[2]

第一，经营者能够就共谋或协调条件达成共识。为此，经营者的数量应越少越好；经营者还须能找到有效的共谋或协调焦点；经营者在成本结构、市场份额、产能水平等方面应具有较高的对称性；经营者之间存在某种结构性联系，如互为客户或供应商、相互交叉持股、同属于某个行业协会等，则更有利于就共谋或协调条件达成共识。

第二，共谋或协调须是内部可维持的，即各经营者发现坚持共谋或协调符合其自身利益。为此，实行共谋或协调的经营者的行为须能够被观察，并且相关经营者在抑制背离行为从而维持共谋或协调方面，其反应（监测和报复）须足够迅速和有效；市场须趋于稳定（不能时常波动），因为在需求可预测的地方，更容易发现偏离共谋或协调的行为；如果经营者有能力采取提高市场透明度的做法，如通过公告或行业协会交换信息特别是竞争敏感信息，就更有利于共谋或协调的内部可维持性。

---

[1] 参见余东华：《反垄断经济学》，经济科学出版社2017年版，第440页。
[2] See U. K. CMA, Merger Assessment Guidelines（2021）, pp. 47-51, https：//assets. publishing. service. gov. uk/media/61f952dd8fa8f5388690df76/MAGs_for_publication_2021_--_. pdf.

第三，共谋或协调须是外部可维持的，即共谋或协调不太可能被外部的竞争所破坏。为此，对共谋或协调团体来说，现有的外部竞争者不能占据市场很大比例的份额，在这种情况下，它们不太可能对共谋或协调团体施加强力的竞争约束；潜在的外部竞争者不能轻而易举地进入市场，即难以从共谋或协调团体那里轻易瓜分可观的市场份额。

### 三、经营者集中救济的规范要义

在实行事前强制申报的制度背景下，控制经营者集中的方式主要有两种，一种是禁止，即不批准集中，如我国《反垄断法》第 34 条规定，"经营者集中具有或者可能具有排除、限制竞争效果的，国务院反垄断执法机构应当作出禁止经营者集中的决定"；另一种是附加限制性条件予以批准，即有条件地、附款性地允许集中，如我国《反垄断法》第 35 条规定，"对不予禁止的经营者集中，国务院反垄断执法机构可以决定附加减少集中对竞争产生不利影响的限制性条件"。实际上，"控制"的要义就在于，既非一概予以禁止集中，也非一概予以批准集中，而是在平衡正反两面因素、把握"时度效"的基础上对经营者集中予以修正，尽量撤除集中可能对竞争造成的不利影响，确保有效竞争得以维持，从而最大限度地实现和保障反垄断法的宗旨。自 2008 年我国《反垄断法》实施至 2023 年底，反垄断执法机构共计审结经营者集中案件 5787 件，附条件批准集中案件 61 件，禁止集中案件 3 件。[1] 实际上，对不予禁止的经营者集中附加限制性条件，即作出经营者集中救济，是经营者集中审查的后续环节，旨在通过附加特定条件或义务（救济措施）来减轻集中对竞争可能产生的不利影响，进而恢复和维持相关市场的有效竞争。

救济对应的英文单词是"Remedy"。在英美法系中，救济（Remedy）指"纠正、矫正或改正已发生的不当行为或业已造成损害或损失的行为。救济可采取多种方式，主要有宽恕行为、政治救济方法以及法律救济方法。法律救济方法包括行政救济和民事救济"。[2] 在适用事前申报的经营者集中控制场合，所谓竞争损害其实是基于预测或推测而得出的，即竞争损害只是可能的、潜在的状态。由于竞争损害没有实然发生，不符合上述定义所谓"纠正、矫正或改正已发生的不当行为或业已造成损害或损失的行为"，因而反垄断执法机构针对参与集中的经营者所施加的条件、措施、义务、负担等，就很难称得上是严格意义上的救济（法律救济）。不过，鉴于欧盟、美国等众多法

---

〔1〕参见《一图读懂新修订的〈国务院关于经营者集中申报标准的规定〉》，载 https：//www.samr.gov.cn/xw/tp/art/2024/art_59743f9b7ee145708a9841df5bcadba1.html，最后访问日期：2024 年 2 月 25 日。

〔2〕"行政救济可通过向更高级的行政官员或大臣申诉取得，或通过向特殊的行政机构或法庭、仲裁庭提出申诉取得；民事救济可通过在民事法庭进行诉讼取得，也可以在可能的情况下通过当事人之间的磋商取得，或通过对他方威胁要提起诉讼的方式取得。在法律救济制度中，向更高级的法院上诉本身也可称作是一种法律救济方法。"薛波主编：《元照英美法词典》，北京大学出版社 2014 年版，第 1177 页。

域皆约定俗成地在经营者集中控制领域称附加限制性条件为救济措施（Remedies），因而没有必要过分追究"救济""救济措施"等概念的严谨性。在我国，《平台经济领域的反垄断指南》第21条也使用了"救济措施"一词。

当然，救济制度的内涵和外延大于救济措施，它涉及救济措施的设定、执行、矫正、保障、监督、终止等事项。[1] 通常而言，"经营者集中救济制度是指反垄断执法机构可获得的救济特定集中可能造成的竞争损害，从而恢复和维持相关市场有效竞争的结构性和行为性方法及其一系列规则和制度的总称"。[2] 可见，经营者集中救济的核心目标在于恢复和维持相关市场的有效竞争。所谓恢复有效竞争，是就集中行为可能导致的市场结构条件的不利变化，以及集中后各方经营者的市场势力的不当增长而言的。恢复有效竞争意味着，救济措施应能够起到"平抑"市场结构条件不利变化和市场势力不当增长的效果。所谓"维持有效竞争"，指在难以"恢复原状"的情形下，所采取的救济措施（恢复市场有效竞争的替代性救济措施）应当确保集中后市场存在大致相当于集中前市场的竞争条件。无论是恢复有效竞争的目标还是维持有效竞争的目标，它们都要求所施加的救济措施对纠正潜在的竞争损害，具有相关性、适当性、必要性、相称性，[3] 即不能过于保守而难以恢复和维持有效竞争，也不能过于激进而超越恢复和维持有效竞争的范围。

一般来说，经营者集中的救济措施分为两类：结构性救济措施（附加结构性条件）和行为性救济措施（附加行为性条件）。结构性救济措施旨在一次性地恢复并维持相关市场的有效竞争结构，其实施过程通常无需反垄断执法机构持续监督，因其设计之初便注重自我调整与平衡，能够自动适应市场变化。常见的结构性救济措施主要包括：剥离既存的独立业务、剥离少数股权或放弃股东权利、剥离不构成既存独立业务的资产、剥离知识产权、剥离产能等。行为性救济措施，是通过限制集中后经营者的某些竞争行为，从而恢复和维持相关市场有效竞争的救济措施，这些措施往往需要反垄断执法机构予以持续的监督。常见的行为性救济措施主要包括：降低市场进入门槛、保护易受损害的客户和供应商、限制敏感信息流动、控制后续集中等。[4]《经营者集中审查决定》第40条第1款规定，根据经营者集中交易具体情况，限制性条件可以包括如下种类：①剥离有形资产，知识产权、数据等无形资产或者相关权益等结构性条件；②开放网络或者平台等基础设施、许可关键技术（包括专利、专有技术或者其他知识产权）、终止排他性或者独占性协议、保持独立运营、修改平台规则或者算法、承诺兼容或者不降低互操作性水平等行为性条件；③结构性条件和行为性条件相结合的综合

---

[1] 参见刘武朝：《经营者集中附加限制性条件制度研究：类型、选择及实施》，中国法制出版社2014年版，第177页以下。

[2] 吴振国、刘新宇：《企业并购反垄断审查制度之理论与实践》，法律出版社2012年版，第429页。

[3] 参见张晨颖：《比例原则视角下经营者集中反垄断执法的规则修正》，载《当代法学》2021年第4期。

[4] 参见吴振国：《〈中华人民共和国反垄断法〉解读》，人民法院出版社2007年版，第497页。

性条件。我国附条件批准经营者集中案件的集中类型和救济措施类型（限制性条件类型）统计如表 7-1。

表 7-1　我国附条件批准经营者集中案件的集中类型和救济措施类型[1]

| 序号 | 案件名称 | 集中类型 | 结构性救济 | 行为性救济 |
| --- | --- | --- | --- | --- |
| 1 | 英博集团公司收购美国 AB 公司案 | 横向 | — | √ |
| 2 | 日本三菱丽阳公司收购璐彩特国际公司案 | 横向、纵向 | √ | √ |
| 3 | 美国通用汽车有限公司收购美国德尔福公司案 | 纵向 | — | √ |
| 4 | 美国辉瑞公司收购美国惠氏公司案 | 横向 | √ | — |
| 5 | 松下公司收购三洋公司案 | 横向 | √ | √ |
| 6 | 诺华股份有限公司收购爱尔康公司案 | 横向 | √ | √ |
| 7 | 乌拉尔开放型股份公司吸收合并谢尔维尼特开放型股份公司案 | 横向 | √ | √ |
| 8 | 佩内洛普有限责任公司收购萨维奥纺织机械股份有限公司案 | 横向 | √ | √ |
| 9 | 通用电气（中国）有限公司与中国神华煤制油化工有限公司设立合营企业案 | 纵向 | — | √ |
| 10 | 希捷科技公司收购三星电子有限公司硬盘驱动器业务案 | 横向 | √ | √ |
| 11 | 汉高香港与天德化工组建合营企业案 | 纵向 | — | √ |
| 12 | 西部数据收购日立存储案 | 横向 | √ | √ |
| 13 | 谷歌收购摩托罗拉移动案 | 纵向 | — | √ |

---

[1] 注：表中的"—"是指该案没有对应的救济措施，表中的"√"是指该案有对应的救济措施。参见市场监管总局等相关网站信息以及宁立志主编：《〈中华人民共和国反垄断法〉释评》，法律出版社 2023 年版。统计截止时间为 2024 年 3 月 8 日。

续表

| 序号 | 案件名称 | 集中类型 | 结构性救济 | 行为性救济 |
|---|---|---|---|---|
| 14 | 联合技术收购古德里奇案 | 横向 | √ | — |
| 15 | 沃尔玛公司收购纽海控股33.6%股权案 | 混合 | — | √ |
| 16 | 嘉能可国际公司收购斯特拉塔公司案 | 横向、纵向 | √ | √ |
| 17 | 丸红公司收购高鸿公司100%股权案 | 横向 | — | √ |
| 18 | 美国百特国际有限公司收购瑞典金宝公司案 | 横向 | √ | √ |
| 19 | 联发科技股份有限公司吸收合并开曼晨星半导体公司案 | 横向 | — | √ |
| 20 | 赛默飞世尔科技公司收购立菲技术公司案 | 横向 | √ | √ |
| 21 | 微软收购诺基亚设备和服务业务案 | 纵向 | — | √ |
| 22 | 默克公司收购安智电子材料公司案 | 混合 | — | √ |
| 23 | 科力远、丰田中国、PEVE、新中源、丰田通商拟设立合营企业案 | 横向、纵向 | — | √ |
| 24 | 诺基亚收购阿尔卡特朗讯股权案 | 横向 | — | √ |
| 25 | 恩智浦收购飞思卡尔全部股权案 | 横向 | √ | — |
| 26 | 百威英博啤酒集团收购英国南非米勒酿酒公司股权案 | 横向 | √ | — |
| 27 | 雅培公司收购圣犹达医疗公司股权案 | 横向 | √ | — |
| 28 | 陶氏化学公司与杜邦公司合并案 | 横向 | √ | √ |
| 29 | 博通有限公司收购博科通讯系统公司股权案 | 纵向、混合 | — | √ |
| 30 | 惠普公司收购三星电子有限公司部分业务案 | 横向 | — | √ |

续表

| 序号 | 案件名称 | 集中类型 | 结构性救济 | 行为性救济 |
|---|---|---|---|---|
| 31 | 加阳公司与萨斯喀彻温钾肥公司合并案 | 横向 | √ | √ |
| 32 | 马士基航运公司收购汉堡南美船务集团股权案 | 横向、纵向 | — | √ |
| 33 | 日月光半导体制造股份有限公司收购矽品精密工业股份有限公司股权案 | 横向 | — | √ |
| 34 | 贝克顿-迪金森公司与美国巴德公司合并案 | 横向 | √ | — |
| 35 | 拜耳股份公司收购孟山都公司股权案 | 横向、纵向 | √ | √ |
| 36 | 依视路国际与陆逊梯卡集团合并案 | 横向、纵向、混合 | — | √ |
| 37 | 林德集团与普莱克斯公司合并案 | 横向、纵向 | √ | √ |
| 38 | 联合技术公司收购罗克韦尔柯林斯公司股权案 | 横向、混合 | √ | √ |
| 39 | 科天公司收购奥宝科技有限公司股权案 | 纵向、混合 | — | √ |
| 40 | 卡哥特科集团收购德瑞斯集团部分业务案 | 横向 | — | √ |
| 41 | 高意股份有限公司收购菲尼萨股份有限公司股权案 | 横向、纵向、混合 | — | √ |
| 42 | 浙江花园生物高科股份有限公司与皇家帝斯曼有限公司新设合营企业案 | 横向、纵向 | — | √ |
| 43 | 诺贝丽斯公司收购爱励公司股权案 | 横向 | √ | √ |
| 44 | 丹纳赫公司收购通用电气医疗生命科学生物制药业务案 | 横向 | √ | √ |
| 45 | 英飞凌科技公司收购赛普拉斯半导体公司股权案 | 横向、混合 | — | √ |

续表

| 序号 | 案件名称 | 集中类型 | 结构性救济 | 行为性救济 |
|---|---|---|---|---|
| 46 | 英伟达公司收购迈络思科技有限公司股权案 | 纵向、混合 | — | √ |
| 47 | 采埃孚股份有限公司收购威伯科控股公司股权案 | 横向、纵向、混合 | — | √ |
| 48 | 思科系统公司收购阿卡夏通信公司股权案 | 纵向、混合 | — | √ |
| 49 | 丹佛斯公司收购伊顿股份有限公司部分业务案 | 横向 | √ | — |
| 50 | 伊利诺斯工具制品有限公司收购美特斯系统公司股权案 | 横向 | — | √ |
| 51 | SK海力士株式会社收购英特尔公司部分业务案 | 横向 | — | √ |
| 52 | 环球晶圆股份有限公司收购世创股份有限公司股权案 | 横向 | √ | √ |
| 53 | 超威半导体公司收购赛灵思公司股权案 | 混合 | — | √ |
| 54 | 高意股份有限公司收购相干公司股权案 | 横向、纵向 | — | √ |
| 55 | 上海机场（集团）有限公司与东方航空物流股份有限公司新设合营企业案 | 横向、纵向 | — | √ |
| 56 | 大韩航空公司收购韩亚航空株式会社股权案 | 横向 | √ | √ |
| 57 | 万华化学集团股份有限公司收购烟台巨力精细化工股份有限公司股权案 | 横向、纵向 | — | √ |
| 58 | 迈凌公司收购慧荣科技公司股权案 | 纵向、混合 | — | √ |
| 59 | 先声药业有限公司收购北京托毕西药业有限公司股权案 | 横向、纵向 | √ | √ |
| 60 | 博通公司收购威睿公司股权案 | 横向、混合 | — | √ |

通过表 7-1 可知，在总共 61 起附条件批准的经营者集中案件中，救济措施的选择呈现出一定的分布特征。具体来说，单独采取结构性救济措施的案件有 8 起，占比 13.1%；单独采取行为性救济措施的案件有 37 起，占比 60.7%；综合采取结构性救济措施和行为性救济措施的案件有 16 起，占比 26.2%。显然，相较于结构性救济措施，我国反垄断执法机构在经营者集中控制中更倾向于采用行为性救济措施。这种偏好可能源于行为性救济措施在规范市场行为、维护竞争方面的灵活性和针对性。然而，这也引发了一系列问题：这些行为性救济措施的实施效果如何？是否得到了有效的监督？是否足以恢复和维持相关市场的有效竞争？解答这些问题需要进一步的观察和评估。与此同时，我们注意到，在美国、欧盟等法域，对于存在竞争问题的经营者集中，执法机构往往不会轻易接受当事人提出的行为性救济方案。相反，这些机构更倾向于优先考虑结构性救济方案，因为结构性救济措施通常能够更直接、更有效地解决竞争问题，且不会给执法机构带来持续监控救济措施的沉重负担。因此，在这些法域，附条件批准经营者集中案件中，接受和采用结构性救济措施的案件占比更高。[1] 以上差异反映了不同法域反垄断执法机构在经营者集中控制中的不同救济理念和策略。

## 第二节 经营者集中控制规范对算法共谋的适用

近年来，数字商业领域的并购（包括合并、资产或股权收购等）十分活跃。据统计，1987 年至 2020 年间，GAFAM 五家公司（Google、Apple、Facebook、Amazon、Microsoft）总计进行了 825 次并购。[2] 有学者统计，这些并购中约有 97% 没有经过全球任何一家反垄断执法机构的审查。[3] 因此，有关"数字并购"的反垄断控制问题近来成为各法域共同的热点关注。[4] 然而，这些探讨和研究侧重于对数字平台并购（集中）可能导致的"数据垄断""扼杀创新""排他效应""封锁效应"等问题的关注，而对于算法竞争问题特别是算法可能引发或加强的协同效应（共谋效应）问题缺乏足够的审视。实际上，目前已知的对算法所涉竞争问题进行特别关注的经营者集中案件很少，为解决算法共谋担忧而设置相关救济措施的案件更是鲜见。例如，英国竞争和市场管理局（CMA）在 2019 年对亚马逊收购 Deliveroo 少数股权的审查，其将亚马逊的

---

[1] See Ariel Ezrachi, *EU Competition law: An Analytical Guide to the Leading Cases (Fifth Edition)*, Hart Publishing, 2016, pp.398-516.

[2] See Parker Geoffrey, Petropoulos Georgios, Van Alstyne Marshall, "Platform Mergers and Antitrust", *Industrial and Corporate Change*, 2021, Vol.30, No.5, p.1307.

[3] See John Kwoka, Tommaso Valletti, Scrambled Eggs and Paralyzed Policy: Breaking up Consummated Mergers and Dominant Firms, https://papers.ssrn.com/sol3/papers.cfm?abstract_id=3736613.

[4] See OECD, Theories of Harm for Digital Mergers, OECD Competition Policy Roundtable Background Note, 2023, https://www.oecd.org/daf/competition/theories-of-harm-for-digital-mergers-2023.pdf.

"算法和人工智能/机器学习"描述为"与 CMA 评估相关的重要因素",并在第一阶段审查中提出了对亚马逊利用算法进行"自我优待"(Self-preferencing)的担忧,但在第二阶段审查中 CMA 未进一步提出异议。[1] 虽然目前域内外有关算法协同效应的经营者集中审查案件尚未出现,[2] 但鉴于垄断协议和滥用共同市场支配地位规范在事后规制算法共谋存在的局限性,亟需加强经营者集中控制规范对算法共谋的事前预防性规制。这一举措旨在提前识别和遏制潜在的算法共谋行为,更有效地防范算法共谋带来的风险。为此,本节首先考察涉及算法的经营者集中,进而分析算法对引发或强化协同效应相关条件的影响,最后探讨针对算法驱动的协同效应的若干救济措施。

**一、涉及算法的经营者集中**

现如今,数字商业生态中的企业,无论其规模大小,几乎都在运用算法来改进业务流程、优化经营决策,甚至积极地进行"算法军备竞赛",以图从中获取竞争优势。无论是基于自主研发设计部署,还是基于外部采购运用,算法已然内嵌于每个数字企业的组织体系和业务流程。因此,从最宽泛的角度讲,数字商业生态中经营者之间的合并、股权或资产收购、合营联营、委托经营、租赁经营等,如果导致经营者之间控制权的变化,都可谓是涉及算法的经营者集中。如果该集中进一步符合申报标准,那么在集中审查环节,就可能需要对经营者的重要资产或关键技术能力——算法——的竞争效应作出评估,如考察集中后的经营者是否具有策略性地使用算法来限制竞争的动机和能力,导致诸如算法排斥、算法封锁、算法歧视、算法共谋(算法协调)等竞争问题,以及考虑要不要禁止集中或者不予禁止集中时可采取的救济措施。最可能产生算法竞争问题特别是算法共谋问题的经营者集中,是如下三类情形。

(一)算法供应商之间的经营者集中

目前,众多科技企业,如国际知名的 Cloudera、HPE、Boomerang 等,以及国内领先的今日头条、百度、科大讯飞、深兰科技、商汤科技等,均聚焦于算法技术(人工智能)的深入研发。这些企业作为上游供应商,积极为众多数字商业领域的下游企业提供全方位的支持,通过算法技术的引入,助力其实现组织体系的再造与业务流程的优化,从而推动整个行业的智能化升级与发展。例如,办公用品巨头史泰博、零售业领军者西尔斯百货,以及团购平台佼佼者高朋等众多知名零售企业,均选择 Boomerang

---

[1] See U. K. CMA, Anticipated acquisition by Amazon of a minority shareholding and certain rights in Deliveroo(Final report, 4 August 2020), https://assets.publishing.service.gov.uk/media/5f297aa18fa8f57ac287c118/Final_report_pdf_a_version_-----.pdf..

[2] 不过,我国反垄断执法机构附条件批准的经营者集中案件中,有一些案件涉及对协同效应的分析,例如:佩内洛普有限责任公司收购萨维奥纺织机械股份有限公司案(商务部 2011 年第 73 号公告)、希捷科技公司收购三星电子有限公司硬盘驱动器业务案(商务部公告 2011 年第 90 号)、西部数据收购日立存储案(商务部公告 2012 年第 9 号),等等。

作为合作伙伴，借助其提供的先进算法对近百万种商品进行精准定价，以优化销售策略并提升市场竞争力。在此，算法供应商之间的合并、资产或股权收购等经营者集中，可能产生与算法相关的显著竞争担忧。例如，当算法供应商是具有竞争关系的经营者，它们的合并即属于横向经营者集中。该集中会减少上游相关市场算法供应商的数量，使市场集中度提升，因此不仅可能带来单边效应的担忧，即集中后的经营者可能单方面行使得到增强的市场势力来攫取垄断性利润或从事其他损害竞争的行为（如针对下游客户的剥削性或排他性行为——因为经数据和技术整合算法的性能提升了），而且可能带来协同效应的担忧，即由于竞争者数量减少、市场变得集中，集中后的经营者之间及其与其他竞争者之间从事共谋或协调行为的可能性增加了，或者由于市场条件的变化使集中前本就存在的共谋或协调行为变得更加稳定和可持续。

（二）算法供应商与算法驱动型企业之间的经营者集中

所谓"算法驱动型企业"，指的是把算法作为重要原料投入或核心技术支撑的企业。实际上，很多数字平台企业（如 Google、Uber 等）都是算法驱动型企业。当然，算法驱动型企业所依赖的算法可以是自主研发设计和部署的，也可以是通过外部采购而部署运用的。当某个算法供应商（如 Boomerang）与某个算法驱动型企业（如 Uber）合并或一方对另一方高比例持股时，这样的交易更接近于纵向经营者集中或混合经营者集中。这类集中所暗含的算法竞争担忧，主要是基于整合的业务体系和优化的算法技术可能引发的纵向封锁问题。例如，Uber 的竞争对手也采购 Boomerang 的算法，将其用于商业决策或动态定价。由于 Uber 与竞争对手的利益冲突，集中后 Boomerang 可能会在算法性能、质量等方面对 Uber 的竞争对手予以歧视或劣待。此外，上述集中还可能造成类似于轴辐式协调的竞争担忧。例如，Uber 的主要竞争对手长期以来采购 Boomerang 的算法用于决策，集中后 Uber 的算法整合了 Boomerang 算法的底层数据、相关参数和性能，从而可能与其他竞争性网约车平台实质上共用一种算法和共享类似的底层数据，最终在 Boomerang 这一"枢纽中心"的协调下形成共谋"轮辋闭合"。

（三）相互竞争的算法驱动型数字平台的经营者集中

相互竞争的算法驱动型数字平台的经营者集中，是暗含算法竞争担忧最严重的集中类型。例如，滴滴与 Uber 这两家曾在我国以"疯狂烧钱"和逐底竞争著称的算法驱动型数字平台企业，在 2016 年达成了重大战略转变，在竞争与合作中找到了新的平衡点，滴滴成功收购了 Uber 中国的品牌、业务及数据等全部资产。双方签署战略协议后，滴滴出行与 Uber 全球实现了相互持股，彼此成为对方的少数股权股东——Uber 全球持有滴滴 5.89% 的股权，这一比例相当于其在滴滴中拥有 17.7% 的经济权益。显然，这是一项寡头市场上两家最大的经营者的横向集中，至于当事方应否申报集中、反垄断执法机构应否主动调查该集中,不在本书讨论范围。[1]

滴滴收购 Uber 中国引发的竞争担忧不仅仅涉及单边效应,即原来的双寡头市场变为滴滴一家近乎独占的市场,因而滴滴具有单方面滥用市场垄断势力的强烈动机和可能。同样重要的竞争担忧在于,基于大数据和算法的协同效应(共谋效应),可能不仅存在于网约车平台经营者之间,也存在于平台内经营者之间。一方面,滴滴收购其最大竞争对手 Uber 中国后,尽管市场中还残存一些诸如神州专车、美团专车等小型网约车平台,但这样的市场结构极易形成滴滴"价格领导"或"伞形效应"[2]下的跟随涨价,其本质是一种无意思联络的协调行为或平行行为。另一方面,滴滴收购 Uber 中国后,更多的司机必然涌入到滴滴平台,加之滴滴用于分析、匹配、定价决策的算法技术在整合 Uber 中国的数据、业务等资产后变得更加性能卓越(甚至滴滴可以从 Uber 的用户数据、业务数据、经营管理数据等数据中洞悉 Uber 算法的关键参数并用于改进自己的算法),这意味着,滴滴更可能通过其算法来高效协调平台内数量更多、范围更广且本应相互竞争的司机经营者的定价,于是形成一个庞大的、秩序井然的"超级卡特尔组织"。[3]

## 二、算法协同效应的经营者集中审查

从经营者集中审查的角度看,涉及算法的经营者集中的损害理论存在多种可能性,如基于算法的排他效应或封锁效应(以下简称算法排他效应)、基于算法的剥削效应(以下简称算法剥削效应)、基于算法的共谋效应或协同效应(以下简称算法协同效应)等来控制相关经营者集中。[4]这里主要关注算法协同效应,即由于经营者集中改变了市场竞争条件或减少了竞争者的数量,导致市场竞争降低,从而使以前没有协调其行为的经营者(或者协调程度较低的经营者)现在更可能(或更容易)协调彼此行为(无论是明示共谋还是默契协调),进而通过提高价格或通过其他方式损害有效竞争。正如前文所述,经营者集中要引发或强化协同效应这一潜在竞争损害(不要求证明这种损害实际发生),一般需要满足以下几个基本条件:①经营者能够就协调条件达成共识;②协调须是内部可维持的;③协调须是外部可维持的。算法在数字商业生态的普遍运用,很大程度上简化了这些条件,使其易于满足或者相关性减弱,因而更容

---

[1] 参见吴汉洪、刘雅甜:《平台经济与反垄断政策》,载《比较》2018 年第 5 期。
[2] 卡特尔(共谋)可能导致"伞形效应",即促使同一相关市场中的其他竞争者的产品价格提高(跟随性涨价)。换言之,卡特尔或共谋团体可能为相关市场中的其他竞争者提供"价格保护伞"。See Jens-Uwe Franck, "Umbrella Pricing and Cartel Damages under EU Competition Law", European Competition Journal, 2015, Vol. 11, No. 1, pp. 135-167.
[3] 参见 Mark Anderson 等:《共享经济遇上反垄断法:Uber 是公司,还是卡特尔,或是介于两者之间?》,载《竞争政策研究》2018 年第 3 期。
[4] See OECD, Algorithmic Competition, OECD Competition Policy Roundtable Background Note, 2023, www.oecd.org/daf/competition/algorithmic-competition-2023.pdf.

易引发或强化协同效应。下文依次就算法对这些条件的影响进行分析。

（一）算法对经营者达成协调条件共识的影响

有关经营者集中协同效应的传统理论认为，集中后市场上的经营者为了协调彼此行为——无论是有意思联络的明示共谋还是无意思联络的默契协调，它们必须能够对协调达成共同的理解。这种理解不需要包含精确的结果，但需要足够清晰，以使它们的行为能够协调一致。当然，此间沟通交流、信息传递等意思联络并非协调所必须，集中后市场上的经营者可能很快认识到它们之间的相互依赖关系，或者随着时间的推移在重复的互动（博弈）中意识到这种相互依赖关系，从而使协调成为它们更加可取和稳定的策略。基于此，传统理论认为，满足以下几个细化条件是必须的：①经营者的数量应越少越好；②经营者须能找到有效的协调焦点；③经营者在成本结构、市场份额、产能水平等方面应具有较高的对称性。下面依次分析算法对这些细分条件的影响。

1. 算法对经营者数量条件的影响

传统理论认为，经营者的数量越少，即市场集中度越高，越有利于经营者协调彼此行为。这在产业组织理论中是一种根深蒂固的认识。经济学家普遍认为：协调成功与否的最关键的制约因素（先决条件）是经营者数量，即经营者数量越少越好。[1] 之所以经营者的数量应越少越好，主要是平衡各方利益以达成协调条件的需要。如果经营者数量太多，各自的诉求不一样，利益冲突往往难以调和。由于利益不能趋于统一，因而难以达成对协调条件的共同理解。但是，在算法普遍运用的数字商业领域，这一条件可以被放宽。因为算法最显著的特点是运算的高速性和高频互动性，这意味着，算法可以24小时永不停歇地发出信号试探多个竞争对手的反应，以探索各方可接受的协调条件。在传统的线下经济中，发布调价公告需要等待较长的周期（往往几天甚至半个月），因而相互竞争的寡头经营者在一个月内能够进行两三轮互动或博弈就算比较频繁了。相比较而言，算法让更多的经营者在一小时或一天之内就可以重复数十次甚至上百次的互动博弈。根据"大数法则"，在大量快速高频的互动博弈中，总会找到一个为多方所接受的协调均衡条件。

2. 算法对经营者发现协调焦点的影响

传统理论认为，协同效应的产生依赖于协调各方能够找到行之有效的协调焦点，如在价格、数量、质量等维度上进行协调及其具体的实现条件。在复杂的环境中，如产品具有非同质性或者产品在组合、范围、客户、战略等方面具有差异性，找到适合的协调焦点更加困难。不过，在算法普遍作用的商业环境里，这种困难被大大降低。

---

[1] 不过，数字化条件下，传统产业组织理论对共谋的这一"先决条件"的假定受到质疑，因为在算法等数字技术的支持下，企业之间高频互动并能快速洞悉竞争对手的决策参数，这使得即便企业的数量较多，它们也可能实时地协调彼此的行动。

一方面，利用算法进行决策的经营者，可以借助算法强大的收集、组织、处理数据的能力，简化竞争参数或专注于竞争参数的某个子集并找到协调焦点，而这些"深奥玄妙、精深细致"的协调焦点可能是人类无法感知、无从理解、难以捉摸的。另一方面，算法的快速性、高频互动性，以及分析处理数据的复杂性、深层性意味着，协调焦点不仅易于找到，而且很可能不是一个，即集中后市场上的经营者可能建立了多套协调均衡，即存在多个协调焦点。它们可以根据市场条件的变化或仅仅是基于营造激烈竞争表象的需要，在不同的协调均衡和协调焦点上来回切换。正因此，表面上波动的价格、动态的调价，很可能只是不同协调均衡下的共谋价格焦点（聚点）而已。也就是说，消费者面临的不同价格可能始终是不同协调均衡下的共谋价格。

3. 算法对经营者对称性要求的影响

传统理论认为，如果集中后市场上的经营者在成本结构、市场份额、产能水平、纵向一体化程度等方面相对对称，那么它们会更容易达致共识，也更容易形成协同效应。因为，经营者之间的对称性增加了启动、实施、监控和遵守协调安排的便利性，从而增加了共同盈利的预期和能力。但是，在数字经济条件下，当集中后市场上的每个经营者都拥有具备强大学习和分析能力的算法时，经营者无须具备较高程度的对称性。因为，算法可以帮助每个经营者更好地估计竞争对手的成本结构、生产能力或其他影响供应条件的关键变量以及当前的需求条件，从而简化经营者不对称性带来的不确定性。甚至，算法能够通过对其他算法的代码进行直接读取和分析，或者间接地通过解析竞争对手的行为特征、调价规律以及相应的数据信息等来推测其决策参数，从而简化确定和维持协调均衡以及找到各种潜在协调焦点的任务。

（二）算法对协调的内部可维持性的影响

有关经营者集中协同效应的传统理论认为，只有当集中后市场上的经营者维持协调的激励高于偏离协调的激励时，协调才是可持续的。偏离协调均衡可能包括如下情形：在协调价格的基础上提供折扣、争夺分配给其他经营者的客户、故意不匹配一致的价格上涨，等等。无论表现形式如何，偏离协调的经营者一般可以从更具竞争性的报价或其他交易条件中获得短期收益。因此，为了使协调具有内部可维持性，偏离协调所能获得的收益，必须被未来利润减少所导致的损失抵消。偏离协调的收益大小与具体行业的特点相关。例如，存在很强的客户忠诚度或者大量客户已承诺长期合同的情况下，偏离协调所能带来的收益就比较小。再如，当从事协调的经营者众多时，协调的利润由众多参与者共享，此时每个经营者都会有强烈的偏离动机，因为与偏离所能获得的利润相比，维持协调的相对收益较低。又如，当一家经营者特别重视在市场上提供最低价格的声誉时（这样的经营者有时被称为"特立独行者"），其偏离协调的动机会强于其他经营者。总而言之，偏离行为会威胁协调的内部可维持性，因此集中后市场上的经营者必须能够及时对偏离行为作出反应。基于此，传统理论认为，协调要具有内部可维持性，满足以下几个细化条件是必须的：①市场应具有较高的透明度以便于监测偏离行为和市场动态；②惩罚抑制偏离行为的反应须足够迅速且有效；③市场须趋于稳定，即市场需求是可以预测的。下面依次分析算法对这些细分条件的影响。

1. 算法对市场透明度和经营者监测能力的影响

传统理论认为，集中后市场的透明度越高，越有可能引发或强化协同效应。这主要是因为，市场透明度的提升能够给从事协调的经营者带来两个方面的利好：一方面，从事协调的经营者能够清晰地监测彼此行为，一旦发现偏离协调的行为，有助于其他从事协调的成员快速做出反应并抑制偏离行为；另一方面，从事协调的经营者也能清晰地观测市场行情变化，特别是那些未参与协调的经营者的竞争行为，进而更准确地区分故意偏离协调的行为，以及那些因正常的市场供需条件变化和外部竞争行为所导致的波动，避免不必要的价格战，提升协调的内部可维持性。事实上，集中后市场上的经营者对算法的普遍采用，会极大地提升市场透明度，并且这种透明度远远高于传统的线下市场，因此更加有利于经营者监测偏离协调的行为，也更加有利于经营者识别市场供需变化以及外部竞争者的行为所引起的波动，进而极大地增进协调的内部可维持性。

算法之所以能如此大幅地改善市场透明度和提升经营者的监测能力，主要是因为，算法在集中后市场普遍存在，意味着它们具有强烈的处理实时数据的需求，也就是说，算法发挥作用的过程，也是经营者不断采集、访问、共享、交换、交易各类市场数据的过程。所谓算法经济，其实也是数字数据井喷的经济。数字数据井喷和指数级的增长，带动市场透明度大幅提升。此外，算法自身的预测监测功能降低了市场透明度对维持协调的重要性。也就是说，即便算法运用不普遍、市场的透明度不充分，但只要从事协调的经营者采用算法，它们就获得了算法内置的预测监测特性和功能，仍然能够基于少量、必要的数据输入来有效监测偏离行为和市场动态。在此意义上，算法降低了市场透明度对维持协调的重要性。

2. 算法对经营者惩罚抑制偏离行为能力的影响

传统理论认为，决定协调的内部可维持性的一项重要条件是，经营者须建立可信的报复机制，用以及时有效地惩罚抑制偏离协调的行为。其实，就协调或共谋的实质而言，它是一套奖惩机制，该机制会对维持协调的经营者予以奖励，对偏离协调的经营者予以惩罚。可见，报复惩罚的及时性和有效性对维持共谋起着至关重要的支撑作用。并且，该条件在集中后市场上经营者从事算法协调的场合，仍然举足轻重、不可或缺。但是，由于以下因素，算法显著提高了经营者对偏离行为进行报复惩罚的及时性和有效性，因而使经营者基于算法的协调更加稳定和可持续。首先，算法在分析、监测、反应等方面的高速性意味着，一旦某个经营者做出偏离行为，其他经营者对偏离行为的反应和惩罚几乎是自动的、即时的、毫无迟滞的。这种几秒甚至毫秒之内的快速反应以及可信的报复惩罚，从源头上大大降低了经营者偏离协调的动机。其次，经营者可以利用算法的分析预测功能，较为准确地估计市场需求曲线以及从事协调的其他经营者如何设定其交易条件，进而较为准确地估计偏离协调的经营者从中获得的额外利润。这样，经营者得以确定适当的报复惩罚方式，以及确定报复惩罚的适当数量或数额，并且不会因施加过度的惩罚而不必要地放弃利润，从而大大提升了惩罚抑制偏离行为的有效性和可信性。

3. 算法对经营者预测市场需求能力的影响

传统理论认为，市场的稳定性即市场需求相对稳定，对协调的可维持性具有重要影响。其原因在于，处于初创、过渡的产业领域或新兴市场，市场远未饱和，消费需求节节攀升，经营者有强烈的动机扩大产出以争取新的用户或消费者，甚至不惜"烧钱"来抢占市场份额，因此从事协调的可得利润远不如拒绝或偏离协调（积极竞争）带来的利润丰厚。换言之，传统理论认为，可维持的共谋或协调几乎总是发生在需求处于稳定或消减状态的成熟产业以及衰退产业中，而在动态特征明显、创新活力显著的互联网行业或数字经济领域，协调面临着极大的市场波动的冲击，难以有效维持。但是，在集中后市场上经营者普遍采用算法的情形下，市场需求的稳定性对协调可维持的相关性或重要性减弱了。这是因为，算法本身具有分析预测的功能，可以帮助从事协调的经营者更好地理解市场的需求曲线。即便在市场处于过渡或快速增长阶段（供需波动较为强烈），拥有强大数据挖掘能力的复杂算法特别是深度学习算法，也能较为准确地预测市场的需求曲线，从而克服市场的不稳定性或波动性因素对协调可维持性的影响。也就是说，从事协调的经营者可将算法用于检验市场需求变化的诱发因素，如确认是协调所指向的产品的供给增加了（这意味着有经营者暗中作弊），还是替代性产品进入市场从而对协调造成了冲击（或经营者基于错误认识的异常反应对协调造成了冲击）。这即是说，即便在动态特征较为明显、市场进出较为频繁，乃至创新活力充沛的市场上，借助算法来实现协调并非没有可能。

（三）算法对协调的外部可维持性的影响

有关经营者集中协同效应的传统理论认为，只有当集中后市场上从事协调的经营者拥有较强的市场势力（不一定达到市场支配地位的程度），协调才具有外部可维持性。这是因为，如果从事协调的经营者团体的市场势力较为薄弱，它们就难以消解其他竞争者所施加的竞争约束或竞争压力。[1] 例如，当从事协调的经营者决定涨价时，强劲的外部竞争者即使不降价而只是保持原价销售，协调涨价也难以成功。相反，当从事协调的经营者具备较强的市场势力（如具有40%的市场份额）甚至具有共同市场

---

[1] 参见［美］迈克尔·波特：《竞争论》，高登第、李明轩译，中信出版社2012年版，第4页。

支配地位（如具有70%的市场份额）时，外部分散的、市占率较小的竞争者所施加的竞争约束往往难以奏效，即一致涨价等协调策略是有利可图的。总而言之，如果从事协调的经营者的整体市场势力（市场份额）较为薄弱，它们就难以化解相关市场上其他竞争者的冲击，也难以抵御潜在竞争者的挑战，从而导致协调丧失外部可维持性而走向破裂。基于此，传统理论认为，协调要具有外部可维持性，满足以下两个细化条件是必须的：①从事协调的经营者具备压制现有竞争的能力；②从事协调的经营者具有抵御潜在竞争的能力。

1. 算法对经营者压制现有竞争能力的影响

传统理论认为，当协调团体之外的现有竞争者具有较强的市场势力、占有市场较大的比例或份额，进而能对从事协调的经营者施加强烈的竞争约束时，协调将不具有外部可维持性。在集中后市场上的经营者普遍使用算法的场合下，这一条件仍然成立，即对从事协调的经营者来说，现有的外部竞争者不能比其"更强"，即不能对协调团体构成强大的竞争压力。在协调团体已经具备较强市场势力的情况下，算法可能成为协调团体一致对外的有力武器，即它能在一定程度上提升协调团体压制现有竞争对手的能力。例如，从事协调的经营者可以利用算法，一致采取限制性定价、掠夺性定价、限定交易等排他性行为来限制现有竞争对手的商业机会、打压现有竞争对手的竞争能力，从而维持或加强协调团体的市场优势地位（包括共同市场支配地位）。换言之，算法可以作为协调团体为现有竞争对手构筑策略性扩张壁垒的重要手段，来加强协调的外部可维持性。

2. 算法对经营者抵御潜在竞争能力的影响

传统理论认为，市场进入越困难，潜在竞争的威胁就越小，协调的稳定性和可维持性就越高。换言之，从事协调的经营者须有足够的能力抵御潜在竞争者，使其不能轻而易举地进入市场并从协调团体那里瓜分可观的市场份额。在集中后市场上的经营者普遍使用算法的场合下，这一条件仍然成立，即协调团体能否有效抵御潜在竞争者，仍是决定协调是否具有外部可维持性的关键因素。不过，算法在此并非毫无作用，它可以作为一种结构性进入壁垒，大幅提升潜在竞争者进入市场的成本，从而增强协调的外部可维持性。例如，深度学习算法的复杂性要求潜在竞争者投入大量资金以获取配套的高端资源，包括高级数据挖掘工具、机器学习软件和实体基础设施（如数据中心）等。由于这些资源的投入成本的可负担性往往与实现规模经济紧密相关，潜在竞争者可能难以承担如此沉重的资金压力。再如，如果从事协调的经营者的算法恰好是学习算法，由于机器学习和大数据之间的正反馈循环，算法得以不断改进优化，这反过来又使在位协调团体能够吸引更多用户或客户，从而产生更多数据，这种正反馈循环最终造成潜在竞争者或许永远无法克服的在位者优势。换言之，算法特别是高级的学习算法，本就是潜在竞争者所面临的重大结构性进入壁垒，因此从事协调的经营者享有这种算法，就有助于提升协调的外部可维持性。

（四）解析算法中易于诱发协同效应的代码

上文从经营者达成协调条件共识、协调的内部可维持性和协调的外部可维持性三个方面，为基于算法的协同效应的评估，提供了基本框架。但是，这更多是一种定性的分析和指引，而实务中仅仅停留于此显然是不够的，对上述三个条件及其项下若干因素的分析，可能需要深入到算法的技术构造即编码层面，对相关代码进行深入解析。算法的代码是算法的具体实现，通常使用一种或多种编程语言来编写。代码是算法在计算机以及智能设备上运行的指令集，它详细描述了算法每一步的具体操作。如果代码中包含有"规避竞争""减少竞争""与竞争对手维持联合利润最大化"等直接服务于促成协调或共谋的指令，或者含有诸如"跟进或匹配最大竞争对手的策略""允许外部主体读取算法"等有助于间接形成协调或共谋的指令，那么经营者集中审查（在此可以要求参与集中的经营者披露算法代码及底层数据）时能否发现、识别、理解该等代码，不仅对协同效应的验证意义重大，而且对救济措施的设置至关重要。

显然，这对反垄断执法机构理解算法、解析代码的能力提出了挑战。为了更精细、更准确地验证协同效应等竞争损害以及为潜在的救济措施铺垫基础，反垄断执法机构可能需要仔细阅读算法的源代码，理解其整体结构，包括主要的函数、类、模块和它们之间的关系；识别主要的输入和输出，以及它们是如何在算法中使用的；深入理解算法的核心逻辑，如涉及对条件语句、循环、递归和其他控制结构的分析；跟踪变量的变化，理解它们是如何影响算法的输出和性能的；分析算法的时间复杂度和空间复杂度，了解它在不同输入规模下的性能表现；乃至利用集成开发环境（IDE）或代码编辑器提供的工具和功能，或者使用调试器逐步执行代码、观察变量的变化和执行流程，以此更加高效地解析和理解代码。

有鉴于此，在反垄断执法机构中设置专业的数字技术部门，或者配备相当数量的数字技术专家，恐怕已成为必须。近年来，许多司法辖区的反垄断执法机构设立了数字技术部门或数据部门，聘请数据科学家和技术专家协助执法人员进行市场竞争状况评估、案件调查、集中审查以及实施数字经济领域的新法规。例如，CMA 于 2019 年 2 月创建了一个数据、技术和分析部门，即 DaTA（Data, Technology and Analytics），该部门由一名首席数据和技术检查官担任领导，有近 50 名员工，横跨数据科学、计算机工程、技术分析、行为科学、电子发现和数字取证等学科。[1] 再如，欧盟在数字技术和数据领域的反垄断执法非常活跃，欧盟委员会竞争总司内部设有专门处理数字市场问

---

[1] See Stefan Hunt, The Technology-led Transformation of Competition and Consumer Agencies: The Competition and Markets Authority's Experience (Discussion Paper, 14 June 2022), https://assets.publishing.service.gov.uk/government/uploads/system/uploads/attachment_data/file/1085931/The_technology_led_transformation_of_competition_and_consumer_agencies.pdf.

题的团队，负责协助监管大型科技企业的行为，并处理与数据保护、隐私和竞争有关的问题。截至2022年底，具有数字技术部门或团队的反垄断执法机构及其技术专家在机构非执法人员中的占比，参见表7-2。

表7-2 具有数字技术部门或团队的反垄断执法机构[1]

| 具有数字技术部门或团队的机构名称 | 技术专家在非执法工作人员中的比例 |
| --- | --- |
| 奥地利联邦竞争管理局 | 6% |
| 智利国家经济检察局 | 3% |
| 哥伦比亚工商监督局 | 2% |
| 欧盟委员会竞争总司 | 5% |
| 法国竞争管理局 | 1% |
| 希腊竞争委员会 | 5% |
| 韩国公平交易委员会 | 4% |
| 墨西哥联邦经济竞争委员会 | 6% |
| 荷兰消费者管理局 | 3% |
| 波兰竞争和消费者保护办公室 | 12% |
| 罗马尼亚竞争委员会 | 6% |
| 西班牙国家市场和竞争委员会 | 3% |
| 英国竞争和市场管理局 | 6% |

### 三、算法协同效应的经营者集中救济

如前所述，所谓经营者集中救济，是指在不禁止经营者集中的前提下，反垄断执法机构附加特定的限制性条件，以减轻集中对市场竞争可能带来的负面影响。这样做，一方面保留了集中对优化产业结构、改进企业组织、提升规模经济或范围经济等方面的经济效益，另一方面又减少了集中所暗含的限制竞争因素，对恢复和维持相关市场的有效竞争具有至关重要的意义。如果反垄断执法机构经过经营者集中审查，验证了算法协同效应是一个特定于当前案件的竞争问题，即具有或者可能具有排除、限制竞争的效果，那么反垄断执法机构将面临如下两种选择：一是禁止集中；二是附条件批准集中。

就禁止集中来看，尽管我国《反垄断法》确立的经营者集中审查标准——排除、

---

[1] See GCR Rating Enforcement 2022, https://globalcompetitionreview.com/survey/rating-enforcement/2022.

限制竞争标准——具有很强的包摄性，可能造成打击面过广的问题，但实践中，我国反垄断执法机构对该标准的把握、运用是比较宽容的，并非无所不包地叫停集中交易。禁止集中仅限于极个别情形，即相关集中完全不产生促进竞争的效果，而几乎只会造成排除、限制竞争的不利影响。自《反垄断法》2008年实施至2023年底，我国反垄断执法机构共计审结经营者集中案件5787件，只禁止了其中的3件。[1] 就附条件批准经营者集中而言，即便经营者集中具有或者可能具有排除、限制的效果，但只要其经过修改后能够带来促进竞争的利益（即具有抵消限制竞争不利影响后的"净收益"），那么出于鼓励交易、提升规模经济水平、优化产业结构和改良企业组织等考虑，我国反垄断执法机构一般会给予参与集中的经营者修改交易方案的机会，即采取附加结构性条件、行为性条件或综合性条件的方式批准经营者集中。[2] 自《反垄断法》2008年实施至2023年底，我国反垄断执法机构附条件批准集中案件61件。

从上述我国经营者集中的反垄断执法实践经验看，基于算法协同效应而禁止一项集中，其可能性几乎不存在。原因在于，协同效应虽然蕴含着对经营者共谋或协调从事垄断行为的担忧，但"协同"的本质是合作，而合作是经营者取长补短、优势互补进而提升经济效率、促进创新活力的必要途径。因此，处理涉算法协同效应的经营者集中案件，反垄断执法机构面临的核心挑战或关键任务在于，如何在必要性原则、充分性原则、有效性原则、透明和可预期原则、消费者福利原则等原则的指引下，[3] 设置与个案相适合的救济措施，从而切实起到减少集中对竞争的不利影响，实现恢复和维持相关市场有效竞争的救济目标。在此，我们尝试提出如下几种可能适合于解决算法协同效应之竞争担忧的救济措施。[4]

（一）应对算法协同效应的结构性救济措施

一般认为，剥离设备、厂房等有形资产以及剥离知识产权、数据等无形资产或者股权、投票表决权等相关权益，属于典型的结构性救济措施。在结构性救济措施下，由于参与集中的经营者的产权被重新分配（产权结构发生改变），其从事垄断行为的激励和能力发生改变，因而有助于从源头上降低或消除集中后的经营者从事垄断行为的风险。并且，结构性救济遵循"一刀两断原则"（Clean Break Principle），剥离完成后经营者之间不存在持续的业务关系或行为性联系，不需要反垄断执法机构进行旷日持

---

[1] 这3起案件分别是：可口可乐公司收购中国汇源公司案（商务部2009年第22号公告）；马士基、地中海航运、达飞设立网络中心案（国商务部2014年第46号公告）；虎牙公司与斗鱼国际控股有限公司合并案（市场监管总局公告，2021年7月10日公布）。

[2] 参见国家市场监督管理总局反垄断局：《中国反垄断立法与执法实践》，中国工商出版社2020年版，第185页。

[3] 参见韩立余：《经营者集中救济制度》，高等教育出版社2011年版，第21页以下。

[4] 鉴于针对算法协同效应的救济措施遵循救济运行的一般原理，因此这里不涉及对救济执行、监督、矫正、保障、终止等方面内容的阐述。相关分析，参见袁日新：《经营者集中救济法律制度研究》，法律出版社2017年版，第40页以下。

久的监督，因此被视为旨在恢复和维持市场有效竞争的一次性救济措施。[1]

为了解决算法协同效应的竞争担忧，减少集中后市场上的经营者基于算法从事共谋或协调行为的风险，剥离参与集中的经营者的有关业务，是反垄救济工具箱中值得优先考虑的一种措施。剥离业务的结构性救济措施之所以可应用于解决算法协同效应的竞争担忧，是基于以下设计或考虑：

第一，剥离业务将造成经营者的不对称性，或加剧已经存在的不对称性，因而加大集中后市场上的经营者形成协调条件共识的难度，或者使它们的协调在内部可维持性方面面临障碍。不可否认，算法在一定程度上放宽了"对称性条件"（经营者之间具有较高的对称程度）对达成和维持协调的重要性，但放宽该条件、使该条件的重要性减弱，并非从根本上否定该条件与协同效应的相关性。例如，在直播带货领域，某些头部主播（具有一定的买方市场势力、占据着重要的经销网络渠道）与某些商品供应商达成了最惠客户待遇协议（俗称"底价协议"），这在一定程度上可被看作是供应商或经销主播层面的协调行为。然而由于在成本结构、经销渠道等方面都具有不对称优势的大型电商的存在，该等大型电商不仅没有向供应商索要类似的最惠客户待遇协议，也没有默契地实施与主播带货渠道一致的价格，而是采取积极的限制性定价（更低价格的销售策略），以此打压主播经销渠道的竞争能力。在此情形下，上述供应商或经销主播层面的共谋或协调行为几乎无从维持。可见，从塑造经营者之间不对称性的角度来瓦解协同效应，仍是一种有效的救济途径。具体来说，当参与集中的经营者存在着相对容易剥离的独立业务单元时，可以优先考虑剥离该业务单元，从而制造或加剧相互竞争的经营者在市场份额、成本结构、生产能力等方面的非对称性，降低它们嗣后达成、维持共谋或协调行为的动机、能力及可能性。[2]

第二，在特定的集中交易里，为了解决协同效应的竞争担忧，剥离业务可以采取直接剥离算法的形式。例如，在滴滴收购 Uber 中国一案中，如果集中交易涉及 Uber 的算法，[3]那么反垄断执法机构基于防止平台内协同效应进一步增强的考虑，可以要求将 Uber 的算法剥离售卖给市场上适格的买家（即采取预先确定买家、先行修正等救济方式），以此恢复和维持相关市场的有效竞争。滴滴一旦在整合 Uber 中国的业务、数据等资产的基础上，进一步整合 Uber 的算法技术，那么滴滴平台内的轴幅协同效应（轴幅共谋效应）势必将会更加显著。换言之，滴滴定价算法和 Uber 定价算法的汇聚，将产生一个异常强大的、对平台各边用户更加了如指掌的"超级算法"，而这种算法势

---

[1] 参见李俊峰：《经营者集中反垄断救济措施运行机制研究》，上海大学出版社 2015 年版，第 6 页。

[2] See Francisco Beneke, Mark-Oliver Mackenrodt, "Remedies for Algorithmic Tacit Collusion, Journal of Antitrust Enforcement", 2021, Vol. 2021, No. 9, pp. 167-169.

[3] 即使交易不涉及 Uber 的算法，但理论上滴滴可以通过 Uber 的数据集来分析和推测其算法的决策参数或代码。

必进一步筑牢更多加入到滴滴平台的司机之间的共谋"轮辐",形成更加紧密的"轮辐"闭环,大幅加剧协同效应的竞争担忧。当然,为了避免算法被剥离,集中交易双方也可以选择不将算法包含在交易计划中,以此减轻算法协同效应的竞争担忧。

第三,在特定的集中交易里,为了解决协同效应的竞争担忧,剥离业务还可以采取剥离相关数据集的方式。这是因为,算法协同效应的产生通常涉及两个层次的协调:一层代码层的协调;二是数据层的协调。代码层的协调实际上是算法决策参数或指令规则的协调。而数据层的协调,实质是竞争敏感数据的交换共享对代码层协调的助力或实现,其机理在于:首先,具有竞争关系的经营者之间交换、共享数据(包括采取设立数据池的方式),使驱动算法或训练算法的底层数据一致,因而很可能导致代码层的协调;其次,被交换共享的数据集,其特定的数据结构可能蕴含着可供其他算法解析的决策参数或指令规则,因而可能加剧代码层的协调;最后,更多的数据供相互竞争的经营者共用,使它们的算法更容易找到多样的协调焦点,从而更利于它们一致地实施剥削性行为或排他性行为。由此可见,相较于剥离算法,剥离数据集并防止集中后的实体再次并购或利用该数据集,可能是一种更能从源头上防范算法协同效应的举措,并且它的干预性更小,也更容易实施。当然,无论剥离算法还是剥离数据集,必须确保受让方具备充分的资源、能力,并表现出强烈的意愿来积极利用被剥离的算法或数据参与市场竞争。这样才能确保剥离措施真正发挥其应有的培植竞争的作用,进而才能实现恢复和维持相关市场有效竞争的救济目的。

(二)应对算法协同效应的行为性救济措施

行为性救济措施,涉及对经营者产权行使方式的限制,旨在持续性地规范经营者行为,即针对集中后经营者行为可能滋生的竞争风险,要求相关经营者不从事特定反竞争行为或者以特定方式采取行动,且其遵守情况须被监督和保障。[1] 在我国,无论是《经营者集中审查规定》还是《平台经济领域的反垄断指南》,其中有关经营者集中行为性救济措施的规定(指引),[2] 如开放网络或者平台等基础设施、许可关键技术(包括专利、专有技术或者其他知识产权)、终止排他性或者独占性协议、修改平台规则、承诺兼容或者不降低互操作性水平等,几乎都是用作预防单边效应即集中后经营者滥用市场支配力量的手段,而对于预防协同效应即集中后经营者从事共谋或协调行为的手段,很大程度上付诸阙如。这显然不利于对可能引发或强化协同效应的经营者集中的控制。因此,基于算法共谋的机理、特点,下文尝试提出几种可供反垄断执法机构选择的行为性救济措施,或许对减少算法协同效应的竞争担忧有所帮助。

---

[1] 参见叶军:《经营者集中附条件研究——欧美反垄断法律移植和中国本土化经验》,法律出版社2022年版,第188页。

[2] 参见《经营者集中审查规定》第40条、《平台经济领域的反垄断指南》第21条。

1. 隔离数据

在人工智能和数字经济时代,算法之所以催生出前所未有的巨大商业价值,一方面在于算法技术日新月异,算法的性能今非昔比,另一方面在于训练、调优(微调)算法的数据无论在数量还是质量方面有了突破性的发展。实际上,算法的输出结果受输入的数据以及对这些数据分析方式的影响。算法协同效应之所以能实现,从结果或实质上看是基于"代码的协调",从源头或过程上看则是基于"数据的协调"。因此,防范算法协同效应,减少这种效应对竞争的不利影响,首先应当着眼源头和过程,严格控制具有竞争关系的经营者之间主动或被动的数据交换共享行为。为此,在存在算法协同效应担忧的经营者集中场合,反垄断执法机构可以应参与集中的经营者的承诺,决定对其施加数据隔离义务(即"防火墙"条款),特别是针对竞争敏感数据的隔离义务。所谓竞争敏感数据,指的是涉及商品的成本、价格、折扣、数量、质量、营业额、利润或者利润率以及经营者的研发、投资、生产、营销计划、客户名单、未来经营策略等与市场竞争密切相关的数据。

数据隔离义务包括但不限于以下规范要求:其一,参与集中的经营者不应在集中后与竞争对手策略性地交换共享数据,特别是与市场竞争密切相关的数据。至于数据交换是建立在免费互惠的基础上,还是建立在有偿交易的基础上,抑或采用共同设立数据池或者借助第三方辅助交换等方式,皆不影响经营者实质性地从事了数据交换共享行为的判断。其二,参与集中的经营者不仅不应在集中后通过上述积极的方式从事数据交换共享,也不应采取消极或容任的方式默许数据交换共享,如将自己的数据库设置为较低的安全级别,以供竞争对手访问。这意味着,参与集中的经营者在集中后还应当从技术着手,设置必要的数据安全防护措施,防止数据特别是竞争敏感数据泄露,或者被竞争对手轻易地调用。因此,参与集中的经营者在集中后应当综合采用数据加密、限制访问、安全监测等措施,[1] 切实履行数据隔离义务。

2. 限制算法

涉及算法的经营者集中具有引发或强化协同效应的高度可能性,这与算法多方面的特性或功能密切相关,如监测功能、信号功能、预测功能以及自适应学习功能等。因此,在接受参与集中的经营者的承诺而决定采取相关行为性救济措施时,应当将算法的这些特性或功能纳入考虑,以增强救济措施的针对性和有效性。

第一,针对协同效应的产生或加强是源于算法监测功能的情形,可以考虑限制算法的监测功能。施加这样的救济措施,将削弱经营者建立服务于协调的监测机制和奖惩机制的能力。不过,这样的措施并不反对经营者根据内生事实(如库存水平)或外生因素(如需求冲击)来调整价格。为了确保算法的监测功能确实受到限制,经营者

---

[1] 参见 [韩] 金范主编:《数据质量管理与安全管理》,上海科学技术出版社2016年版,第63页以下。

可以承诺不通过快速或高频的活动（如频繁的数据抓取）获取有关竞争对手价格的信息，或者不使用网页蜘蛛、机器人等工具来爬取竞争对手的经营决策信息。

第二，针对协同效应的产生或加强是源于算法的信号功能的情况，可以考虑在轴辐网络中引入一种"破坏性"算法（Disruptive Algorithm），以此干扰原算法的信号功能和中心辐射式的协调作用。[1] 这种救济措施特别适合于滴滴收购Uber中国的场景，即在如此庞大的轴辐协调网络内，不能让滴滴自己的算法主宰一切；在不予禁止该集中的情形下，可以要求滴滴在其平台内引入一种由第三方运营和控制的竞争性算法，即"破坏性"算法，并且平均地、动态地分配使用滴滴自家算法和第三方算法的平台内司机，以此充分模拟特立独行的竞争者打破协调均衡的情况。这种"破坏性"算法可以由消费者协会、政府资助的科技公司以及反垄断执法机构指定的经营者来建立、操作和维护，而该等运营"破坏性"算法的主体应当向反垄断执法机构负责和定期报告。总之，"破坏性"算法须与可能操纵轴辐协调的算法针锋相对，即在尊重市场供需规律、价值规律的基础上，尽一切可能在定价、数量、质量等竞争维度上扮演"搅局者"的角色，发挥撕破竞争假象和打破协调均衡的作用。

第三，当协同效应的产生或加强是源于算法的预测或自适应学习功能时，可以考虑要求参与集中的经营者修改算法，即改变代码（源代码以及目标代码）或更改相关参数的设置，以避免可能出现的算法默契协调，或者至少降低出现算法默契协调的可能性。实际上，对于导致算法默契协调的机理和过程，外界和反垄断执法机构往往难以知悉，要去解析、测试构成算法的成千上万条代码行，对反垄断执法机构可能是望而生畏的巨大挑战。此际，尽管反垄断执法机构不能（也不应）代替相关经营者来编写算法代码，以实现恢复和维持有效竞争的目标，但它至少可以要求相关经营者不得以有利于协同效应的方式编写算法代码（如设置"联合利润最大化"的代码指令）以及构造底层数据的特征。换言之，参与集中的经营者应当配合反垄断执法机构的要求，在经营者集中审查之前或审查过程中对算法进行深度审计和检查，发现相关问题的，应当履行修改算法以及重构底层数据特征等义务。

当然，对算法的竞争合规审计不是临时性的、一次性的应付之举，而应当贯彻到经营者日常经营的全过程、全时段。这即是说，反垄断执法机构还可以要求参与集中的经营者建立常态化、系统化的算法（人工智能）审计机制，确保算法决策所依据的代码、指令、规则以及底层数据等具有可解释性，保证算法决策的过程和结果具有可追溯性，即通过增强算法的透明度来防范算法协同效应的风险，从根本上保障市场竞争的有效性和公平性。

---

[1] See Michal S. Gal, "Limiting Algorithmic Coordination", *Berkeley Technology Law Journal*, 2023, Vol. 38, No. 1, pp. 220-224.

### 3. 调价时滞

定价算法对市场条件变化和竞争对手价格变化的反应,有着超乎人类想象的速度,"分秒之间的价格信号就足够培植起一个默示共谋"。[1] 因此,防范协同效应,所采取的救济措施还可以在限制算法的速度上下功夫。但是,要限制算法的速度恐怕是一项难以完成的艰巨任务,不仅涉及强制经营者修改算法代码,而且必须要求经营者主动放弃更加先进的算法技术、大数据技术、算力技术等创新技术,这显然是违背常理的。不过,一种替代性的可行办法,是对算法决策的结果——价格(价格调整)——实行临时冻结机制,也就是说,算法可以频繁互动、高速决策,但基于算法决策的定价不能随时更替,而必须度过冻结期(如 12 小时或 24 小时)之后才能调整。在集中后的经营者普遍采用算法的环境里,"调价时滞"或"临时冻价"措施对防范协同效应和保障有效竞争,可能具有极大的帮助作用。因为这种措施使得基于算法高频互动和快速决策的经营者,陷入强烈的策略不确定性状态,共同行动的期待往往落空,从而使达成和维持一项协调均衡变得十分困难。例如,以往频繁发出提高价格信号的经营者,即使竞争对手不予响应或匹配,它可以快速回调价格(或重新发出其他邀约协调或共谋的价格信号)而几乎不会有任何销售的损失;但是,在对调价实施强制性时滞或临时冻结措施的情形下(调价须等待 12 小时或 24 小时后才能再次调整),每个经营者都担心率先涨价(发出邀约共谋或协调的信号)的风险,因为若自己提价后竞争对手却不跟进,由于回调价格存在时滞(价格冻结期),客户和利润就会流向竞争对手。

其实,调价时滞或临时冻价的措施在法律上并非无从觅迹,如我国《价格法》第 31 条规定:"当市场价格总水平出现剧烈波动等异常状态时,国务院可以在全国范围内或者部分区域内采取临时集中定价权限、部分或者全面冻结价格的紧急措施。"[2] 尽管该规定中的冻结价格是一项宏观调控措施,但市场竞争何尝不需要宏观调控?如果算法共谋或算法协同效应已经成为数字经济领域的普遍现象,甚至是系统性顽疾,采取这种管制特征凸显的调控措施(即调控性救济措施)亦未尝不可。当然,这就需要对救济措施的设置、实施、监督、矫正、保障、终止等施加更全面、更规范的程序性约束,以维护参与集中的经营者的合法利益。

## 第三节 经营者集中控制规范适用于算法共谋的限度

相较于垄断协议规范和滥用共同市场支配地位规范,运用经营者集中控制规范来

---

[1] [英]阿里尔·扎拉奇、[美]莫里斯·E. 斯图克:《算法的陷阱:超级平台、算法垄断与场景欺骗》,余潇译,中信出版社 2018 年版,第 87 页。
[2] 我国《反垄断法》第 4 条第 2 款规定:"国家坚持市场化、法治化原则,强化竞争政策基础地位,制定和实施与社会主义市场经济相适应的竞争规则,完善宏观调控,健全统一、开放、竞争、有序的市场体系。"

规制算法共谋（算法协同效应），其优势主要体现在两个方面：一方面，经营者集中控制是一种"前摄式"的预防性规制，在基于算法的协调或共谋行为尚未发生（加剧）时，就把监管的关口前移，防患于未然，避免了实害发生后通过"反应式"的事后规制所需付出的昂贵调查成本和补救代价；另一方面，我国经营者集中审查的实体标准——排除、限制竞争标准——的包摄性较为充分、适用上颇具弹性，能够有效应对经营者之间不存在意思联络且尚未达到共同市场支配地位程度的算法默契协调问题。然而，在算法共谋的防控上，没有哪种反垄断法规范是"包打天下"的，正如垄断协议规范、滥用共同市场支配地位规范各自存在局限一样，经营者集中控制规范也存在自身的短板。

对此，同样可以从经营者集中控制规范体系的内外两种视角加以审视。从规范体系的内部视角看，经营者集中控制规范（实体性控制规范）作用于算法共谋或协调行为的前提，是相关经营者集中能够进入反垄断执法机构审查的视野，即符合集中的申报标准。但实际上，并非每一项经营者集中都达到了我国以营业额为主的申报标准。申报标准设置不科学、筛选功能有限，就会直接影响实体性控制规范对算法共谋或协调行为的规制。而从规范体系的外部视角看，经营者集中控制规范对算法共谋或协调行为的适用，以存在经营者集中行为为前提，如果相关经营者自始至终不进行集中交易，经营者集中申报、审查和控制就无从谈起。这样，经营者集中控制规范在规制算法共谋或协调行为上的潜力就会受到限制。

## 一、申报标准的制约

经营者集中可以采取合并、股权或资产收购、合营联营、委托经营、租赁经营、人事控制或技术控制等方式，其核心是导致经营者之间控制权的变化。判定一项交易是否构成经营者集中，只是经营者集中控制制度施行的第一步。实际上，并非所有构成经营者集中的交易都会进入反垄断执法机构的视野。只有那些显著改变市场结构条件、可能对市场竞争产生较大影响的经营者集中，才值得执法机构进行审查。在此过程中，经营者集中申报标准扮演着关键的"把关者"或"筛选者"角色，它决定了哪些经营者集中交易需要向反垄断执法机构申报，进而接受审查和控制。因此，经营者集中申报标准的制度设计及其经济影响不容忽视，它对于维护市场公平竞争和消费者利益具有至关重要的作用。如果申报标准太高或涵盖范围过窄，它就可能遗漏某些对市场竞争存在不利影响的经营者集中；相反，如果申报标准太低或涵盖范围太广，它又可能过度干预或不当袭扰经营者在合并、收购、商业合作等方面的无害行为，徒增经营者合规负担。因此，设置科学合理的经营者集中申报标准，对一国经营者集中控制制度的效益和质量具有至关重要的影响。

我国经营者集中申报标准以营业额为主。根据《经营者集中申报标准的规定》，经营者集中达到下列标准之一的，经营者应当事先向国务院反垄断执法机构申报，未申报的不得实施集中：①参与集中的所有经营者上一会计年度在全球范围内的营业额合计超过 120 亿元人民币，并且其中至少两个经营者上一会计年度在中国境内的营业额均超过 8 亿元人民币；②参与集中的所有经营者上一会计年度在中国境内的营业额合计超过 40 亿元人民币，并且其中至少两个经营者上一会计年度在中国境内的营业额均超过 8 亿元人民币。

毋庸讳言，以营业额的单一因素来构建经营者集中申报标准，很难适应人工智能和数字经济时代经营者集中的现实，可能遗漏一些对市场竞争具有重大影响的集中交易。例如，在对数字平台经营者采用营业额标准时，就存在营业额信息披露、计算方式等方面的困难。一方面，未上市的数字平台经营者没有义务主动公开自家的财务数据。而且，即便其主动公开营业额数据，也不排除这是其规避经营者集中申报的策略性行为，因为数字平台经营者完全可以通过各种巧妙的统计口径来压低自家的营业额，使该营业额低于申报标准。另一方面，数字平台经营者营业额的范围也存在很大争议。譬如，在网约车平台经营领域，司机的收入是否计入平台经营者的营业额，对平台经营者的总体营业额和经营者集中申报义务具有重大影响。如果不包含司机的收入，平台经营者很可能没有多少营业额，很难满足上述我国集中申报的营业额门槛标准，因而如滴滴收购 Uber 中国的交易就不需要主动申报。[1] 当然，按照我国《反垄断法》的规定，经营者集中未达到国务院规定的申报标准，但有证据证明该经营者集中具有或者可能具有排除、限制竞争效果的，国务院反垄断执法机构可以要求经营者申报，经营者未进行申报的，国务院反垄断执法机构应当依法进行调查。然而，这一规定的适用具有很大的不确定性，它取决于反垄断执法机构对市场交易进行密切检测和主动履职的能力，但反垄断执法机构毕竟不是行业监管机构，其是否具备充足的信息、人力、物力、技能来全面有效地落实上述职责，这是令人怀疑的。

总之，通过经营者集中控制规范来预防包括算法协同效应在内的竞争问题，其制度潜力首先取决于申报标准的科学性和合理性。鉴于我国以单一的营业额指标来建构申报标准，可能遗漏不少数字经济领域有利于经营者从事算法协调或共谋行为的集中交易，因此我国当前的经营者集中控制规范，可能很难充分兑现其"前摄式"预防算法协同效应的潜力。进而言之，有必要借鉴美国、德国等法域的做法，采取两种或两种以上指标来构建更为科学合理的经营者集中申报标准体系。例如，针对数字经济领域的经营者集中，可以考虑在营业额标准之外，增设交易额标准、用户规模标准、[2] 平均市值或同等公允市场价值标准等，[3] 以更好地激发经营者集中控制规范的潜力，

---

[1] 参见吴汉洪、刘雅甜：《平台经济与反垄断政策》，载《比较》2018 年第 5 期。
[2] 参见王煜婷：《数字经济背景下我国经营者集中制度的完善》，载《中国政法大学学报》2022 年第 1 期。
[3] 参见仲春：《我国数字经济领域经营者集中审查制度的检视与完善》，载《法学评论》2021 年第 4 期。

将算法协同效应等可能的竞争损害，更全面地纳入集中控制的框架予以预防和化解。

**二、隐蔽的共谋优于公开的集中**

经营者共谋与经营者集中，同为经营者合作的方式，二者本就具有千丝万缕的联系，乃至紧密的替代关系，并且这种替代性会随着法律政策的变化而变化。例如，在美国，对经营者集中的控制来自《克莱顿法》第7条。该条规定，如果收购股票、资产将实质上减少竞争或旨在形成垄断，该收购就是违法的。从理论上看，任何股权或资产收购都会涉及协议，反垄断法也可以通过对垄断协议的规制来实现对股权或资产收购等经营者集中的控制。在《谢尔曼法》颁行的早期，美国法院就采取了此种规制方式，不过其在对并购行为适用该法第1条（垄断协议规范）时过于宽松。同时，由于《谢尔曼法》对共谋行为的严格控制（本身违法规则的适用），企业已无法通过共谋实现规模化经营，只能选择并购等集中方式将彼此联合起来（况且这种方式受到《谢尔曼法》第1条的宽松对待）。在此背景下，美国国会于1914年通过《克莱顿法》，单独引入了一个针对并购行为的反垄断法条款。这样，选择通过经营者集中来实现非法联合的行为又减少了。[1]

当前，各法域基本上都将垄断协议规制制度、滥用市场支配地位规制制度、经营者集中控制制度作为反垄断法的三大支柱性制度，经营者共谋与经营者集中的数量或许不会再出现如美国历史上那种此起彼伏的变化。不过，考虑到共谋的"隐蔽性"特点与经营者集中的"公开性"特点，对那些意欲从事反竞争协调的经营者来说，共谋可能是更好的选择。具言之，共谋拥有许多优于集中的地方，其中一个核心优势是合并、资产或股权收购等集中交易，对市场的所有参与者而言是一种公开的行为，而共谋却可以是秘密的。供应商和买方都知道，原来相互竞争的经营者一旦集中，其各个分支机构之间不会存在真正的竞争，即便有竞争也不会为它们的议价力量带来实质性好处。与此相反，由于共谋的私密性质，供应商和买方仍然认为相互竞争的经营者之间没有共谋，竞争对市场交易具有积极意义。[2] 正因如此，尽管经营者共谋相较于经营者集中面临着许多协调方面的障碍，但它不仅减少了来自供应商、采购商、其他市场参与者的抵触，而且可能逃逸于反垄断执法机构的调查，从而有助于联合市场势力的形成和顺畅运作。相反，经营者集中如果是为了追求协同效应（共谋效应），不仅可能受到反垄断执法机构的严格审查，而且可能会招致其他市场参与者的提防和抵触，因此并不利于联合市场势力的形成和运作。

---

〔1〕 参见［美］赫伯特·霍温坎普：《联邦反托拉斯政策：竞争法律及其实践》，许光耀、江山、王晨译，法律出版社2009年版，第541~543页。

〔2〕 参见［美］罗伯特·C. 马歇尔、［美］莱斯利·M. 马克思：《共谋经济学——卡特尔与串谋竞标》，蒲艳、张志奇译，人民出版社2015年版，第7~8页。

基于上述分析，有理由相信，现实经济中存在大量隐蔽的共谋（包括算法共谋），它们或许永远不会选择用集中后的协同效应（充满高度法律风险的协同效应）来置换当前默无声息、无人察觉的共谋均衡（较低法律风险的隐蔽共谋）。这样，由于不存在公开的集中交易，经营者没有任何主动申报集中的义务，反垄断执法机构也没有任何主动调查违法实施集中的事实基础，最终经营者集中控制规范陷入"有力用不上""欲控却无从着手"的困境。

# 下 篇

# 算法共谋反垄断的协同治理机制

  相对于垄断协议规范、滥用共同市场支配地位规范、经营者集中控制规范，针对算法共谋的市场约束机制、数字化筛查机制、反垄断合规机制、市场竞争状况评估机制是增进上述规范运作实效的"侧翼"辅助工具。在人工智能和数字经济时代，"消费者抗衡势力"作为买方抗衡势力的新样态，并非是一个空洞或不切实际的概念。从需求侧看，算法型消费者通过全面快速的数据收集、组织、分析和处理，克服了消费者非理性决策，缩小了消费者数字鸿沟，缓解了消费者集体行动障碍。从供给侧看，算法型消费者倒逼供应商塑造非对称优势，鼓励新竞争者进入市场，从而动摇了供应商算法共谋的基础。算法型反垄断是相对于人力型反垄断的概念。对涉嫌违法事实的筛查和取证，特别是对算法共谋的数字化筛查，是算法型反垄断目前最具前景的应用领域之一。数字化筛查依赖筛查算法和数字数据集，以识别市场行为模式并判断企业行为是否存在竞争问题。针对算法共谋等垄断行为的企业反垄断合规分为事前的反垄断合规、事中的反垄断合规和事后的反垄断合规。算法可以赋能企业反垄断合规管理体系建设，为算法共谋等合规风险的监控、识别、评估、提示、报告以及算法的"设计合规"等提供有力支持。市场竞争状况评估是一种检视广泛竞争问题的竞争政策工具。针对算法共谋等新兴竞争问题的市场竞争状况评估具有前瞻性，对预防算法共谋等新型垄断行为具有积极作用，且视角广泛，可覆盖多元竞争问题并提供多样化的解决方案。

——题记

# 第八章　算法共谋的市场约束机制

在前几章中，我们深入探讨了算法共谋及其反垄断法适用问题，这一探讨主要是站在数字产品或服务供应商的角度进行的。具体来说，这些在数字市场中相互竞争的供应商，可能会利用先进的算法技术，进行协同的、统一的市场行为，从而带来市场垄断的风险或后果。在此情境下，共谋的担忧和垄断的隐患主要体现在"卖方"身上。这类问题之所以备受反垄断执法机构关注，核心原因在于弱小的、分散的、能力受限的消费者，往往难以抵挡或抗衡由算法共谋团体（即卖方卡特尔）所施加的宰制与剥削。然而，假如作为买方的消费者拥有足够的智慧和实力，能够巧妙地运用算法等数字技术手段来增强自身的议价能力、优化决策过程，进而有效地约束供应商的算法共谋行为，那么这样的市场动态制衡机制，即便不能完全根除算法共谋问题，也将在很大程度上削弱其稳定性，降低其对市场的负面影响。这也将极大地缓解反垄断执法机构所面临的压力，并有助于构建一个更为公正、高效的市场竞争环境。在这个过程中，被数字助手等算法工具赋能的消费者，不仅是市场活动的参与者，更是推动市场公平竞争的重要力量。

## 第一节　买方抗衡势力的概念和原理

买方抗衡势力是由强大的买方（以及买方群体）所形成的市场势力，它可以作为一种市场约束机制，制约大型供应商或生产商（以及供应商或生产商群体）的垄断势力。买方抗衡势力理论经博弈论、实证研究检验，现今被经济学和反垄断法学领域广泛认可，欧盟《横向合并指南》也引入了这一概念。成功的共谋或卡特尔须解决内部和外部可维持性问题，而强大的买方抗衡势力对共谋或卡特尔的外部可维持性构成严重挑战，甚至使其难以为继或加速其破裂。其实，买方市场势力包括买方抗衡势力和买方垄断势力，二者的经济效果不同。评估买方抗衡势力需考虑相关采购市场，以及买方交易集中度、威胁能力、转换成本等因素。有效的买方抗衡势力能保护整个市场免受卖方垄断势力的侵害。

## 一、买方抗衡势力概念的源起

经济学家约翰·肯尼斯·加尔布雷思（John Kenneth Galbraith）在其备受赞誉的著作《美国资本主义：抗衡力量的概念》中，创造性地提出了一个引人深思的概念和理论——"买方抗衡势力"（Buyer Countervailing Power）。他主张，在高度集中的市场环境中，一种特殊的市场势力，即强大的买方群体的谈判和议价力量，可以作为一种平衡机制，有效地中和并制约另一种由大型供应商或生产商所形成的垄断势力，从而维护市场充分竞争和公平交易。[1]

加尔布雷思观察到，在现代资本主义市场中，虽然大企业（寡头）在市场中占据着支配地位，具有强大的垄断势力，但这种势力并非绝对，而是受到各种抗衡势力的制约。这些抗衡势力来源于市场中的其他参与者，特别是那些有实力的买方。所谓买方抗衡势力，即是指市场中强大的买方（或协调行动的买方群体）能够通过其议价或谈判能力，对卖方形成有效的制约，从而中和或抵消卖方的垄断势力。换言之，这种抗衡势力不仅能够保护买方自身不受损害，在一定程度上分享卖方的垄断利润，还可以让终端消费者免受"双重加价"等卖方垄断势力的不利影响。在此意义上，买方抗衡势力被视作"治理垄断的第三条道路"，[2] 即传统规制（直接监管）政策和反垄断（间接监管）政策之外的又一种治理垄断的新方式。[3]

具体来看，买方抗衡势力之所以能中和或消解卖方垄断势力，主要依赖于三种作用机制：一是议价制衡机制，即强大的买方可以利用其议价能力，与卖方进行谈判，争取更有利的交易条件。这种显著的买方议价能力可以迫使卖方降低价格或提供更优厚的交易条件，从而让买方获得成本上的节约。二是市场竞争机制，即具有抗衡势力的买方往往占据较大的采买规模和份额，有助于倒逼并维持上游卖方市场的竞争。也就是说，当卖方感受到来自强大买方的压力时，它们会竞相降低价格、提升产品质量和服务水平，以吸引和留住客户。三是利润或福利分享机制，即通过买方抗衡势力，买方可以在一定程度上分享卖方的垄断利润或经济福利。这种利润或福利的分享有助于改善买方的经济状况，提高其市场竞争力或改进其福利水平。总而言之，加尔布雷

---

[1] 参见［美］约翰·肯尼斯·加尔布雷思：《美国资本主义：抗衡力量的概念》，王肖竹译，华夏出版社 2008 年版，第 118 页以下。

[2] 参见吴绪亮、孙康、侯强：《存在治理垄断的第三条道路吗？——买方抗衡势力假说研究的近期突破》，载《财经问题研究》2008 年第 6 期。

[3] 长期以来，人们普遍认为治理垄断势力只有两种策略：规制政策（也称管制或监管政策，即直接监管）和反垄断政策（也称竞争政策，即间接监管）。规制是政府在对垄断的存在给予最大限度容忍的前提下，对垄断企业的活动进行直接和行政性的规定与限制。相反，竞争政策则是通过保护竞争过程，力求实现经济效益的最大化。过去四十年来，全球范围内出现的放松规制的趋势，其实质是将一些原本受政府规制的所谓自然垄断企业重新纳入竞争政策的约束范围，进行"间接规制"（间接监管）。参见马云泽：《规制经济学》，经济管理出版社 2008 年版，第 10~11 页。

斯认为，市场势力或垄断势力并非都是"坏"的东西，买方抗衡势力就是一种积极的市场势力，它有助于中和或消解卖方的垄断势力，从而维护市场公平竞争和消费者利益，促进经济的稳定性、均衡性、包容性、可持续性发展。

尽管买方抗衡势力的概念和理论在最初提出时，曾遭到斯蒂格勒、亨特等知名经济学者的质疑与批评，但随着博弈论的兴起与发展，这一假说得到了重新审视和论证。博弈论为买方抗衡势力提供了更深入的理论支撑，揭示了其在市场竞争和平衡卖方垄断中的重要作用。同时，劳动力市场、农业、零售业以及医药行业等领域的大量实证研究也纷纷涌现，这些研究从多个角度验证了买方抗衡势力理论的有效性。[1] 这些理论和实证相结合，使买方抗衡势力的重要性在经济学、反垄断法学领域得到了更广泛的认可。例如，欧盟委员会发布的《横向合并指南》明确引入了"抗衡性买方势力"（Countervailing Buyer Power）的概念，并专辟一节对此予以阐述。《横向合并指南》第64段指出："供应商面临的竞争压力不仅来自竞争对手，还可能来自客户。即使市场份额非常高的企业在合并后也可能无法严重妨碍有效竞争，尤其是如果客户拥有抗衡性买方势力，那么合并后的企业将无法在很大程度上独立于其客户行事。在这种情境下，抗衡性买方势力应理解为在商业谈判中，由于买方的规模、对卖方的商业价值以及转向其他供应商的能力，买方相对于卖方所具有的议价能力。"[2]

## 二、买方抗衡势力对卡特尔的制约

买方抗衡势力作为中和或制约卖方垄断势力的一种普遍性机制，对于消解共谋团体或卡特尔集团（以下简称"卡特尔"）的垄断势力同样有效。卡特尔的本质就是相互竞争的企业通过协议、决定以及其他协同行为等方式，形成排除、限制竞争的意思联络，进而将各自分散的市场势力协调聚成一股强大的垄断势力，并基此开展一致性的市场行动来获取垄断利润。正如前文所述，尽管这种联合性的垄断势力可能非常强

---

[1] 参见何然：《买方势力：反垄断法视域下的新思考》，法律出版社2015年版，第216页以下。
[2] 《横向合并指南》第65段指出："委员会在适当的时候会考虑客户在多大程度上能够抵消合并可能导致的市场势力提高。抗衡性买方势力的一种来源就是如果供应商决定提高价格或降低质量或交付条件，客户能够可信地威胁在适当的时间框架内转向其他供应商。如果买方可以立即转向其他供应商，可信地威胁要垂直整合到上游市场，或支持上游市场的扩大或进入（比如通过承诺大量的订单来说服潜在的进入者进入市场），就会发生这种情况。比起在零散产业的小企业来说，大而复杂的客户更有可能拥有这种抗衡性买方势力。通过拒绝购买某供应商的其他产品也可以形成抗衡性买方势力，特别在涉及耐久商品和延迟购买的时候。"第66段指出："在某些情况下，重要的是特别关注买方利用其买方势力的动力。比如，如果企业新进入的收益也可能会被其竞争者获取的话，下游企业也许就不想投资支持这种新进入了。"第67段指出："如果在合并后只能确保拥有特定议价能力的特定部分的客户不会遭遇明显的更高价格或质量倒退的情况，那么抗衡性买方势力也不能充分抵消合并潜在的负面影响。此外，在合并前存在抗衡性买方势力是不够的，在合并后也必须是存在和有效的。这是因为如果两个供应商的合并使客户少了一个可信的选择对象的话，就可能会减少抗衡性买方势力。" European Commission, Guidelines on the assessment of horizontal mergers under the Council Regulation on the control of concentrations between undertakings (2004/C 31/03), paras. 64-67.

大，达到了类似于单个企业独占市场的垄断势力程度，但这种垄断势力的行使并非不受任何制约。具体来说，一个成功的卡特尔不仅要解决"内部可维持性问题"，即通过定价协调机制、利益分配机制、执行监惩机制等确保消除内部成员之间的实质性竞争，而且要解决"外部可维持性问题"，即通过对抗措施或压制手段等来缓解或消除来自外部竞争者、潜在进入者、交易相对人（包括各类客户与终端消费者）的挑战、制约以及抵触。在这当中，交易相对人的制约，就是强大的买方施加给卡特尔的抗衡势力。此际，即便一个卡特尔在内部协调上表现得无懈可击，表面上呈现出完美的运作状态，但如果它无法有效应对并克服来自其交易相对人的潜在抵制或实际制约，那么其所具有的"垄断势力"便只是虚有其表，难以真正转化为实质性的市场影响力和控制力。在这种情况下，该卡特尔的稳定性与持久性将受到严重威胁，最终可能由于无法攫取垄断利润或者获益前景减弱而导致整个卡特尔迅速瓦解。

在此，我们不妨进一步借用"五力模型"理论，对买方抗衡势力对卡特尔的制约予以阐释。美国著名经济学和管理学家迈克尔·波特，在其《竞争论》《竞争战略》等系列经典著作中，创造性地提出了产业竞争的"五力模型"。在他看来，存在五种不同的力量，制约着某一产业的竞争强度和盈利能力。这五种力量分别是：①产业内部现有竞争者之间的竞争；②不断加入该产业的新进入者的威胁；③替代性（创新性/颠覆性）产品或服务的威胁；④供应商的议价势力；⑤采买方的议价势力。[1] 这五种相互交织、相互影响的力量，可以用图8-1来直观地展示其关系。

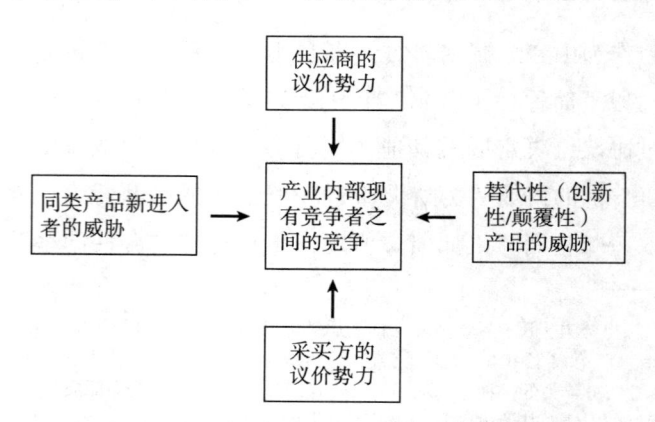

图8-1 产业竞争的"五力模型"

实际上，尽管波特的理论主要关注的是整个产业的盈利能力，但这种盈利能力其实是由构成该产业的单个企业利润累积而成。换言之，产业的总体利润可以看作是各个企业利润的总和。因此，波特的"五力模型"不仅适用于分析整个产业的竞争格局，

---

[1] 参见［美］迈克尔·波特：《竞争论》，高登第、李明轩译，中信出版社2012年版，第4页以下；［美］迈克尔·波特：《竞争战略》，陈丽芳译，中信出版社2014年版，第3页以下。

也可以被应用于分析单个企业以及由多个企业联合组成的卡特尔所面临的竞争约束。由"五力模型"图可见,产业中多个企业即便形成了意思联络,消除了彼此之间的实质性竞争,构建起内部协调良好的卡特尔,但该卡特尔的可维持性仍面临着上下左右四种外部力量的制约。特别地,如果该卡特尔不能化解下游大型客户的抵制,即无法解决源于抗衡性买方势力的影响,那么它几乎难以为继,更不可能获得垄断利润。举例来说,假如上游市场存在七家规模相当的原油加工企业,它们的运营状况和盈利能力高度依赖于下游仅有的两家汽油销售巨头(如中石油和中石化)的采购决策。在这样的力量对比格局下,即使上游的七家企业达成了提高原油销售价格的垄断协议,这一协议的实施也面临着重重困难。原因在于,下游的两家销售寡头掌握着对上游产品至关重要的销售渠道,这些渠道实际上形成了"瓶颈设施"。换言之,下游的这两家寡头企业拥有强大的买方抗衡势力(甚至有可能是买方垄断势力),能够轻易地打破上游企业间的价格同盟,使得上游企业的联合提价等共谋策略难以奏效。

### 三、买方市场势力的类型与买方抗衡势力的评估

事实上,买方抗衡势力是买方市场势力(Buyer Market Power)[1]的一种类型,但买方市场势力并非仅限于买方抗衡势力。作为卖方垄断(Monopoly)、卖方寡头(Oligopoly)的镜像形式,[2] 买方垄断(Monopsony)、买方寡头(Oligopsony)可能造就买方市场势力的另一种类型,即买方垄断势力(Monopsony Power)。[3]

之所以有必要将买方市场势力区分为买方抗衡势力(也称买方议价势力或谈判势力)和买方垄断势力,是因为二者具有不同的作用机理,可能引发迥然有别的经济效果和反垄断执法政策。具体来说,尽管买方垄断势力和买方抗衡势力都可以压低相关产品或原材料的价格,但买方垄断势力的存在可能会对上游供应商造成不利影响,迫使它们接受低于竞争性水平的价格,这不仅会导致上游市场的产量大幅缩减,而且往往会导致下游或终端商品的价格攀升,最终损害消费者的利益。相比之下,买方抗衡势力在市场势力的程度上相对要弱一些,它更多地体现为一种相对于卖方的议价或谈判优势。作为一种积极的市场势力,买方抗衡势力的运用并不会将上游供应商的价格

---

[1] 一般认为,如果一个购买者(或一致行动的购买者群体)能够给至少一家供应商施加某一可信的威胁,例如将增加其长期机会成本(即损失的增加或收益的减少),那么这个购买者(或一致行动的购买者群体)就具有买方市场势力。See OECD, Buying Power of Multiproduct Retailers, 1998, p. 281, http://www.oecd.org/daf/competitionabuse/2379299.pdf.

[2] 传统经济学对"垄断"的研究,通常是从卖方的角度进行讨论,即把垄断者视为卖方垄断者(Monopolist),而很少从买方的角度进行讨论,尽管买方垄断者(Monopsonist)与卖方垄断者都会导致资源配置的无效率和消费者福利减损。最早对买方垄断展开研究的经济学家似乎是琼·罗宾逊(Joan Robinson),她在1933年出版的《不完全竞争经济学》(The Economics of Imperfect Competition)中对该问题进行了探讨。参见[英]琼·罗宾逊:《不完全竞争经济学》,王翼龙译,华夏出版社2017年版,第17章"买方插叙"、第18章"买方独家垄断的市场结构"、第19章"买方垄断和卖方垄断与完全竞争的关系"。

[3] See Roger G. Noll, Buyer Power and Economic Policy, Antitrust Law Journal, 2005, Vol. 72, No. 2, p. 589.

压低至竞争水平之下,而是通常将价格调整或倒逼到若无买方抗衡势力存在时的"一般性售价"之下,同时增加上游市场的产量,并将压低的采购价格和节约的成本传递给下游消费者,从而增进消费者的整体福利。[1] 简言之,买方垄断势力对供应商具有显著的剥削效应,且会导致资源配置无效率和消费者福利减损,而买方抗衡势力一般不会造成负面经济影响,反而有可能通过抵消市场中的卖方垄断势力来避免无谓损失,同时使下游市场的交易价格趋向于竞争性水平。[2] 不过,买方垄断势力与买方抗衡势力的区分不是绝对的,二者仅具有程度上的不同而不具有本质上的差异。[3] 何种程度的买方市场势力适宜被定性为抗衡势力而非垄断势力,需要结合具体情境和事实进行个案式判断。

一般来说,评估买方抗衡势力的大小及其制约卖方垄断势力的有效性,可以遵循以下步骤:①明确界定相关采购市场。相关采购市场涵盖了供应商可能销售其产品的所有需求来源。②考察交易相对人在相关采购市场中的集中度。这种集中度在绝对和相对意义上都很重要。绝对意义上,需要关注最大买方或买方群体所占的需求百分比;相对意义上,需要比较买方的集中度与卖方的集中度。值得注意的是,即使在某些需求侧市场份额相对较小的地方,如果存在集中化的购买群体,也可能产生与卖方相抗衡的力量。③评估交易相对人对卖方的威胁能力。买方抗衡势力的明显证据包括买方能够实际排除或威胁排除卖方的产品,以及向卖方提出不利的交易条件,如货款削减或分期付款等。④交易相对人的转换成本相对于卖方来说更低,这是一个不可或缺的因素。在比较双方的转换成本时,卖方和交易相对人各自的替代选择尤为重要。因为交易双方的议价能力在根本上取决于各自可获得的替代选择(外部选择)。当强大的交易相对人拥有多种替代选择,而卖方的替代选择有限时,交易相对人将拥有显著的抗衡势力。这些替代选择可以来自其他卖方,或者由大买方单独或与其他买方合作,通过承诺大批量订单来支持新的上游卖方进入市场。⑤买方抗衡势力的有效作用不应仅限于自我保护,更重要的是它能在很大程度上保护整个市场。如果只有特定的或有限的交易相对人能够抵御卖方的垄断势力,那么买方抗衡势力并不能作为一种充分有效的市场约束机制来治理垄断或卡特尔。换句话说,有效的买方抗衡势力(即强大的买

---

[1] See OECD, Monopsony and Buyer Power, 2008, pp. 9-10, http://www.oecd.org/daf/competition/44445750.pdf.

[2] 有学者指出,买方垄断势力是通过减少购买数量,造成市场上供过于求的假象,其所利用的是经典经济学模型当中的供求平衡的市场机制范畴。而买方谈判势力,则是通过威胁要减少购买量或给对方造成其他损失,来达到压低价格水平的目的,这是利用谈判策略和技巧,从谈判过程中获取更多有利条件,属于谈判理论的范畴。参见何然:《买方势力:反垄断法视域下的新思考》,法律出版社2015年版,第15页。

[3] See Richard Scheelings & Joshua Wright, "Sui Generis: An Antitrust Analysis of Buyer Power in the United States and European Union", Akron Law Review, 2006, Vol. 39, No. 1, p. 207.

方或买方群体）不仅要能够保护自己，还要能够保护市场免受卖方垄断势力的侵害。[1]

## 第二节　算法驱动的消费者抗衡势力对算法共谋的制约

在人工智能和数字经济时代，"消费者抗衡势力"作为买方抗衡势力的新样态，并非是一个空洞或不切实际的概念。数字助手等算法工具通过数据收集、挖掘分析、产品比选、决策实施等"智慧服务"来辅助或代替消费者参与市场交易，显著提高了消费者购买决策的质效。实际上，算法型消费者的崛起对市场产生了深远影响，特别是在制约供应商算法共谋方面可以发挥积极作用。从需求侧看，算法型消费者通过全面快速的数据收集、组织、分析和处理，克服了消费者非理性决策、缩小了消费者数字鸿沟、缓解了消费者集体行动障碍，从而增强了消费者抗衡势力。从供给侧看，算法型消费者倒逼供应商竞相塑造非对称优势，鼓励新竞争者进入市场，并可能永久性地标记和排拒从事共谋的供应商，从而颠覆供应商算法共谋的基础。可见，算法型消费者的勃兴以及消费者抗衡势力的增强，有望从源头上破解数字市场中的供应商算法共谋。

### 一、消费者抗衡势力何以可能

按照市场在整个产业链中所处的位置，可以将其细分为初级产品市场、中间产品市场和终端消费品市场。在终端消费品市场中，消费者出于满足自身需求的考虑进行购买。这个市场的买方由众多独立的消费者组成，而卖方则包括各种规模和类型的厂商。由于每个消费者都是独立的个体，且通常存在集体行动障碍，他们往往难以凭借自身的力量迫使即便是小规模的厂商提供较为优厚的交易条件。因此，传统经济学和反垄断理论认为，在终端消费品市场中，买方（消费者）的市场势力和抗衡势力几乎是不存在的。然而，在初级产品市场和中间产品市场中，情况则截然不同。在这些市场中，买方主要是出于生产和经营目的而进行原材料采购的企业。正是这些企业买家，才有可能形成买方市场势力和买方抗衡势力。换句话说，买方市场势力和买方抗衡势力主要存在于初级产品市场和中间产品市场。在这些市场中，交易双方通常都是具有一定规模的厂商，它们之间的交易往往通过谈判来确定。因此，在分析这类市场时，谈判理论和博弈论就变得尤为重要，具有更强的指导意义。与此相反，通常引发反垄

---

[1] See Robert O'Donoghue & A. Jorge Padilla, *The Law and Economics of Article 82 EC*, Hart Publishing, 2006, pp. 130-131.

断执法机构关注的卖方市场势力或垄断势力问题,更多地出现在终端消费品市场。在这个市场里,卖方与消费者之间的经济实力悬殊,而且交易往往不通过谈判博弈而通过格式合同条款等方式达成,因此传统理论进一步断定,买方抗衡势力在终端消费品市场中几乎不具有任何作用的空间和余地。[1] 这就意味着,"消费者抗衡势力"这一概念,在理论和现实层面都难以立足。

然而,在蓬勃发展的人工智能和数字经济时代,"消费者抗衡势力"并非必然是一个空洞或不切实际的概念。这种认知的转变主要得益于算法等数字技术的革新和普及。现如今,数字助手、数字管家等先进的算法工具正逐渐为消费者购买决策提供有力支持,这些智能化工具不仅大大提升了消费者的比选能力,优化了消费者的信息结构和购买决策,而且赋予了消费者前所未有的力量来抗衡那些精明的卖家以及它们所具有的垄断势力。更为重要的是,这些算法工具的普及和应用,为消费者提供了一种破解供应商层面可能存在的算法共谋的有效手段。通过智能化的数据分析和市场洞察,消费者能够更为精准地识别市场中的算法共谋定价、数字化卡特尔等垄断行为,进而通过"以算制算"的抗衡机制来推动公平竞争和良性市场发展。因此,在人工智能和数字经济时代背景下,依托于数字助手、数字管家等算法驱动的"消费者抗衡势力",已经成为一个真实的概念和可及的算法共谋治理路径。[2]

## 二、算法型消费者的兴起及其作用机理

数字经济之所以展现出有别于以往历史上任何经济形态的强大活力,其精髓就在于利用算法构建一套数据高效流通和开发利用的规则体系。[3] 算法嵌入在经济社会生活的几乎所有领域和环节,不仅从供给侧赋能各类数字平台企业,带来显著的供给侧效率,[4] 而且可以(也应当可以)从需求侧赋能消费者,激发不可估量的需求侧效率。就后者而言,算法通过支持消费者的购买决策,如通过"数字助手"(Digital Assistant)、"数字伴侣"(Digital Half)、"数字管家"(Digital Butler)等方式(以下统称"算法型消费者"),显著地影响着市场的结构和动态。算法型消费者能够更高效地组织信息,帮助消费者更快速、更准确地获取所需信息,同时还能提供除价格以外的其他竞争维度的重要信息,如产品质量和消费者偏好等,为消费者提供更全面的购买决策支持,从而大幅提升改善消费者的福利。

---

[1] 参见何然:《买方势力:反垄断法视域下的新思考》,法律出版社2015年版,第12页。
[2] See Michal S. Gal & Niva Elkin-Koren, "Algorithmic Consumers", *Harvard Journal of Law & Technology*, 2017, Vol. 30, No. 2, pp. 309-354.
[3] 参见中国信息化百人会课题组:《数字经济:迈向从量变到质变的新阶段》,电子工业出版社2018年版,第8~9页。
[4] 例如,算法的普遍应用不仅有助于提高市场的透明度,还能促进现有产品的改进或全新产品的研发。此外,算法还能推动市场进入的便利性,从而激发市场的动态效率。更为重要的是,通过降低生产成本、提升产品质量和资源利用效率,以及简化繁琐的业务流程,算法还能有效地提升静态效率。

算法型消费者并非一个虚无缥缈的概念，而是一项已经落地并融入日常生活的实际技术应用。例如，在股票交易等行业，算法已经能够自动将数据分析结果转化为具体的购买决策。再如，像 Google 公司的 Gemini、Apple 公司的 Siri、Amazon 公司的 Alexa、Microsoft 公司的 Copilot、三星公司的 Bixby 等具备语音识别和响应以及识别、预测、推荐、决策功能的人工智能助理，已经能够根据用户的输入信息，如时间安排、兴趣取向、消费偏好等条件，结合各种在线资源，如天气或交通状况，为用户高效地执行任务。随着这些技术变革的深入，许多人设想，下一代电子商务将由基于算法的智能助理代劳，这些算法可以处理整个交易过程，利用数据预测消费者的偏好，选择购买的产品或服务，协商和执行交易，甚至自动形成买方联盟和买方势力，以制衡供应商的议价能力，确保为消费者争得最优的交易价格和条件，最终实现"人类在日常生活中做出决策时思考更少"的愿景。[1] 以宠物食品为例，一种专门的算法会从宠物及其食品袋中收集数据，以确定是否需要补充供给，同时还可以考虑特定宠物的实际营养需求。此外，该算法还纳入了一系列决策参数，如季节性疾病风险的预测、原料的临时性短缺情况，以及可预见的价格变动等实时数据。经过对这些综合数据的深入分析和判断，算法能够借助在线软件助手（购物机器人）实现自动下单、付款及交货等一站式服务。[2]

可见，算法型消费者可以参与到交易的各个环节，其运作和决策的机理分为以下几个阶段：①第一阶段涉及数据收集，这对于识别市场行情、确定消费者的具体需求和偏好，以及发掘可行的购买选择至关重要。数据可以直接来自消费者明确表达的偏好，或者来自专门的传感器（如各类可穿戴设备），也可以来自各种外部数据源，如供应商动态、社交媒体、比价网站以及其他与潜在交易相关的在线数据。②第二阶段是通过算法对收集、更新、存储和组织的数据进行挖掘和分析，并在给定相关约束条件的情况下建立和比较购买选项。③第三阶段是决策，购买决策的制定依赖于决策树等算法技术以及之前步骤中获得的数据分析结果。当然，每次的购买决策都会被反馈至支持算法运作和迭代优化的数据集中，以此确保未来的决策能够与之前的决策相兼容，并实现持续改进。④第四阶段是实施，算法能够指导并驱动购物机器人完成交易的全过程事项，涵盖交易谈判、订单下达、合同签订、款项支付以及交货安排等诸多步骤。

### 三、算法型消费者的抗衡势力及其对算法共谋的破解

不容否认，算法型消费者的崛起将对市场供需格局产生日益深远而广泛的影响，

---

[1] See Minghua He, Nicholas R. Jennings, Ho-Fung Leung, On Agent-Mediated Electronic Commerce, https://eprints.soton.ac.uk/258565/1/ec-survey.pdf.

[2] See Michal S. Gal & Niva Elkin-Koren, "Algorithmic Consumers", *Harvard Journal of Law & Technology*, 2017, Vol. 30, No. 2, p. 314.

其中最为显著的一种影响，便是加大了数字商品或服务供应商之间的竞争压力。在算法型消费者强大的分析、洞察、比较、议价、选择能力面前，供应商将面临来自买方（消费者）的强大市场约束，其从事算法共谋（无论明示或默示算法共谋）的动机和能力皆受到有力制约。换言之，这种由算法驱动的消费者抗衡势力的出现，使得相互竞争的供应商之间更难通过算法从事协调一致的行动，从而有望从源头上破解算法共谋难题，从根本上保护市场公平竞争和维护消费者利益。算法型消费者之所以具有制约算法共谋的强大潜力，与其对需求侧和供给侧下列因素的改变或影响密切相关。

（一）算法型消费者在需求侧对供应商算法共谋的影响

从需求侧来看，算法从总体上降低了搜索和交易成本，帮助消费者克服短视、偏见、情绪化等非理性因素，做出更加明智的选择，以此形成或加强消费者的买方抗衡势力，从而使供应商算法共谋的外部可维持性难以为继。

第一，算法构筑消费者抗衡势力的第一个相关因素是算法分析的广度和深度。数据收集、存储、整理和分析方面的进步，使算法能够在其决策中集成许多变量。这种分析的全面性和复杂性程度是仅凭人类大脑无法企及的。例如，作为一款由 Microsoft 推出的价格预测软件，Farecast 通过分析成百上千亿条历史机票价格数据，帮助消费者预测机票价格的变化，其准确率超过 70%。[1] 申言之，算法能够帮助消费者获取全面的竞争性报价以及其他质量维度的数据信息，避免消费者主动或被动地陷入供应商共谋的系列"焦点"之中。也就是说，数字助手等算法工具可以有效地识别并避开供应商算法共谋的陷阱，为消费者提供更多的选择和更具竞争性的交易选项。

第二，算法构筑消费者抗衡势力的第二个相关因素是算法做出决策的速度。给定任意数量的决策参数和数据源，数字助手等计算（智能）设备能够迅速运用算法进行处理，其速度远超人脑。特别是在需要平衡众多决策参数，或是必须分析、比较大量数据输入的情况下，这些设备的优势更为明显。例如，在供应商存在多重共谋均衡的情形下，表面看似波动的价格实际上是共谋的结果，然而普通消费者即使花费大量时间也难以识破隐藏幕后的共谋定价；相反，算法型消费者却能在极短的时间内，甚至是数秒至毫秒之间，准确区分市场上的共谋性报价和竞争性报价，从而使供应商算法共谋的目的落空。

第三，算法构筑消费者抗衡势力的第三个相关因素是算法可以帮助消费者克服人类非理性决策的影响。许多研究表明，人类会因短视、偏见、冲动、情绪化而做出非最优决策，如产品包装的颜色、当天的天气情况、最近发生的事件或听到的讯息等，

---

[1] 然而，在 Farecast 的运营过程中，曾遇到数据供应"瓶颈"问题。具体来说，Farecast 的数据曾由 ITA Software 提供，但 Google 在 2011 年收购 ITA Software 后，Microsoft 从 ITA Software 获取相关旅游数据的能力受到阻碍。最终，Microsoft 在 2014 年关闭了 Farecast 的价格预测功能，但仍然继续提供全面的旅行服务体验，包括航班和酒店搜索、预订等功能。

都可能融入并影响消费者临时构建的决策。然而，算法不存在偏见、冲动、情绪化等问题，它让最终决策与消费者的非理性因素保持距离。实际上，许多供应商在施行算法共谋策略时，常常会结合使用各种操控性的营销技巧，如利用诱饵产品、价格引导、设置复杂选项、水滴定价等操纵手段，[1] 这样做的目的是利用和放大消费者决策中固有的非理性因素。然而，算法型消费者的出现能够有效地帮助消费者摆脱这些为供应商算法共谋服务的操控性营销手段，使消费者免受这种以最大化（或优化）联合利润为目标的"新精神操控"的侵害。

第四，算法构筑消费者抗衡势力的第四个相关因素是算法缩小了消费者之间的"数字鸿沟"[2] 从而均等地提升了消费者的数字素养。在现实生活中，存在许多不擅长使用在线购物工具的消费者，他们更容易受到供应商算法共谋的侵害。因为这类消费者在利用数据、组织信息以及寻找更优替代选择方面的能力存在重大局限。然而，当他们选择将决策"外包"给自主式或半自主式的数字助手时，算法能够显著缩小他们在数字技能和素养方面的差距。这样一来，供应商就难以轻易地锁定这类消费者群体并实施算法共谋。

第五，算法构筑消费者抗衡势力的第五个相关因素是算法不仅可以通过单个消费者发挥作用，而且可以由一个统一算法操作的购买平台或者众多算法型消费者的联合来发挥作用。传统理论认为，买方抗衡势力的有效性与买方在相关采购市场的集中度（需求份额）息息相关，集中度越高（需求份额越大），抗衡势力就越有效。但是，由于算法型消费者在收集、组织、分析数据方面的快速性、广泛性、深度性、准确性等特点，这一条件被放宽了。也就是说，某个消费者单独地使用算法来做出购买决策，也有望避免供应商算法共谋的宰制。当然，上述条件被放宽，并非意味着其完全不具有相关性。如果可以创建一个由统一算法操作的购买平台，或者将众多算法型消费者聚合起来，那么消费者抗衡势力将更加强劲有效。实际上，通过将不同消费者的选择聚集到一个虚拟购买平台中（同时保证聚合后消费者实现匿名化），就可以削弱供应商了解并使用每个消费者的偏好信息来获取利益的能力，同时也可以削弱供应商将平行算法价格歧视（个性化定价）作为算法共谋策略的重要组成部分的能力。[3]

（二）算法型消费者在供给侧对供应商算法共谋的影响

从供给侧来看，算法型消费者可以检测和比较竞争发生的变量集，影响供应商竞争的动机，鼓励更多的市场进入，增加供应商的竞争压力，从而使供应商的算法共谋

---

[1] 参见［英］阿里尔·扎拉奇、［美］莫里斯·E.斯图克：《算法的陷阱：超级平台、算法垄断与场景欺骗》，余潇译，中信出版社2018年版，第134~154页。

[2] 在这里，"数字鸿沟"是指在数字化进程中，不同消费者之间由于对数据信息、数字技术的拥有程度、应用程度以及运用能力的差别而造成的数字资源落差及贫富进一步两极分化的趋势。

[3] See Germán Oscar Johannsen, Conscious Parallelism and Price Discrimination in the Era of Algorithms: A Case of Collective Abuse of Dominance?, https://papers.ssrn.com/sol3/papers.cfm?abstract_id=3203292.

无论在内部或者外部层面都变得难以维持。

第一,算法型消费者的崛起,会迫使供应商为争得交易机会而努力塑造自身相对于竞争性供应商的非对称优势,从而降低供应商从事共谋的动机。具体来说,在做出最终交易决策之前,算法型消费者会对众多潜在供应商的风险水平进行全面评估,并考察一系列相关参数,如供应商与竞争对手的互动情况(甚至推断供应商算法的决策参数)、价格历史走势、交易总体状况、交易好评度以及网站存在时长等。为了赢得更多的交易机会,供应商将不得不回应这种无处不在、无时不有的评估,开发更优的差异化产品或服务,并调整其营销算法以使其更具竞争性和进取性,以此获得相对于竞争对手的非对称优势,并展示消费者与其交易的可靠性和优越性。因此,算法型消费者的存在,"倒逼"供应商的业务体系和营销算法等处于激烈竞争的状态,从而有望大幅削弱供应商算法共谋的动机。

第二,算法型消费者还可能促进新竞争性供应商进入市场,从而增加在位供应商从事算法共谋的难度。诚然,算法型消费者在做出选择时,会不可避免地受到"路径依赖"的影响,即会倾向于依赖过去的购买决策经验和交易信任基础,因此可能会偏爱已有良好合作历史的供应商。然而,如果在消费者的评判体系中,声誉、交易历史等因素相较于价格和质量等因素的权重较低,那么新供应商将更容易进入市场并获得机会。再者,算法型消费者对竞争范围的广泛识别,也可能为新供应商进入市场并稳定立足创造有利条件。此外,市场上广泛使用的算法的决策参数可能具有较高的透明度,这有助于新供应商更准确地评估在提升产品质量或降低价格上所需投入的资金,从而降低市场进入的不确定性。这些因素的综合作用,使得在位供应商不仅面临来自算法型消费者的冲击,还要应对来自新进入者的挑战,这也在一定程度上制约了算法共谋的可能性。

第三,算法型消费者一旦识别出供应商算法共谋,不仅会拒绝与之交易,而且很可能永久性地排拒这些供应商,这将在更大程度上激励竞争性供应商的市场扩张和进入。实际上,算法型消费者的设计初衷,本就包含了旨在消除或减轻某些市场失灵的决策参数。例如,算法型消费者能够准确识别出低于成本的掠夺性定价,并通过拒绝与试图垄断的供应商交易来作为回应。再如,算法型消费者还能发现供应商间的算法共谋或寡头协调行为,从而在价格降低之前避免与这些供应商进行交易,甚至可能永久性地将其排除在交易选择之外。这样的行为模式为竞争性供应商的市场扩张或新供应商的市场进入提供了强有力的激励。当然,要在支持消费决策的算法中纳入这样的决策参数,需要对市场条件及其对消费者福利的影响进行复杂精细的建模和分析。然而,随着经济学和数据科学的不断进步,这一过程正变得越来越容易实现。这些发展有助于改善市场动态,并有望消除算法共谋等市场失灵现象,而这一切的实现都无需监管机构的介入。[1]

第四，供应商和消费者都使用算法，这可能会彻底改变他们之间的互动博弈动态，甚至影响谈判的基本概念，从而使意欲从事算法共谋的供应商陷入极大的策略不确定状态。实际上，随着数字化的深入发展和可用数据规模的持续扩大，任何算法的决策参数或指令代码都很难保持绝对的隐秘。正如前文所述，在某些情况下，决策算法可能有意或无意地处于透明状态，即其他算法能够解码并读取其指令规则。因此，不难预见供应商算法和消费者算法之间可能会持续爆发"算法战争"，双方都在努力识别并利用对方的弱点，以争取更多利益。进一步而言，由于算法型消费者的动态牵制作用，供应商算法的策略不得不频繁调整以适应变化。这就使得供应商及其算法在算法型消费者的"监测"和"反制"下，想要形成并维持一致的共谋策略变得异常困难。

## 第三节 算法型消费者制约算法共谋的局限及因应

算法型消费者在制约算法共谋方面具有天然优势，但也可能存在"过"和"不及"的问题。一方面，算法型消费者可能形成买方算法共谋，对供应商和消费者造成损害；另一方面，由于数据获取难所造成的市场进入壁垒，算法型消费者的抗衡势力可能无法充分作用。为保障"算法型消费者"市场的健康发展，需要在"促"和"管"两个方面协同施力。在"促"的方面，应秉持"流数不腐"的价值理念，降低市场进入壁垒，鼓励数据互操作的市场化实现机制。长期来看，技术发展必将改变数据控制格局，政府应密切关注物联网等创新技术及产业的良性发展和公平竞争。在"管"的方面，需加强和改进反垄断监管执法，对数字助手平台的算法共谋和策略性反竞争行为予以有效规制。

### 一、算法型消费者的"过"和"不及"

尽管算法型消费者（算法驱动的消费者抗衡势力）具有制约供应商算法共谋的天然优势，本质上是一种无需政府直接或间接监管而由市场驱动的垄断治理机制——有学者将其誉为治理垄断的第三条道路，[2] 但我们不应过分高估其治理实效。这是因为，算法型消费者在垄断治理的过程中可能存在"过"和"不及"的局限，即有可能最终没有解决供应商算法共谋等垄断问题，反而带来新的更多的垄断问题。

---

[1] See Michal S. Gal & Niva Elkin-Koren, "Algorithmic Consumers", *Harvard Journal of Law & Technology*, 2017, Vol. 30, No. 2, p. 330.

[2] 参见吴绪亮、孙康、侯强：《存在治理垄断的第三条道路吗？——买方抗衡势力假说研究的近期突破》，载《财经问题研究》2008 年第 6 期。

（一）算法型消费者之"过"：买方算法共谋的危害

正如前文所述，认识垄断问题及其危害，人们习惯于从卖者即供应商的角度来观察和理解，但实际上，相较于卖方垄断（Monopoly），买方垄断（Monopsony）的危害不遑多让。当面对众多竞争性供应商时，买方垄断者通过减少采购量，强制供应商将价格压至竞争水平之下，不仅严重盘剥了竞争性供应商的正当利益，而且导致终端消费者可获得的产品数量减少，价格上升，最终造成类似于卖方垄断情形下资源配置的无效率状态和消费者福利损失。[1] 当买方抗衡势力经过量的积累异变为买方垄断势力，即买方市场势力表现为买方垄断势力时，其危害最明显。[2] 在此，买方垄断势力既可以由单个买方所独享，也可以由两个以上竞争性买方组成的卡特尔——买方卡特尔（Buyers' Cartel）——所共享。

从逻辑上讲，既然数字经济领域的多个竞争性供应商可以借助算法达成和实施共谋（卖方算法共谋），那么同属该领域的多个竞争性买方又为何不可以借助算法来达成和实施共谋（买方算法共谋）？从目前的情况看，"算法型消费者"市场，即为消费者提供算法决策支持的数字助手市场，刚刚起步、远未饱和，但其市场结构较之于终端数字商品或服务消费市场明显更为紧凑。事实上，Gemini（隶属于 Google 公司）、Siri（隶属于 Apple 公司）、Alexa（隶属于 Amazon 公司）、Copilot（隶属于 Microsoft 公司）、Bixby（隶属于三星公司）等目前市面上几款主流的数字助手，它们在成本、功能、技术乃至市场份额等方面具有较大程度的对称性，加之各自的算法性能旗鼓相当，都具有快速收集、组织、分析数据的强大能力，因而相较于终端数字商品或服务的供应商，这些数字助手似乎更容易找到共谋均衡的多重焦点，进而稳定持续地开展协同一致的限制竞争行为。诚如是，不难想象这些原本就很强大的"守门人"中介平台，会积极促成各自数字助手之间的算法共谋，进一步限制甚至完全排斥非自家终端数字商品或服务接触消费者的渠道和机会。最终，受到这种买方算法共谋损害的，不仅仅是大量中小型终端数字商品或服务的供应商（封锁效应的损害），而且还包括那些高度依赖上述数字助手的算法型消费者（剥削效应的损害）。通过数字助手来制约卖方算法共谋等垄断势力进而保护竞争和消费者的美好初衷，却演变为用新的垄断——可能是一种危害更严重的垄断——来替代旧的垄断。这显然不是人们喜闻乐见的。

（二）算法型消费者之"不及"：进入壁垒的障碍

在算法型消费者之"过"即主流数字助手从事买方算法共谋的对立面，由算法驱动的消费者抗衡势力，可能由于相关市场的某些结构性或行为性进入壁垒因素的阻碍

---

[1] 参见 [美] 赫伯特·霍温坎普：《联邦反托拉斯政策——竞争法律及其实践》，许光耀、江山、王晨译，法律出版社 2009 年版，第 15~16 页。

[2] See OECD, Executive Summary of the Roundtable on Purchasing Power and Buyers' Cartels, 2022, p. 2, https://one.oecd.org/document/DAF/COMP/M（2022）2/ANN2/FINAL/en/pdf.

而难以发挥预期作用，即算法型消费者可能存在力所"不及"的窘境。扼要而言，要让算法型消费者发挥出买方抗衡势力的功效，成为一股恰如其分的制约供应商算法共谋的可靠力量，除了取决于算法模型本身的预设参数、性能质量等因素，最重要的，还取决于竞争者进入"算法型消费者"市场（即数字助手市场）的门槛高度或难易程度，因为归根结底，只有竞争才能最高效地推动支持消费者决策的算法的进步，并从整体上塑造出买方市场势力尤其是消费者抗衡势力的特质。然而，"算法型消费者"市场可能是竞争不充分的，存在着难以克服的结构性进入壁垒和行为性进入壁垒。

就结构性进入壁垒而言，数据获取难、数据不可用，恐怕会让许多打算进入"算法型消费者"市场参与竞争的企业望而却步。毫无疑问，没有量大且质优的训练数据（Training Data），支持消费者决策的算法模型就难以产生，遑论有效运作。收集、聚合、组织相关训练数据集，是任何想要进入"算法型消费者"市场的企业都必须迈过的头道难关。尽管这些数据可以由消费者自愿提供而部分地获取，但这对于训练算法模型来说可能是九牛一毛，不足以帮助企业在市场中立足。更多的数据需要从广泛分布的传感器、供应商网站、比价网站、社交媒体，特别是把控各核心数字平台服务的"守门人"中介（如 Google，Apple，Facebook，Amazon，Microsoft，GAFAM）那里获取。然而，这些数据受其他企业特别是 GAFAM 等"守门人"中介（同时可能也是竞争对手）的控制，其一般没有法律上的义务，甚至没有自发的经营上的动机，来保证数据的互操作性（可访问性）和可共享性。也就是说，获取数据的高昂成本和巨大难度，即数据之困，是"算法型消费者"市场竞争中最显著的结构性进入壁垒。

就行为性进入壁垒而言，"算法型消费者"市场上在位的主导性企业，如 GAFAM 等"守门人"中介，可能会实施各种策略性的反竞争行为来打压竞争对手的竞争能力或动机。一方面，GAFAM 等"守门人"中介各自推出了自己的数字助手，并已经初步"圈占"了大量的消费者用户。由于用户规模（即需求侧规模经济或网络效应）是任何平台业务成功的基础，[1] 因此它们可能会通过排他性合同（或具有类似效果的独占交易安排）、搭售、交叉补贴、歧视性杠杆等手段来进一步扩张并锁定消费者用户基础，使竞争对手即便具备量大质优的数据或性能卓越的算法，也难以争得最低有效的消费者用户规模基础，进而被封锁在市场之外或难以在市场上立足。另一方面，在"算法型消费者"市场占据优势地位的企业，如 GAFAM 等"守门人"中介，它们同时也在终端数字商品或服务领域经营，因而肯定存在自我优待、自我推销的动机，如通过数字助手优先向消费者推荐（甚至径直自主性地选择）自家的电商商品、地图服务、出行服务等关联商品或服务。这样，在"数据—算法—垄断势力"的正反馈机制的重复作用下，无论是"算法型消费者"市场还是其他关联市场，只会在"强者愈强、弱

---

[1] 参见［美］卡尔·夏皮罗、哈儿·R. 范里安：《信息规则：网络经济的策略指导》，孟昭莉、牛露晴译，中国人民大学出版社 2017 年版，第 180 页。

者愈弱"的恶性循环中陷入垄断的深渊。

## 二、"算法型消费者"市场的法治保障思路

为了促进"算法型消费者"市场的持续健康创新发展,激活算法型消费者在治理供应商算法共谋等垄断问题上的实效,有必要发挥法治固根本、稳预期、利长远的作用,具体可以在"促"和"管"两个方面协同施力。

在"促"的层面,应当坚持"流数不腐"的价值理念,在保障数据安全和个人数据(信息)权益的前提下,充分激活数据要素潜能,营造数据共创共用共享的健康生态。短期来看,在大量"数据聚点"由 GAFAM 等大型数字平台控制的既定事实下,应当鼓励各类数字平台积极探索数据互操作的市场化实现机制,保障数据开放共享。例如,GAFAM 等数字平台为了更好地实现数据互操作(数据可携转),从 2018 年起致力于数据传输项目(Data Transfer Project,DTP)的建设。DTP 是一个促进开源数据便捷转移的平台,它通过连接各大数字平台并访问用户数据,将这些数据统一转换成通用格式。在用户提出请求后,DTP 能够迅速将这些数据转移到指定平台,从而为用户在平台间的数据携转搭建起一个高效、便捷、精准且中立的通道。[1] 尽管这只是一种静态的数据互操作机制,而非实时的、动态的数据互操作机制,但这对降低"算法型消费者"市场目前的结构性进入壁垒来说,仍然是一个有益的开端和可资借鉴的基础。也就是说,为了增强"算法型消费者"市场的开放性特别是数据要素的可得性、可用性,将来在政府的协调下,可以考虑引导和推动各大数字(助手)平台组建"开放数字平台实施实体",通过该实体来促进数据实时、高效、安全地共享,从而解决新进入者的数据之困。

长期来看,即用发展的眼光来看,"数据聚点"即数据控制点不会永久性地驻留在 GAFAM 等数字平台的商业生态中。因为,技术就像凤凰,一次又一次地重塑自己并重塑产业格局:物联网等创新技术的发展以及"传感器控制之战"的到来,可能会将算法型消费者运作所需的数据位置从移动互联网转移到可能不那么集中的物联网的各个节点位置(如智能家居、智能汽车、智能电器和智能服装等)。此际,移动互联网领域里的 GAFAM 等数字巨头,可能不得不交出手中的垄断势力(至少是部分垄断势力)。这对于政府治理或监管的启示在于,解决当前数字巨头垄断势力的长远之计,可能不是一味地采取"硬碰硬"的反垄断或预防性监管(即间接监管或直接监管),而是基于一种演化式替代的治理思路,通过协同并用发展规划、金融、财税、创新、市场监督等多种法治手段,促进物联网等创新技术以及相应产业格局的良性发展和公平竞争秩序的形成。彼时理想的状况是,不应让市场中的一家或少数几家企业控制嵌入在众

---

[1] See Data Transfer Project Overview and Fundamentals, https://datatransferproject.dev/dtp-overview.pdf.

多物理源中的所有或大部分传感器,即不应让"数据聚点"受到垄断者或寡占者免于竞争的任意控制和支配。

在"管"的层面,应当加强和改进反垄断监管执法,筑牢"算法型消费者"市场的垄断风险屏障。一方面,应当强化对数字助手平台算法共谋(买方卡特尔)行为的反垄断监管执法,即如上文所述,综合运用垄断协议规范、滥用共同市场支配地位规范以及经营者集中控制规范,将数字助手平台达成和实施的各类明示或默示的算法共谋行为关进反垄断法的笼子里。另一方面,应当加强对大型在位数字助手平台实施的策略性反竞争行为的规制,其重点是关注这些平台可能实施的自我优待、拒绝共享数据、限制数据互操作、搭售、交叉补贴等行为,[1] 相应的执法依据主要是滥用(共同)市场支配地位规范以及经营者集中控制规范。论旨所限,我们不对此展开进一步讨论。

---

[1] 参见时建中、吴宗泽:《作为反垄断救济措施的数字平台互操作义务》,载《海南大学学报(人文社会科学版)》2024年第1期。

# 第九章　算法共谋的数字化筛查机制

算法共谋，无论供应商算法共谋或者买方算法共谋，也无论算法明示共谋或者算法默示共谋，其本质都是企业利用各种功能有别的算法来形成、维持、加强垄断势力进而攫取垄断利润的联合限制竞争行为。实际上，算法作为一种通用目的技术，不仅深刻改变了人类认识世界的方式和改造世界的能力，而且对人类的生产生活方式和社会治理模式产生了重大而深远的影响。从算法共谋反垄断治理的角度看，算法不仅可以为从事共谋的企业所用，也可以为抗衡算法共谋的消费者所用，还可以（也应当可以）为监管算法共谋的反垄断执法机构所用。如果说上一章讨论的通过算法型消费者的抗衡势力来制约算法共谋，是一种借助算法赋能消费者的侧重于发挥"有效市场"作用的垄断治理机制，那么本章将要探讨的算法型反垄断以及对算法共谋的数字化筛查，则是一种借助算法赋能反垄断执法的侧重于发挥"有为政府"作用的垄断治理机制。简言之，在算法共谋的反垄断治理中，算法是推动形成有效市场和有为政府相结合的脐带，也是"使市场在资源配置中起决定性作用和更好发挥政府作用"[1]的基础性抓手。

## 第一节　算法型反垄断的构想、局限和重点应用领域

互联网、云计算、大数据、物联网、区块链、人工智能等数字技术的融会运用和深度集成，催生出前所未有的巨大经济价值，而驱动这些价值的核心一方面在于数据，另一方面在于算法。算法不仅是各类数字技术的核心组成部分，更是数字资源分配与运用的调度机制。它涵盖了一系列复杂的程序指令和规则体系，这些指令和规则负责数据的采集、存储、使用、加工、传输、利用以及还原等处理，确保数字资源的有效

---

[1]《中共中央关于全面深化改革若干重大问题的决定》（2013年11月12日中国共产党第十八届中央委员会第三次全体会议通过）。

管理和高效利用。[1] 随着市场变得越来越算法化、数字化、智能化、网络化、协作化,传统反垄断法的制度框架不仅面临算法共谋的冲击,还面临算法掠夺性定价、算法限制性定价、算法个性化定价、算法自我优待等一系列新型算法垄断行为的挑战。[2] 面对这些冲击和挑战,人们似乎更倾向于对反垄断法进行实质性的修订或革新,以应对"市场算法化"的浪潮趋势。[3] 改进反垄断法的规制模式、标准规则等以实现法律规范更高的适配性,固然是应对算法共谋等垄断行为的一个重要努力方向,[4] 但这种努力不应遮蔽另一个至关重要的课题,即反垄断执法机构应紧跟数字化发展的时代步伐,调整其运作方式,以足够智能化的手段来应对市场和商业行为的算法化趋势。

**一、隐约浮现的算法型反垄断**

长期以来,各法域所采用的反垄断法实施模式主要依赖于人力资源的驱动,这种以人力为主导的实施模式可以称之为"人力型反垄断"模式。世界上历史最悠久、经验最发达的反垄断司法辖区,同时也是机构员工规模最庞大的司法辖区。例如,即便在21世纪初,欧盟委员会竞争总司的全日制工作人员就已超过500名。其中,近400名员工专注于处理涉及限制竞争协议、滥用市场支配地位和企业并购的案件,而另外100余名员工则负责处理国家援助的案件。然而,即便拥有这样的员工规模,由于工作负担沉重,竞争总司仍需从成员国的竞争执法机构借调人员以弥补人力不足。相比之下,同一时期的美国反托拉斯行政执法机构的规模更庞大。美国司法部反托拉斯局配备了近800名正式员工,其中近600名是法学和经济学领域的专业人员。而美国联邦贸

---

[1] 数字经济的蓬勃发展,离不开数据要素、网络载体与ICT技术动力,具有支撑技术化、经营平台化、程序刚性化、行为数据化、数据数字化、平台生态化、营销精准化等共通特征。参见时建中:《共同市场支配地位制度拓展适用于算法默示共谋研究》,载《中国法学》2020年第2期。

[2] See OECD, Algorithmic Competition, OECD Competition Policy Roundtable Background Note, 2023, pp. 13-24, www.oecd.org/daf/competition/algorithmic-competition-2023.pdf.

[3] 例如,2022年修正的我国《反垄断法》新增第9条规定,即"经营者不得利用数据和算法、技术、资本优势以及平台规则等从事本法禁止的垄断行为。"再如,德国《反限制竞争法》第十次修订引入"中介势力"的概念,关注数字平台的跨市场影响力,注重防范平台将市场优势跨界传导到新领域。又如,欧盟制定颁行的《数字市场法》,本质上是一套"事先介入的预防式反垄断规制",即通过指定"守门人"平台并赋予其特定义务来确保欧盟数字市场的可竞争性和公平性。参见时建中:《新〈反垄断法〉的现实意义与内容解读》,载《中国法律评论》2022年第4期;袁嘉《数字背景下德国滥用市场力量行为反垄断规制的现代化——评〈德国反限制竞争法〉第十次修订》,载《德国研究》2021年第2期;丁道勤、夏杰主编:《数字守门人:欧盟〈数字市场法〉评析》,法律出版社2023年版,第12~14页。

[4] 但也应当认识到,反垄断是监管竞争的一个不完善的工具。反垄断面临的最基本的问题是能力有限的执法机构如何处理复杂的市场信息。换言之,获取信息的成本构成反垄断最为明显的局限条件之一。See Frank H. Easterbrook, "The Limits of Antitrust", *Texas Law Review*, 1984, Vol.63, p.4;[美]赫伯特·霍温坎普:《反垄断事业:原理与执行》,吴绪亮、张兴、刘慷等译,东北财经大学出版社2011年版,第11页。

易委员会的正式员工更是超过了1000名，其中600多名是法学和经济学方面的专家。[1] 根据经济与合作发展组织（OECD）发布的数据，2022年，全球反垄断执法机构的工作人员数量持续增长，总体年增长率为3.8%（这大约是2021年6%年增长率的一半）。每个机构的工作人员平均数从2021年的125人增加到2022年的130人，远高于2020年的118人。除亚太地区外，其他地区均有所增加。[2]

尽管对不少反垄断司法辖区来说，"人力型反垄断"还存在较大的改进空间，但近年来反垄断学术界和实务界逐渐意识到，在快速变化和高度复杂的市场环境及商业行为面前，单纯依靠增加员工或专家数量已无法满足反垄断履职的要求。为了迅速、准确地识别和应对诸如算法共谋等数字化垄断行为，亟需采取更加高效和智能化的方法。技术的发展是普惠的、多方受益的，反垄断执法机构绝不应错失算法赋能执法的重大机遇。进一步讲，为了使反垄断法更好地作用于人工智能算法所引发的各类垄断行为，有必要对等地将人工智能算法作用于加强和改进反垄断法的实施。[3] 在此，"算法型反垄断"（Antitrust by Algorithm）、[4] "计算型反垄断"（Computational Antitrust）[5] 等概念（以下统称"算法型反垄断"）呼之欲出，都是指利用人工智能算法、大数据等现代数字技术来推动反垄断执法转型升级、提质增效，使其能够有效应对日益算法化、数字化、网络化、协作化的市场动态和商业行为。

事实上，作为"算法型反垄断"的率先尝试，英国竞争和市场管理局（CMA）于2019年成立的"数据、技术和分析部门"（Data, Technology and Analytics, DaTA），致力于利用先进的数据工程、人工智能以及机器学习技术，帮助其了解企业如何使用数据，企业部署的人工智能以及机器学习算法如何运作（包括这些算法的实际影响），以及政府机构需要采取何种有针对性的行动。[6] 然而，从全球性的整体视域层面看，相较于其他政府部门（特别是行业监管部门），反垄断执法机构将"算法"等数字元素纳入其自身实践的步伐相对缓慢，甚至严重滞后。例如，在许多国家和地区，税务部门运用算法来侦查逃税行为，环境监管部门借助算法来监控违反水污染规定的情况，社会保障部门采用算法来识别医疗保健行业的欺诈行为，证券监管部门近年来则积极

---

[1] See Global Competition Review, The 2006 Handbook of Competition Enforcement Agencies. 转引自王晓晔：《我国最新反垄断法草案中的若干问题》，载《上海交通大学学报（哲学社会科学版）》2007年第1期。

[2] See OECD, OECD Competition Trends 2024, https://www.oecd-ilibrary.org/docserver/e69018f9-en.pdf.

[3] Lance B. Eliot, Antitrust and Artificial Intelligence (AAI): Antitrust Vigilance Lifecycle and AI Legal Reasoning Autonomy, https://www.semanticscholar.org/reader/3e3444ee9c01cc56263bced7c65b810f58 76d2b6.

[4] See Cary Coglianese & Alicia Lai, "Antitrust by Algorithm", *Stanford Computational Antitrust*, 2022, Vol. 2, pp. 1–22.

[5] See Thibault Schrepel, "Computational Antitrust: An Introduction and Research Agenda", *Stanford Computational Antitrust*, 2021, Vol. 1, pp. 1–15.

[6] See Competition and Markets Authority (U.K.), CMA's new DaTA Unit: Exciting Opportunities for Data Scientists, https://competitionandmarkets.blog.gov.uk/2018/10/24/cmas-new-data-unit-exciting-opportunities-for-data-scientists/.

部署利用算法来检测证券欺诈和内幕交易行为,等等。[1] 显然,利用算法来强化监管执法能力,既有望帮助各类政府机构紧跟企业和市场的快速变化,又能在人力资源有限的情况下,帮助监管执法机构高效地从大量数据中筛选、提炼出有价值的信息以及有问题的行为,如同从一堆谷粒中轻松分离出谷糠一般。

## 二、算法型反垄断的宏大图景

从全球反垄断的大历史背景看,算法型反垄断是"反垄断 3.0 时代"的产物。"反垄断 1.0 时代"于 1890 年随着美国《谢尔曼法》的诞生而开启,此后在 1957 年,《罗马条约》的签订使竞争法植根于欧共体。这一时期的反垄断受到布兰代斯学派（Brandeis School）、罗斯福学派（Roosevelt School）以及弗莱堡学派（Freiburg School）等学派的影响,其主要实践特点是纠缠于立法文本的解释,并始终在文本框架内缓慢地进行探索。"反垄断 2.0 时代"与 20 世纪 60 年代初产业组织经济学一同开启,这一时期的反垄断受哈佛学派（Harvard School）、芝加哥学派（Chicago School）、后芝加哥学派（Post-Chicago School）等各种经济学流派的影响。反垄断变得更具"经济性",也更加规范,但似乎也越来越受到保守的——有时甚至是相互矛盾的——经济学分析的束缚。[2] 及至 21 世纪初尤其是 10 年代之后,随着反垄断执法机构将注意力更多地转向与数字经济相关的问题,"反垄断 3.0 时代"由此开启。这一时期的反垄断"哲学"或指导思想至今尚未形成,但其当下的趋势特征却很鲜明,即理论和实务界无不热衷于分析诊断层出不穷的"坏行为"（如算法共谋、算法价格歧视、算法自我优待、隐私政策搭售、数字平台包抄,等等）,但很少讨论是否以及如何使用算法等技术工具来解决这些问题。这种诊断与治疗之间的脱节正变得越来越严重,而引入算法型反垄断,可能是解决问题、弥合裂缝的一条卓有潜力的路径。[3] 进一步而言,3.0 时代的反垄断"哲学"尽管尚未明晰,但它必将建立在法学、经济学和计算机科学的基础上。如果说经济学引领了反垄断的第一次范式革命,[4] 那么计算机科学（包括数据科学、软件工程等二级学科）将推动反垄断的第二次范式裂变。

---

[1] See Stefan Hunt, From Maps to Apps: the Power of Machine Learning and Artificial Intelligence for Regulators, https://www.fca.org.uk/publication/documents/from-maps-to-apps.pdf.

[2] 由于对保守经济理论的极端与错误解释（且经常不顾事实）已占据了反托拉斯的主流,有理由认为,美国正朝着一个根本性的错误方向变化。参见［美］罗伯特·皮托夫斯基等:《超越芝加哥学派——保守经济分析对美国反托拉斯的影响》,林平、臧旭恒等译,经济科学出版社 2013 年版,第 3 页。

[3] See Thibault Schrepel, "Computational Antitrust: An Introduction and Research Agenda", *Stanford Computational Antitrust*, 2021, Vol.1, pp.2.

[4] 哈佛学派和芝加哥学派被威廉姆·科瓦西奇比喻为现代反垄断法智识基因里的 DNA 双螺旋结构。See William E. Kovacic, "The Intellectual DNA of Modern U.S. Competition Law for Dominant Firm Conduct: The Chicago/Harvard Double Helix", *Columbia Business Law Review*, 2007, Vol.2007, No.1, pp.1-82.

在这里，我们不妨大胆设想随着"技术奇点"[1]迫近而接踵来临的算法型反垄断的崭新图景。从法域（学科）属性上看，算法型反垄断是算法法律（法律信息学）的子领域，旨在为反垄断分析、决策以及反垄断程序的自动化开发算法（计算）方法，以增强法律确定性，减少人为偏见，提升反垄断法实施的质量和效率。[2] 显然，算法型反垄断不仅能够大幅减轻反垄断执法机构职员的工作负担，更能显著提升他们在筛查、发现、分析、认定、纠正以及回溯评估垄断行为方面的能力。理论上，算法型反垄断具有广泛的应用场景，可以覆盖传统反垄断涉及的所有实体性和程序性环节。

1. 算法型反垄断在实体性环节的运用

在涉嫌违法事实的筛查和取证过程中，市场数据的普遍可用性意味着，可以运用算法对涉嫌违法行为进行深入且全面的数字化筛查，即利用算法分析推断的快速性、复杂性、准确性及洞察力，自动地对相关电子证据予以采集、评估和验证，确保所有与潜在违法行为相关的事实能够以数字数据的形式得到系统性的整合与呈现。例如，在分析企业的内部文件时，自然语言理解技术可以自动识别非法的反竞争意图，并且越是卷帙浩繁，这些工具的效用就越显著。再如，算法极大地提高了执法机构筛查文件的速度，欧盟委员会能够在"谷歌比较购物服务案"调查中快速分析研判 17 亿次搜索查询，便是最贴切的例子。在这方面，算法正在使"法律时间"更接近"市场时间"。[3] 实际上，在数字化条件下，反垄断的取证工作几乎不可能单纯依靠人力来完成。取证工具融入算法技术是大势所趋，这可以帮助反垄断执法机构进行文件审查，对可能与涉嫌违法行为相关的文件预分类，并过滤和归整相关文件以供执法机构在行为定性时使用。[4] 近年来，巴西、德国、墨西哥、葡萄牙、俄罗斯、韩国、西班牙、瑞士和英国等多个国家的反垄断执法机构，已开始积极运用先进的算法模型，对潜在的垄断行为，尤其是垄断协议或卡特尔进行筛查。这种数字化的筛查机制不仅能够高效地过滤市场数据信息，而且为案件的深入调查和后续的惩处提供了有力的线索与证据支持。

在违法行为认定过程中，算法的作用机理与三段论推理无异，即把先前收集、整

---

[1] 所谓"奇点"，其最贴切的描述为单向事件，一旦发生将不可逆转。将超级人工智能算法下载至内存足够大的并行计算机和芯片，被认为是技术奇点来临的时刻。参见［英］Tony Thorne MBE：《奇点来临》，赵俐译，人民邮电出版社 2016 年版，第 1～3 页。

[2] See Thibault Schrepel, "Computational Antitrust: An Introduction and Research Agenda", *Stanford Computational Antitrust*, 2021, Vol. 1, p. 1.

[3] 早在 2001 年，波斯纳法官就深刻地指出，在新经济中，"法律时间"（Law Time）与"实际时间"（Real Time）之间的不匹配极其令人不安。See Richard A. Posner, "Antitrust in the New Economy", *Antitrust Law Journal*, 2001, Vol. 68, No. 3, p. 939.

[4] See Marcela Mattiuzzo & Henrique Felix Machado, "Algorithmic Governance in Computational Antitrust-a Brief Outline of Alternatives for Policymakers", *Stanford Computational Antitrust*, 2022, Vol. 2, pp. 27-28.

备的数字化证据集，涵摄于已被编码为特定算法模型的反垄断法实体规范[1]（具体包括禁止垄断协议、禁止滥用市场支配地位、经营者集中控制等规范）。这些算法模型可以自动地进行逻辑推理，最终得出涉案行为是否违法的明确结论。值得注意的是，相较于垄断协议、滥用（共同）市场支配地位的认定，适用事前申报的经营者集中审查具有突出的"决策不确定性"和"数据依赖性"。这是因为，反垄断执法机构需要在有限的时间内作出批准（包括附条件批准）或禁止集中的决定，然而其不仅可能需要审查成千上万份文件，[2] 而且有时可能面临企业隐瞒关键信息或提供误导性信息等行为，在这种情况下，算法作为高效的数据分析处理机制，能够快速、准确地识别有问题的经营者集中，缓解反垄断执法机构所面临的"时间焦虑"和"信息过载"。此外，为了提升经营者集中申报、审查、控制的效率和质量，在企业和反垄断执法机构之间构建以算法为基础的系统化数据交换工具（即"数据管道"），可以夯实机构算法运作的数据基础，提升算法的性能质效，进而可以帮助反垄断执法机构实时全面地掌握相关经营者集中的情况和动态。

在法律责任科处过程中，同样需要将违法事实涵摄于被编码为特定算法模型的裁罚基准规范。通过这一自动化过程，系统能够精确地计算出应缴纳的罚款金额、应没收的违法所得数额，并确定违法者所需承担的其他法律责任，如制定公平合理非歧视的许可价格，为剥离知识产权、技术、数据等无形资产识别和指定适合买家，确定开放网络、数据或者平台等基础设施的具体实施细节以及义务时限等。

2. 算法型反垄断在程序性环节的运用

在反垄断的事前程序中，算法可以被有效地融入到各个工作流程中。例如，通过算法加密技术保证投诉者的匿名性。再如，使用应用程序编程接口（API）、区块链等技术，以优化执法机构与企业之间的信息传递和交换，这些信息传递和交换可能发生在释除疑虑的咨询、明确竞争关切的商谈、防止违法风险增生的执法约谈等流程中。又如，算法可以帮助企业进行更彻底的反垄断合规审计，并评估相关商业行为的法律责任风险。复如，反垄断执法机构可以利用算法和大数据技术开展垄断行为在线监测和风险预警。这对于监测那些虽未达到强制性的经营者集中申报标准，但存在扼杀创新或严重限制竞争可能性的企业合并、资产或股权收购等交易尤其有用。[3] 实际上，

---

[1] 将反垄断法以及其他法律法规等法律渊源转化为编程代码（即"法律机器人"）涉及一系列复杂的技术要求、规范步骤以及纠偏调适举措，有关这方面的详细论述可参见 Dag Wiese Schartum, "From Legal Sources to Programming Code: Automatic Individual Decisions in Public Administration and Computers under the Rule of Law, in Woodrow Barfield ed., The Cambridge Handbook of the Law of Algorithms", Cambridge University Press, pp. 301-338.

[2] 例如，在拜耳公司和孟山都公司的合并案中，欧盟委员会审查了超过 270 万份文件。See Case M. 8084-BAYER/MONSANTO, https://ec.europa.eu/competition/mergers/cases1/202150/M_8084_8063669_13738_3.pdf.

[3] See Robert Zev Mahari, "Sandro Claudio Lera, Alex Pentland, Time for a New Antitrust Era: Refocusing Antitrust Law to Invigorate Competition in the 21st Century", *Stanford Computational Antitrust*, 2021, Vol. 1, pp. 56-59.

我国浙江省市场监管部门已经提出了类似的改革构想，即"针对经营者集中应申报未申报等突出风险，率先实施'经营者集中'在线监测预警机制，贯通税务、市场监管等系统数据，对省内企业进行股权穿透，在企业注册登记环节对企业收购股权和设立合营企业实行动态预警，依法规范和引导资本健康发展"。[1]

在反垄断的事中程序里，算法同样作用广泛。例如，在需要采取临时措施（Interim Measures）的场合，算法可根据特定案件的具体情事和数据输入，制定并输出必要的、适当的、合乎比例的保护性措施，以供反垄断执法机构在作出最终违法决定前采用，并防止市场竞争和相关方利益被涉案行为进一步恶化。[2] 再如，在考虑是否接受承诺程序中企业提出的补救方案时，算法可以充当市场测试工具，用以分析、检验企业所承诺的补救方案及具体措施是否满足合法性、有效性等要求，并确保反垄断执法机构作出的接受承诺的决定既快速高效地解决了案件中的竞争问题，又不至于减损反垄断法的确定性和可预见性。

在反垄断的事后程序中，算法的应用颇具潜力。例如，算法可以作为智能化的监督工具，大幅缓解反垄断执法机构在监督救济措施特别是行为性救济措施履行过程中难以承受的巨大负担。具体来说，反垄断执法机构可将算法作为"监督受托人"，让其对经营者集中案件里附加的限制性条件所涉义务，以及垄断协议、滥用市场支配地位案件里施加的补救性命令所涉义务予以监督，即通过实时动态地收集、分析企业运营数据的方式，对企业从事背离义务和损害竞争的行为作出预警。再如，算法可以作为回溯性执法评估的工具，帮助反垄断执法机构更好地总结经验教训。具体来说，借助算法对既有执法案件数据以及实施制裁或救济措施后市场结构、行为、绩效等相关数据的收集、整合、挖掘、分析，可以从中提炼出有价值的信息，识别执法行动中隐藏的特征、模式和规律，揭示经济效率以及消费者福利的变化情况（乃至市场是否已经倾覆或不可竞争），以此反映执法的实际价值，呈现执法存在的短板、缺漏、偏差等不足之处，并用于改进将来的执法计划，提升类案处理的水平。

### 三、算法型反垄断的局限

尽管上文所描绘的算法型反垄断的体系蓝图宏伟且诱人，但其全面实现并非一蹴而就。相反，算法型反垄断的实践道路充满了诸多挑战，甚至可能遭遇陷阱。换句话说，在期待算法型反垄断所带来的独特潜力时，也必须正视其在开发、部署和应用过

---

[1] 浙江省市场监督管理局关于印发《浙江省省域公平竞争政策先行先试改革实施方案》的通知，载 http://zjamr.zj.gov.cn/art/2022/6/27/art_1229693039_2439041.html，最后访问日期：2024年5月8日。

[2] 临时措施是由反垄断执法机构或法院出于保护和纠正的目的而在案件结果出来之前提供的临时性救济。一般来说，临时措施只在特殊情况下给予，通常需要满足两个关键条件：确证违法行为的可能性和防止损害的紧迫性。See OECD, Interim Measures in Antitrust Investigations, Roundtable Background Note, 2022, p. 6, https://www.oecd.org/daf/competition/interim-measures-in-antitrust-investigations-2022.pdf.

程中所面临的种种局限和难题。[1]

第一，与算法型消费者（即消费者数字助手）在进入市场时所遇到的主要困境相同，算法型反垄断所面临的首要难题同样是数据的获取与可用性问题。也就是说，算法型反垄断亦可能陷入"数据之困"。实际上，算法型反垄断建立在一个至关重要的假定前提之上，即算法能够以与市场活动相匹配的速度获取各行业企业的动态数据，以便对这些企业及其行为进行监督。然而，如果不建立全面的数据信息共享协作网络，这一前提条件可能很难满足。毕竟，各行各业的企业一般没有法定义务向反垄断执法机构实时动态地传输其所控制的用户数据、业务数据、经营管理数据、系统运行数据等数据。当然，在某些情况下，如在执法和解、救济设定、合规激励等场合，个别企业可能会自愿或承诺向反垄断执法机构实时动态地传输其所控制的各类数据，但这对解决算法型反垄断的"数据之困"来说，恐怕仅具有杯水车薪之效。此外，市场各行各业可用数据的分布可能是不均衡的，这种情况可能会引发算法型反垄断的"实施偏差"。具体来说，数据更易获取和利用的行业或领域，可能会受到算法型反垄断更严格的监管，甚至可能出现过度监管的情况。而那些数据难以获取和利用的行业或领域，则可能躲藏在算法型反垄断的实际监管范围之外，甚至"逍遥法外"。[2]

第二，算法型反垄断还面临算法模型开发，以及相应的配套硬件、软件支撑等方面的挑战。在违法行为认定和科处法律责任的实体性环节，算法模型的开发意味着需要将法律渊源转换为编程代码，即对反垄断法律、法规、规章及其相关概念、裁量基准等进行解释和编码，即把以自然语言为载体的法律渊源转换为机器可读、算法可处理的计算机语言。然而，在此过程中，可能因解释不当、数据偏差或技术上的不足而导致算法模型在决策时产生误差，进而可能引发不公平对待等问题；同时，反垄断法的立法语言（自然语言）具有粗线条、抽象性、原则性的特点，[3] 这可能导致从自然语言到编程语言以及机器语言[4]的转换出现失真、失准的情况。换言之，由于法条概念内容解释的复杂性、立法者在制定法律法规规章时不具备计算机意识等原因，相关编程语言和机器语言可能难以精确地传达反垄断法相关规定的真实意涵，导致法律自

---

[1] See Cary Coglianese & Alicia Lai, "Antitrust by Algorithm", *Stanford Computational Antitrust*, 2022, Vol. 2, pp. 13-22; See Thibault Schrepel, "Computational Antitrust: An Introduction and Research Agenda", *Stanford Computational Antitrust*, 2021, Vol. 1, pp. 11-15.

[2] See Andreas von Bonin & Sharon Malhi, "The Use of Artificial Intelligence in the Future of Competition Law Enforcement", *Journal of European Competition Law & Practice*, 2020, Vol. 11, No. 8, p. 469.

[3] 粗线条立法是我国《反垄断法》的特点之一。参见时建中：《我国〈反垄断法〉的特色制度、亮点制度及重大不足》，载《法学家》2008年第1期。

[4] 编程语言具有更高级别的抽象性，它允许程序员使用更易理解和操作的语法和结构来编写代码。这些代码更接近于人类语言，因此更易于编写、阅读和维护。而机器语言是最低级别的语言，直接由二进制代码（0和1）组成，这是计算机能够直接理解和执行的指令。对人类来说，机器语言的可读性和可写性都非常差，因为它完全由二进制代码组成，没有直观的语法和结构。

动化决策系统的不准确性和不公正性。此外，算法型反垄断对配套的硬件设备和计算能力有着极高的要求，以便能够高效地存储并分析海量的数据。然而，目前反垄断执法机构所使用的 IT 系统可能相对陈旧，甚至已经过时，难以满足这些需求。同时，为了确保数据和个人信息及隐私安全，反垄断执法机构必须提供强大的保护措施来防范数据处理过程中的漏洞。然而，目前反垄断执法机构在这方面的能力普遍还有待提升。

第三，算法型反垄断的建设面临着计算机人才短缺的难题，急需推动反垄断人才队伍向技术型、复合型人才队伍转型。尽管机器学习常被视作具备一定"自主性"和"适应性"的人工智能的一部分，但其算法模型的构建、运用以及迭代仍极大地依赖于人类的编程、训练、测试、验证及改进。[1] 鉴于此，反垄断执法机构除了应当涵盖法律和经济学专家外，还急需构建并持续培养一支具备高级技术分析能力的计算机科学家队伍，包括软件工程专家、数据科学家等。

第四，算法型反垄断，同其他任何致力于自动化决策的公共管理算法系统一样，都面临着透明度不足、可解释性欠缺以及问责难以落实等挑战。算法的不透明性是一个严重问题，即算法（特别是机器学习算法）内部的决策变量或参数对于外界甚至反垄断执法机构自身来说，可能都是难以洞察的，这就是所谓的算法"黑箱"现象。这种现象的存在，不仅有可能侵犯受监管企业的合法权益，更可能损害公众对反垄断执法机构的信赖，甚至对反垄断的正当性根基构成威胁。此外，反垄断执法机构所发布的关于特定算法模型的信息可能极为有限，仅限于公开目标函数和一般结构。甚至在某些情况下，当算法被用于执法时，反垄断执法机构会选择完全不披露任何相关信息。这种做法导致受反垄断执法机构所部署的算法影响的企业，难以了解算法的具体运作机制，从而侵犯这些企业的知情权和获得合理解释的权利。同时，反垄断执法还面临着与算法偏见相关的挑战，特别是当机器学习算法在已经受到人类执法偏见影响的数据上进行训练时，这种情况就会出现，进而可能导致算法作出的决策存在不公平性，例如基于算法决策的罚款出现了不合理的畸轻畸重。最后，确保算法的可问责性是一项极具挑战性的任务。这主要是因为算法系统往往由多人协作创建（即由多人分别负责某部分的代码行编写），而非由单一个体所为，因此难以将责任明确归结于某个人或某几个人。此外，任何复杂的算法系统都不可避免地存在软件漏洞或错误，这进一步增加了责任评估和归结的复杂性。

### 四、算法型反垄断的重点应用领域

算法型反垄断在实施中面临着无可回避的局限甚至陷阱，将反垄断法实施的所有

---

[1] 无论是采用监督学习、无监督学习还是强化学习方法，传统的机器学习系统在处理原始数据方面都存在一定的局限性。因为原始数据库可能具有非常大的维度，以至于在运行机器学习算法之前，常常需要从原始数据中提取与基础性问题相关的特征——这一过程被称为"特征工程"。特征可以是数值变量或字符串，它们要么是原始数据集的子集，要么是由原始变量组合而成的构造。识别和构造相关的特征是一个耗时且昂贵的过程，必须由人类手动执行。

领域和环节完全交给算法来处理，以实现反垄断的全面自动化，这种构想显然过于虚幻，至少从短期来看是这样。然而，我们也不应因噎废食，片面夸大算法型反垄断的局限性，甚至彻底否定算法赋能反垄断执法的可能性。相反，我们可以在"相对可行或合理"的意义上，尝试确定算法型反垄断的关键应用领域，并逐步加以实施。例如，相较于垄断协议和滥用市场支配地位的违法性认定，对反竞争经营者集中的审查认定或许是算法型反垄断能够发挥更大潜力的规范适用领域。再如，与事中阶段对垄断行为的违法性认定相比，事前阶段的企业合规、咨询商谈、监测预警以及事后阶段的回溯性执法评估等环节，为算法型反垄断提供了更适宜的运行空间。又如，与违法行为的认定和法律责任的科处相比，对涉嫌违法事实的筛查和取证，特别是对算法共谋的数字化筛查，无疑是算法型反垄断更能发挥作用的领域（这正是下文将着重探讨的内容）。因为这一过程主要是为了支持后续的案件决策，而不是对行为的确切性质以及责任状况作出判断。简而言之，对算法共谋等垄断行为进行数字化筛查，不仅不会对企业造成侵益性影响，反而能够彰显反垄断执法机构依职权主动调查的职能，并显著提高反垄断执法的效能。

## 第二节　算法共谋数字化筛查的性质和功能

数字化筛查依赖筛查算法和数字数据集，以识别市场行为模式并判断企业行为是否存在竞争问题。数字化筛查可应用于识别各种潜在垄断行为，如垄断协议、滥用市场支配地位等。对于算法共谋等新型垄断行为，数字化筛查不仅能强化反垄断执法机构依职权主动调查的职能，还能帮助确定案件处理优先级，为调查程序启动提供支持。此外，筛查结果可作为间接证据，与正式调查中的直接证据相互佐证，为违法裁决提供证据基础。

### 一、数字化筛查的性质

作为算法型反垄断最具潜力的应用领域之一，针对垄断行为的数字化筛查（Digital Screening），其本质上是一种经验方法，即在筛查算法模型的支持下，通过数字数据集（Digital Datasets）来评估相关市场的竞争状况及企业行为，以识别各种市场行为模式，并根据特定的测试参数得出企业行为是否存在可疑的竞争问题的结论。[1]

筛查，作为数字化筛查的上位概念，建立在对市场运行方式及可能发生的违法行

---

[1] See OECD, Data Screening Tools for Competition Investigations, OECD Competition Policy Roundtable Background Note, 2022, p. 6, https://web-archive.oecd.org/2022-10-18/643539-data-screening-tools-in-competition-investigations-2022.pdf.

为类型的假设之上。现实中并不存在一种能够识别所有垄断行为的完美筛查方法。每一种筛查方法，都是针对不同市场中潜在的违法行为量身定制的。随着数字经济的蓬勃发展，数据的可用性日益增强，在这些数据输入的驱动下，机器学习算法为整合各种筛查方法并提升其输出结果的准确性，提供了有力的技术支持。不同的数字化筛查方法可用于对各类潜在垄断行为进行初步识别，如可能存在问题的垄断协议、滥用市场支配地位、反竞争的经营者集中乃至行政性垄断行为等。然而，从既有实践经验来看，垄断协议（卡特尔）是数字化筛查的着力重点。[1] 在数字经济领域，算法共谋作为垄断协议的新形式，同样可以通过数字化筛查机制进行初步识别。而且，与传统经济形态相比，数字经济是以数字数据（数字化的信息和知识）为关键要素的新型经济形态，数据的富集和易于获取使数字化筛查在识别算法共谋方面，展现出更为巨大的应用价值和功能潜力。因此可以说，数字化筛查机制是数字经济时代加强和改进算法共谋反垄断执法的重要抓手。[2]

## 二、算法共谋数字化筛查的功能

概括来说，针对算法共谋等垄断协议的数字化筛查不仅能够强化反垄断执法机构依职权调查的职能，而且其筛查结果还能帮助确定案件处理的优先次序，为正式调查程序的启动和违法裁决的作出提供证据支持。

第一，加强对算法共谋的数字化筛查，彰显了反垄断执法机构积极主动调查垄断协议的职能担当，避免了过度依赖宽大制度等被动式、反应式侦查方式可能带来的消极影响。一般来说，对算法共谋等垄断协议的侦查方式主要有两大类，一类是内部侦查方式（也称内部瓦解方式），另一类是外部侦查方式（也称外部突破方式）。其中，内部侦查方式指的就是垄断协议的宽大制度。[3] 例如，我国《反垄断法》第56条第3款规定："经营者主动向反垄断执法机构报告达成垄断协议的有关情况并提供重要证据的，反垄断执法机构可以酌情减轻或者免除对该经营者的处罚。"宽大制度的实施，削弱了从事垄断协议（包括算法共谋）的企业间的信任基础，构建了一种激励机制：企业为免除或减轻处罚，会选择争先揭露（背离）垄断协议。作为一种奖励执法合作的"胡萝卜"机制，宽大制度极大地降低了反垄断执法机构的调查取证成本，甚至能在

---

[1] 不过，针对垄断协议或卡特尔的数字化筛查还不算深入。在2013年经济与合作发展组织（OECD）讨论"依职权调查卡特尔"时，鲜有司法管辖区使用算法等数字技术手段来筛查卡特尔。See OECD, Ex-officio cartel investigations and the use of screens to detect cartels, Background paper by the Secretariat, https://one.oecd.org/document/DAF/COMP (2013) 14/En/pdf.

[2] 换言之，下文所论述的算法共谋的数字化筛查机制，实际上可以一体适用于所有共谋类型，包括不依赖算法主导或辅助的各种共谋。

[3] 由于面临严厉的处罚，企业往往采取隐蔽的方式达成和实施垄断协议，反垄断执法机构获取有效证据的难度较大，进一步调查取证的成本高昂。为了加速垄断协议的内部瓦解、更有效地查处垄断协议案件和节约执法成本，各法域反垄断法基本上都规定了针对垄断协议的宽大制度，将其作为侦破垄断协议案件的有效工具之一。

"零成本"的情况下，使垄断协议自行解体，显著提高了侦破垄断协议的效率。[1] 然而，从原理上讲，宽大制度的有效性建立在严厉的执法惩戒威慑的基础上，如果反垄断执法机构不能尽可能地发现并重罚垄断协议违法者，以此起到戒惧威慑效应，那么宽大制度便形同虚设，这种被动的、消极的、等待式的内部瓦解机制也就很难奏效。可见，为更好地发挥各种垄断协议侦破方式的整体实效，应当注重"内外平衡"和"功能互促"。垄断协议的外部侦查方式有许多种，如执法机构的主动筛查、第三方举报或披露、关联案件指引、市场信息和市场行为模式分析等。[2] 在这些方式中，针对算法共谋等各类垄断协议的数字化筛查占据着举足轻重的地位。它对树立反垄断执法机构积极主动履职的形象、营造强大的执法惩戒威慑效应进而增强宽大制度的内部瓦解功能等，具有不可替代的价值。实际上，仅仅是针对算法共谋等垄断协议公开部署专门的筛查工具，就已经构成了一种强有力的威慑。这种筛查工具的存在，使那些企图进行共谋的企业因担心被发现而心生畏惧，进而选择放弃共谋，或者选择及早申请宽大处理以减免法律责任。

第二，数字化筛查在针对算法共谋等垄断协议的应用中，具有辅助反垄断执法机构确定案件处理优先级，并为正式启动调查程序提供证据支持的作用。数字化筛查通过对其作用市场领域的竞争状况的评估，以及企业行为的数据归集、挖掘、分析，识别出不同可疑程度的潜在算法共谋或垄断协议行为，进而为反垄断执法机构分配执法注意力、划分不同情形的处理优先级提供明确的指引。通过合理分配有限的执法资源，将资源集中在更具事实基础和成功可能性的案例上，可以显著提高反垄断执法的效率和成效。此外，数字化筛查的结果还可以作为对算法共谋等垄断协议启动正式调查程序的依据。在这些结果的支撑下，反垄断执法机构得以使用更具侵入性的调查工具，如"黎明突袭"，要求提供相关数据信息，要求披露算法的源代码、底层数据集等。换言之，筛查结果为发现更直接、更有力、更具关联性的证据铺垫了基础。当然，在正式启动调查程序之前，必须对筛查结果予以仔细核验，以避免在违法行为可能性较低的情况下轻率地启动调查程序，以至于引发"执法偏见""调查袭扰"等不利后果。

第三，数字化筛查还可以为违法裁决暨算法共谋等垄断协议的认定提供间接证据。[3] 一般来说，筛查结果发现的可疑行为，并不足以直接表明该行为违反了反垄断

---

[1] 宽大制度的理论基础在于经济学中的"囚徒困境"，每个垄断协议的参与者都担心被其他参与者出卖，而且也不知道何时向反垄断主管机关供认是合适的。参见时建中主编：《反垄断法——法典释评与学理探源》，中国人民大学出版社2008年版，第435页。

[2] 参见江山：《大数据语境下卡特尔发现的范式转换》，载《当代法学》2019年第2期。

[3] 直接证据和间接证据是证据的一种分类方式。直接证据是指能够单独证明主要案件事实的证据，其有两大特点，即来源的直接性和内容的综合性。间接证据是指只有与其他证据相结合经过推理才能证明主要案件事实的证据，间接证据须遵循印证规则和链条规则。参见高家伟：《证据法基本范畴研究》，中国人民公安大学出版社2018年版，第166~168页。

法，筛查结果及其可能标记的违法迹象也并非违法行为的直接证据，但它们可以作为间接证据，通过逻辑一致的合理解释推断出违法行为的存在。正如前文所述，在大多数反垄断法域，是否存在意思联络或沟通交流的直接证据，很大程度上决定了平行行为或一致行为能否被认定为垄断协议（协同行为）。而仅仅依赖筛查得出的市场结构性或行为性可疑迹象等间接证据，来证明平行行为或一致行为的违法性，并不可靠，也不可取。特别是在那些将垄断协议规定为犯罪的法域，要认定某种协调行为违反了反垄断法进而应受刑事制裁，其证明标准通常需要达到"排除合理怀疑"。因此，在处理涉及算法共谋等垄断协议的刑事案件时，对意思联络或沟通交流等直接证据的要求更为严格，不能仅凭筛查结果中的间接证据来判定行为的违法性。尽管如此，当源自筛查结果的间接证据形成了逻辑一致的"证据链"，并且能够与正式调查中获得的直接证据相互佐证时，这就为认定算法共谋等垄断协议以及作出违法裁决提供了坚实的证据基础。

## 第三节　算法共谋数字化筛查的类型、限度和建设

近年来，越来越多的反垄断执法机构开始运用筛查手段来识别潜在的共谋行为（包括算法共谋行为）。例如，俄罗斯联邦反垄断局开发出一款通过自动化程序来揭露和证明卡特尔的工具，即"大数字猫工具"（Big Digital Cat Tool）。这是一个自动化筛查和评分程序，能够自动接收和分析数据，旨在系统地识别卡特尔并提供证据基础。再如，罗马尼亚竞争委员会在2020年经政府批准后推出了一个大数据项目，该项目的一个重要目标是开发出一种先进的筛查算法，通过寻找结构性筛查指标和行为性筛查指标间的相关性，以检测操纵投标等共谋行为。此外，巴西经济保护行政委员会也推出了名为Cérebro的筛查工具，它利用数据挖掘和统计测试技术，专注于检测公共采购市场中可能出现的可疑投标模式。[1] 然而，大多数反垄断执法机构选择对其筛查工具保密。之所以保密，一个重要原因在于，执法机构担心一旦筛查工具及其特性公之于众，那些从事共谋行为的企业会利用这些信息来调整策略，从而规避筛查，降低违法行为被发现的可能性。这种情况会迫使执法机构耗费大量资源，不断开发更复杂的筛查工具来予以应对，进而形成一场无休止的"猫捉老鼠"游戏。[2]

---

[1] See Hannes Beth & Oliver Gannon, "Cartel Screening-Can Competition Authorities and Corporations Afford not to Use Big Data to Detect Cartels?", *Competition Law & Policy Debate*, 2022, Vol. 7, No. 2, pp. 81-82.

[2] See Ioannis Lianos, Computational Competition Law and Economics: An Inception Report, 2021, https://www.epant.gr/en/enimerosi/publications/research-publications/item/1414-computational-competition-law-and-economics-inception-report.html.

**一、算法共谋数字化筛查的类型**

筛查，不论是借助数字化手段还是非数字化（如手工）方式，可划分为两种基本类型：结构性筛查与行为性筛查。

结构性筛查旨在根据市场结构和产品特征，如市场集中度、市场透明度、企业对称性、产品同质性等，来识别那些具备共谋条件或共谋诱因较强的市场。[1] 结构性筛查的标记（Markers），即能够影响潜在收益和成本，从而影响共谋的可能性和稳定性的因素，可分为结构性相关因素、供给相关因素和需求相关因素。结构性相关因素指的是与共谋的可维持性密切相关的因素，这些因素能够降低共谋的难度或消除共谋的障碍，具体包括竞争者数量相对较少，市场进入门槛较高——这可以通过进入市场的相关指标（如流失率等）来体现，还有企业间的频繁互动（如通过算法进行高频互动和博弈），以及市场的高透明度等。需求相关因素包括稳定的需求条件、较低的需求弹性等。供给相关因素包括行业的成熟度、产品同质化和创新速度缓慢、成本的对称性和共性、对称产能、过剩产能、多市场联系、结构性联系（如竞争对手之间因共同所有权或连锁董事会而产生的结构性联系），以及该市场的反竞争行为历史等。[2] 就算法共谋的结构性筛查而言，尽管算法在一些市场领域的广泛应用简化或放宽了与共谋风险相关的市场结构条件，如市场集中度、市场透明度、企业对称性以及产品同质性等条件。然而，这些条件被简化或放宽，并不意味着它们完全不具有相关性，事实上它们仍然能为算法共谋提供便利条件，即仍然对算法共谋具有标记和指示作用。

行为性筛查旨在识别异常且难以解释的行为模式，从而探寻可能暗示特定市场中存在企业共谋活动的迹象，也就是说，这些行为模式有助于揭示潜在算法共谋等垄断协议的存在。行为性筛查包含两个主要步骤：第一个步骤是开发人员需要选择特定的标记，这些标记有助于区分出哪些行为与正常竞争过程相符，而哪些行为可能与共谋行为相吻合。第二个步骤是识别和分析结构性变化点（Structural Breaks）和外部突发因素（Exogenous Shocks），因为这些变化点和突发因素可能是导致企业行为发生转变的原因。总之，行为性筛查的目标是基于共谋的经济学理论和实证经验，通过检测与共谋的创建、维持及解体等密切相关的因素，来识别和评估潜在的企业共谋行为。算法共谋等垄断协议的常见行为性筛查标记，包括以下几种：①基于价格的标记，这类标记的前提是，一个成功的共谋往往会导致价格上涨。其中，最常用的标记有比较方法和价格相关性方法。比较方法，如"差分中的差分"（Difference in Differences），用于

---

[1] See Carsten J. Crede, "A Structural Break Cartel Screen for Dating and Detecting Collusion", *Review of Industrial Organization*, 2019, Vol. 54, p. 544.

[2] See Iuliana Zlatcu, Marta-Christina Suciu, The Role of Economics in Cartel Detection: A Review of Cartel Screens, https://journals.indexcopernicus.com/api/file/viewByFileId/165123.

比较处理组与对照组之间的价格变化趋势。而价格相关性方法侧重于价格的协同涨跌，即如果这些涨跌无法用成本或需求变动来解释，就可能暗示着企业间存在共谋行为。②基于方差的标记（Markers Based on Variance）。价格差异小以及对成本变动不敏感，可能暗示着共谋行为的存在。通过分析价格波动的时间序列模型，可以评估共谋对价格产生的具体影响，同时观察在共谋活动之前、进行中和结束后的价格方差变化。③市场份额标记。若观察到市场份额在持续的一段时间内保持稳定，这可能是一个警示信号，暗示着市场中可能存在企业间的共谋行为。[1]

整体而言，结构性筛查与行为性筛查各有侧重：前者主要着眼于发现可能存在共谋风险的市场，而后者着重于揭露那些很可能已有共谋行为发生的市场。这两种筛查方法可以相辅相成，即首先通过结构性筛查锁定可能存在问题的高风险市场，随后在这些特定市场上运用行为性筛查，以深入探究并确认共谋行为。

### 二、算法共谋数字化筛查的限度

一般来说，筛查结果中发现的可疑算法共谋行为，并不足以直接表明该行为违反了反垄断法，筛查结果及其可能标记的违法迹象也并非违法行为的直接证据，但它们可以作为间接证据，通过逻辑一致的合理解释推断出算法共谋行为的存在。当然，即使筛查结果未发现问题，也并不意味着不存在算法共谋等违法行为。[2] 这是因为，数字化筛查可能因算法模型的质量、相关变量或参数的设定以及数据的可用性等多种因素的影响，而无法精准无误地标记出所有的违法迹象。概而言之，筛查（无论数字化或非数字化的方式），具有假阳性/误报（False Positive）和假阴性/漏保（False Negative）的固有风险。

所谓筛查的假阳性风险，也称误报风险，即把事实上不存在算法共谋等违法情形的市场领域或企业行为标记为存在问题，进而导致反垄断执法机构在实际没有发生算法共谋等违法活动的情况下接受案件，开启正式调查甚至作出违法认定及处罚制裁，从而浪费时间和执法资源乃至造成错误规制和过度威慑的负面后果。与行为性筛查相比，结构性筛查中出现假阳性或误报风险的概率更高。这主要是因为结构性筛查的检

---

[1] 此外，针对串通投标的筛查标记，重点可以关注以下迹象：首先，如果同一家公司经常是出价最低的投标人，这可能是一个警示信号。其次，部分供应商在竞标过程中意外退出，也可能暗示着不寻常的情况。再次，当中标者多次将工作分包给未中标的投标者，或者中标者拒绝接受合同但随后却成为分包商，这些都可能是串通投标的线索。最后，如果出现相同的定价、预期折扣的突然取消、无法用成本解释的价格上涨，以及中标和落标之间存在巨大差异，都应该引起警觉。最后，如果同一供应商在两次类似招标中的投标差异显著，这也可能是一个重要的筛查标记。这些迹象都有助于识别和防范潜在的串通投标行为。See OECD, Data Screening Tools for Competition Investigations, OECD Competition Policy Roundtable Background Note, 2022, p. 9, https://web-archive.oecd.org/2022-10-18/643539-data-screening-tools-in-competition-investigations-2022.pdf.

[2] 也就是说，某些情况下筛查结果仅仅提供了含糊不清的经济证据，不足以起到指示算法共谋等违法行为存在与否的作用。

测范围更加广泛，同时其应用的复杂程度相对较低。也就是说，那些市场集中度高、企业数量少、企业间对称性明显、交易透明度高以及进入门槛较高的市场，很容易被标记为存在共谋风险，尽管其中可能并未真正存在共谋行为。

所谓筛查的假阴性风险，也称漏报风险，即把事实上存在算法共谋等违法情形的市场领域或企业行为标记为不存在问题，进而导致反垄断执法机构在实际发生了算法共谋等违法行为的情况下没有及时开展调查，也没有对该等行为作出违法认定和处罚制裁，从而造成遗漏规制和威慑不足的负面后果。一般来说，结构性筛查不太可能导致假阴性结果，因为在不具备"易于共谋"特征的市场环境中，共谋很难维持（即便算法共谋也存在不稳定性）。相比之下，若将行为性筛查应用于其设计模型映射范围之外的情境或领域，假阴性或漏报的风险就会增加，这是因为筛查算法可能无法检测出未在其设计框架内考虑的非法活动迹象。例如，某项研究发现，当把基于日本拍卖数据训练的共谋筛查模型应用到瑞士拍卖数据时，假阴性风险会有所上升。原因在于，瑞士的串通投标数据和日本的竞争性投标数据在变异系数（Coefficient of Variation）这一关键筛查统计指标上高度相似，导致应用于日本市场的共谋筛查模型难以准确识别出瑞士市场中的共谋行为。[1]

### 三、算法共谋数字化筛查的建设

为有效减少算法共谋反垄断法规制的假阳性风险和假阴性风险，提升数字化筛查工具的辨识与检测效能，反垄断执法机构应聚焦于以下几个关键组织要素，持续增强对这些要素的投资与建设。

（一）机器学习技术

尽管目前尚未出现能够普遍适用于识别所有市场上潜在垄断行为的"通用筛查工具"，也没有绝对完善、毫无偏差的筛查方式，但机器学习这一人工智能算法技术为检测行为与共谋的匹配性提供了强大的潜力。近年来，反垄断执法机构已将筛查重点聚焦于垄断协议，并积极挖掘机器学习在数字化筛查中的巨大潜能。机器学习是人工智能的一个子领域，它使计算机能够在未经明确编程的情况下具备学习能力。机器学习实质上是"最小结构模式匹配算法"的一种应用，即通过训练数据集推导出分类规则，并利用这些规则对新数据进行有价值的预测。[2] 简而言之，机器学习与其他传统的经验筛查方法（如分类和预测）的主要目标是一致的，但实现方式更依赖数据驱动且结构化程度较低。这种方法能够摆脱初始假设的束缚，并在实际应用中不断提高准确性。

---

[1] See OECD, Data Screening Tools for Competition Investigations, OECD Competition Policy Roundtable Background Note, 2022, pp. 15-19, https://web-archive.oecd.org/2022-10-18/643539-data-screening-tools-in-competition-investigations-2022.pdf.

[2] See Rosa Abrantes-Metz, Can Machine Learning Aid in Cartel Detection?, CPI, July 29, 2018, https://www.pymnts.com/cpi-posts/can-machine-learning-aid-in-cartel-detection/.

特别地，在拥有充足数据（包括通过整合不同数据源形成的数据）的情况下，机器学习能够以更精确的方式识别共谋行为，这得益于它能够以多种方式（如集成学习等）组合多个筛查结果。要而言之，机器学习可以将各个筛查结果综合成一个复合指数，并为每个指数分配相应的权重。实际上，任何单一的筛查方法都无法完全准确地标记共谋活动，而机器学习能够通过组合多个筛查方式，以最优化的方式识别潜在的共谋行为，从而促使更多基于这些指标的反垄断执法调查得以启动。[1]

### （二）数据的可用性和质量

筛查的成效不仅取决于算法模型的选择，还深受数据的可用性和质量的影响。数据必须可访问、可靠且实用，这直接决定了反垄断执法机构能够进行何种类型的实证检测。哪怕是针对算法共谋等垄断协议的最简单和最通常的数字化筛查，数据的可用性和质量也是其至关重要的基础。换言之，即便是理论上设计得再好的筛查算法模型，如果用于测试的数据存在缺陷或不完整，那么模型在实际应用中也会举步维艰。在数字化筛查的实际操作中，反垄断执法机构所遭遇的核心难题集中在数据的多个维度：首先是数据可访问性的难题，特别是获取原始数据和非公开数据存在困难；其次是数据的格式兼容性、完整性和质量评估的难题；最后是实现数据的便捷搜索、有效清洗和高效利用等方面的挑战。

通常情况下，反垄断执法机构在筛查市场及潜在违法行为时，首要步骤是审视可用或潜在可用的数据源。这些数据可以来源于以下几个方面：①公开可获取的数据，如来自企业注册信息、商会记录以及电子采购平台的数据。②公共部门所存储的数据，涵盖了行业监管机构、其他政府机构、行业协会以及采购部门等各类组织所保存的数据。然而，这些数据并不总是能在公共部门之间自由共享，因为它们可能包含涉及个人隐私、商业机密或国家秘密的敏感信息。③网络抓取，即通过运用网络爬虫或机器人自动浏览网站来提取结构化数据。这一工具在反垄断执法机构调查涉嫌垄断行为时扮演了重要角色，它也可以被广泛应用于数字化筛查过程中对相关数据的采集。④受监管企业出于自愿提供的数据，涵盖了匿名化或去标识化处理的用户数据，以及各类业务数据、经营管理数据和系统运行数据等数据。在通常情形下，企业没有义务向反垄断执法机构传输共享上述数据。然而在特定情境下，如为了执法和解或为了获取合规计划的奖励，一些企业可能会自发选择将所掌握的相关数据实时且动态地提交给反垄断执法机构。⑤从外部购买的数据，如从数据经纪商、数据交易平台等数据中介渠道获取的数据。[2]

---

[1] See Isabelle Adam et al., Public Procurement Cartels: A Systematic Testing of Old and New Screens, https://www.govtransparency.eu/wp-content/uploads/2022/03/GTI-WP-Cartel_20220304-1.pdf.

[2] See OECD, Data Screening Tools for Competition Investigations, OECD Competition Policy Roundtable Background Note, 2022, p. 19, https://web-archive.oecd.org/2022-10-18/643539-data-screening-tools-in-competition-investigations-2022.pdf.

## (三) 专业人才和技能

在针对算法共谋等垄断协议的数字化筛查过程中，无论是构建和更新筛查算法模型，还是进行数据收集、清洗、整合、挖掘与分析，均需要深厚的专业知识和精湛的技术能力作为支撑。因此，反垄断执法机构必须重视对人力资源和知识技能的投资。过去，经济学家是早期筛查工具开发的主力，然而随着机器学习等人工智能算法技术对筛查工具的赋能越发显著，现在不少反垄断执法机构已经吸纳了数据科学家、软件工程师等计算机科学领域的专家，他们与经济学家携手，共同处理数据并研发更为精准的筛查算法模型。实际上，一些反垄断执法机构已成立了专门的数据部门或数字技术部门，这些部门不仅负责数据的收集和清洗工作，还为处理数字数据和反垄断案件的团队提供坚实的后盾。在某些情况下，这些部门还会积极参与到筛查工具的开发中。当然，也有一些机构并未设立正式的数据部门或数字技术部门，但它们会聘请首席技术官，或在其他部门或团队中安排专业人员来承担与大数据、人工智能（包括机器学习）等技术开发和应用相关的任务。

例如，除了英国竞争和市场管理局（CMA）在2019年成立的"数据、技术和分析部门"（DaTA）外，[1] 希腊竞争委员会（HCC）于2020年正式组建了一个取证信息技术部门，这个新设的部门由一位经济学家担任领导，并与多位作为机构外部专家的数据科学家携手合作。此外，HCC还构建了一个可扩展的"大数据管理基础设施平台"，该平台由外部承包商根据执法机构的需求量身定制。这个平台将自动上传来自不同来源的实时公共数据，如超市价格观测站信息、燃料价格、蔬菜和水果价格以及公共采购数据等。同时，HCC已指定专家开发一个程序，该程序能从互联网上提供的PDF和其他格式的非结构化信息中提取原始数据，并将其转换成"逗号分隔值"（Comma-Separated Values，CSV）格式的可编辑文件。这些数据将主要应用于共谋或卡特尔的检测，并且该平台还提供了一个集成的数据分析环境，配备了各种定制工具和现成的软件，以便对数据进行可视化和深入的分析。[2]

---

[1] DaTA当前正在构建一个"数据管道"（Data Pipeline），以从英国的注册机构"公司之家"（Companies House）获取所有注册有限公司的记录。这些数据对CMA来说至关重要，因为它们不仅有助于获取涉嫌卡特尔活动的公司信息，还能揭示市场中的所有权结构，并帮助其了解市场的整体状况，尤其是市场的集中度和盈利水平。此前，CMA的工作人员通常利用公开可访问的搜索工具手动下载这些数据，这一过程既繁琐又耗时，而且容易出错。而新构建的数据管道将实现定期自动接收所有数据，进行数据清洗和去重处理，并通过专门为CMA需求设计的工具提供这些数据，从而大大提高工作效率和准确性。See Stefan Hunt, The Technology-led Transformation of Competition and Consumer Agencies: The Competition and Markets Authority's Experience (Discussion Paper, 14 June 2022), https://assets.publishing.service.gov.uk/government/uploads/system/uploads/attachment_data/file/1085931/The_technology_led_transformation_of_competition_and_consumer_agencies.pdf.

[2] See Ioannis Lianos, Computational Competition Law and Economics: An Inception Report, 2021, https://www.epant.gr/en/enimerosi/publications/research-publications/item/1414-computational-competition-law-and-economics-inception-report.html.

## （四）分享算法代码和数据

由各司法辖区的反垄断执法机构分别独立研发设计数字化筛查工具，这样做不仅耗时费力，还可能造成资源的重复投入。相对而言，机构间的合作能显著降低成本、节约资源和时间。当面对日益复杂的算法共谋等垄断协议时，反垄断执法机构之间的紧密合作尤为重要。反垄断执法机构可以共享在查处算法共谋等方面的技术与实践经验；在已建立稳固的合作关系与信任基础的情况下，甚至可以无成本地分享筛查算法模型的代码；同时，在确保数据安全并严格遵守相关法律法规的前提下，还可以共享用于训练筛查算法模型的数据。

实际上，与分享筛查算法模型的代码相比，数据共享在提升筛查效果方面可能更为显著。当反垄断执法机构共享通过现有筛查工具获得的共谋数据时，它们可以构建一个跨司法辖区的大型训练数据集，该数据集包含使用机器学习方法筛查出的所有共谋案例。此外，对数据集进行深入分析后发现的任何新的可疑行为模式，都可以进行共享，从而进一步提升现有筛查工具的精细度和准确性。需要特别注意的是，由于数据共享可能引发隐私侵犯和数据安全问题，并可能受到相关法律法规的制约，因此对数据进行匿名化处理或创建合成数据集（Synthetic Datasets）成为了一种潜在的解决方案。所谓合成数据集，指的是通过一个或多个人口模型（Population Models）生成的模拟数据，以此替代真实数据进行传播，从而更好地保护原始数据特别是个人数据（个人信息）。这种方法不仅有助于规避隐私和安全问题，还能更容易地实现数据共享。[1] 事实上，在机器学习领域，合成数据集的应用正受到越来越多的关注和认可。例如，欧洲数据保护监督员（EDPS）指出："合成数据在机器学习领域正日益受到瞩目。其重要性在于，它能够助力训练那些需要大量标注数据的机器学习算法，这类数据往往获取成本高昂且使用受限。不仅如此，制造商还可利用合成数据进行软件测试及质量控制。同时，合成数据为企业和研究人员提供了构建和扩充机器学习模型训练数据集的可能，这种利用已有模型进行新模型预训练的技术，被称为迁移学习。"[2] 不过，也有学者对合成数据的潜力表示质疑，即认为合成数据不太可能充当有价值的数据来训练算法模型，换言之，除非有足够的真实数据，否则随着基于合成数据的训练循环的进行，由此产生的（筛查）算法模型的质量会越来越低，[3] 即有可能导致严重的假阳性风险或假阴性风险。

---

[1] See OECD, Data Screening Tools for Competition Investigations, OECD Competition Policy Roundtable Background Note, 2022, p. 25, https://web-archive.oecd.org/2022-10-18/643539-data-screening-tools-in-competition-investigations-2022.pdf.

[2] European Data Protection Supervisor, Synthetic Data, https://www.edps.europa.eu/press-publications/publications/techsonar/synthetic-data_en.

[3] See Sina Alemohammad et al., Self-Consuming Generative Models Go MAD, https://arxiv.org/abs/2307.01850.

# 第十章　算法共谋的反垄断合规机制

　　诚如伯尔曼所言，"法律不只是一套规则，它是人们进行立法、裁判、执法和谈判的活动。它是分配权利与义务、并据以解决纠纷、创造合作关系的活生生的程序""法律必须被信仰，否则它将形同虚设"。[1] 其实，任何法律的实现都是一项系统性工程，[2] 需要在科学立法、严格执法、公正司法、全民普法、自觉守法等层面一体推进，反垄断法也不例外。反垄断法——包括预防和制止共谋行为相关规范——的实现，仅仅依靠强硬的执法、司法等外部干预、矫正和惩罚手段是不够的，它还必须促使企业等市场主体将反垄断法的规范内化于心、外化于行，即建立起良好的反垄断合规意识。在此，企业等市场主体不是反垄断法的外部观察者，而是对反垄断法持有内部观点即信仰反垄断法的内部陈述者。[3] 毋庸置疑，自觉的合规意识和合规行动，对于算法共谋等垄断行为的反垄断治理至关重要。也正是在守法或合规的意义上，前欧盟委员会副主席阿尔穆尼亚（Joaquín Almunia）深刻地指出，"反垄断执法的目的并不是施加高额罚款和其他处罚，相反，它的最终政策目标是根本不需要施加任何处罚"。[4]

## 第一节　反垄断合规的理论逻辑

　　合规，顾名思义，就是指合乎规范，即行为与一系列特定要求高度吻合的过程。这些要求既源自法律法规的明文规定、监管机构的规范指引或执法处理决定、法院的

---

　　[1] [美]伯尔曼：《法律与宗教》，梁治平译，商务印书馆2012年版，第7页、第14页。
　　[2] 所谓法律的实现，也称法的实现，是指通过执法、司法、守法和法律监督等过程，实现法律规范所设定的权利和义务，达到合目的性的结果。法律的实现的意义在于：一是达至法律规范预设的结果；二是建立符合立法目的的法律秩序。参见舒国滢主编：《法理学导论》，北京大学出版社2006年版，第247页。
　　[3] 哈特指出，内部陈述（Internal Statement）表明的是一种"内部观点"（an Internal Point of View），并且乃是由那些接受承认规则，而不多加说明便加以适用于确认法体系内有效规则的人所使用。相反，外部陈述（External Statement）是一个法体系的外部观察者自然而然会使用的语言，这位观察者自己并不接受该规则，而仅仅说出他人接受该规则的事实，并且只有当违反法律面临制裁时才关心或被迫接受法律。参见[英]哈特：《法律的概念》，许家馨、李冠宜译，法律出版社2011年版，第92~93页。
　　[4] Joaquín Almunia's Speech at US Chamber of Commerce Competition Conference Brussels, 25 October 2010, https://ec.europa.eu/commission/presscorner/detail/en/SPEECH_10_586.

裁决指令，同时也源自行业内部的章程准则、组织内部的规章制度、利益相关者的合理期望、国际通用的行为规则以及普遍接受的道德规范等。合规的主体被泛称为组织，包括个人、企业、国家机关、行业协会和国际组织等。其中，企业合规是指企业实施的确保其遵守法律法规、内部规章制度和道德规范的管理行为。企业合规有狭义和广义之分，狭义的企业合规仅指反腐败合规，广义的企业合规除了包括反腐败合规，还包括反垄断合规、公司治理合规、劳动人事合规、环境保护合规、数据保护合规、税务合规和刑事合规等。[1]

## 一、反垄断合规的逻辑理路

企业合规涵盖多个领域，而反垄断合规是其中的重要一环，它指的是企业为防止触犯反垄断法（或竞争法）而采取的一系列努力。[2] 我国国务院反垄断反不正当竞争委员会于2024年4月25日公布《经营者反垄断合规指南》，其中第3条第1款指出："本指南所称反垄断合规，是指经营者经营管理行为和员工履职行为符合《反垄断法》等法律、法规、规章及其他规范性文件（以下统称反垄断法相关规定）的要求。"

从原理上讲，作为正式的法律制度，诸如禁止垄断协议、滥用市场支配地位等垄断行为的反垄断法规定是"自动生效"（Self-executing）的。这意味着，即使反垄断执法机构或法院没有发现任何违法行为，或尚未作出任何处理决定，这些规定也给企业施加了既定的法律义务，即不得从事算法共谋等垄断行为的义务。[3] 这具有两方面的含义：一方面，为防患于未然，避免出现算法共谋等垄断行为，企业本就有义务践行风险识别防控的"首道屏障"角色，如通过建立适当且有效的垄断风险管理机制来加强对违法行为的预防；另一方面，一旦企业发现其业务部门或员工从事了算法共谋等垄断行为，它本就有义务立即阻止违法行为，并采取一切必要措施消除行为的不利影响，并有效防止类似的违法行为再次发生。但是，必须指出的是，反垄断法相关规定的"自动生效"以及企业对相关义务的全面有效履行，更多是应然的期许而非实然的状态。这是因为，企业不一定具有在履行法定义务方面的积极意愿、健全意识和充足资源。

---

〔1〕 在商业领域，合规成为企业管理的目标，源于美国。最早在20世纪30年代，美国企业制定合规计划，用来防范内幕交易行为。到20世纪中叶，美国企业为了避免反垄断处罚而采取防范措施，后来在美国金融业全面铺开，再后来延伸到美国的《反海外腐败法》的执行和刑事裁判领域。在21世纪第一个二十年，合规成为世界各国通用的语言，被用来描述和研究企业在经营活动中防范和应对不合规行为的做法。企业不合规是由企业管理者或员工的职务行为引起的，因此，确保企业管理者和员工的行为合规是合规管理的着力点。参见周万里主编：《企业合规讲义》，中国法制出版社2022年版，第2页。

〔2〕 See ICN Advocacy Working Groupe, Report on Competition Compliance, 2022, p. 3, https://www.internationalcompetitionnetwork.org/wp-content/uploads/2022/04/AWG-Report-on-Competition-Compliance.pdf.

〔3〕 See Cyril Ritter, "How Far Can the Commission Go When Imposing Remedies for Antitrust Infringements?", *Journal of European Competition Law & Practice*, 2016, Vol. 7, No. 9, p. 587.

第一，企业可能不具有自觉履行法定义务的积极意愿。面对反垄断法，有些企业倾向于作为外部观察者或外部陈述者，它们从内心并不接受反垄断法的义务设定，而只有当违反反垄断法、面临制裁时才关心或被迫接受该等法定义务。造成企业不愿积极履行法定义务的原因有多种，违法收益与违法成本的失衡是一个重要原因。也就是说，企业从事算法共谋等垄断行为的收益高于（或至少不低于）其被查处制裁后可能遭受的损失。此外，当算法共谋等垄断行为并非出于组织的集体决策，而是由公司高层管理人员（如销售部门经理）擅自推动时，这通常反映出高层管理人员的薪酬激励结构促使他们更倾向于冒险行事。因为对他们而言，潜在的违法行为收益超过了可能带来的风险。譬如，这些高层管理人员由于业绩指标、股票价值及股票期权等薪酬机制的激励，享有更高的工作保障，有机会获得丰厚的现金奖励，甚至可以通过适时行使股票期权来获得更多的事后补偿。[1]

第二，企业可能不具有适当履行法定义务的健全意识。企业要建立良好的反垄断法律意识，[2] 受到多种因素的影响，其中对反垄断法的准确理解是至关重要的前提。然而，反垄断法的规范大多是富有弹性的、抽象的一般原理。[3] 对于诸多商业行为的合法与违法的边界，不仅常人难于把握，有时连专家也一头雾水。例如，经济学家罗纳德·科斯（Ronald H. Coase）曾说："我被反垄断法烦透了，因为假如价格涨了，法官们就说是垄断性定价；价格跌了，他们就说是掠夺性定价；价格不变，他们就说是共谋性定价"。[4] 及至人工智能和数字经济时代，反垄断法的复杂性、可预见性低等特点，在网络平台以及算法等数字技术广泛作用的商业领域表现得更为明显。诸如算法共谋、轴辐协议、平价条款（最惠客户待遇条款）等行为的违法性判定变得极为复杂，有时甚至与企业的直觉相悖。这种源于反垄断法自身规范特点的复杂性甚至不确定性，无疑给企业涵养良好的反垄断法律意识造成了不小的障碍。

第三，企业可能不具备有效履行法定义务的充足资源。出于防范算法共谋等垄断行为风险的目的，企业主动构建针对算法共谋等垄断行为的风险识别体系来落实反垄断法的义务，无疑是值得称赞的。但现实中，企业往往面临财务约束，难以在垄断行为的风险识别和管理上投入足量的资源。一方面，不论企业规模大小，在其内部构建、推行、保障及持续优化一个健全的垄断行为风险识别管理体系，都是一项成本高昂且

---

[1] See Emmanuel Combe & Constance Monnier, "Why Managers Engage in Price Fixing? An Analytical Framework", *World Competition*, 2020, Vol. 43, No. 1, p. 42.

[2] 法律意识是社会意识的一种，是人们关于法和法律现象的思想、观点、心理和知识的总称。它的内容非常广泛，主要包括：人们对法律的产生、本质和作用的看法，对现行法律的理解、解释、态度和情绪，对自己和他人权利、义务的认识，对人们行为合法性的评价，对法的精神、价值的理解，以及人们关于法律的知识和修养等。参见高其才：《法理学》，清华大学出版社 2015 年版，第 243 页。

[3] 参见时建中：《我国〈反垄断法〉的特色制度、亮点制度及重大不足》，载《法学家》2008 年第 1 期。

[4] 转引自参见王先林：《超高定价反垄断规制的难点与经营者承诺制度的适用》，载《价格理论与实践》2014 年第 1 期。

错综复杂的工作。相较于在垄断行为风险识别管理上投入资源，企业更倾向于将资源集中在持续的技术研发、产品创新、市场开拓上，以此为客户提供更优质的产品或服务。另一方面，在企业资源受限的情境下，垄断行为风险识别管理在企业（特别是中小企业）的整个风险识别管理体系中的优先级通常较低，后置于反腐败、数据保护等效用更广泛、需求更强烈的单项风险识别管理项目之后。而对那些从未遭遇反垄断调查或惩处的企业来说，针对算法共谋等垄断行为开展风险识别管理的优先级可能更低，甚至根本就没有这方面的动机。[1]

综上，从逻辑上讲，诸如禁止垄断协议、滥用市场支配地位等垄断行为的反垄断法规定，为企业施加了"自动生效"、不言自明的守法义务，因此企业本就应当采取一切充分必要的手段来保证对该等义务的全面有效履行，否则将会招致相应的法律责任。然而，由于企业不一定具有履行法定义务的积极意愿、健全意识和充足资源，该等法定义务的履行和实现状况可能不甚理想。在此意义上，"反垄断合规"并非简单地等同于"遵守反垄断法"或"企业依据反垄断法合规经营"。[2] 作为一种识别、管理和预防算法共谋等垄断行为风险的自我规制或自律管理机制，[3] 反垄断合规还涉及政府（特别是反垄断执法机构）的行政指导、激励约束等作用的发挥，即通过企业、反垄断执法机构以及行业协会等多方主体的协同合作，以此增进企业的反垄断合规意愿、强化企业的反垄断合规意识、拓展企业的反垄断合规资源，最终起到有效预防和制止算法共谋等垄断行为的作用。

## 二、反垄断合规的类型谱系

尽管我们可以将反垄断合规简洁地理解为企业及其员工为确保其经营管理行为和

---

[1] 国际竞争网络（ICN）的调研发现，对于那些从未涉及反垄断违规或调查的企业及其领导层来说，很难理解投资于反垄断合规计划的必要性。See ICN Advocacy Working Groupe, Report on Competition Compliance, 2022, p. 24, https://www.internationalcompetitionnetwork.org/wp-content/uploads/2022/04/AWG-Report-on-Competition-Compliance.pdf.

[2] 企业合规不等于所谓"企业依法依规经营"。从实质上讲，企业合规是一种基于合规风险防控而确立的公司治理体系。一般来讲，企业合规有三层含义：一是从积极的层面来看，企业合规是指企业在经营过程中要遵守法律和遵循规则，并督促员工、第三方以及其他商业合作伙伴依法依规进行经营活动；二是从消极的层面来看，企业合规是指企业为避免或减轻因违法违规经营而可能受到的行政责任、刑事责任，避免受到更大的经济或其他损失，而采取的一种公司治理方式；三是从外部激励机制来看，为鼓励企业积极建立或者改进合规计划，国家法律需要将企业合规作为宽大行政处理和宽大刑事处理的重要依据，使得企业可以通过建立合规计划而受到一定程度的法律奖励。参见陈瑞华：《企业合规基本理论》，法律出版社 2022 年版，第 6~7 页。

[3] 申言之，企业反垄断合规是企业对反垄断法所施加的法定义务（第一性义务）的主动履行，其有别于违反法定义务而招致法律责任后由反垄断执法机构通过制裁等方式来强制企业履行法律责任关系中的"第二性义务"。第一性义务是法律直接规定的义务，是有关主体应当履行的首要、基本的义务。这种义务具有强制性和法定性，有关主体必须履行，否则将承担相应的法律责任。第二性义务是在第一性义务被违反后招致法律责任而产生的义务。换言之，第二性义务主要体现为民事、行政、刑事等法律责任关系中有责主体所须承担的义务。参见张文显：《法哲学范畴研究（修订版）》，中国政法大学出版社 2001 年版，第 122 页。

履职行为符合反垄断法等法律、法规、规章以及其他规范性文件的要求而付出努力的过程，但概念越抽象，其内涵越匮乏，因而有必要借助类型化的方法来发掘反垄断合规更丰富的内涵。一般来说，根据有无反垄断执法介入以及合规所处的环节，企业反垄断合规可分为事前的反垄断合规、事中的反垄断合规和事后的反垄断合规。

（一）事前的反垄断合规

事前的反垄断合规，是指在相关行为（如涉嫌算法共谋行为）引发反垄断执法机构介入调查前，企业就已经制定了相应的反垄断合规管理体系，如构建了合规管理制度、设置了合规管理部门、指定了合规负责人，并建立了涵盖风险识别、风险评估、风险提醒、合规咨询、合规培训等措施于一体的反垄断合规风险防范体系。实际上，建立完善、真实、有效的事前反垄断合规管理体系，能够为企业带来多方面的利好：①通过争做反垄断法上的"明白企业"，树立企业积极主动履行落实反垄断法义务的正面形象，能够为企业带来无形的声誉资产。②从源头上降低企业的运营风险，避免因发生算法共谋等垄断行为而对企业造成制裁处罚、社会评价降低等重大负面影响。③拓宽企业的市场机会、提升企业的市场竞争力。例如，在一些国家和地区，具备健全的反垄断合规管理体系是企业取得公共采购领域竞标资格的前提条件。[1]

此外，更重要的利好在于，建立健全事前反垄断合规管理体系，有可能为企业带来免于依职权调查、减免罚款或者其他处罚等优惠。例如，韩国公平交易委员会（KFTC）曾经推出了一个反垄断合规的评级计划，对于已实施一年以上的反垄断合规方案，可根据高层管理人员的参与度、合规官的任命和员工培训水平等因素进行评估和排名，获得高分（A级或更高级别）的企业享有罚款减免的优惠。[2] 再如，我国《经营者反垄断合规指南》第33条对"调查前合规激励"作出如下指引，即"经营者在反垄断执法机构调查前已经终止涉嫌垄断行为，相关行为轻微且没有造成竞争损害的，执法机构可以将经营者反垄断合规管理制度建设实施情况作为认定经营者是否及时改正的考量因素，依据《行政处罚法》第三十三条的规定酌情不予行政处罚。"

（二）事中的反垄断合规

事中的反垄断合规，主要是指相关行为（如涉嫌算法共谋行为）已经引发反垄断

---

[1] 企业合规计划对于曾有过非法行为而被禁止参与公共采购投标的企业而言，具有自我清洁的作用。例如，在拉脱维亚、罗马尼亚、西班牙以及德国，若能实施有效的合规方案，将有助于减少这些企业被禁止参与公共采购投标的时限。See OECD, Summary of discussion of the roundtable on Competition Compliance Programmes, 2021, p. 10, https://one.oecd.org/document/DAF/COMP/WP3/WD（2021）29/en/pdf.

[2] 然而，由于缺乏明确的法律依据，该计划引发了一些重大问题，导致韩国公平交易委员会放弃了该计划。See OECD, Summary of discussion of the roundtable on Competition Compliance Programmes, 2021, p. 8, https://one.oecd.org/document/DAF/COMP/WP3/WD（2021）29/en/pdf.

执法机构调查,在反垄断执法机构作出最终处理决定前,企业自愿提请适用承诺程序,[1] 并将前瞻性的合规举措作为其承诺方案的关键组成部分,以中止或终止案件调查,并免于违法认定和制裁处罚。换言之,反垄断合规举措可以在"事中"环节嵌入到企业承诺等协商式案件解决机制中。例如,加拿大反垄断执法机构明确要求企业将合规计划作为其适用协商承诺结案的一部分,并可以对该等承诺义务的履行附加监督机制。[2]

在我国,《国务院反垄断委员会垄断案件经营者承诺指南》(以下简称《垄断案件经营者承诺指南》)没有明确要求经营者的承诺方案须引入系统性的合规计划,仅仅指出"经营者承诺的措施可以是结构性措施、行为性措施和综合性措施。承诺的措施需要明确、可行且可以自主实施",以及"经营者按照中止调查决定书的要求,向执法机构书面报告承诺的履行情况"。考虑到适用承诺程序的经营者已经存在从事算法共谋等垄断行为的苗头,[3] 反垄断执法机构在考虑是否接受承诺方案时,不应仅满足于与涉案行为密切相关的补救措施,而应当"举一反三、以点带面、未雨绸缪",更加注重评估经营者前瞻性合规计划的体系性、完善性和有效性。否则,承诺等协商式案件处理程序所蕴含的替代性或柔性执法价值就会大打折扣。鉴于此,建议将来修订《垄断案件经营者承诺指南》时,明确指出:反垄断执法机构在考虑是否接受经营者的承诺方案时,应重点考察该承诺方案是否包含系统、全面、有效的合规计划。不过,《经营者反垄断合规指南》已率先做出了这方面的探索,其在第34条第1款对"承诺制度中的合规激励"予以指引,即"经营者承诺在反垄断执法机构认可的期限内采取具体措施消除涉嫌垄断行为后果的,反垄断执法机构可以将其反垄断合规管理制度建设实施情况作为是否作出中止调查决定的考量因素,并在决定是否终止调查时对反垄断合规管理情况进行评估。"

此外,在经营者集中控制场合下,"附加减少集中对竞争产生不利影响的限制性条件",[4] 即经磋商而被反垄断执法机构接受的经营者集中救济方案,其与事中的反垄断合规也具有紧密的联系。一定意义上,所谓经营者集中"控制",不仅仅体现在禁止经营者集中,而是更多地体现在附条件批准集中,即在批准集中情况下以审查决定的

---

[1] 所谓经营者承诺制度,一般是指涉嫌垄断行为的经营者在接受反垄断调查过程中,主动承诺停止或者放弃被指控的垄断行为,并在限定的期限内采取具体措施消除对竞争的不利影响,反垄断执法机构经评估后可以接受承诺,作出中止调查和终止调查的决定。See OECD, Executive Summary of the Roundtable on Commitment Decisions in Antitrust Cases, 2016, p. 2, https://one.oecd.org/document/DAF/COMP/M (2016) 1/ANN5/FINAL/en/pdf.

[2] See Competition Bureau Canada, Corporate Compliance Programs (2015), https://competition-bureau.canada.ca/how-we-foster-competition/compliance-and-enforcement/corporate-compliance-programs.

[3] 适用承诺等协商式案件处理程序的一个重要条件是,竞争问题已被初步评估但尚未全面核实认定违法事实,并且承诺方案能即时快速、充分有效地解决竞争问题,消除不利后果和恢复竞争。

[4] 我国《反垄断法》第35条规定,对不予禁止的经营者集中,国务院反垄断执法机构可以决定附加减少集中对竞争产生不利影响的限制性条件。

形式来加以强制约束和保障的经营者承诺（救济措施）。这里的承诺既可以指向履行结构性或行为性救济措施，还可以指向建立相应的反垄断合规计划（合规管理体系）。换句话说，反垄断执法机构在考虑是否接受集中救济方案时，应当重点考察涉案交易主体的前瞻性合规计划的针对性、完备性和有效性，以更好地消解涉案竞争担忧，预防垄断行为，恢复和维持市场竞争。事实上，近年来不少反垄断执法机构已将强制性的合规计划作为批准集中的前提条件。例如，在2014年至2019年期间，巴西经济防卫行政委员会（CADE）在9起并购案件中，明确将合规计划作为救济方案的重要组成部分。[1] 在我国，有关经营者集中附加限制性条件的反垄断法规定，未明确将合规计划作为一项救济措施。《经营者反垄断合规指南》在"合规激励"一章（第五章）也忽视了合规计划与经营者集中审查决定之间的相关性，即未明确指出经营者提出有效的合规计划有可能避免禁止集中的决定。进一步看，合规计划在附加限制性条件的性质上，更接近于行为性条件（行为性救济措施）。将来修订《经营者集中审查规定》以及《经营者反垄断合规指南》等反垄断法配套规范时，有必要增补完善这方面的规定和指引。[2]

（三）事后的反垄断合规

事后的反垄断合规，主要涉及两类情形：一类是从事算法共谋等垄断协议的企业申请适用宽大处理（即主动向反垄断执法机构报告达成垄断协议的有关情况并提供重要证据）时，一并向反垄断执法机构作出前瞻性合规计划的保证，以获得更大幅度的责任减免；另一类是从事算法共谋等垄断协议的企业虽不符合适用宽大处理的条件，但其仍可以在和解程序中基于主动承认违法行为（Admission of Guilt）并作出前瞻性合规计划的保证，以换取从轻或减轻处罚的优惠。[3] 例如，为了激励企业自我检举，我国香港特别行政区竞争事务委员会（HKCC）在2020年对《卡特尔行为企业宽大政策》予以修订。此次修订提出了一个新的要求，即企业若想与执法机构达成宽大处理协议，

---

[1] See OECD, Summary of discussion of the roundtable on Competition Compliance Programmes, 2021, p. 10, https://one.oecd.org/document/DAF/COMP/WP3/WD（2021）29/en/pdf.

[2] 根据当前《经营者集中审查规定》第40条的规定，行为性条件主要包括开放网络或者平台等基础设施、许可关键技术（包括专利、专有技术或者其他知识产权）、终止排他性或者独占性协议、保持独立运营、修改平台规则或者算法、承诺兼容或者不降低互操作性水平等。

[3] 在对垄断协议案件进行和解处理方面有较长经验的美国，其将宽大政策与和解政策视为卡特尔调查中不可或缺的互补要素，并且不严格区分这两种旨在奖励合作的执法政策。换言之，这两项政策是综合实施的，政府为鼓励配合调查、提供补充证据、承认有罪、放弃某些诉讼权利，提供了减刑和解的可能性。然而，在欧盟等多数司法辖区，针对卡特尔的宽大政策与和解政策是分开的。宽大处理所给予的奖励，是企业披露额外证据并与调查合作的主要激励。而和解被视为是在调查程序的后期阶段结案的一种机制，通常在初步调查结束后才可以进行。See OECD, Experience with Direct Settlements in Cartel Cases, 2008, p. 9, https://www.oecd.org/daf/competition/44178372.pdf.

那么引入或改进合规计划是一项不可或缺的条件。[1] 再如，巴西经济防卫行政委员会（CADE）在其发布的《竞争合规指南》中明确表示，其有可能会考虑将强制性合规计划纳入卡特尔和解程序；而且，企业若采纳或改进合规计划，将有机会享受罚款削减的优惠，最高可减少4%。[2] 相比较而言，我国《反垄断法》虽规定了针对算法共谋等垄断协议的宽大制度（未规定和解制度），但仅将"经营者主动向反垄断执法机构报告达成垄断协议的有关情况并提供重要证据"作为适用宽大处理的实质性条件，并未将强制性合规计划作为适用宽大处理的前提要求。《国务院反垄断委员会横向垄断协议案件宽大制度适用指南》第10条虽然明确了经营者获得宽大处理需要满足的其他条件，但也只是片面地强调"申请宽大后立即停止涉嫌违法行为"。显然，立即停止涉嫌违法行为与建立全面有效的前瞻性合规计划的要求存在很大差距。不过，《经营者反垄断合规指南》在一定程度上弥补了上述缺憾，其第35条对"宽大制度中的合规激励"作出指引，即在该条第1款指出："经营者主动向反垄断执法机构报告达成垄断协议的有关情况并提供重要证据的，如果能够证明经营者积极建立或者完善反垄断合规管理制度并有效实施，且对于减轻或者消除违法行为后果起到重要作用的，反垄断执法机构可以在宽大减免范围内对经营者适用较大减免幅度。"但也应当看到，该款指引是围绕企业已建立的反垄断合规管理制度对促成宽大处理的作用而展开的，并非在严格意义上明确将建立或改进反垄断合规计划作为适用宽大处理的前提条件。

此外，事后的反垄断合规还可能嵌入在与反垄断制裁（如罚款、没收违法所得等）相伴的责令停止、改正违法行为的强制性命令或要求之中。[3] 在此，反垄断合规主要以补救性命令的方式呈现出来，[4] 并非责任主体的主观意愿所能左右。换言之，当合规（即履行法定义务）以补救性命令的方式下达时，其中协商的因素很少甚至几乎没有，即此时的合规要求具有反垄断执法机构的单方意志主导性。例如，欧盟委员会在垄断协议、滥用支配地位案件中施加补救性命令的权力源于《欧盟理事会第1/2003号条例》第7条的规定，即"如果委员会根据申诉或主动地查明，确有违反条约第81条

---

[1] See Hong Kong Competition Commission, Leniency Policy for Undertakings Engaged in Cartel Conduct (2000), https://www.compcomm.hk/en/media/press/files/EN_PR_Revised_Leniency_Policy.pdf.

[2] See CADE, Guideline Competition Compliance Programmes (2016), https://www.lexology.com/library/detail.aspx?g=ab9ff16d-60b0-4301-b9ff-a31dcab3a84f.

[3] 关于垄断协议、滥用市场支配地位、违法实施经营者集中案件中制裁与补救的区别，See OECD, Remedies and Sanctions in Abuse of Dominance Cases, https://www.oecd.org/daf/competition/38623413.pdf.

[4] 补救性行政命令是行政机关针对违法行为人作出的要求其为或者不为一定行为的意思表示，目的是纠正违法行为，确保违法行为人履行法定义务，并对行为造成的违法后果、法秩序退化等进行补救或恢复。从意思表示的内部结构看，责令停止违法行为是补救性行政命令意思表示的第一层含义，可称之为补救性行政命令中的"禁令"，其旨在要求违法行为人停止违法行为、履行法定义务并防止危害后果的产生和持续扩大；责令改正违法行为是补救性行政命令意思表示的第二层含义，可称之为补救性行政命令中的"令"，其旨在消除违法行为造成的危害后果、恢复因违法行为而受损的法律秩序。参见黄锫：《行政执法中责令改正的法理特质与行为结构》，载《浙江学刊》2019年第2期。

或第 82 条的行为，可以作出决定，要求相关企业和企业协会终止其违法行为。为此，委员会可以对其采取与违法行为相称的，且为有效终止该违法行为所必要的任何行为补救措施或结构补救措施"。[1] 相比较而言，我国反垄断法上的补救性命令制度是有缺陷的，相关举措仅限于"责令停止违法行为"。[2] 不过，《中华人民共和国行政处罚法》第 28 条第 1 款的规定，在一定程度上弥补了上述缺陷，即"行政机关实施行政处罚时，应当责令当事人改正或者限期改正违法行为"。也就是说，通过责令停止、改正违法行为，抽象的反垄断法义务得以通过反垄断执法机构的意思表示转化为适切于责任主体的具体义务和合规措施，进而起到制止违法行为、消除违法行为后果、恢复市场竞争等目的。

当然，责任主体主动接受反垄断执法机构下达的补救性命令，积极踊跃配合整改的，也可能获得一定程度的处罚优惠。对此，我国《反垄断法》第 59 条明确将"消除违法行为后果的情况"作为确定罚款数额时应当考虑的因素。《经营者反垄断合规指南》进一步对"罚款幅度裁量区间中的合规激励"作出指引，即"经营者在反垄断执法机构作出行政处罚决定前，积极建立或者完善反垄断合规管理制度并有效实施，对于减轻或者消除违法行为后果起到重要作用的，反垄断执法机构可以依据《反垄断法》第五十九条和《行政处罚法》第三十二条的规定，酌情从轻或者减轻行政处罚"。

（四）反垄断合规的其他分类方式

1. 主动的反垄断合规和被动的反垄断合规

依据合规是经营者主动还是被动实施，反垄断合规可分为主动（积极）的反垄断合规和被动（消极）的反垄断合规。严格意义上讲，只有事前的反垄断合规才属于主动的反垄断合规，其间的主动性、积极性或自觉性体现在合规不以反垄断执法调查为条件。而事中、事后的反垄断合规很大程度上是面对反垄断执法调查的应付之举，所承诺的合规计划很大程度上是出于息事宁人或减免处罚的考虑，因而属于被动的、消极的反垄断合规。

2. 束己的反垄断合规和束他的反垄断合规

依据合规是否涉及第三方，反垄断合规可分为束己的反垄断合规和束他的反垄断合规。束己的反垄断合规是企业反垄断合规的基本形态，即无论是合规管理部门的建立或合规负责人的指定，还是风险识别、风险评估、风险提醒、合规咨询、合规培训等合规管理体系的构建，都旨在约束企业自身的经营行为及其员工的履职行为。作为企业反垄断合规的衍生形态，束他的反垄断合规也称"第三方反垄断合规"，是指企业

---

[1] See Council Regulation (EC) No 1/2003 of 16 December 2002 on the implementation of the rules on competition laid down in Articles 81 and 82 of the Treaty.
[2] 参见郝俊淇：《救济制度适用于事后调查类垄断案件研究——兼议新〈反垄断法〉的遗留问题》，载《经贸法律评论》2022 年第 5 期。

为促使其业务合作伙伴（如经销商、供应商、合资伙伴、被收购企业等）遵守反垄断合规要求而做出的努力。例如，对业务合作伙伴进行严格的尽职调查，要求业务合作伙伴全面履行反垄断法的相关义务，对业务合作伙伴进行适当和定期的监督等，就属于束他的反垄断合规的范畴。一些司法辖区会奖励企业所促成的第三方合规，如在罗马尼亚，企业可能会因向业务合作伙伴推广合规方案而在遭遇反垄断调查及处罚时，获得10%的罚款削减。[1]

## 第二节　反垄断合规的实践逻辑

发布反垄断合规指引或指南是域内外反垄断执法机构的惯常做法，其目的是提升企业及其员工的反垄断法律意识，并引导其构建科学合理的反垄断合规管理体系。反垄断合规管理是有组织、有计划的全流程活动。有效的反垄断合规管理体系应具备若干核心要素，包括高层管理人员的参与和合规承诺、发现并及时向反垄断执法机构报告违法行为、企业内部的合规激励以及业务流程的监控和审计。

### 一、反垄断合规指引的域内外范例

如前所述，企业反垄断合规面临的一大难题是企业及其员工的反垄断法律意识薄弱。这不全然是企业及其员工自身因素所致，因为反垄断法本就具有抽象性、不确定性等特点，针对算法共谋、轴幅协议、平价条款等新型垄断行为的合法与违法的边界更是令人难以把握。实际上，即便在反垄断法律制度较为发达、历史较为悠久的国家（地区），民众对于反垄断法律的认识和意识仍然普遍不高。例如，英国竞争和市场管理局（CMA）于2018年针对负责销售的企业高级管理人员开展了一项调查，结果发现：只有1/4的受访者声称对反垄断法有充分了解；在过去的一年中，只有6%的受访者接受过反垄断法培训；近70%的受访者对不遵守反垄断法的制裁措施认识不足；近2/3的受访者不知道谁在执行英国竞争法；超过一半的受访者不知道主动揭发非法卡特尔活动可以免于制裁。[2] 可见，深入开展竞争倡导，[3] 提升公众的反垄断法律知识

---

[1] See OECD, Summary of discussion of the roundtable on Competition Compliance Programmes, 2021, p. 10, https://one.oecd.org/document/DAF/COMP/WP3/WD（2021）29/en/pdf.

[2] See ICM Unlimited, Competition law research 2018-report on behalf of the CMA, https://assets.publishing.service.gov.uk/government/uploads/system/uploads/attachment_data/file/750149/icm_unlimited_cma_competition_law_research_2018.pdf.

[3] 所谓竞争倡导（Competition Advocacy），亦称竞争推进，是指竞争主管机构实施的除执法以外所有改善竞争环境的行为。这些行为主要包括两大类：一类针对法律、政策的制定机构和管制机构，目的在于促进立法及管制以有利于竞争的方式设计、执行；另一类针对所有社会成员，以提升其竞争法律意识，并深化其对竞争益处以及竞争政策在促进和保护竞争中的作用的认知。

和意识水平，任重而道远。作为竞争倡导的关键一环，反垄断执法机构对引导企业进行反垄断合规具有义不容辞的责任，这不仅有助于企业及其员工更好地识别经营和履职中的垄断行为风险，而且有助于引导其构建科学合理的反垄断合规管理体系。近年来，域内外反垄断执法机构纷纷发布反垄断合规指引、指南或类似的指导性文件（参见表 10-1 和表 10-2），为企业开展相关制度制定、风险识别、风险处置、合规审查、合规培训、合规承诺、合规奖惩、合规监督等有组织、有计划、全流程的反垄断合规管理活动提供了基本遵循。

表 10-1　我国反垄断合规指引概览[1]

| 国家层面 ||
| --- | --- |
| 公布主体 | 文件名称 |
| 国务院反垄断反不正当竞争委员会 | 《经营者反垄断合规指南》（2024） |
| 国家市场监督管理总局 | 《经营者集中反垄断合规指引》（2023） |
| 国家市场监督管理总局 | 《企业境外反垄断合规指引》（2021） |
| 国家市场监督管理总局 | 《国家市场监督管理总局反垄断局关于经营者集中申报文件资料的指导意见》（2018） |
| 国家市场监督管理总局 | 《国家市场监督管理总局反垄断局关于经营者集中简易案件申报的指导意见》（2018） |
| 国家市场监督管理总局 | 《国家市场监督管理总局反垄断局关于规范经营者集中案件申报名称的指导意见》（2018） |
| 国家市场监督管理总局 | 《国家市场监督管理总局反垄断局关于经营者集中申报的指导意见》（2018） |
| 地方层面 ||
| 广东省市场监督管理局 | 《广东省互联网平台经营者竞争合规指引（反垄断）》（2023） |
| 上海市市场监督管理局 | 《互联网平台企业竞争合规评价指引》（2023） |
| 北京市市场监督管理局 | 《北京市反垄断合规指引》（2023） |
| 深圳市市场监督管理局 | 《深圳市企业竞争合规指引》（2023） |
| 湖北省市场监督管理局 | 《湖北省平台经济领域经营者反垄断合规指引》（2023） |
| 陕西省市场监督管理局 | 《陕西省建材行业反垄断合规指引》（2023） |

[1]　资料来源笔者收集整理，统计截止日期为 2024 年 5 月 17 日。

续表

| | |
|---|---|
| 海南省市场监督管理局 | 《海南省公用企业反垄断合规指引》（2023） |
| 湖南省市场监督管理局 | 《湖南省经营者集中反垄断合规指引》（2023） |
| 黑龙江省市场监督管理局 | 《黑龙江省平台企业反垄断合规指引》（2023） |
| 山西省市场监督管理局 | 《山西省经营者反垄断合规指引》（2023） |
| 江西省市场监督管理局 | 《江西省数字经济领域反垄断合规指引》（2022） |
| 内蒙古自治区市场监督管理局 | 《内蒙古自治区公用企业反垄断合规指引》（2022） |
| 黑龙江省市场监督管理局 | 《黑龙江省经营者反垄断合规指引》（2022） |
| 四川省市场监督管理局 | 《四川省经营者反垄断合规指南》（2021） |
| 天津市市场监督管理委员会 | 《天津市经营者反垄断合规指引》（2021） |
| 浙江省市场监督管理局 | 《浙江省平台企业竞争合规指引》（2021） |
| 陕西省市场监督管理局 | 《陕西省经营者反垄断合规指引》（2021） |
| 江苏省市场监督管理局 | 《江苏省经营者反垄断合规指引》（2021） |
| 天津市市场监督管理委员会 | 《天津市经营者反垄断合规指引》（2021） |
| 湖南省市场监督管理局 | 《湖南省经营者反垄断合规指引》（2021） |
| 上海市市场监督管理局 | 《经营者竞争合规指南》（2020） |
| 湖北省市场监督管理局 | 《湖北省经营者反垄断合规指引》（2020） |
| 河北省市场监督管理局 | 《河北省经营者反垄断合规指引》（2020） |
| 河南省市场监督管理局 | 《河南省经营者反垄断合规指引》（2020） |
| 山东省市场监督管理局 | 《山东省经营者反垄断合规指引》（2020） |
| 山东省市场监督管理局 | 《山东省行业协会反垄断合规指引》（2020） |
| 浙江省市场监督管理局 | 《浙江省企业竞争合规指引》（2019） |

表 10-2　域外反垄断合规指引概览[1]

| 公布主体 | 文件名称 |
|---|---|
| 法国竞争管理局 | 《更好地理解竞争规则：中小企业指南》（2020） |
| 秘鲁国家竞争和知识产权保护局 | 《竞争合规计划指南》（2020） |
| 西班牙国家市场与竞争委员会 | 《反垄断合规计划指南》（2020） |

---

[1] 资料来源：OECD（2021），Competition Compliance Programmes，https://web-archive.oecd.org/2021-10-31/591205-competition-compliance-programmes-2021.pdf.

续表

| 公布主体 | 文件名称 |
| --- | --- |
| 英国竞争和市场管理局 | 《竞争法风险：简短指南》（2020） |
| 美国司法部 | 《刑事反垄断调查中企业合规计划的评估》（2019） |
| 墨西哥联邦经济竞争委员会 | 《遵守联邦经济竞争法的建议》（2019） |
| 意大利竞争与市场管理局 | 《反垄断合规指南》（2019） |
| 东盟秘书处 | 《东盟企业竞争合规工具包》（2018） |
| 罗马尼亚竞争委员会 | 《关于遵守竞争规则的指南》（2017） |
| 印度竞争委员会 | 《企业合规手册》（2017） |
| 韩国公平交易委员会 | 《公平贸易合规计划运作规则：提供激励措施》（2016） |
| 巴西行政理事会 | 《合规计划指南》（2016） |
| 美国司法部、美国联邦贸易委员会 | 《针对人力资源专业人员的反垄断指南》（2016） |
| 比利时竞争管理局 | 《竞争规则》（2016） |
| 德国联邦卡特尔局、奥地利经济商会 | 《卡特尔法与合规》（2016） |
| 加拿大竞争局 | 《企业合规计划》（2015） |
| 马来西亚竞争委员会 | 《竞争法合规指南》（2013） |
| 欧盟委员会 | 《合规事宜》（2013） |
| 日本公平交易委员会 | 《关于企业反垄断法合规工作的调查（摘要）》（2013） |
| 智利国家经济检察院 | 《竞争合规计划》（2012） |

## 二、反垄断合规的核心要素

反垄断合规不是企业一时一隅的应付之举或权宜之计，而是以预防和降低算法共谋等垄断行为风险为目的，以企业经营行为及其员工履职行为为对象，涉及领导、环境、策划、支持、运行、评价、改进等诸多合规要素的有组织、有计划、全流程的管理活动。为了帮助企业将"纸上的计划"转变为"现实的行动"，国际竞争网络（ICN）在2022年发布了《关于竞争合规的报告》，指出了有效的反垄断合规管理体系所应具备的若干要素。这些要素包括：①检测、报告、审计和监督；②来自高层的监督、态度和承诺；③教育和培训；④合规风险评估；⑤企业内部的沟通和意识；⑥合规计划评估；⑦根据企业和市场来定制合规计划；⑧设置合规管理部门或合规管理者；⑨与反垄断执法、制裁、宽大、补救（救济）相关联的"嵌入式"合规；⑩充足的合规资源；⑪对吹哨人（告密者）的保护计划；[1]⑫合规承诺；⑬合规激励；⑭与其他开展合规的企业交流互鉴；⑮与外部竞争顾问合作；⑯行业协会的努力；⑰适应不断变化的商业环境；⑱鼓励加入行业协会。[2]尽管在不同的市场或业务领域，上述要素与合规管理体系的有效性之间的相关及重要程度有所差异，但其中的一些要素应当说是基础性的。也就是说，无论是在数字经济还是在传统经济领域，也无论是针对算法共谋还是滥用市场支配地位等垄断行为风险的防范，下列"核心要素"对反垄断合规管理体系的有效性起着至关重要的支撑作用。

（一）高层管理人员的参与和合规承诺

鉴于在很多情况下企业高层管理人员是算法共谋等垄断行为的策划组织者，[3]因而决定反垄断合规管理体系是否有效的首要因素，无疑是企业高层管理人员的参与及其以身作则的合规承诺。域内外反垄断合规指引无不强调"高层定调"的重要意义。这是因为，高层管理人员（如董事会成员、总经理、业务部门特别是销售部门经理等）对反垄断合规表达出明确的期望，能够在企业内创造一种"合规文化"，促成自上而下的合规守法风尚。换言之，如果缺少高层管理人员对反垄断合规的明确承诺，那么要想在企业内成功灌输"合规文化"就几无可能。可见，高层管理人员的积极参与和以身作则的合规承诺，是反垄断合规管理体系之所以有效的基本前提。反过来讲，企业高层管理人员参与算法共谋等触犯反垄断法的行为，可以被视作企业反垄断合规管理体系无效的强有力的指标。例如，美国司法部在考虑既存合规计划的有效性进而将其作为刑罚减轻因素时，明确指出，基于高层管理人员参与违法行为的事实，可对企业合规计划作出可反驳的无效推定。[4]再如，加拿大竞争局也指出，高层管理人员参与违法行为表明合规计划无效，并且在确定罚款时可将此作为加重处罚的因素。[5]

进一步而言，高层管理人员的合规期望和承诺，有助于带动企业内部自上而下的合规承诺和实践。我国《经营者反垄断合规指南》第27条对此作了指引，即鼓励经营者向社会公开作出反垄断合规承诺，在内部管理制度中明确相关人员违反合规承诺的不利后果，并以实际行动表明对反垄断合规工作的支持。承诺可以包括以下内容：①建立健全涵盖反垄断合规治理机构领导责任、合规管理部门牵头责任与业务部门主

---

[1] 参见郜庆、刘思洁：《反垄断法上的"吹哨人"制度》，载《竞争政策研究》2022年第6期。

[2] See ICN Advocacy Working Groupe, Report on Competition Compliance, 2022, pp. 9-10, https://www.international competitionnetwork.org/wp-content/uploads/2022/04/AWG-Report-on-Competition-Compliance.pdf.

[3] 例如，有研究表明，在过去的25年里，大多数国际卡特尔都是由公司的高级管理层运作的。See Donald C. Klawiter, "It Didn't Work": Antitrust Compliance and the Role of the Senior Executive, https://www.competition policy-international.com/wp-content/uploads/2019/11/CPI-Klawiter.pdf.

[4] See U. S. Department of Justice, Evaluation of Corporate Compliance Programs in Criminal Antitrust Investigations (2019), https://www.justice.gov/atr/page/file/1182001/dl.

[5] See Competition Bureau Canada, Corporate Compliance Programs (2015), https://competition-bureau.canada.ca/how-we-foster-competition/compliance-and-enforcement/corporate-compliance-programs.

体责任的责任体系；②建立健全涵盖风险识别、风险评估、风险提醒、合规咨询、合规培训等措施的反垄断合规风险防范体系；③建立健全涵盖反垄断合规审查、内部举报、外部监督、合规汇报的反垄断合规监控体系；④建立健全涵盖风险处置、合规奖惩等机制的反垄断合规应对体系；⑤有效开展反垄断合规需要的其他资源支持。

（二）发现并及时报告违法行为

评判企业反垄断合规管理体系的有效性，一个重要的考量因素是企业能否基于此敏锐地发现诸如算法共谋等违法行为，并及时向反垄断执法机构报告。这是欧盟委员会、美国司法部、德国联邦卡特尔局、我国香港特别行政区竞争委员会等反垄断执法机构所奉行的基本逻辑，即发现并及时报告违法行为，是适用宽大处理等执法优惠的前提条件。事实上，上述反垄断执法机构一般不会孤立地评判反垄断合规管理体系的有效性，即不会单独地对反垄断合规管理体系进行评级或认证，[1] 而是将合规管理体系的有效性与能否发现违法行为并及时报告违法行为紧密联系在一起。如果实际上已经发生了算法共谋等违法行为，但企业（合规管理部门或合规管理负责人）未曾发现，或者发现后未及时向反垄断执法机构报告，那么这样的合规管理体系在很大程度上就不是有效的，其不仅很难得到反垄断执法机构的认可，而且几乎不可能得到免于调查、处罚减免等优惠。例如，德国联邦卡特尔局明确指出，若未能及时发现并报告违法行为，那么该合规计划则不应被视为有效，亦不应享受罚款减免。再如，美国司法部在评估合规计划的有效性时，将合规计划是否检测到违法行为并促使及时报告作为基本和初步的问题之一（尽管未能做到这一点并不意味着合规计划完全无效）。[2]

我国《经营者反垄断合规指南》第22条关于"风险处置"的指引，同样贯彻了上述逻辑，其第2项指出"涉嫌从事垄断协议行为的经营者，可以依据《反垄断法》第五十六条第三款和《横向垄断协议案件宽大制度适用指南》的规定，主动向反垄断执法机构报告有关情况并提供重要证据，申请宽大"，第4项指出"违法实施或涉嫌违法实施经营者集中的经营者，可以依据《经营者集中审查规定》第六十八条第二款的规定，主动报告反垄断执法机构尚未掌握的违法行为，主动消除或者减轻违法行为危害后果，申请从轻或者减轻处罚"。同时，该指南第35条第1款关于"宽大制度中的合

---

[1] 不过，也有反垄断执法机构对企业的反垄断合规管理体系进行评级。例如，韩国公平交易委员会（KFTC）曾经推出了一个反垄断合规的评级计划，对已实施一年以上的反垄断合规方案可根据高层管理人员的参与度、合规官的任命和员工培训水平等因素进行评估和排名，获得高分（A级或更高级别）的企业享有罚款减免的优待。但由于缺乏明确的法律依据，该计划引发了一些重大问题，导致韩国公平交易委员会放弃了该计划。再如，意大利的合规评级主要集中在与刑法、行政法、反垄断法相关的合规体系上。该国的合规评级采用积分制，积分高不仅有利于企业获取银行贷款，还能拓展企业参与公开招标的机会。然而，有严重违法行为的企业则无法获得这样的评级。据悉，从2012年至2021年，意大利竞争与市场管理局（AGCM）已经收到了9000至10 000份的评级申请。See OECD, Competition Compliance Programmes, Background Note, 2021, p. 16, https://web-archive.oecd.org/2021-10-31/591205-competition-compliance-programmes-2021.pdf.

[2] OECD, Competition Compliance Programmes, Background Note, 2021, p. 32, https://web-archive.oecd.org/2021-10-31/591205-competition-compliance-programmes-2021.pdf.

规激励"的指引,进一步重申,"经营者主动向反垄断执法机构报告达成垄断协议的有关情况并提供重要证据的,如果能够证明经营者积极建立或者完善反垄断合规管理制度并有效实施,且对于减轻或者消除违法行为后果起到重要作用的,反垄断执法机构可以在宽大减免范围内对经营者适用较大减免幅度"。其实,在事前已经建立反垄断合规管理体系的情况下,经营者主动向反垄断执法机构报告达成垄断协议的有关情况并提供重要证据,在很大程度上表明了其反垄断合规管理体系的有效性。因此,该指南第35条的确切执法政策含义宜解释为:"存在合规管理体系+主动报告违法行为"可以争取到"折上折"的执法优惠,即在宽大减免范围内对经营者适用较大的减免幅度。

(三)企业内部的合规激励

反垄断合规语境下的"合规激励"一词具有双重含义:一是反垄断执法机构在对违反反垄断法的行为进行调查和处理时,可以考虑企业反垄断合规管理体系的建设实施情况,并酌情给予从轻、减轻、免除处罚的优惠,此即助推企业反垄断合规建设的外部激励;二是企业从内部反垄断合规管理着眼,建立健全对员工反垄断合规行为的考核及奖惩机制,将反垄断合规考核结果作为员工及其所属部门绩效考核的重要内容,及时对违规行为进行处理,激励和督促员工自觉遵守反垄断合规管理要求。[1] 可见,反垄断合规管理体系的有效性,与企业对员工以及部门绩效的激励措施息息相关。

为了增进反垄断合规管理体系的有效性,企业内部的激励性薪酬设计应当与其他合规措施相辅相成。员工特别是高层管理人员的薪酬方案及其所蕴含的行动激励,应尽可能兼容于反垄断法的义务设定或行为要求,否则企业的反垄断合规管理体系就很难奏效。经济学的研究表明,企业高层管理人员之所以策动算法共谋等垄断行为,受到强制性的利润要求以及与此关联的工资、奖金、股票期权等薪酬上限或薪酬结构的影响。[2] 也就是说,造成算法共谋等垄断行为的更深层次诱因,可能不仅仅是相关市场的结构性条件等外部因素,同时还可能包括企业内部不合理的薪酬结构,即不适当的薪酬方案可能激励高层管理人员更积极主动地从事算法共谋等垄断行为。因此,与反垄断合规管理体系相契合的员工薪酬方案,不仅是企业内部合规激励的关键抓手,而且是缓解高层管理人员的"违法行为冲动"的长效机制。

(四)业务流程的监控和审计

将监控和审计要求融入反垄断合规管理体系,已成为业界的常规做法,这一要素

---

[1] 例如,企业为保障落实反垄断合规管理要求,建立了反垄断合规考核机制,将反垄断合规管理情况纳入业务及职能部门负责人的年度综合考核事项中。同时,定期对员工合规职责履行情况进行评价,将考核结果作为晋升任用、评先选优等工作的重要依据。对在反垄断合规管理工作中成绩突出的员工以及避免或挽回经济损失的员工,予以表彰和奖励;对违反反垄断合规管理制度的行为,依照规定追究责任。参见我国《经营者反垄断合规指南》第28条。

[2] See Emmanuel Combe & Constance Monnier, "Why Managers Engage in Price Fixing? An Analytical Framework", *World Competition*, 2020, Vol. 43, No. 1, p. 42.

对于确保反垄断合规管理体系的有效性具有基础性意义。企业之所以需要加强对业务流程的监控和审计，目的是及时识别、评估、提示、处置合规风险。尽管反垄断合规风险的识别和评估具有一定的专业性和复杂性，但企业可以根据所处行业特点和市场竞争状况，并结合自身规模、商业模式等因素，突出重点领域、关键环节和核心人员，通过强化对业务流程的监控和审计来优化反垄断合规风险的识别和评估。

实际上，算法共谋反垄断合规治理的关键一环，就是基于对业务流程的监控和审计，来及早发现和消除算法共谋风险。在此，为适应算法共谋的规律和特点，业务流程监控和审计的深度、广度需要进一步拓展，尤其需要借助算法等数字技术来提升监控和审计实效。例如，企业可以借助数字化筛查工具来识别内部的算法共谋风险，还可以通过对人工智能算法的"设计合规"来预防算法共谋的风险。下文将对此展开进一步探讨。

## 第三节　破解算法共谋的算法型反垄断合规

人工智能算法等数字技术的进步所带来的利益是普惠的、多方受益的。其不仅可以赋能消费者，孵化出制约卖方算法共谋的基于"算法型消费者"的买方抗衡势力，还可以赋能反垄断执法机构，催生出基于自动化分析、决策的"算法型反垄断"这一新型法律实施方式。此外，算法同样可以赋能企业反垄断合规管理体系建设，铸就"算法型反垄断合规"的创新合规模式，为算法共谋等合规风险的监控、识别、评估、提示、报告等提供有力支持。正是在此意义上，我国《经营者反垄断合规指南》第31条指出："鼓励经营者加强合规管理信息化建设，将合规要求和风险防控机制嵌入业务流程，强化对经营管理行为合规情况的过程管控和运行分析。"

### 一、企业内部对算法共谋的数字化筛查

如第九章所述，针对算法共谋等垄断行为的数字化筛查，其本质上是一种经验方法，即在筛查算法模型的支持下，通过数字数据集来评估相关市场的竞争状况及企业行为，以识别各种市场行为模式，并根据特定的测试参数得出企业行为是否存在可疑的竞争问题的结论。[1] 实际上，对算法共谋等垄断行为的数字化筛查，不仅是"算法型反垄断"的重点应用领域——有助于彰显反垄断执法机构依职权积极主动调查垄断协议的担当，辅助反垄断执法机构确定案件处理优先级（为正式启动调查程序提供铺

---

[1] See OECD, Data Screening Tools for Competition Investigations, OECD Competition Policy Roundtable Background Note, 2022, p. 6, https://web-archive.oecd.org/2022-10-18/643539-data-screening-tools-in-competition-investigations-2022.pdf.

垫）乃至为违法裁决提供一系列间接证据，而且是"算法型反垄断合规"的重要支撑机制——有助于企业通过数字化、信息化、智能化的方式来及时识别、评估、提示其业务体系、商业流程、重点领域、关键环节、核心人员可能存在的合规风险，尤其是各类明示或默示的算法共谋风险，从而推动企业反垄断合规管理体系提质增效。

企业在反垄断合规管理体系中嵌入数字化筛查工具还有两个额外的好处：一是能帮助企业及早发现算法共谋等合规风险并向反垄断执法机构报告（提供相应的证据），以此争取到不予调查、宽大处理、处罚减免等更有利的执法优惠。二是可以对员工产生更有力的威慑作用，因为员工明白或可以充分预见到，在人工智能算法等数字技术的强大监控、检测、筛查能力下，隐藏共谋等非法行为将变得非常困难。例如，基于人工智能算法的数字化筛查手段，企业可以监测其员工的内部通信或与外部的通信中是否存在可疑迹象，特别是监测企业高层管理人员与竞争对手的高层管理人员通信中的关键词，这对于及早发现算法共谋等违法行为具有重要作用。[1] 概言之，对算法共谋等垄断行为的数字化筛查，并非是反垄断执法机构的"专利"，它也可以嵌入到企业反垄断合规管理体系之中，提升企业快速识别、评估、提示乃至向反垄断执法机构报告算法共谋等违法行为的能力。

此外，企业在反垄断合规管理体系中构建数字化筛查机制，还能带来明显的溢出效应，即可将其用作筛查发现供应链或交易链中潜在算法共谋等垄断行为的"自我保护"措施，乃至"市场监督"措施。实际上，企业主导的数字化筛查机制可能比反垄断执法机构主导的数字化筛查机制更有效，因为企业可能拥有反垄断执法机构所没有的供应商、交易相对方的大量数据，从而使基于人工智能算法的筛查工具能够在更全面、更优质的数据集上运行。换言之，企业主导的数字化筛查机制发现供应链或交易链中潜在算法共谋等非法行为的能力可能更强，可靠性也可能更高。例如，德国联邦铁路公司（Deutsche Bahn）利用结构性筛查来识别容易形成卡特尔的市场，并要求那些被标记为在高风险市场运营的供应商引入或维持有效的反垄断合规计划。德国联邦铁路公司还计划加大行为性筛查的力度，以进一步识别其供应链中可能存在的供应商卡特尔。[2] 鉴于企业和反垄断执法机构部署的数字化筛查工具具有不同的筛查潜力，加强二者之间的合作将会大有裨益。例如，如果企业的数字化筛查工具发现并报告了可疑迹象，反垄断执法机构将评估分析筛查结果，以决定是否采取进一步行动。再如，企业的筛查结果数据、算法底层数据、算法训练及微调数据、用于筛查的算法模型源代码等，在符合相关法律法规要求的前提下，可能有必要向反垄断执法机构披露或共享。

---

[1] See Ai Deng, From the Dark Side to the Bright Side: Exploring Algorithmic Antitrust Compliance, https://www.lexology.com/library/detail.aspx?g=41d583ca-64a4-4f13-8276-1273c2aba17d.

[2] See Hannes Beth & Oliver Gannon, "Cartel Screening-Can Competition Authorities and Corporations Afford not to Use Big Data to Detect Cartels?", *Competition Law & Policy Debate*, 2022, Vol. 7, No. 2, pp. 1-12.

## 二、算法审计和"设计合规"

算法在商业领域广泛应用，在优化企业经营决策和业务流程体系的同时，也夹杂着不容忽视的风险挑战和垄断效应，特别是算法共谋效应。因此，作为反垄断合规的重要内容，对嵌入在企业业务流程体系各环节的算法进行审计，[1]确保算法"设计合规"，对于从源头上预防算法共谋等合规风险具有至关重要的现实意义。

原则上，企业所设计部署的算法中不应当含有便利于算法共谋的任何代码指令，如"规避竞争""减少竞争""与竞争对手维持联合利润最大化"等直接服务于促成协调或共谋的代码指令，或者如"跟进或匹配最大竞争对手的策略""根据竞争对手对信号的反应在共谋和非共谋定价决策之间切换""允许其他竞争者读取算法或获取运行数据"等有助于间接形成协调或共谋的代码指令。为此，企业在对算法进行审计时，可能需要仔细阅读数以万计的代码行，理解其整体结构，包括主要的函数、类、模块和它们之间的关系；识别主要的输入和输出，以及它们是如何在算法中使用的；理解算法的核心逻辑，如涉及对条件语句、循环、递归和其他控制结构的分析；跟踪变量的变化，理解它们是如何影响算法的输出和性能的；分析算法的时间复杂度和空间复杂度，了解它在不同输入规模下的性能表现；乃至利用集成开发环境（IDE）或代码编辑器提供的工具和功能，或者使用调试器逐步执行代码、观察变量的变化和执行流程，以此更加高效地识别出可能导致算法共谋风险的代码行。

然而，也应当看到，算法代码审计复杂且耗时，并且在一些情况下，针对算法代码的审计机制可能不可行，因为算法共谋等有害活动可能并非源于算法的明确编码，而是一种突现的属性。进一步讲，代码审查（包括对底层数据的审查），只是算法审计的方式之一。迄今为止，还没有一个涵盖所有相关标准和指导方针的集中式算法审计分析框架。人工智能算法的类型繁杂，其可以是简单的算法（如决策树），也可以是复杂的算法（如神经网络）。因此，企业乃至反垄断执法机构或监管机构确定算法审计的方法和程度，将取决于具体算法的特性和复杂性。除代码审计以外，学术文献中经常提及的几种可能的算法审计方法还包括：用户调查（User Survey）、抓取审计（Scraping Audit）、API审计（API Audit）、伪装审计（Sock-puppet Audit）和众包审计（Crowd-sourced Audit）。可将它们概称为无需访问算法代码及其底层数据的算法审计方法（参见表10-3）。

---

[1] 人工智能系统的可审计性（Auditability），是指人工智能系统的算法、数据和设计流程能够接受评估的能力，尤其是确定系统是否按预期工作的能力。可审计性并不一定意味着与人工智能系统相关的商业模式和知识产权信息必须始终公开可用。确保从人工智能系统的早期设计阶段就开始实施可追溯性和日志记录机制，有助于实现系统的可审计性。See EU-U.S. Trade and Technology Council, Terminology and Taxonomy for Artificial Intelligence Second Edition, https://digital-strategy.ec.europa.eu/en/library/eu-us-terminology-and-taxonomy-artificial-intelligence-second-edition.

表 10-3　无需访问算法代码及其底层数据的算法审计方法[1]

| 审计方法 | 描述 | 目的 | 挑战 |
| --- | --- | --- | --- |
| 用户调查 | 审计员进行调查或进行用户访谈，以收集平台上用户体验的描述性数据。 | 收集平台上用户体验的信息，以大致描述可能出现问题行为的类型，然后可以进一步调查。 | 这种方法容易受到社会科学调查中常见问题的影响，比如以特定方式回答的压力、人类记忆不可靠。 |
| 抓取审计 | 审计员直接从平台上抓取数据，通常是通过编写代码（即网络爬虫）来自动点击或滚动网页，以收集感兴趣的数据（例如，用户发布的文本）。 | 理解平台上呈现的内容，特别是做出描述性陈述（例如，"这个比例的搜索结果包含了这个术语"）或比较不同群体或术语的结果。 | 这需要为每个数字平台开发一个定制工具，这可能很脆弱，因为网站布局的小幅（合法）更改可能会破坏程序。 |
| API 审计 | 审计员通过平台提供的编程接口访问数据，该接口允许他们编写计算机程序来向平台发送和接收信息，例如，API 可能允许用户发送搜索词，并获取与该搜索词匹配的文章。 | 与抓取审计相比，通过编程接口更容易访问数据，便于自动化收集描述性声明或进行比较工作。 | 公开可用的 API 可能无法为审计员提供他们所需的数据。在信息收集能力方面，审计员可以让平台提供对更多 API 甚至自定义 API 的访问，但这可能需要平台进行额外的工程工作。 |
| 伪装审计 | 审计员使用计算机程序在平台上模拟用户，这些程序被称为"马甲"（Sock Puppets）。平台针对编程用户生成的数据将被记录并分析。 | 了解特定用户配置文件或一组用户配置文件在平台上可能会遇到的情况。 | 需要注意的是，"马甲"仅仅是模拟用户，它们并非真实用户，因此最多只能作为个人用户活动和体验的代理。 |

---

[1] 资料来源：Ada Lovelace Institute, Technical Methods for Regulatory Inspection of Algorithmic Systems（December 2021），https://www.adaloveaceinstitute.org/wp-content/uploads/2021/12/ADA_Technical-methods-regulatory-inspection_report.pdf.

续表

| 审计方法 | 描述 | 目的 | 挑战 |
|---|---|---|---|
| 众包审计 | 众包审计（有时被称为"神秘购物者"）利用真实用户在使用平台时收集平台上的信息，要么通过手动报告体验，要么通过自动化手段（如浏览器扩展）报告体验。 | 观察用户在平台上体验的内容，以及不同特征的用户是否正在体验不同的内容。 | 这种方法需要对每个被审计的平台采取定制的数据收集方法，通常依赖于网页抓取技术；到目前为止，仅在桌面上演示过，尚未在移动设备上演示，因此可能会歪曲结果或忽视移动体验。 |

应当看到，对算法进行精准审计并确保"设计合规"，并非易事。到目前为止，无论是我国的《经营者反垄断合规指南》还是美国、英国、法国等司法辖区的反垄断合规指引，都尚未提供关于它们对有效的人工智能算法合规的期望以及具体指导。显然，开展这一工作面临诸多挑战，不仅涉及传统的法学、经济学、管理学问题，还涉及诸多晦涩难懂的数据科学、软件工程等计算机科学以及统计学乃至神经科学问题。尽管人工智能算法的反垄断合规（包括审计方法）指引在相关指南中尚付阙如，但经济与合作发展组织（OECD）等机构所倡导的人工智能原则（《人工智能委员会建议》）可以是企业在当前商业流程中负责任地使用人工智能算法的一个良好起点。

经济与合作发展组织（OECD）的《人工智能委员会建议》于2019年5月获批通过。该建议分别于2023年11月和2024年5月被修订，以更新人工智能系统的定义，反映政策和技术的发展。该建议也是二十国集团《人工智能原则》的基础，并在新兴的人工智能法律、法规和治理框架中有所体现，包括但不限于欧盟《人工智能法案》、欧洲委员会《关于人工智能、人权、民主和法治的公约框架》以及美国国家标准与技术研究院（NIST）《风险管理框架》等标准组织的规范性文件。该建议为所有利益相关者负责任地管理值得信赖的人工智能（算法），设定了基于五个价值的原则。[1]

第一，包容性增长、可持续发展和福祉。利益相关者应积极参与可信赖人工智能的负责任管理，以追求对人类和地球有益的结果，如增强人类能力和创造力，推动代表性不足群体的融入，减少经济、社会、性别和其他方面的不平等，以及保护自然环境，从而激发包容性增长、福祉、可持续发展和环境可持续性。

第二，尊重法治、人权和民主价值观，包括公平和隐私。人工智能参与者（AI Ac-

---

[1] See OECD, Recommendation of the Council on Artificial Intelligence (OECD/LEGAL/0449), https://legalinstruments.oecd.org/en/instruments/OECD-LEGAL-0449.

tors）[1]应在整个人工智能系统生命周期中尊重法治、人权、民主和以人为本的价值观。具体包括非歧视和平等、自由、尊严、个人自主性、隐私和数据保护、多样性、公平、社会正义以及国际公认的劳工权利。这还包括解决由人工智能放大的错误信息和虚假信息问题，同时尊重言论自由和其他受国际法保护的权利和自由。为此，人工智能参与者应采取相关机制和保障措施，如设置人类机构并确保其监督的能力，包括以适合具体情境和与最新技术水平相一致的方式解决因超出预期目的的使用、故意误用或无意误用而产生的风险。

第三，透明度和可解释性。人工智能参与者应致力于关于人工智能系统的透明度和负责任披露。为此，人工智能参与者应提供与具体情境相适应且符合最新技术水平的有意义的信息：①培养公众对人工智能系统的普遍理解，包括其能力和局限性；②使利益相关者了解或知道他们在与人工智能系统交互，包括在工作场所中的交互；③在可行和有用的情况下，提供关于导致预测、内容、建议或决策的数据输入来源、因素、过程和逻辑的简单易懂的信息，使受人工智能系统影响的人能够理解输出；④提供信息，使受人工智能系统不利影响的人能够质疑其输出。

第四，稳健性、安全性和保障措施。首先，人工智能系统应在其整个生命周期内保持稳健、安全和有保障，以便在正常使用、可预见的使用或误用等其他不利条件下，它们能够正常运行，并且不会构成不合理的安全或保障风险。其次，应酌情建立机制，以确保如果人工智能系统有可能造成过度损害或表现出不良行为，它们可以根据需要进行安全地控制、修复和停用。最后，在技术上可行的情况下，还应建立机制以加强信息完整性，同时确保尊重言论自由。

第五，可问责性。根据其角色、具体情境以及与最新技术水平相一致的要求，人工智能参与者应对人工智能系统的正常运行以及对上述原则的遵从负责。为此，人工智能参与者应确保与人工智能系统生命周期中制作的数据集、过程和决策相关的可追溯性，以便根据具体情境和与最新技术水平相一致的要求，对人工智能系统的输出和询问响应进行分析。此外，人工智能参与者应根据其角色、具体情景以及行动能力，对人工智能系统生命周期的每个阶段持续应用系统性的风险管理方法，并采取负责任的商业行为来解决与人工智能系统相关的风险，包括在适当的情况下，通过不同的人工智能参与者、人工智能知识和资源供应商、人工智能系统用户以及其他利益相关者之间的合作来应对风险。

---

[1] 人工智能参与者主要是指在人工智能系统生命周期中发挥积极作用的个体或组织，包括部署或运营人工智能的组织和个人，主要有四类：①人工智能知识和资源供应商；②积极参与人工智能系统的设计、开发、部署和运营的行为者；③人工智能系统的用户；④受人工智能影响的个人（群体）、实体等利益相关者。See OECD, Advancing Accountability in AI: Governing and Managing Risks Throughout the Lifecycle for Trustworthy AI, 2023, p. 23, https://www.oecd-ilibrary.org/docserver/2448f04b-en.pdf.

### 三、反垄断合规机制的效用限度

反垄断合规特别是事前的反垄断合规，不是企业一时一隅的应付之举或权宜之计，而是以预防和降低算法共谋等垄断行为风险为目的，以企业经营行为及其员工履职行为为对象，涉及领导、环境、策划、支持、运行、评价、改进等诸多合规要素的有组织、有计划、全流程的管理活动。在事前建立健全反垄断合规（包括算法型反垄断合规）管理体系，有助于从源头上避免企业及其员工从事算法共谋等垄断行为，同时也有助于节约紧缺的反垄断公共资源。但是，这种美好的期许往往很难落到实处。就企业自身因素而言，企业可能不具有自觉履行法定义务的积极意愿，可能不具有适当履行法定义务的健全意识，也可能不具备有效履行法定义务的充足资源。这些都是反垄断合规机制难以完全发挥其应然效用的内部制约因素。鉴于上文对此已有详细论述，此处不赘。

这里要强调的是，看待反垄断合规的效用不能全然站在"好人"的视角，否则就太过于理想主义了。现实中总是有企业及其员工对反垄断法有关禁止垄断协议、滥用市场支配地位等行为的义务规定漠不关心甚至心存侥幸，即该等主体作为反垄断法的外部观察者，起初自己并不接受反垄断法设定的义务，而仅仅说出其他主体接受该等义务的事实，并且只有当违反反垄断法、面临制裁时才关心和被迫接受反垄断法，进而才被动地采取事中、事后的反垄断合规举措。可见，在"好人"与"坏人"（即哈特意义上的"内部陈述者"与"外部观察者"）并存的市场环境中，反垄断合规机制的有效性不仅取决于企业及其员工的自觉、自省、自愿，更加取决于反垄断法强有力的制裁、处罚和威慑。在从事算法共谋等垄断行为后，如果没有针对企业及其员工的罚款、没收违法所得甚至监禁等处罚（刑罚）以及由此产生的威慑戒惧效应作为后盾，期望企业特别是那些站在"坏人"视角的企业建立有效的反垄断合规管理体系，无异于痴人说梦。可见，就反垄断法的实现而言，不仅需要有力的反垄断执法（制裁和威慑），而且需要基于此产生的强大的合规激励与守法动力。近年来不少学者认为，获取企业的合规承诺以及在企业内建立合规文化，是反垄断法实施的核心目标。例如，"获取合规承诺是反垄断救济体系的核心，但以惩罚为支撑的简单威慑不能够帮助反垄断执法机构实现上述目标"，[1] 以及"仅仅依靠传统的执法手段（即罚款和个人制裁）可能无法产生真正的合规承诺，因为它没有直接解决社会对被监管行为道德性的看法，而仅仅是对不遵守法律的行为进行定价，因此重点应该放在如何培养合规文化上，而不仅仅是放在违法主体对不遵守法律的恐惧上"。[2] 以上观点虽然有其合理性成分，

---

〔1〕 喻玲：《从威慑到合规指引 反垄断法实施的新趋势》，载《中外法学》2013年第6期。
〔2〕 Anne Riley & D. Daniel Sokol, "Rethinking Compliance", *Journal of Antitrust Enforcement*, 2015, Vol. 3, No. 1, p. 34.

但是撇开执法、制裁、处罚、威慑等概念来孤立地谈论反垄断合规、合规承诺、合规文化等愿景，显然脱离了逻辑，误解了现实，也背离了法律的精神。其要害在于，我们不能天真地把反垄断法想象成全部是"自愿性内容"，也不能把现实中的企业全部当成"好人"，而漠视反垄断法中的"强制性内容"，忽视现实中大量存在的"坏人"企业。[1]

概言之，反垄断合规机制效用的发挥，还受到反垄断执法及其制裁处罚和威慑戒惧效应的制约。针对算法共谋等垄断行为，如果没有强有力的执法惩处举措，反垄断法的特别威慑和普遍威慑的效果就难以树立，进而无论涉案企业还是未涉案的企业，其采取有针对性的反垄断合规举措的动机和动力也会减弱。然而，我国目前反垄断法实施的"威慑水平"似乎还有改进空间，因而在一定程度上可能会制约反垄断合规的效用。有学者通过对365份行政处罚决定书的统计分析，得出我国反垄断罚款裁量的不成文基准，进而发现反垄断执法机构在罚款裁量因素的选取和裁量效果的确定上均存在很大的酌处空间，法定裁量因素未起到应有的作用，罚款的整体威慑水平较低。[2] 鉴于执法制裁以及由此产生的威慑戒惧效应是获取合规承诺、培育合规文化的前提和基础，为了提升反垄断合规机制在预防算法共谋等垄断行为中的效用，我们应高度重视反垄断法律责任特别是罚款等制裁措施的制度优化和实践改进。

---

[1] 参见刘星：《法律是什么——二十世纪英美法理学批判阅读》，中国法制出版社2019年版，第19~33页。
[2] 参见王健、方翔：《中国反垄断罚款裁量的不确定性及其克服》，载《社会科学战线》2021年第5期。

# 第十一章 算法共谋的市场竞争状况评估机制

迈入人工智能和数字经济时代，企业竞争行为特点和市场结构条件深刻变化，催生出诸如算法共谋、自我优待、"扼杀式"收购等一系列新兴竞争问题。反垄断执法机构对该等行为进行有效规制，需要对它们的发生机理、确切性质、损害理论、法律适用路径等形成准确理解和把握，这个离不开通过市场竞争状况评估所储备的扎实信息基础和充分理论准备。同时也应当看到，反垄断执法并非总是解决算法共谋等新兴竞争问题的最佳手段，通过市场竞争状况评估及其结论性建议的作用，算法共谋等新兴竞争问题可能在法律制修订、监管措施变革、企业自律合规、消费者教育启示等多元方案的协同作用下得到更有效的解决。尽管正式或非正式的市场竞争状况评估早就存在于诸多反垄断司法辖区的竞争政策实践，但近年来，市场竞争状况评估作为反垄断执法之外促进竞争的一种工具，其受重视程度与日俱增。仅就经济与合作发展组织（OECD）对市场竞争状况评估的重视程度来看，其分别于2008年、2014年、2016年、2018年、2020年、2021年、2023年从多个角度对市场竞争状况评估展开了详略不同的调研或探讨。[1] 不难预料，人工智能和数字经济时代市场发展和变化的速度越快，反垄断执法机构对市场竞争状况评估工具的需求就越强烈，因为市场竞争状况评估有助于反垄断执法机构高效识别和精确诊断包括算法共谋在内的各类新兴竞争问题。

## 第一节 市场竞争状况评估的理论基础

市场竞争状况评估是一种检视广泛竞争问题的竞争政策（竞争倡导）工具。各反垄断法域对市场竞争状况评估的称谓不同，但内涵趋同，都关注企业行为、市场结构等因素对市场功能或竞争机制的影响。市场竞争状况评估的目的多样，包括为执法行动提供支持、推动立法修法、深化反垄断执法机构对市场的了解等。在人工智能和数字经济时代，市场竞争状况评估还有特别目的，即聚焦新兴数字市场，识别和诊断新

---

[1] See OECD, Market Studies and Competition, https://www.oecd.org/daf/competition/market-studies-and-competition.htm.

兴竞争问题，进而为反垄断执法或监管提供理据支持，促进企业反垄断合规，更好地预防垄断行为。

## 一、市场竞争状况评估的内涵和性质

在反垄断以及竞争政策领域，市场竞争状况评估也称"市场研究"（Market Studies），是一个有着特定含义的概念。它是反垄断执法机构在垄断协议、滥用市场支配地位调查和经营者集中审查之外，用以检视、分析、评估某个市场或行业的更广泛竞争问题的灵活工具。[1] 不同国家和地区对市场竞争状况评估有不同的称谓，例如欧盟及其成员国称之为部门审查（Sector Inquiries）、美国称之为一般性研究（General Studies）、南非称之为市场审查（Market Inquiries）、爱沙尼亚称之为竞争状况分析（Analysis of the Competition Situation）、意大利称之为事实发现审查（Fact-finding Inquiries）、日本称之为事实发现调查（Fact-finding Surveys）等。[2] 在我国，与上述称谓相近的概念是市场总体竞争状况调查评估，《反垄断法》第12条规定："国务院设立反垄断委员会，负责组织、协调、指导反垄断工作，履行下列职责：……（二）组织调查、评估市场总体竞争状况，发布评估报告……"[3] 尽管不同反垄断法域对市场竞争状况评估的称谓有所不同，但它们的内涵是趋同的。市场竞争状况评估与针对个别企业的反垄断执法行动不同，它是一种调查研究项目，旨在深入了解行业、市场或市场行为的运作方式。市场竞争状况评估与以下一个或多个方面因素引发的市场功能问题密切相关：①企业行为；②市场结构；③信息失灵；④消费者行为；⑤行业监管机构或其他公共部门对市场的干预（无论是通过政策或法规，还是直接参与市场的供应或影响市场的需求）；⑥其他可能导致消费者受损的因素。[4]

从性质上看，市场竞争状况评估并非是一套针对涉嫌违法行为的反垄断执法程序，而是属于广义竞争政策的范畴，具言之，即是竞争政策项下竞争倡导的一种工具。从广义上讲，竞争政策是指保护、维持和发展竞争性市场体制所采取的各种政策措施和

---

[1] See OECD, Using Market Studies to Tackle Emerging Competition Issues, Background Note, 2020, p. 7, https://web-archive.oecd.org/2021-10-31/567287-using-market-studies-to-tackle-emerging-competition-issues-2020.pdf.

[2] 参见王继平、王若兰：《作为竞争政策工具的市场研究》，载《竞争政策研究》2017年第4期。

[3] 认定一个行为是否构成反垄断法规定的垄断行为，要结合市场总体竞争状况判断其是否排除、限制市场竞争。因此，调查、评估市场总体竞争状况，并发布评估报告，为反垄断执法提供参考和依据，是国务院反垄断委员会的一项重要职责。参见王翔主编：《中华人民共和国反垄断法解读》，中国法制出版社2022年版，第47页。

[4] 该手册进一步指出，"市场"一词在市场竞争状况评估的背景下使用，并不一定指反垄断执法机构在执法案件中需要经常界定的相关市场，它是一个更广泛的概念，包括特定行业、部门或市场领域。See ICN Advocacy Working Group, Market Studies Good Practice Handbook, 2016, p. 3, https://www.internationalcompetitionnetwork.org/wp-content/uploads/2018/09/AWG_MktStudiesHandbook.pdf.

制度体系。[1] 一般认为，反垄断执法和竞争倡导是健全有效的竞争政策体系的基础性政策工具。所谓竞争倡导（Competition Advocacy），也称竞争推进，是指反垄断执法机构实施的除执法以外的所有改善市场竞争环境的行为。[2] 之所以说市场竞争状况评估是竞争倡导的一种工具，是因为通过市场竞争状况评估来洞悉企业行为、市场结构、消费者行为、监管政策或其他公共政策等因素如何对市场功能（竞争机制）产生不利影响，能够帮助反垄断执法机构夯实信息基础和知识储备，更好地采取有针对性的行动，从而恢复和维持有效竞争。

**二、市场竞争状况评估的一般目的**

现实中，反垄断执法机构之所以开展市场竞争状况评估，其目的不一而足，包括但不限于下列情形：[3]

第一，当怀疑某个行业存在反竞争行为，但反垄断执法机构不知道竞争问题的确切性质和来源时，市场竞争状况评估可作为潜在执法行动的前奏，即通过市场竞争状况评估来获取信息、发现证据、澄清损害理论、理顺行为定性思路乃至为补救（救济）措施铺垫基础，并为启动正式执法调查提供支持。

第二，相关行业或市场中虽然没有涉嫌违反反垄断法的行为，但市场的运转情况、绩效表现对消费者并不友好甚至非常不利，为了识别问题的成因并形成有效的解决方案，此时市场竞争状况评估可作为立法修法建议、监管变革建议、企业自我规制或合规管理指引等竞争倡导举措的先导性步骤。

第三，市场竞争状况评估可以提高反垄断执法机构对特定市场或行业的了解，有助于反垄断执法机构储备关于市场或行业的专门知识，并对相关产业技术（如人工智能、云计算、区块链等数字技术）、产业组织以及市场结构、市场行为、市场绩效等形成较为通透的理解和把握，这对于快速发展的市场（如数字经济领域）特别有用。

第四，市场竞争状况评估有助于教育、启示、引导消费者，如帮助消费者缓解短视、偏见、冲动、情绪化等消费过程中的非理性因素。此外，面对消费者、新闻媒体等社会公众已表露出的对特定行业或相关行为的竞争担忧，市场竞争状况评估是一种

---

[1] 广义竞争政策具体包括反垄断政策、私有化政策、放松管制政策、对外开放政策、贸易自由化政策、垄断行业的竞争性改革、行政性垄断的竞争性规制、经济政策的竞争性评估，等等。此外，最广义的竞争政策是指所有与市场竞争相关的政策，包括促进市场竞争的政策和抑制市场竞争的政策。而狭义的竞争政策一般是指反垄断政策，其政策工具主要是反垄断法，作用的对象主要是垄断协议、滥用市场支配地位、经营者集中。关于我国竞争政策的体系内容，有学者认为应主要包括五大部分：①有效的竞争法律制度（以反垄断法为核心）；②垄断行业的竞争性规制；③政府反竞争行为的规制；④国有企业垄断行为的规制；⑤竞争推进（包括市场竞争状况评估）和竞争文化建设。参见徐士英：《竞争政策研究——国际比较与中国选择》，法律出版社2013年版，第12~18页。

[2] 参见时建中主编：《反垄断法学》，中国政法大学出版社2024年版，第230页。

[3] See ICN Advocacy Working Group, Market Studies Project Report, 2009, pp.31-35, https://www.internationalcompetitionnetwork.org/wp-content/uploads/2018/09/AWG_MktStudiesReport2009.pdf.

有效的回应机制，有助于向消费者、新闻媒体等社会公众澄清相关竞争问题，以验证或打消上述竞争担忧。

第五，市场竞争状况评估可以充当一种执法政策指引机制，即用以阐明反垄断执法机构如何适用反垄断法的原则性、抽象性的规定来处理某个行业或市场领域中的涉嫌违法行为。这有利于增进企业等市场主体对反垄断法的理解和合规体系的建设，同时也有利于减轻反垄断法的不确定性，提升社会公众的反垄断法律意识，从而推动形成更加优质的竞争文化。[1]

第六，市场竞争状况评估的成果可用于敦促行业监管机构以及隐私、数据信息保护等领域的横向监管机构、其他政府部门、消费者协会、企业等，提高消费者对重要信息的可访问性以及可获取信息的质量，以改善消费者的信息结构和市场处境。

第七，市场竞争状况评估可作为对立法机构、监管机构提出的未来立法规划、监管举措的"反思"机制，即通过市场竞争状况评估的结论性成果，促使相关立法或监管措施融入市场竞争的理念和价值，即通过竞争倡导力争把该等立法或监管措施对竞争的不利影响降至最低。

第八，市场竞争状况评估还可以作为督促企业改变其现有做法、加强自我规制的"助推"机制，即当市场竞争状况评估的结果表明企业的一些做法虽然暗含竞争担忧，但这些做法并不构成可以通过执法行动解决的违反反垄断法的行为时，鼓励、引导企业加强自我规制，不失为一种面向市场主体的有效竞争倡导措施。

第九，一项高质量的市场竞争状况评估还可能推动更广泛、更深入的其他市场竞争状况评估的开展，起到把问题和盘托出、连根拔起的作用。例如，当手头的市场竞争状况评估的结果发现，导致下游市场竞争问题的根源在于上游市场或跨平台市场的企业所具备的强大市场势力及其不当行为，那么就可以在更多的相关市场领域开展市场竞争状况评估，以完整清晰地呈现"问题链"和"症结点"，进而为启动反垄断执法等下一步行动做足准备。[2]

### 三、人工智能时代市场竞争状况评估的特别目的

人工智能时代同时也是数字经济时代。随着数字产业化和产业数字化的加速演进，以电子商务、即时通讯、社交、搜索、出行、支付、短视频等平台业态为代表的数字

---

[1] 郝俊淇、刘维俊：《反垄断指南的功能探讨》，载《中国价格监管与反垄断》2015年第9期。
[2] 此外，经济与合作发展组织（OECD）对市场竞争状况评估的目的也有相应归纳和总结，其在2016年发布的报告中指出：市场竞争状况评估的目标很广泛，且因司法管辖区而异，最常见的目标是通过市场竞争状况评估来进行竞争倡导，增强反垄断执法机构对特定行业的了解，以及在发现证据以启动调查时支持反垄断执法机构的执法工作等。See OECD, The Role of Market Studies as a Tool to Promote Competition, Background Note by the Secretariat, 2016, pp. 6-8, https：//one.oecd.org/document/DAF/COMP/GF（2016）4/en/pdf.

经济,[1] 展现出迥异于传统经济的运行机制和竞争特点。具体来说，企业的竞争行为通常以实现和巩固用户规模基础、网络效应、多边架构、平台生态为导向，且较之以往更加专注于数据、算法、算力、流量、质量、用户注意力等非价格维度的竞争。[2] 上述市场竞争和企业行为特点的变化，不仅加速市场结构以及企业数量、进入难度、信息透明度、产品质量等结构性条件的深刻改变，使数字化程度越高的市场越有可能展现出"重大且持续的垄断势力""根深蒂固的市场支配地位""市场倾覆""平台垄断""数据垄断""算法垄断""赢者通吃"等消极倾向，而且引发了诸多能被人们隐约感知但却难以准确把握的疑似"垄断行为"，即一系列新兴竞争问题。这些新兴竞争问题导源于市场结构条件和企业竞争行为的重大变化，包括但不限于如下情形：一是数字经济领域企业运用算法等数字技术达成和实施垄断协议，即本书所探讨的算法共谋行为；二是数字经济领域企业基于经营者和管理者的双重身份和利益冲突，实施算法价格歧视（个性化定价）、自我优待、限制互操作（阻碍互联互通）、过度处理用户数据、隐私政策搭售等滥用市场支配地位行为;[3] 三是可能导致数据、信息、流量等数字资源严重不对称聚集或者算法等数字技术两极化悬殊累积的反竞争并购，以及恶意并购初创企业进而扼杀创新的"掐尖式"并购或"根茎式"并购等。[4]

在此，人工智能和数字经济时代市场竞争状况评估的特别目的，就是了解新兴数字市场，准确把握其中的新兴竞争问题，澄清潜在有害行为的确切性质和垄断机理，促进企业反垄断合规，预防垄断行为的发生，为反垄断执法行动或相关监管动议提供扎实的理据事实支撑。[5]

第一，市场竞争状况评估能够帮助在数字经济领域运作的企业更好地了解其所在市场，知悉诸如算法共谋、轴辐协议、平价条款、算法价格歧视、自我优待、"掐尖式"并购等行为的确切性质，把握该等行为违法与合法的边界，从而更通透地理解反垄断法（化解反垄断法的不确定性），更有效地进行反垄断合规管理建设，更有预见性地避免经营中的反垄断合规风险。

第二，市场竞争状况评估还为反垄断执法机构提供了数字经济领域市场和行为运

---

[1] 所谓数字经济，是继农业经济、工业经济之后的主要经济形态，是以数据资源为关键要素，以现代信息网络为主要载体，以信息通信技术融合应用、全要素数字化转型为重要推动力，促进公平与效率更加统一的新经济形态。参见《国务院关于印发"十四五"数字经济发展规划的通知》，载 https://www.gov.cn/zhengce/content/2022-01/12/content_5667817.htm，最后访问日期：2024年6月3日。

[2] OECD, Non-price Effects of Mergers, Background Note by the Secretariat, 2018, https://one.oecd.org/document/DAF/COMP（2018）2/en/pdf.

[3] 参见时建中、马栋：《双重身份视角下平台自治与反垄断监管的界限》，载《竞争政策研究》2020年第4期。

[4] 参见郝俊淇：《论平台经济领域反垄断的恢复性救济》，载《财经法学》2023年第3期。

[5] See OECD, Using Market Studies to Tackle Emerging Competition Issues: Executive Summary, 2020, p.2, https://one.oecd.org/document/DAF/COMP/GF（2020）11/en/pdf.

作方式的深入知识，使反垄断执法机构在调查算法共谋等难以定性的疑似违法行为时，能更精准地进行处理和追责。实际上，在人工智能和数字经济时代，市场竞争状况评估是反垄断执法机构不可或缺的"自学习和自适应"机制，而良好的知识基础（Knowledge Base）是反垄断执法机构捍卫竞争价值、透视商业样态、识别违法行为、开展有效执法活动和倡导活动的前提。[1]

第三，由于市场竞争状况评估具有广背景、大视野、宽视角的特点，它还有助于发现反垄断执法和竞争政策鞭长莫及的问题。也就是说，为了应对算法共谋、自我优待等数字经济领域的"顽疾"，市场竞争状况评估可以阐明从反垄断执法、竞争政策、监管（直接监管/事前监管）或其他政策角度解决问题的多元化选择。例如，对于像平台经济这样快速变化的市场领域，英国在对数字在线广告和数字平台进行市场竞争状况评估后，建议政府为在线数字平台建立有利于竞争的事前监管制度。[2]

其实，新兴竞争问题在传统经济领域也可能出现，如美国联邦贸易委员会（FTC）对专利主张实体（PAEs）的调查评估项目，试图通过探索和分类这些实体的商业模式和行为来揭示一个相对未知的行业。这项评估提出了诸多建议，旨在促进专利权人的利益，同时尽量减少可能阻碍创新、妨碍竞争和通过不必要的诉讼提高专利许可价格的行为。[3] 但是，在人工智能和数字经济时代，新兴竞争问题出现的频次更高、样态更多、影响也更深。经济与合作发展组织（OECD）2020 年发布的关于市场竞争状况评估的报告，一方面将"新兴竞争问题"界定为：某些新的市场特征、相关市场中企业行为或消费者行为的变化、市场中出现新的公共部门干预等而对竞争构成的威胁；另一方面指出，在人工智能和数字经济时代处理新兴竞争问题较之以往的一个主要区别在于，市场变化的速度越来越快，因而反垄断执法机构在保持行动严谨的同时，也面临着迅速行动的压力。该报告进一步强调，在考虑新兴竞争问题时，不应忽视时间维度的重要性。

一方面，新兴竞争问题（即对竞争的新威胁），可能源于未来市场特征的风险。例如，欧盟委员会在 2020 年开展了一项针对与物联网（IoT）相关的消费品和服务市场的市场竞争状况评估（部门审查），其中包括智能家居设备、可穿戴设备等传感器或智能终端。尽管上述市场在欧盟乃至全球的发展还处于初创阶段，但有迹象表明，某些企业的行为可能会在市场的结构性层面扭曲竞争，即借助于传感器或数字助手等智能

---

[1] See ICN Agency Working Effectiveness Working Group, Competition Agency Evaluation, 2016, p. 2, https://www.internationalcompetitionnetwork.org/wp-content/uploads/2018/05/AEWG_APMEvaluation.pdf.

[2] See U. K. CMA, Online Platforms and Digital Advertising: Market study final report (1 July 2020), https://assets.publishing.service.gov.uk/media/5fa557668fa8f5788db46efc/Final_report_Digital_ALT_ TEXT.pdf.

[3] See U. S. FTC, Patent Assertion Entity Activity: An FTC Study (October 2016), https://www.ftc.gov/system/files/documents/reports/patent-assertion-entity-activity-ftc-study/p131203_patent_assertion_entity_activity_an_ftc_study_0.pdf.

终端设备收集大量数据，然后通过自我优待、独家交易等方式策略性地滥用这些数据，从而巩固企业的市场势力，妨碍有效竞争，损害消费者利益。[1]

另一方面，新兴竞争问题也可能源于现有市场特征的风险。如前文所述，当下，算法在商业领域的普遍运用，简化或放宽了传统上与共谋风险密切相关的一系列市场条件（如市场复杂度条件、企业对称性条件、市场透明度条件等），因而加剧了共谋风险。为了更清晰地了解算法共谋在数字商业生态中的普遍性程度和更清楚地把握算法共谋的发生机理，欧盟委员会早在 2017 年就开展了针对电子商务部门的市场竞争状况评估，重点分析自动软件程序（算法）可能带来的竞争威胁。评估发现，这些软件程序的确可以根据观察到的竞争对手价格来及时快速地调整自身价格，因而有可能促成算法共谋。[2]

## 第二节 算法共谋背景下市场竞争状况评估的实质关注

鉴于算法默示共谋目前还缺乏现实案例，人们对其确切性质、损害效果、认定规则、责任归结等认识还存在诸多模糊之处，因此算法共谋背景下的市场竞争状况评估，应将算法默示共谋作为核心关注，重点评估算法主导或辅助企业达成、实施共谋的可能性和可行性。其中的验证要点包括但不限于企业运用算法进行定价或决策的占比、算法对市场透明度的影响、算法的高频互动性对共谋的影响，以及算法性能及处理数据的复杂性层级对共谋的影响等。

### 一、重点关注算法默示共谋

如本书第四章所述，算法共谋在类型上分为监测式算法共谋、轴幅式算法共谋、代理式算法共谋、自主式算法共谋。其中，监测式算法共谋、轴幅式算法共谋仍然存在互信交流、共识沟通、信息传递、人际互动等直接或间接的意思联络，因而可将此二者统称为算法明示共谋。但是，代理式算法共谋、自主式算法共谋是典型的算法默示共谋，其间不存在互信交流、共识沟通、信息传递、人际互动等任何直接或间接的意思联络。此二者之所以被称作算法默示"共谋"，是因为算法利用彼此意识到的依赖关系在价格和产量等决策方面达致了非竞争的均衡，形成了近似于竞争者明示共谋的负面结果。算法明示共谋和算法默示共谋的类型和含义参见表 11-1。

---

[1] See European Commission, Antitrust: Commission launches sector inquiry into the consumer Internet of Things (IoT), https://ec.europa.eu/commission/presscorner/detail/en/IP_20_1326.

[2] See European Commission, Sector Inquiry into E-commerce (2017), https://competition-policy.ec.europa.eu/sectors/ict/sector-inquiry-e-commerce_en.

表 11-1 算法明示共谋和算法默示共谋的类型和含义

| | | |
|---|---|---|
| 算法明示共谋 | 监测式算法共谋 | 算法作为一种技术工具被企业用于监测已达成的共谋在实施过程中可能出现的背叛或偏离行为,以此确保共谋的可维持性和稳定性。 |
| | 轴幅式算法共谋 | 具有竞争关系的企业虽然没有进行直接的沟通交流、信息传递等意思联络,但通过间接意思联络进而心照不宣或心领神会地共同采用同一具有"纵向投入品"属性的算法,用以决定产品(包括服务)的价格或对市场变化作出反应,进而产生与横向共谋类似的排除、限制竞争效果。 |
| 算法默示共谋 | 代理式算法共谋 | 相互竞争的、以利润最大化为目标的企业各自独立研发设计和部署使用算法(企业决策者之间不存在沟通交流、信息传递等直接或间接的意思联络),即把算法作为企业决策者的"代理人",进而这些功能强大的算法积极利用彼此意识到的相互依赖关系,推动商品(包括服务)价格平行上涨或其他交易条件同步变化,形成与寡头相互依赖的平行行为极为相似的默示共谋。 |
| | 自主式算法共谋 | 共谋的达成和实施完全不涉及人类主体的因素(当然也就不涉及沟通交流、信息传递等直接或间接的意思联络),而由具有强大自主学习能力的高级机器学习算法特别是深度学习算法所完成。自主式算法共谋本质上也是一种由算法相互依赖所形成的默示共谋。 |

事实上,迄今为止所涉及的算法共谋案件,如美国的"Topkins 案"、英国的"GB Eye Trod 案"、西班牙的"Proptech 案"、欧盟的"Eturas 案"和"Asus 案"等,都属于算法明示共谋案件,且几乎都通过传统的垄断协议规范来加以解决。换言之,算法默示共谋的现实案例尚未发生,其实证证据非常稀少,真实的风险也鲜为人知。尽管如此,不少学术研究和实验结论表明了算法默示共谋风险的可能性。[1] 应当说,代理式算法共谋、自主式算法共谋等算法默示共谋并非是虚幻的敌人,而是一种源于现有市场特征的、可预料的对竞争的新威胁(新兴竞争问题)。而且,随着算法技术的迅猛发

---

[1] 参见〔英〕阿里尔·扎拉奇、〔美〕莫里斯·E. 斯图克:《算法的陷阱:超级平台、算法垄断与场景欺骗》,余潇译,中信出版社 2018 年版;Emilio Calvano, Giacomo Calzolari, Vincenzo Denicolò and Sergio Pastorello, "Artificial Intelligence, Algorithmic Pricing, and Collusion, American Economic Review", 2020, Vol. 110, No. 10, pp. 3267-3297; Gonzalo Ballestero, Collusion and Artificial Intelligence: A Computational Experiment with Sequential Pricing Algorithms under Stochastic Costs, https://repositorio.udesa.edu.ar/jspui/bitstream/10908/19655/1/%5bP%5d%5bW%5d%20T.%20M.%20Eco.%20Ballestero%2c%20Gonzalo.pdf.

展和迭代进化，以及算法技术对经济更广泛更深入的渗透，可能在几年后，算法默示共谋将成为一个更加现实、紧迫甚至异常棘手的问题。[1] 基于此，反垄断执法机构在算法共谋的背景下开展市场竞争状况评估，应当重点关注算法默示共谋，夯实算法默示共谋的信息基础，做足算法默示共谋的理论准备，着力发现算法默示共谋的事实证据，澄清算法默示共谋的形成机制和规范处理思路，以此为正式的执法调查或相关监管动议提供支持。

## 二、市场竞争状况评估的验证要点

在算法共谋特别是算法默示共谋的背景下开展市场竞争状况评估，实质在于评估算法助力企业达成和实施共谋的可能性和可行性，即验证算法共谋是否具有可维持性，同时考证其在所评估市场中的流行程度，以及对有效竞争、经济效率、消费者利益造成何种程度的不利影响。为此，反垄断执法机构应当紧紧围绕以下要点开展评估。

第一，须查明所评估的市场中有多大比例的企业在使用算法进行自动化定价或决策。归根结底，算法共谋是算法主导或辅助的共谋，因而相关市场中必须有相当比例的企业将算法（特别是定价算法）嵌入到自身定价决策等业务流程，否则算法共谋就不可能成为一个现实的竞争问题，遑论成为一个新兴竞争问题。[2] 例如，欧盟委员会2017年对电子商务部门的市场竞争状况评估发现，约53%的受访零售商会跟踪竞争对手的在线价格，其中67%的零售商将跟踪价格的任务委诸于自动软件程序（本质上是一种监测算法）。并且，在使用自动软件程序跟踪价格的零售商中，有78%受访者表示，其会根据软件监测到的竞争对手价格及时调整自己的价格。[3] 由此可见，在欧盟电子商务市场上，企业对算法的运用早在2017年就已经比较普遍，而且监测式算法共谋可能是该市场一个较明显的竞争问题。进一步讲，当所有企业都使用同一种算法时，这无疑是隐含算法共谋和竞争问题最严重的情形。上文所述的网约车司机借助Uber平台及其算法形成共谋的"轮辋"就属于这种情形。在此，原本具有竞争关系、本应独立决定服务价格的司机，通通系于作为"枢纽中心"的Uber的算法，这种借助相同算法而在竞争者之间形成的轴辐共谋，无异于一个管理森严、秩序井然的"超级卡特尔

---

[1] See Colm Hawkes, A Market Investigation Tool to Tackle Algorithmic Tacit Collusion: An Approach for the (Near) Future, https://www2.coleurope.eu/system/tdf/uploads/news/researchpaper_3_2021_colm_hawkes.pdf.

[2] 当然，相关市场上运用算法的企业越多，并不必然意味着算法共谋就越普遍，其可能性就越大。甚至，在有的学者看来，市场上运行的算法越多，发生算法共谋的可能性就越小。这是因为，企业采用不同的算法（定价软件）在上游市场竞争，以争取下游市场的客户（包括终端消费者），此时每家企业都有动机为客户提供更优的交易方案。这意味着企业所采取的算法无论是在竞争策略、决策参数还是性能质效等方面都会有很大差异，因而难以达成和实施共谋。See Ulrich Schwalbe, "Algorithms, Machine Learning, and Collusion", *Journal of Competition Law & Economics*, 2018, Vol. 14, No. 4, p. 573.

[3] See European Commission, Sector Inquiry into E-commerce (2017), https://competition-policy.ec.europa.eu/sectors/ict/sector-inquiry-e-commerce-en.

组织",其对竞争和消费者的损害不容小觑。

第二,须重点验明算法对所评估市场的透明度造成何种影响,进而基于此种"算法—市场透明度"的相关关系,分析共谋在多大程度上更易于维持或更不易于维持。传统产业组织理论指出,可维持的共谋需要具备较高的市场透明度,因为市场透明度越高,越有利于企业相互监测背叛行为,从而保障共谋的稳定性。相反,市场越不透明,企业就越有可能基于"嘈杂"的价格信息采取报复行动,这无疑会加速共谋的瓦解。[1] 一般而言,如果算法在所评估的市场中被企业普遍运用,这通常会显著提升市场透明度,从而使背叛行为更容易被监测。之所以算法的普遍存在与市场的高度透明之间具有内在关联性,其底层逻辑在于:算法的运行具有显著的"数据依赖性",即算法功效的发挥依赖于对具有海量性、实时性、多样性、价值性的数据的收集、挖掘、分析等处理;既然算法被市场中的企业普遍运用,就必然意味着存在大量市场数据尤其是竞争对手的实时数据可供各企业的算法所用,即该市场是一个数据处理活跃、数据持续"井喷"的市场,由此必然塑造出一个透明度高且背叛行为易于被察觉的市场环境。

第三,须重点验明所评估市场上算法是否具有高频互动性,以及这种高频互动性对企业达成和实施共谋具有何种影响,即在多大程度上更有利于或更不利于共谋的达成和实施。传统产业组织理论指出,达成和维持共谋的一项至关重要的条件是,企业须存在反复的相互作用或博弈,以有利于发现或更新共谋均衡的焦点及相应条件。[2] 算法的出现深刻改变了企业之间的互动频率和方式。众所周知,算法最突出的特点之一是其作出决策的速度,仅数秒甚至毫秒的时间算法就可以基于对数据的处理而作出决策。这样的极致速度意味着,运用算法来赋能经营决策的企业拥有更多反复相互试探、作用、博弈的机会,即企业因算法而处于高频互动的状态。由此,企业不仅可以在"一杆比赛"或"几杆比赛"中找到多重共谋均衡的焦点及相应条件,而且可以随时间推移或市场条件变化而不断切换共谋均衡的焦点及相应条件。实质上,对基于算法而高频互动的竞争者来说,留给对手用于响应和决策的时间越短,共谋就越稳定。

第四,须重点验明所评估市场上算法的性能暨分析处理数据的复杂性层级对企业达成和实施共谋的影响,易言之,算法是否具备强大的功能来支撑其对数据作出足够深层和复杂的分析处理,从而便利于企业形成和维持共谋。传统产业组织理论指出,市场越简单(如企业数量有限、企业较为对称、产品同质性强、定价机制单一等),企业就越有动力启动共谋安排,并且越容易对共谋条件达成共识。[3] 实际上,即便所评

---

[1] 参见唐要家编著:《反垄断经济学:理论与政策》,东北财经大学出版社2022年版,第68页。

[2] 参见[德]乌尔里希·施瓦尔贝、丹尼尔·齐默尔:《卡特尔法与经济学》,顾一泉、刘旭译,法律出版社2014年版,第369~371页。

[3] See Michael David Coutts, "Mergers, Acquisitions and Merger Control in an Algorithmic Pricing World", *Berkeley Technology Law Journal*, 2023, Vol. 38, No. 1, p. 183.

估的市场不满足这些条件而呈现出各种各样的"复杂性",算法的作用也可能极大地降低此等复杂性,进而助力企业达成和维持共谋。这是因为,机器学习算法、深度学习算法等性能卓越的算法,具有强大的数据收集、组织、挖掘、分析、加工等处理能力,能够将许多变量集成到决策中,而这种决策所依据的变量的深层性和复杂性程度,是人类即便付出大量时间和精力也难以达到的。换言之,由于性能卓越的算法能够捕捉到市场数据中精深细致的内在规律和深层特征,因而可以快速发现并阐明市场中潜在的共谋焦点及其实现条件,而这些联合利润最大化或更优化的共谋均衡条件,通常超出了人类的认知能力和范围。

## 第三节 算法共谋背景下市场竞争状况评估的程序规范

由于不同的反垄断执法机构对市场竞争状况评估的意义或目的的认识存在差异,加之各机构可用于市场竞争状况评估的资源大相径庭,[1] 因而对于如何开展市场竞争状况评估这一问题,不同机构采取了较为分殊的做法,从简短的非正式评估到冗长的正式分析,实践中市场竞争状况评估的操作流程不一而足。例如,西班牙国家市场和竞争委员会(CNMC)于2013年发布了关于市场竞争状况评估方法的手册。该手册详细阐述了市场竞争状况评估的程序步骤,包括选择要评估的市场、利益相关者的参与、信息的获取和分析方法、市场竞争状况评估报告应遵循的结构,以及对结论性建议的影响进行评估等。相比之下,我国《反垄断法》仅仅粗疏地规定,国务院反垄断委员会承担"组织调查、评估市场总体竞争状况,发布评估报告"的职责,而对于如何组织调查、如何评估市场竞争状况等程序性规范,立法和相关配套规范皆付诸阙如。毋庸讳言,为开展和实施市场竞争状况评估提供一个标准化、规范化的流程,有助于确保以高效和透明的方式进行市场竞争状况评估,并充分利用投入其中的公共资源。一般来说,无论是在算法共谋还是在其他新兴竞争问题或特定行业领域的背景下开展市场竞争状况评估,都应遵循以下基本的程序步骤。

### 一、确定并选择要评估的市场范围或竞争问题

确定并选择要评估的市场范围,将对相关竞争问题的分析深度和广度产生重大影响。一般来说,利用源于企业、消费者协会、新闻媒体、行业监管机构、其他政府部

---

[1] 市场竞争状况评估可能会耗费反垄断执法机构大量的时间和资源。许多市场竞争状况评估至少需要六个月到一年的时间来完成,而有些评估可能会持续两年或更长时间。同样,市场竞争状况评估也可能会给市场主体带来成本,其可能需要耗费时间、精力来配合市场竞争状况评估,很多情况下还可能需要付出相关费用来协助反垄断执法机构收集信息。See ICN Advocacy Working Group, Market Studies Good Practice Handbook, 2016, pp. 4-5, https://www.internationalcompetitionnetwork.org/wp-content/uploads/2018/09/AWG_MktStudiesHandbook.pdf.

门、域外同行反垄断执法机构等不同主体反馈的情报，或者基于自身在执法或倡导活动中所获取的关联信息，反垄断执法机构可以大致确定并选择市场竞争状况评估的范围和问题。[1]

然而，所反馈或发现的潜在竞争问题并非都同等重要，因而在公共资源和时间框架约束的情形下就存在"优选"市场竞争状况评估项目的必要性。具体来说，当下人工智能和数字经济时代的系列新兴竞争问题，理应被反垄断执法机构的市场竞争状况评估项目所优先关注，因为了解并深入把握这些新兴市场中的竞争问题能够为反垄断执法机构带来巨大的收益。其中，诸如算法共谋、自我优待、"扼杀式"收购等新兴竞争问题，可能又因不同国家或地区数字市场条件的差异而在评估的优先级上存在差异。进一步看，在算法共谋问题的内部，由于算法默示共谋较之于算法明示共谋在反垄断取证、调查、定性、补救（救济）等环节面临更多更棘手的难题，因而算法默示共谋显然是更值得反垄断执法机构优先倾注资源并开展评估的项目。

**二、确定市场竞争状况评估的计划和方式**

一旦选定了市场竞争状况评估项目，如算法默示共谋背景下的市场竞争状况评估，那么反垄断执法机构原则上应组建一个专门的评估团队，并拟定完整的项目计划。就评估团队的构成而言，其人员可以从反垄断执法机构各业务部门抽调，并且可以根据将要评估的领域或问题的特点吸纳具备相应专长的人员，如具备法学、经济学、数据科学、软件工程等业务专长的职员。当然，反垄断执法机构应当确保评估团队及其组成人员与手中的评估项目不存在利益冲突，否则就可能影响评估过程的客观性、公正性和评估结果的准确性、科学性。就项目计划而言，评估团队在启动项目之前，应当确定评估的预期时间框架、竞争关切、评估范围、利益相关者、资源支撑、工作流程、整体组织等事项。

此外，与市场竞争状况评估计划密切相关的一个重要事项是市场竞争状况评估的方式。一般来说，市场竞争状况评估的方式无外乎两种：一种是反垄断执法机构自主评估；另一种是反垄断执法机构与外部主体合作评估。现实中，反垄断执法机构在资源、信息、知识、技术等方面可能存在不同程度的局限性，因而为了保证市场竞争状况评估达到预期目的，引入外部主体进行合作评估不失为务实和稳健的选择。其实，如果所评估的市场是受特定机构监管的市场，那么考虑到该监管机构所具备的信息、人员、专长、技能等优势，反垄断执法机构通过"以短引长"来开展合作评估显然是更为明智的选择。例如，英国竞争和市场管理局（CMA）在市场竞争状况评估实践中，

---

[1] 此外，政府（如我国国务院）或立法机构（如我国全国人民代表大会常务委员会），可能会要求或商请国务院反垄断反不正当竞争委员会以及反垄断执法机构，就特定领域或问题开展市场竞争状况评估。

经常从监管机构或其他政府部门借调人员来补充评估团队的知识和专长。[1] 再如，在2020年，意大利竞争管理局与意大利数据保护管理局、通信管理局合作开展了一项针对意大利大数据行业的市场竞争状况评估（事实发现调查），具体涵盖电信、媒体、数字平台等领域。[2] 进一步看，反垄断执法机构与行业监管机构合作开展市场竞争状况评估具有以下明显优点：首先，合作评估使职能范围不同的政府机构能够制定出协调一致的应对竞争问题的措施，避免了政策和制度冲突。其次，协调一致的立场和措施使企业能够从政府的整体视角来理解官方对竞争问题特别是新兴竞争问题的"权威"看法，因而更有助于促进企业反垄断合规的稳定性和连续性。最后，合作评估可以在一定程度上帮助反垄断执法机构解决数据信息匮乏的难题，使其能够及时有效地获取行业监管机构的数据信息、知识和经验。

当然，反垄断执法机构也可以考虑引入具备专业知识或业务专长的高校、科研院所、经济咨询公司、技术研发公司、律师事务所、行业协会等来协助市场竞争状况评估。其优势包括：节约有限的人力资源，特别是在机构人手不足或反垄断案件负荷较重时；获得特定领域的专业知识；为复杂棘手的竞争问题或其他问题提供独立的视角；对评估的结论进行外部审查。事实上，在2009年国际竞争网络（ICN）开展的一项调研中，约有一半的受访反垄断执法机构表示，其曾将整个市场竞争状况评估项目外包，或将特定任务分配给外部主体。[3] 不过，在寻求外部主体协助评估的时候，反垄断执法机构应对外部主体予以审慎考察和筛选，重点关注其资质、专长、角色、责任、信用、声誉等因素。

### 三、规划利益相关者的参与

一般而言，在市场竞争状况评估开始之前，反垄断执法机构应制定一个利益相关者参与评估的规划，以确定关键的利益相关者，考虑他们参与评估（如提供相关信息、发表评论等）可能付出的成本，并描述反垄断执法机构将如何在评估过程中与这些利益相关者进行互动，以及何时进行互动。在市场竞争状况评估背景下，"利益相关者"泛指可能影响市场竞争状况评估结果的自然人、企业和非企业组织。例如，所评估市场上的经营者（包括投入品、替代品和补充品的生产商、批发商、分销商、零售商、

---

[1] See OECD, Methodologies for Market Studies, Background paper by the Secretariat, 2017, p. 11, https://one.oecd.org/document/DAF/COMP/WP3（2017）1/en/pdf.

[2] 此项评估强调了一个关键问题，即消费者无法轻易地评估其所提供给数字平台的个人数据，以及该等数据的使用情况将如何影响他们从服务中获得的价值，因此降低消费者与数字平台之间的信息不对称，是反垄断、数据监管、消费者保护的重要政策目标。See ICA publishes final report on big data sector inquiry, https://www.clearygottlieb.com/-/media/files/italian-comp-reports/italian-competition-law-newsletter-february-2020-pdf.pdf.

[3] See ICN Advocacy Working Group, Market Studies Project Report, 2009, p. 62, https://www.international-competitionnetwork.org/wp-content/uploads/2018/09/AWG_MktStudiesReport2009.pdf.

代理商等企业）、行业监管机构、公共机构、国际组织、专业组织、行会商会、消费者或用户、消费者维权人士、消费者协会、相关专家学者、媒体，等等。

市场竞争状况评估的顺利开展以及评估结果的可靠性，离不开与利益相关者的有效沟通。利益相关者拥有独特的利益和知识，可以在评估过程的不同阶段通过多种方式提供关键信息，如为市场竞争状况评估项目的启动提供重要情报、帮助厘清市场竞争状况评估的范围和重难点问题、提供准确分析问题所需的实证信息或传闻信息、提供有助于使拟议评估结论更可靠的意见和批评，等等。可见，利益相关者的知识、信息、意见以及他们对拟议评估结论的反应，都可能对市场竞争状况评估的实际成效产生巨大影响，因此应当重视规划和保障利益相关者参与市场竞争状况评估。尽管反垄断执法机构可以对潜在利益相关者发起广泛的动员，但它没有权力强迫利益相关者参与市场竞争状况评估并提供信息或发表评论。换言之，利益相关者是否参与市场竞争状况评估遵循自愿原则。

### 四、公开发起市场竞争状况评估

为了充分发挥市场竞争状况评估作为竞争倡导工具的功效，市场竞争状况评估更适宜公开进行而非隐秘开展。公开发起市场竞争状况评估有多种方式，如反垄断执法机构公布正式启动某项市场竞争状况评估的文件或公告，反垄断执法机构领导人通过媒体采访、公开演讲、交流活动等方式透露即将开展的市场竞争状况评估项目，以及反垄断执法机构向市场竞争状况评估中的关键利益相关者发送针对性的电子邮件通告，等等。

当然，公开发起市场竞争状况评估的意义，不仅仅在于"公开"所彰显的机构行动的透明度和可问责性，以及由此构筑的反垄断执法机构尽职履责的正面形象和良好声誉，还在于"公开"意味着市场竞争状况评估相关信息的分享和传递，这样可以帮助利益相关者和社会公众更好地了解市场竞争状况评估过程和反垄断执法机构的关切，同时确保利益相关者能够及时"站出来"，通过提供关键知识和信息、发表批评性意见建议等方式来支持市场竞争状况评估。在公开发起市场竞争状况评估时，反垄断执法机构理应向利益相关者和社会公众传递的基本信息包括：评估的动因、初步评估计划、评估范围、潜在竞争关切、评估方式（如独立评估或合作评估）、评估的预期时间框架、可能的评估结果类型、利益相关者如何以及何时可以参与市场竞争状况评估并对其发表评论、利益相关者参与市场竞争状况评估的好处、社会公众提供情报信息的渠道或联系方式，等等。

### 五、收集和分析信息

由于具有广背景、大视野、宽视角的特点，任何市场竞争状况评估都是"信息密集型"活动，并且其间信息收集分析的密集程度，较之于垄断协议执法、滥用（共同）市场支配地位执法、经营者集中审查所需的信息收集分析的密集程度，更加突出。换言之，市场竞争状况评估涉及的信息收集分析范围，比反垄断执法涉及的信息收集分析范围广泛得多。在市场竞争状况评估的诸多步骤中，核心环节无疑是收集和分析信息。

（一）收集信息

信息收集是信息分析的前提，没有广泛的、有针对性的信息收集，就不可能展开有效的信息分析研判。然而，正如反垄断执法机构对垄断案件的查处时常处于信息匮乏的窘境，[1] 其在市场竞争状况评估过程中也同样存在信息收集能力的局限。对此，反垄断执法机构不应急于求成，也不应将信息收集视作一劳永逸的工作。信息收集贯穿于市场竞争状况评估的全过程，并且是一个迭代丰富的过程，即信息收集随着市场竞争状况评估假设的完善，以及评估线索、评估阻碍的识别而不断推进和积累。经济与合作发展组织（OECD）将市场竞争状况评估中信息来源及收集方法概括为以下几类：[2]

1. 收集市场竞争状况评估的背景信息

首先，应考虑反垄断执法机构从过去的案例或其他市场竞争状况评估中已经收集到的信息，以避免重复收集信息，并为选择额外的信息来源提供依据。其次，域外同行反垄断执法机构的市场竞争状况评估或执法行动，以及其他政府机构或监管机构在相关评估或行动中形成的信息，都是背景信息的重要来源。再次，反垄断执法机构收到的投诉和公众对有关行业运作问题的评论，可以辅助市场竞争状况评估中相关假设的提出以及对问题的分析和呈现。最后，与手中市场竞争状况评估相关的学术论文、财务报表、新闻报道等广泛的额外背景信息，可能有助于弥补信息结构中的空缺。

2. 利益相关者访谈和信息请求

首先，利益相关者访谈是识别市场参与者关切、完善假设、识别更多利益相关者以及测试评估计划可行性的一种有效方法。其次，与行会商会、消费者协会等建立良好的合作关系，可以增强它们在利益相关者访谈咨询中的参与积极性。再次，随着市场竞争状况评估开始缩小假设并聚焦于具体分析事项，反垄断执法机构可以提出详细的信息请求。强制性的信息请求权是市场竞争状况评估发现关键见解的有效工具，这些见解在没有强制性的信息请求权的情况下可能无法获得。然而，并非所有的反垄断

---

[1] 反垄断所面临的最基本的问题是通过那些能力有限的机构来处理复杂的市场信息。参见［美］赫伯特·霍温坎普：《反垄断事业：原理与执行》，吴绪亮、张兴、刘慷等译，东北财经大学出版社2011年版，第11页。

[2] See OECD, Methodologies for Market Studies, Background paper by the Secretariat, 2017, pp. 12-28, https：//one.oecd.org/document/DAF/COMP/WP3（2017）1/en/pdf.

执法机构都有权要求企业等私主体为市场竞争状况评估提供信息。[1] 例如，我国国务院反垄断反不正当竞争委员会和反垄断执法机构就不具有这样的法定权力。这意味着，虽然市场竞争状况评估相较于执法调查（审查）具有更强烈的信息需求，但其实际可用的信息可能比执法行动中可用的信息更有限。在这些情况下，有效的利益相关者外展策略（如通过访谈等来收集信息）至关重要。最后，在处理市场参与者提供的数据信息时，应尽量确保数据信息的变量定义、时间段、其他规格等不会妨碍不同市场参与者所提供的数据信息之间的比较。标准化的数据收集模板有助于解决上述问题，但可能增加受访者的负担。

3. 问卷调查

首先，问卷调查是市场竞争状况评估中常见的数据信息收集方法，尤其适用于利益相关者群体过大或异质性过高，因而难以系统地运用利益相关者访谈和信息请求方法的情形。其次，问卷调查设计需要仔细考虑的因素，包括目标群体的选择、调查目的（调查旨在填补的具体数据信息空白应明确定义）、抽样方法以及调查方法（面对面问答、在线问卷、电话访谈、邮寄问卷、实地访谈等）。再次，为避免偏见或不良结果，设计问卷调查应确保问题措辞中立，注意问题顺序的影响，考虑随机化响应选项的顺序，以绝对金额而不是百分比来框定假设的价格上涨等。最后，在将问卷调查结果纳入分析之前，反垄断执法机构应考虑响应率，以及响应是否可能反映受访者对问题的偏见感知。

4. 其他有针对性的信息收集方法

首先，当从利益相关者或市场参与者那里收集信息会耗费大量资源，或者对数据信息的准确性和完整性存在担忧时，从市场数据供应商（如彭博、IRI、尼尔森、汤森路透等）那里购买数据，是一种收集信息的可行替代方案。其次，使用互联网产品搜索和"神秘购物"，即反垄断执法机构的员工通过扮演消费者来收集经营者向消费者提供的价格、质量等信息，这也是一种有效的信息收集方法，可以为分析潜在的竞争问题提供有价值的证据。最后，当一个市场领域受到严格监管，或者反垄断执法机构假设相关监管措施阻碍了该市场领域的竞争，此时可以进行全面的监管信息收集来支持对监管的竞争影响评估。

（二）分析信息

反垄断执法机构的评估团队在收集首批必要的信息后，就进入到市场竞争状况评估的另一核心环节——分析信息。这是市场竞争状况评估结果的基础，也是后续执法

---

[1] 在经济与合作发展组织（OECD）的一项调查中，60个有权进行市场竞争状况评估的反垄断执法机构中，仅有6个机构反馈称其具有向企业等私主体请求信息的强制性权力。See OECD, The Role of Market Studies as a Tool to Promote Competition, Background Note, 2016, pp. 12 – 13, https：//one.oecd.org/document/DAF/COMP/GF (2016) 4/en/pdf.

行动、倡导活动以及立法制修订建议、监管变革建议等的依据。针对不同行业领域和竞争问题的市场竞争状况评估方法存在个性差异。例如，英国竞争和市场管理局（CMA）建议，可以收集或模拟适当的数据，以此作为给定算法系统的输入，然后分析输出，进而分析与算法共谋相关的多种损害理论。[1] 再如，Ariel Ezrachi 和 Maurice E. Stucke 建议，反垄断执法机构可以使用"算法共谋孵化器"（Algorithmic Collusion Incubator）对定价算法进行实验，即通过数据和算法运行模拟测试，来检验什么条件下算法默示共谋更容易、更持久。[2] 又如，针对算法共谋等由算法导致的竞争问题，反垄断执法机构还可以通过访问算法源代码及其底层数据，来直接审计分析算法的功能，并找出有问题的代码或数据（参见表 11-2 通过访问算法代码及其底层数据的算法审计方法）。

表 11-2 通过访问算法代码及其底层数据的算法审计方法[3]

| 审计方法 | 描述 | 目的 | 挑战 |
| --- | --- | --- | --- |
| 静态技术（如手动代码审查或静态分析） | 审计员可以直接访问系统底层的代码库，或者查看描述代码功能的"伪代码"（Pseudocode）形式的简明说明。静态分析可以在与环境隔离的情况下运行代码。 | 通过静态分析，可以了解算法的目的及其工作方式（例如，输入和输出数据的性质、代码的结构、基于特定输入代码可能如何表现的指示）；在机器学习的情况下，这有助于理解哪些目标正在被优化。 | 静态技术也存在一些局限性。代码可能很复杂或被混淆。静态方法本身并不能说明程序如何与其环境交互。通过代码很难看到效果/结果。这可能导致不完整或不正确的结论。对于复杂的算法软件来说，这是一个极大的挑战。 |
| 动态技术 | 通过执行代码进行自动化测试（即运行程序并评估特定输入的输出或程序运行时的状态） | 通过运行程序，动态测试可以提供静态源代码审查无法获得的见解。 | 动态方法受到可测试的有限输入数量或可观察到的输出的限制。此外，动态方法还需要对算法进行完全控制，或要求经营者具备运行相关测试的能力。 |

---

[1] See U. K. CMA, Algorithms: How They Can Reduce Competition and Harm Consumers, 2021, p. 39, https://assets.publishing.service.gov.uk/media/60085ff4d3bf7f2aa8d9704c/Algorithms_++.pdf.

[2] 他们同时指出，这样的孵化器并不完美，因为孵化器相对静态，不会反映市场动态的长期变化和算法的变化。尽管如此，算法共谋孵化器可以帮助反垄断执法机构更好地了解哪些因素值得探索，而这些因素有助于破坏算法默示共谋的稳定性。See OECD, Algorithmic Collusion: Problems and Counter-Measures-Note by Ariel Ezrachi & Maurice E. Stucke, 2017, p. 28, https://one.oecd.org/document/DAF/COMP/WD（2017）25/en/pdf.

[3] See OECD, Algorithmic Competition, Competition Policy Roundtable Background Note, 2023, www.oecd.org/daf/competition/algorithmic-competition-2023.pdf.

续表

| 审计方法 | 描述 | 目的 | 挑战 |
|---|---|---|---|
| 动态技术：黑盒测试 | "黑盒测试"（Black-Box Testing）只考虑系统或组件的输入和输出。 | 这是一种观察方法，审计员可以通过这种方法观察程序在实际环境中如何运行及其自然输入情况。 | 这种方法几乎不能告诉审计员为何会观察到差异化的行为。 |
| 动态技术：白盒测试 | "白盒测试"（White-box Testing）利用系统内部的结构来设计测试用例。 | 这是一种比黑盒测试更强大的测试方法，审计员选择输入并将其提交给程序。它允许审计员监控与预期行为的偏差（例如，不可预见的错误、安全隐患、滥用和其他意外行为）。 | 白盒测试不能全面覆盖程序的行为，因为它几乎不能解释未经测试的输入会发生什么，即使那些输入只有细微的差别。 |

此外，经济与合作发展组织（OECD）于 2017 年发布的报告，提供了五种具有广泛适用性的市场竞争状况评估的分析方法：[1]

1. 市场结构映射

市场结构映射旨在识别所评估市场的关键特性。市场供应方面的特性包括供应链状况（结构、关键参与者、协议条款、一体化和集中度等）、新竞争者的进入壁垒、生产和定价策略以及销售过程等。市场需求方面的特性包括客户（以及消费者）的集中度、需求弹性、需求偏好、产品或服务可替代选择的范围、信息的透明度、数字素养等。

2. 价格分析

在完成市场结构映射工作后，评估团队可以进行各种以价格为重点的分析。[2] 首先，无论是不同地区还是不同产品之间的价格比较，都可以在诸多部门的市场竞争状况评估中加以应用。然而，在某些情况下，特别是当比较地区之间存在货币、税收、监管或其他基本条件的差异时，从价格比较中推断竞争条件可能是具有挑战性的。其次，尽管一个部门的高利润并不必然意味着市场竞争不顺畅，但盈利能力分析仍是一

---

[1] See OECD, Methodologies for Market Studies, Background paper by the Secretariat, 2017, pp. 28-52, https://one.oecd.org/document/DAF/COMP/WP3（2017）1/en/pdf.

[2] 然而，评估团队应意识到价格分析可能并不总是可行的，当不清楚是否有代表性的定价数据可用时，评估团队应谨慎地仅基于价格证据得出相关结论。

种验证竞争问题的较为可靠的方法。盈利能力分析背后的基本原理是，在竞争性市场中，企业在覆盖成本后赚取足以补偿债权、股权等资本成本的利润；当利润高于资本成本时，企业赚取了"超额"利润，暗示着市场势力（甚至垄断势力）和竞争问题的存在。盈利能力分析中最常使用的方法之一是基于会计数据，比较已动用资本回报率（ROCE）与加权平均资本成本（WACC）。不过，盈利能力的精确衡量标准应根据具体情况而定。最后，评估团队还可以采用价格集中度分析，即确定定价（或利润率）与市场集中度水平（如通过赫芬达尔-赫希曼指数来衡量）之间的关系。虽然可以通过绘制两个变量得出初步的直观结论，但最常见的方法是构建一个计量经济模型，其中价格是集中度和一系列控制变量的函数。

3. 以供应为重点的分析

评估市场是否具有竞争性涉及分析一系列与供应相关的特征。这些特征主要包括由于规模经济、范围经济、网络效应、数据集聚效应、算法排斥效应以及策略性的反竞争行为等原因而形成的进入和扩张壁垒，以及企业之间基于寡头相互依赖而形成默示共谋，或者企业之间基于算法的高频互动、快速决策和反应、大幅提升交易透明度等特性而处于类似寡头相互依赖的默示共谋。

4. 以需求为重点的分析

对客户或消费者行为的分析旨在识别市场无法有效运作的需求方面的原因，例如，消费者信息不足或他们不积极比较替代供应商和产品，可能导致锁定效应，从而弱化市场竞争。因此，需求分析的重点是评估客户或消费者搜索可替代产品或服务的能力，以及他们在竞争性产品或服务之间切换的可能性，并计算由此产生的客户或消费者收益及成本。可见，客户或消费者的流动性是市场竞争顺畅的一个重要表征。进而言之，需求分析有助于反垄断执法机构推断市场中竞争的性质和程度，或评估市场中出现的消费者保护问题。

5. 监管的竞争影响评估

当所评估的市场受到过于苛刻的监管，或有迹象表明监管正在限制该市场的竞争时，市场竞争状况评估的重点是审查市场内相关监管制度或措施的竞争影响。评估团队可以使用定性和定量技术来对监管的竞争影响做出评估。一旦确定监管对竞争造成了不利影响，反垄断执法机构可以进一步了解监管措施的合理性，并识别潜在的替代监管方案及其利弊；当识别出存在对竞争限制更小的替代监管方案时，反垄断执法机构可以倡导或建议监管机构变更其监管方案。

总而言之，市场竞争状况评估没有定于一尊的标准化方法，信息收集和分析的方略方式也因所评估的市场领域和竞争问题的不同而有所差异。不过，上述方法为反垄断执法机构收集和分析信息提供了一些基本思路。实践中，反垄断执法机构应具备灵活的计划和开放的心态，从相关的过往评估中获得灵感，同时保持对评估目的的关注，以便获得更多"解锁"其所评估市场领域的竞争的机会。

### 六、形成市场竞争状况评估结果

在信息收集和分析完毕后,反垄断执法机构一般以市场竞争状况评估报告的形式来呈现评估的结果。如果市场竞争状况评估形成了多个互补性的成果,反垄断执法机构可以发布两份或多份相互关联的市场竞争状况评估报告。不过,在正式发布市场竞争状况评估报告之前,反垄断执法机构应征求利益相关者对评估结果的意见,以测试评估结果的可靠性和科学性,以及相关结论性建议的可实施性及其潜在影响。一般来说,市场竞争状况评估报告涵盖对所评估的市场领域或竞争问题的结构性特征描述(以图表和其他视觉表现形式呈现的市场结构映射)、发起市场竞争状况评估的原因、市场竞争状况评估的范围、核心竞争关切、市场竞争状况评估的方式、利益相关者参与的情况、收集和分析信息的方法及过程、考虑利益相关者反馈意见的情况、评估结果以及采取后续行动(或不行动)的建议。

概括来看,市场竞争状况评估可能产生的成果类型及结论性建议,包括但不限于下列情形:①采取反垄断执法行动。这可能涉及对垄断协议、滥用市场支配地位、违法实施经营者集中等违法行为的查处,以及对适用事前申报的经营者集中行为实行更加严格的审查和控制;②开展竞争倡导。这可能涉及向立法主体提出修改现行或拟议的法律、法规、规章的建议,向监管主体提出采取对竞争限制更小的替代性监管方案的建议,以及开展面向企业、消费者等社会公众的反垄断法宣传教育、合规指引、信息披露、权益提示等。③转介线索并由第三方采取行动。例如,当所确定的问题源于市场结构,即属于结构性竞争问题,而只有监管机构拥有应对此种问题的特独特权力时,应将线索转介给监管机构,并建议其采取行动"重组"市场(如采取拆分、剥离等结构性措施)以规范企业行为。再如,当所确定的问题更适合由消费者保护机构处理时,可以将线索转介给消费者保护机构,并建议其采取消费者保护执法等行动。④企业自愿采取行动。市场竞争状况评估所确定的竞争问题可能直接指向某个企业,为了避免正式的执法调查和处罚,企业可以自愿承诺采取有效的、有针对性的"补救措施"(包括结构性和行为性措施),以消除反垄断执法机构的竞争担忧。当然,企业还可以作出更宽泛的承诺,如建立涵盖风险识别、风险评估、风险提醒、合规咨询、合规培训等于一体的反垄断合规管理体系,以更大程度地取得反垄断执法机构的谅解和优惠对待。⑤开展更多的市场竞争状况评估。一项高质量的市场竞争状况评估可能产生"拔出萝卜带出泥"的效果,即为了识别特定的竞争问题却在评估过程中发现了更多的潜在关联领域的竞争问题。在这种情况下,出于将问题连根拔起、和盘托出的目的,一项市场竞争状况评估的结束往往是更多市场竞争状况评估项目的开端。

### 七、对市场竞争状况评估的回顾评估

在市场竞争状况评估的背景下，回顾评估是指任何旨在衡量一个或多个市场竞争状况评估项目的有效性及其成本与收益的活动，此外回顾评估也包括衡量整个市场竞争状况评估制度的有效性及其成本与收益。申言之，在反垄断执法机构资源较为充足的情况下，针对市场竞争状况评估（以及市场竞争状况评估制度）的回顾评估是一种大有裨益的做法。首先，回顾评估可以帮助反垄断执法机构验证此前开展的市场竞争状况评估是否实现了预期的目的。其次，回顾评估具有"教益提炼"和"以评促改"的作用，可以为未来市场竞争状况评估项目的优选和评估过程的改进提供指引，从而提高公共资源利用效率，帮助反垄断执法机构做出明智的决策。再次，通过回顾评估相关结论性建议（如执法行动、监管变革、立法改进等）的被采纳情况及实际成效，可以让反垄断执法机构更加了解各类建议的"利弊得失"，并为此后市场竞争状况评估结论性建议的改进完善提供更充分的经验依据。最后，对市场竞争状况评估积极开展回顾评估，还能彰显反垄断执法机构勇于检视自身问题、尽职履责的正面形象，从而可以为反垄断执法机构赢得更多声誉、信任和资源。

在决定如何对市场竞争状况评估项目进行回顾评估时，反垄断执法机构应重点考虑以下因素：一是回顾评估的目的。例如，提炼既有市场竞争状况评估实践所积累的值得推广的经验，或者发现其中存在的不足，抑或查明市场竞争状况评估制度的实施效果。二是回顾评估的范围。例如，仅包括单个或多个市场竞争状况评估项目，抑或进一步包括监管机构或立法机构采行相关建议并做出相应行动后取得的成效，乃至覆盖整个市场竞争状况评估制度以了解该制度整体上的成本和收益等。三是回顾评估的方法。具体包括定性评估和定量评估两种方法。前者主要涉及评估市场竞争状况评估过程中形成的先进经验或做法；后者主要涉及评估开展市场竞争状况评估项目的成本和收益，以及相关结论性建议被采行后市场绩效或消费者福利的变化状况。四是回顾评估的方式。主要包括内部评估、外部第三方评估、合作评估三种方式。一般来说，回顾评估的方式应以内部评估为主，外部第三方评估、合作评估为辅。五是可用的资源。包括可用于回顾评估的预算、人力、专业知识、业务技能、外部资源等。

## 第四节　市场竞争状况评估应对算法共谋的优点和局限

市场竞争状况评估具有前瞻性，且视角广泛，可覆盖多元竞争问题并提供多样化解决方案，对预防算法共谋等新型垄断行为具有积极作用。此外，市场竞争状况评估不仅仅有助于防止竞争恶化或恢复竞争，还具有促进竞争的特别功效。然而，市场竞

争状况评估也有局限,如利益相关者不配合提供信息将导致评估僵局,结论性建议实施迟缓以及无法律约束力等。尽管如此,市场竞争状况评估对于识别和诊断算法共谋等新兴竞争问题仍具有重要价值,而"市场竞争状况评估+补救措施"的组合制度,或许能为解决数字经济领域广泛的竞争问题提供更有力的工具。

### 一、市场竞争状况评估应对算法共谋的优点

在不同国家和地区,反垄断执法机构通常承担实施竞争政策的主要职责。反垄断执法(竞争执法)和竞争倡导是它们履职尽责的基本方式。二者并非相互割裂、毫无关联的存在,它们实际相辅相成、互为支撑、彼此强化,协同筑牢竞争政策的根基。然而,反垄断执法并非总是可能、可行和可取,尤其是在人工智能和数字经济时代,面对诸如算法默示共谋、自我优待、"扼杀式"收购等新兴竞争问题,受制于信息储备、理论准备、经验证据等方面的不足,反垄断执法要么难以找到"切口",要么可能严重滞后。在这种情况下,作为竞争倡导工具的市场竞争状况评估就有了广阔的用武之地。具体来说,将市场竞争状况评估用于应对算法共谋等新兴竞争问题,具有下列优点:

第一,市场竞争状况评估具有前瞻性,即它会尽量在事前识别竞争问题并作出有针对性的预案,从而有助于预防算法共谋等新兴垄断行为。实际上,当前域外反垄断执法机构查处的算法共谋案件,几乎都发生在电子商务(网络零售平台服务)领域,且都是一些"初级"的算法明示共谋,即企业把算法作为监测共谋实施的工具,或者将算法作为"枢纽中心"进而撬动轴辐共谋,而尚未涉及"高级"的算法默示共谋,如代理式算法共谋、自主式算法共谋等。在这种情况下,聚焦电子商务及其关联领域开展市场竞争状况评估,重点关注算法默示共谋等新兴竞争问题,有助于防患未然,也有利于启发后续的反垄断执法行动或必要的监管举措。

第二,市场竞争状况评估具有广背景、大视野、宽视角的特点,其聚焦于特定行业或市场领域,而非局限于单个或几个企业的行为,可以涵盖非常广泛的竞争问题,并提供多元化的解决方案。实际上,针对算法共谋的反垄断执法,往往将调查的重心置于相互竞争的企业是否具备共谋的动机、能力,因而分析的重点主要涉及企业之间是否存在意思联络,市场结构条件以及算法的普遍运用是否有利于共谋,企业做出一致行为是否与正常市场条件下它们各自的利益相符等问题。然而,在市场竞争状况评估背景下,针对算法共谋这一"症状",反垄断执法机构的"问题意识"和"备选举措"要丰富得多。例如,反垄断执法机构可能发现平行的算法价格歧视(算法个性化定价)是算法共谋策略的一部分;算法共谋之所以泛滥,与消费者不善于运用算法(数字助手)来赋能自身消费决策密切相关,换言之,消费者群体在整体上缺乏基于算法的买方抗衡势力;算法共谋特别是算法默示共谋案件之所以很少,与反垄断执法机

构的数字化筛查能力、在线监测预警能力等"数字技能"不足息息相关。基于此，市场竞争状况评估可以提供多元化的结论性建议和解决方案，如建议在执法行动中将算法价格歧视行为同时置于反垄断法单边行为规范和垄断协议规范下加以审查；建议加强对消费者数字技能和数字素养的培育，以及加大对促进"算法型消费者"市场发展的法治保障力度；建议反垄断执法机构建立专门的内设数字技术部门，以及加强对违法行为的数字化筛查、在线监测预警能力建设；甚至，如果算法共谋已经是数字市场上的"结构性竞争问题"，还可以建议构建事前监管制度，对企业的算法进行入市前的强制性审计，以排除算法运行可能导致共谋的代码及数据集，等等。

第三，市场竞争状况评估的作用不限于防止竞争恶化或恢复竞争，其在促进竞争方面可以发挥积极功效。针对算法共谋等新兴竞争问题采取反垄断执法的应对路径，无论是垄断协议规范、滥用共同市场支配地位规范还是经营者集中控制规范的适用，它们的作用至多是预防和制止市场竞争被扭曲。然而，对导致算法共谋等新兴竞争问题的多维度、深层次成因的有效治理而言，反垄断执法可能难以发挥全面有效的作用。相反，通过市场竞争状况评估形成体系化的结论性建议，如执法行动、倡导举措、机构能力建设、立法动议、监管变革、企业自律合规、消费者教育引导等，可以覆盖导致算法共谋等新兴竞争问题在供给侧和需求侧的多重成因，进而为采取有针对性的各类应对行动提供坚实依据，并最终起到全面"解锁"所评估市场的竞争的效果。

## 二、市场竞争状况评估应对算法共谋的局限

任何理论和制度都有其限度，市场竞争状况评估机制也不例外。具体来说，运用市场竞争状况评估来推动解决算法共谋等新兴竞争问题，可能面临下列明显的局限：

第一，利益相关者不配合提供信息所导致的市场竞争状况评估僵局。相较于针对垄断协议、滥用市场支配地位、经营者集中等涉嫌违法行为的反垄断执法，市场竞争状况评估具有更广泛、更深入的信息需求。然而，如果反垄断执法机构缺乏向利益相关者请求信息的法定权力（即不能强制性地要求利益相关者提供信息），那么一旦利益相关者不配合提供信息，市场竞争状况评估就可能陷入"无米之炊"的尴尬境地。事实上，相较于反垄断执法调查或审查（其间反垄断执法机构向被调查或审查主体请求信息的权力一般是受法律保障的），市场竞争状况评估存在更加显著的"信息悖论"，即市场竞争状况评估对信息的需求更强烈，但反垄断执法机构获取信息的权力却更薄弱。例如，我国《反垄断法》将市场竞争状况评估的职责赋予国务院反垄断委员会，但未同时授予其尽职履责所需的向公共部门、私营企业等利益相关者请求信息的法定权力。这样，市场竞争状况评估的信息基础必然非常薄弱，难以保障评估的质效，遑论确保相关结论性建议的客观性、准确性和科学性。此外，考虑到对算法共谋等数字经济领域新兴竞争问题开展市场竞争状况评估，可验证的经验数据和事实证据本来就

很稀缺，加之数字平台等私营企业往往不愿主动提供其所控制的重要数据和信息，因此在没有法定的数据信息请求权予以保障的情况下，更加难以保障市场竞争状况评估结果的有效性。概言之，将市场竞争状况评估运用于解决算法共谋等新兴竞争问题，首当其冲的局限或障碍就是数据信息的匮乏。

第二，立法修法建议、监管变革建议等结论性建议的落地实施，存在拖沓、迟缓、笨重的局限。相较于反垄断执法，市场竞争状况评估的突出优势在于其着眼行业或市场的宏大背景而非单个或多个企业的反竞争行为，可以涵盖广泛的竞争问题，并且能为解决这些问题提供反垄断执法之外的多元方案，如立法修法建议、监管方案变革建议等。然而，这些结论性建议的实现并非一蹴而就，即从"纸面建议"到"现实行动"不仅存在不确定性，而且即便能够取得预期成效，往往也需要经历一段时间，短则数月、长则数年。因此，当立法机构或监管机构采纳反垄断执法机构的结论性建议（如对算法进行强制性事前审计以排除可能引发算法共谋的代码），并经历繁琐冗长的法律制修订程序或监管措施更正程序以做出回应，彼时市场的竞争态势可能已经发生巨变，原来局部性的算法共谋等新兴竞争问题，可能已经演变为市场中根深蒂固的系统性痼疾。可见，尽管市场竞争状况评估本身具有未雨绸缪、预防垄断行为的不俗潜能，但受限于反垄断执法机构与立法机构、行业监管机构之间的"区隔"，一个机构的"建议"转化为另一个机构的"行动"可能经历漫长的过程，因而可能错失解决算法共谋等新兴竞争问题的最佳时机，最终陷入政府干预拖沓、迟缓、笨重的局限。

第三，市场竞争状况评估的结论性建议一般不具有法律约束力，因而存在建议得不到遵从、未予以落实的风险。如前所述，市场竞争状况评估作为竞争政策（竞争倡导）工具的核心价值在于，它有助于识别和诊断竞争问题，并明确一系列可用于解决问题的方案选项（即结论性建议），如反垄断执法、法律制修订、监管变革、企业自律合规、消费者教育启示等。然而，在大多数司法辖区，反垄断执法机构提供的这些选项或建议并不具有法律约束力。也就是说，是否采行结论性建议取决于相关主体的意愿，并非反垄断执法机构所能左右。因此，一旦立法主体、监管机构、企业乃至消费者等不采纳反垄断执法机构的建议，市场竞争状况评估及其结论性建议的目的就会落空，竞争问题特别是算法共谋等新兴竞争问题的有效解决，就处于很大的不确定性状态。

正是考虑到市场竞争状况评估不足以提供足够的刚性约束来保障竞争问题的解决，诸如英国、墨西哥、希腊、冰岛等司法辖区赋予了市场竞争状况评估的结论性动议（补救措施）以强制性的法律拘束力，即只要这些动议是有效、必要和适当的，反垄断执法机构就有权以命令的方式要求企业履行结构性或行为性补救措施，乃至要求行业监管机构等政府部门改变其不适当的监管措施或干预行为。这种"市场竞争状况评估+补救措施"的组合制度，也被称为市场调查（Market Investigation）制度。显然，该制度超出了传统反垄断制度的边界,更像是一种直接监管(管制)制度。不过,这种目前极为小众的竞争政策工具,得到了德国、欧盟等个别司法辖区的郑重考虑,因为它对于解决快速变化的数字经济领域的算法共谋等广泛竞争问题,或许具有一定的制度价值。[1] 2023年7月6日,德国议会通过了《反限制竞争法》第十一次修正案(2023年11月7日正式生效),该法案授权联邦卡特尔局在发现市场竞争受到中断时进行干预,即使不存在违反反限制竞争法行为的情况也可以这样做。由此,联邦卡特尔局可以采取行为性和结构性补救措施,包括资产剥离(作为最后手段),以解决"重大且持续的市场竞争中断"(Significant and Continuous Disruptions of Competition),而不必考虑这种中断是否源于违反反限制竞争法的行为。这一新的反垄断法上的"第四大支柱"制度,旨在填补在竞争损害并非由反竞争行为而是由其他市场特征(如不完善、不可竞争的市场结构等结构性竞争问题)造成的情况下的执法缺口。[2] 不过,这种强有力的"市场竞争状况评估+补救措施"的组合制度,也存在令人担忧的地方。该制度远远超出了传统反垄断的范畴,改变了反垄断作为间接监管的性质,使其很大程度上成为了事前的直接监管体系的一部分,甚至担负起繁重的"策划市场"和"市场工程"的角色。换言之,在没有发现反竞争行为的前提下,为了解决结构性竞争问题,赋予反垄断执法机构施加行为性和结构性补救措施的权力,而非通过竞争倡导以及立法修法建议、监管变革建议等相对温和的手段来加以应对,可能不尽符合必要性、适当性、比例性等原则的要求。

---

[1] See Colm Hawkes, A Market Investigation Tool to Tackle Algorithmic Tacit Collusion: An Approach for the (Near) Future, https://www2.coleurope.eu/system/tdf/uploads/news/researchpaper_3_2021_colm_hawkes.pdf.

[2] See OECD, The Optimal Design, Organisation and Powers of Competition Authorities, Competition Policy Roundtable Background Note, 2023, pp.18-19, http://www.oecd.org/daf/competition/the-optimal-design-organisation-and-powers-of-competition-authorities-2023.pdf.

# 参考文献

## 一、中文著作类

1. 时建中主编：《〈中华人民共和国反垄断法〉专家修改建议稿及详细说明》，中国政法大学出版社 2020 年版。
2. 时建中主编：《反垄断法——法典释评与学理探源》，中国人民大学出版社 2008 年版。
3. 时建中主编：《三十一国竞争法典》，中国政法大学出版社 2009 年版。
4. 时建中主编：《反垄断法学》，中国政法大学出版社 2024 年版。
5. 时建中主编：《数据立法重点问题研究——以全国省级地方立法文件为研究对象》，中国政法大学出版社 2024 年版。
6. 徐恪、李沁：《算法统治世界：智能经济的隐形秩序》，清华大学出版社 2017 年版。
7. 韦倩：《合作行为与合作经济学：一个理论分析框架》，经济科学出版社 2012 年版。
8. 王晓晔：《反垄断法》，法律出版社 2011 年版。
9. 王晓晔：《欧共体竞争法》，中国法制出版社 2001 年版。
10. 曹康泰主编：《中华人民共和国反垄断法解读：理念、制度、机制、措施》，中国法制出版社 2007 年版。
11. 王翔主编：《中华人民共和国反垄断法解读》，中国法制出版社 2022 年版。
12. 张守文主编：《经济法学》，北京大学出版社 2018 年版。
13. 许光耀主编：《欧共体竞争立法》，武汉大学出版社 2006 年版。
14. 王先林主编：《最新反垄断法条文对照与重点解读》，法律出版社 2022 年版。
15. 王先林：《竞争法学》，中国人民大学出版社 2018 年版。
16. 宁立志主编：《〈中华人民共和国反垄断法〉释评》，法律出版社 2023 年版。
17. 刘继峰：《横向价格卡特尔法律规制研究》，中国政法大学出版社 2010 年版。
18. 刘继峰：《反垄断法》，中国政法大学出版社 2012 年版。
19. 刘继峰：《竞争法学》，北京大学出版社 2018 年版。

20. 徐士英：《竞争政策研究——国际比较与中国选择》，法律出版社 2013 年版。
21. 孟雁北：《反垄断法》，北京大学出版社 2017 年版。
22. 全国人大常委会法制工作委员会经济法室编：《〈中华人民共和国反垄断法〉条文说明、立法理由及相关规定》，北京大学出版社 2007 年版。
23. 吴炯主编：《中华人民共和国反垄断法解读》，中国工商出版社 2007 年版。
24. 孙晋：《反垄断法——制度与原理》，武汉大学出版社 2010 年版。
25. 张维迎：《博弈与社会》，北京大学出版社 2013 年版。
26. 何之迈：《公平交易法专论》，中国政法大学出版社 2004 年版。
27. 汪渡村：《公平交易法》，五南出版公司 2015 年版。
28. 廖义男：《公平交易法》，元照出版公司 2022 年版。
29. 赖源河编审：《公平交易法新论》，中国政法大学出版社 2002 年版。
30. 廖义男、黄铭杰主编：《联合行为要件之评析及竞争法与智财法之交错》，元照出版公司 2022 年版。
31. 吴高盛主编：《中华人民共和国反垄断法释义》，中国法制出版社 2007 年版。
32. 余东华：《反垄断经济学》，经济科学出版社 2017 年版。
33. 肖兴志主编：《产业经济学》，中国人民大学出版社 2016 年版。
34. 唐要家编著：《反垄断经济学：理论与政策》，东北财经大学出版社 2022 年版。
35. 中国信息化百人会课题组：《数字经济：迈向从量变到质变的新阶段》，电子工业出版社 2018 年版。
36. 吴及、陈健生、白铂编著：《数据与算法》，清华大学出版社 2017 年版。
37. 许春艳等主编：《人工智能导论（通识版）》，电子工业出版社 2022 年版。
38. 计算机科学技术名词审定委员会审定：《计算机科学技术名词》，科学出版社 2018 年版。
39. 李彦宏等：《智能革命——迎接人工智能时代的社会、经济与文化变革》，中信出版社 2017 年版。
40. 吴振国、刘新宇：《企业并购反垄断审查制度之理论与实践》，法律出版社 2012 年版。
41. 吴振国：《〈中华人民共和国反垄断法〉解读》，人民法院出版社 2007 年版。
42. 卫新江：《欧盟、美国企业合并反垄断规制比较研究》，北京大学出版社 2005 年版。
43. 叶军：《经营者集中附条件研究——欧美反垄断法律移植和中国本土化经验》，法律出版社 2022 年版。
44. ［美］吴军：《智能时代：大数据与智能革命重新定义未来》，中信出版社 2016 年版。

45. 张莉主编、中国电子信息产业发展研究院编著：《数据治理与数据安全》，人民邮电出版社 2019 年版。

46. 徐志伟、孙晓明：《计算机科学导论》，清华大学出版社 2018 年版。

47. 贾利民等：《信息系统互操作理论、技术与交通应用》，科学出版社 2010 年版。

48. 本书编写组：《大数据领导干部读本》，人民出版社 2015 年版。

49. 高寒：《算法交易：交易系统、交易策略与执行方法》，人民邮电出版社 2019 年版。

50. 李燕：《人类合作之谜新解：基于社会网络与仿真实验的研究》，浙江大学出版社 2020 年版。

51. 肖伟志：《价格歧视的反垄断法规制》，中国政法大学出版社 2012 年版。

52. 臧旭恒、杨蕙馨、徐向艺主编：《产业经济学》，经济科学出版社 2015 年版。

53. 何文章：《企业能力视角下产业价值链价值创造研究》，东北大学出版社 2017 年版。

54. 王俊豪主编：《产业经济学》，高等教育出版社 2016 年版。

55. 丁道勤、夏杰主编：《数字守门人：欧盟〈数字市场法〉评析》，法律出版社 2023 年版。

56. 刘和平：《欧盟并购控制法律制度研究》，北京大学出版社 2006 年版。

57. 韩立余：《经营者集中救济制度》，高等教育出版社 2011 年版。

58. 袁日新：《经营者集中救济法律制度研究》，法律出版社 2017 年版。

59. 李俊峰：《经营者集中反垄断救济措施运行机制研究》，上海大学出版社 2015 年版。

60. 唐要家：《市场势力可维持性与反垄断》，经济管理出版社 2007 年版。

61. 罗刚：《网络爬虫全解析：技术、原理与实践》，电子工业出版社 2017 年版。

62. 韩伟：《迈向智能时代的反垄断法演化》，法律出版社 2019 年版。

63. 韩伟主编：《数字市场竞争政策研究》，法律出版社 2017 年版。

64. 陈兴良：《规范刑法学（上册）》，中国人民大学出版社 2017 年版。

65. 高铭暄、马克昌主编：《刑法学》，高等教育出版社 2017 年版。

66. 王世洲：《现代刑法学（总论）》，北京大学出版社 2018 年版。

67. 叶泽：《寡头垄断企业竞争策略》，科学出版社 2012 年版。

68. 张化中主编：《价格监测及预测预警》，中国市场出版社 2006 年版。

69. 经济合作与发展组织编写：《产业组织经济学和竞争法律术语解释》，崔书锋、吴汉洪译，中国经济出版社 2006 年版。

70. 辜海笑：《美国反托拉斯理论与政策》，中国经济出版社 2005 年版。

71. ［韩］金范主编：《数据质量管理与安全管理》，上海科学技术出版社 2016

年版。

72. 国家市场监督管理总局反垄断局：《中国反垄断立法与执法实践》，中国工商出版社 2020 年版。

73. 钟刚：《反垄断法豁免制度研究》，北京大学出版社 2010 年版。

74. 刘武朝：《经营者集中附加限制性条件制度研究：类型、选择及实施》，中国法制出版社 2014 年版。

75. 高家伟：《证据法基本范畴研究》，中国人民公安大学出版社 2018 年版。

76. 中华人民共和国商务部反垄断局编：《世界主要国家和地区反垄断法律汇编（上册）》，中国商务出版社 2013 年版。

77. 薛波主编：《元照英美法词典》，北京大学出版社 2014 年版。

78. 徐英瑾：《人工智能哲学十五讲》，北京大学出版社 2021 年版。

79. 张红凤：《西方规制经济学的变迁》，经济科学出版社 2005 年版。

80. 马云泽：《规制经济学》，经济管理出版社 2008 年版。

81. 肖竹：《竞争政策与政府规制——关系、协调及竞争法的制度构建》，中国法制出版社 2009 年版。

82. 何然：《买方势力：反垄断法视域下的新思考》，法律出版社 2015 年版。

83. 舒国滢主编：《法理学导论》，北京大学出版社 2006 年版。

84. 周万里主编：《企业合规讲义》，中国法制出版社 2022 年版。

85. 陈瑞华：《企业合规基本理论》，法律出版社 2022 年版。

86. 张文显：《法哲学范畴研究（修订版）》，中国政法大学出版社 2001 年版。

87. 北京大学法学百科全书编委会、饶鑫贤等主编：《北京大学法学百科全书：中国法律思想史 中国法制史 外国法律思想史 外国法制史》，北京大学出版社 2000 年版。

88. 赵汀阳：《人工智能的神话或悲歌》，商务印书馆 2022 年版。

89. 高其才：《法理学》，清华大学出版社 2015 年版。

90. 尼克：《人工智能简史》，人民邮电出版社 2017 年版。

91. 刘星：《法律是什么——二十世纪英美法理学批判阅读》，中国法制出版社 2019 年版。

92. 郝俊淇：《滥用市场支配地位的反垄断法原理》，中国社会科学出版社 2022 年版。

**二、中文译著类**

1. ［英］阿里尔·扎拉奇、［美］莫里斯·E. 斯图克：《算法的陷阱：超级平台、算法垄断与场景欺骗》，余潇译，中信出版社 2018 年版。

2. ［美］伍德罗·巴菲尔德、［意］乌戈·帕加洛：《法律与人工智能高级导论》，苏苗罕译，上海人民出版社2022年版。

3. ［英］瑞恩·艾伯特：《理性机器人：人工智能未来法治图景》，张金平、周睿隽译，上海人民出版社2021年版。

4. ［美］约翰·马尔科夫：《人工智能简史》，郭雪译，浙江人民出版社2017年版。

5. ［美］赫伯特·霍温坎普：《联邦反托拉斯政策——竞争法律及其实践》，许光耀、江山、王晨译，法律出版社2009年版。

6. ［美］小约瑟夫·E. 哈林顿：《共谋理论和竞争政策》，王申、陈媚译，中国人民大学出版社2021年版。

7. ［美］W. 基普·维斯库斯、小约瑟夫·E. 哈林顿、约翰·M. 弗农：《反垄断与管制经济学》，陈甬军、覃福晓等译，中国人民大学出版社2010年版。

8. ［美］理查德·A. 波斯纳：《反托拉斯法》，孙秋宁译，中国政法大学出版社2003年版。

9. ［美］罗伯特·阿克塞尔罗德：《合作的复杂性：基于参与者竞争与合作的模型》，梁捷、高笑梅等译，上海人民出版社2017年版。

10. ［美］爱德华·O. 威尔逊：《社会生物学——新的综合》，毛盛贤等译，北京理工大学出版社2008年版。

11. ［英］安东尼·吉登斯：《现代性的后果》，田禾译，译林出版社2011年版。

12. ［英］霍布斯：《利维坦》，黎思复、黎廷弼译，商务印书馆2017年版。

13. ［美］罗伯特·皮托夫斯基等：《超越芝加哥学派——保守经济分析对美国反托拉斯的影响》，林平、臧旭恒等译，经济科学出版社2013年版。

14. ［美］约翰·麦考密克：《改变未来的九大算法》，管策译，中信出版社2019年版。

15. ［美］莫里斯·E. 斯图克、艾伦·P. 格鲁内斯：《大数据与竞争政策》，兰磊译，法律出版社2019年版。

16. ［美］克里斯托弗·L. 萨格尔斯：《反托拉斯法：案例与解析》，谭袁译，商务印书馆2021年版。

17. ［美］佩德罗·多明戈斯：《终极算法：机器学习和人工智能如何重塑世界》，黄芳萍译，中信出版社2017年版。

18. ［挪］拉金德拉·阿卡拉卡、［印］普里带·斯里尼瓦斯·萨加：《大数据分析与算法》，毕冉译，机械工业出版社2018年版。

19. ［德］乌尔里希·施瓦尔贝、丹尼尔·齐默尔：《卡特尔法与经济学》，顾一泉、刘旭译，法律出版社2014年版。

20. ［美］迈克尔·波特：《竞争战略》，陈丽芳译，中信出版社2014年版。

21. ［美］迈克尔·刘易斯：《高频交易员：华尔街的速度游戏》，王飞、王宇西、陈婧译，中信出版社 2015 年版。

22. ［美］罗伯特·C. 马歇尔、莱斯利·M. 马克思：《共谋经济学——卡特尔与串谋竞标》，蒲艳、张志奇译，人民出版社 2018 年版。

23. ［美］卡尔·夏皮罗、哈尔·R. 范里安：《信息规则：网络经济的策略指导》，孟昭莉、牛露晴译，中国人民大学出版社 2017 年版。

24. ［美］保罗·杰罗斯基、理查德·J. 吉尔伯特、亚历克西斯·杰克明：《进入壁垒和策略性竞争》，崔小刚译，北京大学出版社 2004 年版。

25. ［美］乔·S. 贝恩：《新竞争者的壁垒》，徐国兴等译，人民出版社 2012 年版。

26. ［美］G. J. 施蒂格勒：《产业组织和政府管制》，潘振民译，上海人民出版社、上海三联书店 1996 年版。

27. ［瑞］大卫·萨普特：《被算法操控的生活：重新定义精准广告、大数据和 AI》，易文波译，湖南科学技术出版社 2020 年版。

28. ［美］凯西·奥尼尔：《算法霸权：数学杀伤性武器的威胁》，马青玲译，中信出版社 2018 年版。

29. ［西］瓦罗纳等：《欧盟企业合并控制制度：法律、经济与实践分析》，叶军、解琳译，法律出版社 2009 年版。

30. ［英］Danicl Gore 等：《经济学分析方法在欧盟企业并购反垄断审查中的适用》，黄晋等译，法律出版社 2017 年版。

31. ［美］约翰·肯尼斯·加尔布雷思：《美国资本主义：抗衡力量的概念》，王肖竹译，华夏出版社 2008 年版。

32. ［美］迈克尔·波特：《竞争论》，高登第、李明轩译，中信出版社 2012 年版。

33. ［英］琼·罗宾逊：《不完全竞争经济学》，王翼龙译，华夏出版社 2017 年版。

34. ［美］赫伯特·霍温坎普：《反垄断事业：原理与执行》，吴绪亮、张兴、刘慷等译，东北财经大学出版社 2011 年版。

35. ［英］Tony Thome NBE：《奇点来临》，赵俐译，人民邮电出版社 2016 年版。

36. ［美］伯尔曼：《法律与宗教》，梁治平译，商务印书馆 2012 年版。

37. ［美］约翰·罗尔斯：《政治自由主义》，万俊人译，译林出版社 2011 年版。

38. ［英］哈特：《法律的概念》，许家馨、李冠宜译，法律出版社 2011 年版。

### 三、中文论文类

1. 时建中：《共同市场支配地位制度拓展适用于算法默示共谋研究》，载《中国法学》2020 年第 2 期。

2. 时建中：《数据概念的解构与数据法律制度的构建 兼论数据法学的学科内涵与

体系》,载《中外法学》2023 年第 1 期。

3. 时建中:《新〈反垄断法〉的现实意义与内容解读》,载《中国法律评论》2022 年第 4 期。

4. 时建中、王煜婷:《"数据池"共享行为的竞争风险及反垄断法分析》,载《江淮论坛》2021 年第 2 期。

5. 时建中、郭江兰:《论平台经济领域前置式反垄断监管》,载《探索与争鸣》2021 年第 9 期。

6. 时建中、吴宗泽:《作为反垄断救济措施的数字平台互操作义务》,载《海南大学学报(人文社会科学版)》2024 年第 1 期。

7. 时建中、马栋:《双重身份视角下平台自治与反垄断监管的界限》,载《竞争政策研究》2020 年第 4 期。

8. Thibault Schrepel、时建中、童肖安图:《区块链与智能合约形成的共谋》,载《竞争政策研究》2021 年第 1 期。

9. Mark Anderson 等:《共享经济遇上反垄断法:Uber 是公司,还是卡特尔,或是介于两者之间?》,载《竞争政策研究》2018 年第 3 期。

10. 张钹、朱军、苏航:《迈向第三代人工智能》,载《中国科学:信息科学》2020 年第 9 期。

11. 王晓晔:《我国最新反垄断法草案中的若干问题》,载《上海交通大学学报(哲学社会科学版)》2007 年第 1 期。

12. 杨一:《纵向垄断协议交易相对人行政责任的类型化配置》,载《安徽大学学报(哲学社会科学版)》2023 年第 6 期。

13. 黄勇、赵栋:《论企业平行定价行为之规制》,载《价格理论与实践》2011 年第 7 期。

14. 王先林:《超高定价反垄断规制的难点与经营者承诺制度的适用》,载《价格理论与实践》2014 年第 1 期。

15. 邓峰:《传导、杠杆与中国反垄断法的定位——以可口可乐并购汇源反垄断法审查案为例》,载《中国法学》2011 年第 1 期。

16. 刘继峰:《"中心辐射型"卡特尔认定中的问题》,载《价格理论与实践》2016 年第 6 期。

17. 刘继峰:《试析我国〈反垄断法〉垄断协议概念的形式逻辑问题》,载《北京化工大学学报(社会科学版)》2012 年第 4 期。

18. 刘继峰:《依间接证据认定协同行为的证明结构》,载《证据科学》2010 年第 1 期。

19. 焦海涛:《个人信息的反垄断法保护:从附属保护到独立保护》,载《法学》

2021 年第 4 期。

20. 焦海涛、宋亭亭：《数字时代共同市场支配地位的认定标准》，载《上海财经大学学报》2021 年第 3 期。

21. 孟雁北：《反垄断法规制平台剥削性滥用的争议与抉择》，载《中外法学》2022 年第 2 期。

22. 张晨颖：《垄断行为刑事化的基础及其构造》，载《法学评论》2023 年第 5 期。

23. 张晨颖：《共同市场支配地位的理论基础与规则构造》，载《中国法学》2020 年第 2 期。

24. 张晨颖：《比例原则视角下经营者集中反垄断执法的规则修正》，载《当代法学》2021 年第 4 期。

25. 吴韬：《垄断协议的组织、帮助行为——〈反垄断法〉第 19 条的理解与适用》，载《竞争政策研究》2023 年第 4 期。

26. 吴韬：《互联网反垄断案件中的市场份额与经营者市场地位评估》，载《竞争政策研究》2015 年第 1 期。

27. 叶明、朱佳佳：《算法共谋的竞争效应及其违法性认定研究》，载《产业组织评论》2020 年第 4 期。

28. 王健、吴宗泽：《自主学习型算法共谋的事前预防与监管》，载《深圳社会科学》2020 年第 2 期。

29. 王健、吴宗泽：《论数据作为反垄断法中的必要设施》，载《法治研究》2021 年第 2 期。

30. 王健、方翔：《中国反垄断罚款裁量的不确定性及其克服》，载《社会科学战线》2021 年第 5 期。

31. 李剑：《〈反垄断法〉中推定的限度——对共同市场支配推定规则的反思》，载《社会科学研究》2021 年第 4 期。

32. 李剑：《经营者集中强制申报制度的实效与转变》，载《交大法学》2021 年第 4 期。

33. 丁国峰：《大数据时代下算法共谋行为的法律规制》，载《社会科学辑刊》2021 年第 3 期。

34. 殷继国：《人工智能时代算法垄断行为的反垄断法规制》，载《比较法研究》2022 年第 5 期。

35. 孙晋、蓝澜：《数字垄断协议的反垄断法甄别及其规制》，载《科技与法律（中英文）》2023 年第 1 期。

36. 刺森：《算法共谋中经营者责任的认定：基于意思联络的解读与分析》，载《现代财经（天津财经大学学报）》2022 年第 3 期。

37. 王煜婷：《数字经济背景下我国经营者集中制度的完善》，载《中国政法大学学报》2022 年第 1 期。

38. 李胜利、杨啸宇：《论数字平台轴辐型算法共谋的反垄断法规制》，载《厦门大学法律评论》2023 年第 1 期。

39. 侯利阳：《轴辐协议的违法性辨析》，载《中外法学》2019 年第 6 期。

40. 贺斯迈、侯利阳：《协同行为视阈下默示算法共谋的挑战与优化》，载《大连理工大学学报（社会科学版）》2023 年第 5 期。

41. 唐要家、尹钰锋：《算法合谋的反垄断规制及工具创新研究》，载《产经评论》2020 年第 2 期。

42. 刘传江、李雪：《西方产业组织理论的形成与发展》，载《经济评论》2001 年第 6 期。

43. 袁嘉：《德国滥用相对优势地位行为规制研究——相对交易优势地位与相对市场优势地位的区分》，载《法治研究》2016 年第 5 期。

44. 袁嘉《数字背景下德国滥用市场力量行为反垄断规制的现代化——评〈德国反限制竞争法〉第十次修订》，载《德国研究》2021 年第 2 期。

45. 袁嘉、左添熠：《构建竞争失序风险监测预警机制的理据与进路》，载《竞争政策研究》2023 年第 4 期。

46. 周智高：《价格协同行为的认定思路分析》，载《中国价格监督检查》2013 年第 7 期。

47. 金善明：《中国平台经济反垄断监管的挑战及其应对》，载《国际经济评论》2022 年第 3 期。

48. 王磊：《数据驱动型并购中隐私损害的反垄断审查》，载《当代法学》2023 年第 3 期。

49. 李海舰、李燕：《对新经济形态的认识：微观经济的视角》，载《中国工业经济》2020 年第 12 期。

50. 王玉辉：《论信息交换违法性判定的进路和方法》，载《中州学刊》2023 年第 2 期。

51. 郭宗杰：《反垄断法上的协同行为研究》，载《暨南学报（哲学社会科学版）》2011 年第 6 期。

52. 仲春：《我国数字经济领域经营者集中审查制度的检视与完善》，载《法学评论》2021 年第 4 期。

53. 叶卫平：《反垄断法分析模式的中国选择》，载《中国社会科学》2017 年第 3 期。

54. 喻玲：《从威慑到合规指引 反垄断法实施的新趋势》，载《中外法学》2013 年第 6 期。

55. 王延川：《算法合谋的演生逻辑与治理路径》，载《华东政法大学学报》2023 年第 3 期。

56. 王道勇：《社会合作何以可能——集体利益论与集体意识论的理论分析与现实融合》，载《社会学研究》2022 年第 5 期。

57. 黄少安、张苏：《人类的合作及其演进研究》，载《中国社会科学》2013 年第 7 期。

58. 胡涛、刘烁：《有限理性下的集体合作：理论与应用》，载《经济学（季刊）》2023 年第 6 期。

59. 吴汉洪、刘雅甜：《平台经济与反垄断政策》，载《比较》2018 年第 5 期。

60. 许光耀：《"经济学证据"与协同行为的考察因素》，载《竞争政策研究》2015 年第 1 期。

61. 孙瑜晨：《反垄断中价格协同行为的认定及其规制逻辑》，载《北京理工大学学报（社会科学版）》2017 年第 5 期。

62. 周围：《算法共谋的反垄断法规制》，载《法学》2020 年第 1 期。

63. 叶军：《经营者集中法律界定模式研究》，载《中国法学》2015 年第 5 期。

64. 李天舒：《"结构—行为—绩效"范式的理论演进与现实应用》，载《改革与战略》2008 年第 7 期。

65. 杜怡帅、韦倩：《经济思想史中的合作行为研究》，载《兰州商学院学报》2013 年第 2 期。

66. 张文显：《构建智能社会的法律秩序》，载《东方法学》2020 年第 5 期。

67. 苏宇：《算法规制的谱系》，载《中国法学》2020 年第 3 期。

68. 王继荣：《我国经营者集中竞争评估审查因素的改造及完善路径：以波特"五力模型"为基础》，载《当代法学》2019 年第 4 期。

69. 江山：《论垄断行为的类型化规整》，载《经贸法律评论》2021 年第 2 期。

70. 江山：《论横向信息分享安排的反垄断法规制》，载《价格理论与实践》2016 年第 8 期。

71. 江山：《大数据语境下卡特尔发现的范式转换》，载《当代法学》2019 年第 2 期。

72. 张占江：《个人信息保护的反垄断法视角》，载《中外法学》2022 年第 3 期。

73. 郜庆、刘思洁：《反垄断法上的"吹哨人"制度》，载《竞争政策研究》2022 年第 6 期。

74. 荆宁宁、程俊瑜：《数据、信息、知识与智慧》，载《情报科学》2005 年第 12 期。

75. 刘旭：《中欧垄断协议规制对限制竞争的理解》，载《比较法研究》2011 年第 1 期。

76. 李希梁：《平台扼杀式并购的反垄断悖论》，载《法学研究》2024 年第 1 期。

77. 吴绪亮、孙康、侯强：《存在治理垄断的第三条道路吗？——买方抗衡势力假说研究的近期突破》，载《财经问题研究》2008 年第 6 期。

78. 黄锫：《行政执法中责令改正的法理特质与行为结构》，载《浙江学刊》2019 年第 2 期。

79. 王继平、王若兰：《作为竞争政策工具的市场研究》，载《竞争政策研究》2017 年第 4 期。

80. 郝俊淇：《论我国垄断协议类型序列的立法完善》，载《中国政法大学学报》2022 年第 1 期。

81. 郝俊淇：《救济制度适用于事后调查类垄断案件研究——兼议新〈反垄断法〉的遗留问题》，载《经贸法律评论》2022 年第 5 期。

82. 郝俊淇：《论平台经济领域反垄断的恢复性救济》，载《财经法学》2023 年第 3 期。

83. 郝俊淇：《平台经济领域差别待遇行为的反垄断法分析》，载《法治研究》2021 年第 4 期。

84. 郝俊淇、刘维俊：《反垄断指南的功能探讨》，载《中国价格监管与反垄断》2015 年第 9 期。

## 四、外文著作类

1. Jianzhong Shi & Yang Yang, *Merger Control in China*, LexisNexis, 2017.

2. Ariel Ezrachi & Maurice E. Stucke, *Virtual Competition: The Promise and Perils of the Algorithm-Driven Economy*, Harvard University Press, 2016.

3. Garces Tolon et al., *The Ups and Downs of the Doctrine of Collective Dominance: Using Game Theory for Merger Policy*, Cambridge University Press, 2009.

4. Aurelien Portuese et al., *Algorithmic Antitrust*, Springer, 2022.

5. Ariel Ezrachi, *EU Competition law: An Analytical Guide to the Leading Cases (Fifth Edition)*, Hart Publishing, 2016.

6. Alison Jones, Brenda Sufrin, *EU Competition Law: Texts, Cases, and Materials*, Oxford University Press, 2014.

7. Marilena Filippelli, *Collective Dominance and Collusion: Parallelism in EU and US Competition Law*, Edward Elgar Publishing Limited, 2013.

8. Robert O'Donoghue & A. Jorge Padilla, *The Law and Economics of Article 82 EC*,

Hart Publishing, 2006.

### 五、外文论文类

1. Antonio Capobianco, Anita Nyeso, "Challenges for Competition Law Enforcement and Policy in the Digital Economy", *Journal of European Competition Law & Practice*, 2017, Vol. 9, No. 1.

2. Shane Legg & Marcus Hutter, "Universal Intelligence: A Definition of Machine Intelligence", *Minds and Machines*, 2007, Vol. 17, No. 4.

3. Alan M. Turing, "Computing Machinery and Intelligence", *Mind*, 1950, Vol. 59.

4. Catalina Gonzalez Verdugo, "Horizontal Restraint Regulations in the EU and the US in the Era of Algorithmic Tacit Collusion", *UCL Journal of Law and Jurisprudence*, 2018, Vol. 7, No. 1.

5. John McCarthy, Marvin L. Minsky, Nathaniel Rochester, and Claude E. Shannon, A Proposal for the Dartmouth Summer Research Project on Artificial Intelligence (August 31, 1955), https://onlinelibrary.wiley.com/doi/10.1609/aimag.v27i4.1904.

6. Krystal Hu, ChatGPT Sets Record for Fastest-Growing User Base-analyst note, https://financialpost.com/pmn/business-pmn/chatgpt-sets-record-for-fastest-growing-user-base-analyst-note.

7. Abha Yadav & Tarun Donadi, "Tacit Collusion and Artificial Intelligence", *Indian Journal of Artificial Intelligence and Law*, 2021, Vol. 1, No. 2.

8. Ulrich Schwalbe, "Algorithms, Machine Learning, and Collusion", *Journal of Competition Law and Economics*, 2018, Vol. 14, No. 4.

9. Sabrina Küspert, Nicolas Moës, Connor Dunlop, The Value Chain of General-Purpose AI: A Closer Look at the Implications of API and Open-Source Aaccessible GPAI for the EU AI Act, https://www.adalovelaceinstitute.org/blog/value-chain-general-purpose-ai/.

10. Thomas Loots & Arnoud V. Boer, "Data-Driven Collusion and Competition in a Pricing Duopoly with Multinomial Logit Demand", *Production and Operations Management*, 2023, Vol. 32, No. 4.

11. Anne Riley & D. Daniel Sokol, "Rethinking Compliance", *Journal of Antitrust Enforcement*, 2015, Vol. 3, No. 1.

12. Donald F. Turner, "The Definition of Agreement under the Sherman Act: Conscious Parallelism and Refusal to Deal", *Harvard Law Review*, 1962, Vol. 75, No. 4.

13. Chris Withers, Mark Jephcott, "Where To Go Now For E. C. Oligopoly Control?", *European Competition Law Review*, 2001, Vol. 22, No. 8.

14. Rockwell Anyoha, The History of Artificial Intelligence, https：//sitn. hms. harvard. edu/flash/2017/history-artificial-intelligence/.

15. Cole Stryker & Mark Scapicchio, What is Generative AI?, https：//www. ibm. com/topics/generative-ai.

16. McKinsey & Company, What is Artificial General Intelligence (AGI)? (March 21, 2024), https：//www. mckinsey. com/featured-insights/mckinsey-explainers/what-is-artificial-general-intelligence-agi#/.

17. Fabio Massimo Zanzotto, Human-in-the-loop Artificial Intelligence, http：//arxiv. org/pdf/1710. 08191.

18. Fidan Boylu Uz, GPUs vs CPUs for Deployment of Deep Learning Models, https：//azure. microsoft. com/en-us/blog/gpus-vs-cpus-for-deployment-of-deep-learning-models/.

19. Christophe Carugati, Competition in Generative Artificial Intelligence Foundation Models, https：//www. bruegel. org/sites/default/files/2023-09/WP%2014. pdf.

20. Edward Hu et al., LoRA：Low-Rank Adaptation of Large Language Models, https：//arxiv. org/pdf/2106. 09685v1.

21. Robin Staab, Mark Vero, Mislav Balunovic, Martin Vechev, Beyond Memorization：Violating Privacy via Inference with Large Language Models, https：//openreview. net/pdf?id=kmn0BhQk7p.

22. Rick Merritt, What Is AI Computing?, https：//blogs. nvidia. com/blog/what-is-ai-computing/.

23. Ilia Shumailov et al., The Curse of Recursion：Training on Generated Data Makes Models Forget, https：//www. cl. cam. ac. uk/~is410/Papers/dementia_arxiv. pdf.

24. Stefan Hunt et al., You Are What You Eat：Nurturing Data Markets to Sustain Healthy Generative AI Innovation, https：//www. keystone. ai/wp-content/uploads/2023/11/NURTURING-DATA-MARKETS-TO-SUSTAIN-HEALTHY-GENAI-INNOVATION-Stefan-Hunt-Wen-Jian-Aman-Mawar-Bartley-Tablante-2. pdf.

25. Jonathan B. Baker, "Identifying Horizontal Price Fixing in the Electronic Marketplace", *Antitrust Law Journal*, 1996, Vol. 65, No. 1.

26. Florian Peiseler, Alexander Rasch and Shiva Shekhar, "Imperfect Information, Algorithmic Price Discrimination, and Collusion", *The Scandinavian Journal of Economics*, 2022, Vol. 124, No. 2.

27. Vijay Bishnoi, "Algorithm-Fuelled Conscious Parallelism：Posing Multifaceted Challenges to the Competition Regime", *RGNUL Financial and Mercantile Law Review*, 2019,

Vol. 6, No. 1.

28. Karan Sangani, "Examining the Antitrust Implications of Pricing Algorithms in the United States, European Union, and India", *The Journal of Robotics, Artificial Intelligence & Law*, 2020, Vol. 3, No. 2.

29. Thibault Schrepel, The Fundamental Unimportance of Algorithmic Collusion for Antitrust Law, https://papers.ssrn.com/sol3/papers.cfm?abstract_id=3315182.

30. D. Kennedy & C. Norman, "What Don't We Know?", *Science*, 2005, Vol. 309, No. 5731.

31. Marc Ivaldi, Bruno Jullien, Patrick Rey, Paul Seabright, Jean Tirole, The Economics of Tacit Collusion, Final Report for DG Competition, European Commission, March 2003, http://idei.fr/sites/default/files/medias/doc/wp/2003/tacit_collusion.pdf.

32. William M. Landes & Richard A. Posner, "Market Power in Antitrust Cases", *Harvard Law Review*, 1981, Vol. 94, No. 5.

33. Maja Glogovac & Jovan Filipovic, "Quality Costs in Practice and an Analysis of the Factors Affecting Quality Cost Management", *Total Quality Management & Business Excellence*, 2018, Vol. 29.

34. Nicolas Petit, The "Oligopoly Problem" in EU Competition Law, https://papers.ssrn.com/sol3/papers.cfm?abstract_id=1999829.

35. Salil K. Mehra, "Antitrust and the Robo-Seller: Competition in the Time of Algorithms", *Minnesota Law Review*, 2016, Vol. 100, No. 4.

36. Germán Oscar Johannsen, Conscious Parallelism and Price Discrimination in the Era of Algorithms: A Case of Collective Abuse of Dominance?, https://papers.ssrn.com/sol3/papers.cfm?abstract_id=3203292.

37. Michal S. Gal & Niva Elkin-Koren, "Algorithmic Consumers", *Harvard Journal of Law & Technology*, 2017, Vol. 30, No. 2.

38. Philip Marsden & Simon Bishop, "Article 82 Review: What is Your Theory of Harm", *European Competition Journal*, 2006, Vol. 2, No. 2.

39. Wolfgang Kerber, Heike Schweitzer, "Interoperability in the Digital Economy", *Journal of Intellectual Property, Information Technology and Electronic Commerce Law*, 2017, Vol. 39, No. 08.

40. Michal S. Gal, "Limiting Algorithmic Coordination", *Berkeley Technology Law Journal*, 2023, Vol. 38, No. 1.

41. Massimo Motta, Self-preferencing and Foreclosure in Digital Markets: Theories of Harm for Abuse Cases, BSE Working paper 1374, 2022, https://bse.eu/sites/default/

files/working_paper_pdfs/1374_0.pdf.

42. William E. Kovacic, Robert C. Marshall, Leslie M. Marx, Halbert L. White, "Plus Factors and Agreement in Antitrust Law", *Michigan Law Review*, 2011, Vol. 110, No. 3.

43. Thomas Höppner, Data Exploiting as an Abuse of Dominance: The German Facebook Decision, 2019, https://ssrn.com/abstract=3345575.

44. Jonathan B. Baker, "Exclusion as a Core Competition Concern", *Antitrust Law Journal*, 2013, Vol. 78, No. 3.

45. Thomas K. Cheng, Julian Nowag, "Algorithmic Predation and Exclusion", *University of Pennsylvania Journal of Business Law*, 2023, Vol. 25, No. 1.

46. Michael David Coutts, "Mergers, Acquisitions and Merger Control in an Algorithmic Pricing World", *Berkeley Technology Law Journal*, 2023, Vol. 38, No. 1.

47. Michal S. Gal, "Algorithms as Illegal Agreements", *Berkeley Technology Law Journal*, 2019, Vol. 34, No. 1.

48. Jakob N. Foerster et al., Learning to Communicate to Solve Riddles with Deep Distributed Recurrent Q-networks, 2016, https://arxiv.org/pdf/1602.02672.pdf.

49. Harold F. See, William D. Gunther, "Limit Pricing and Predation in the Antitrust Laws: Economic and Legal Aspects", *Alabama Law Review*, 1984, Vol. 35, No. 2.

50. Maria Arbatskaya, "Can Low-price Guarantees Deter Entry?", *International Journal of Industrial Organization*, 2001, Vol. 19, No. 9.

51. Louis Kaplow, "Direct Versus Communications-Based Prohibitions on Price Fixing", *Journal of Legal Analysis*, 2011, Vol. 3, No. 2.

52. Louis Kaplow, "On the Meaning of Horizontal Agreements in Competition Law", *California Law Review*, 2011, Vol. 99, No. 3.

53. William H. Page, "Objective and Subjective Theories of Concerted Action", *Antitrust Law Journal*, 2013, Vol. 79, No. 1.

54. Richard A. Posner, "Review of Kaplow, Competition Policy and Price Fixing", *Antitrust Law Journal*, 2014, Vol. 79, No. 2.

55. Parker Geoffrey, "Petropoulos Georgios, Van Alstyne Marshall, Platform Mergers and Antitrust", *Industrial and Corporate Change*, 2021, Vol. 30, No. 5.

56. Antonio Capobianco & Pedro Gonzaga, "Algorithms and Competition: Friends or Foes?", *CPI Antitrust Chronicle*, August 14, 2017.

57. Robert C. Marshall, Leslie M. Marx, Lily Samkharadze, Dominant-Firm Conduct by Cartels, https://www.researchgate.net/publication/228987383_Dominant-Firm_Conduct_by_Cartels.

58. Afif Khan & Shifa Qureshi, "Shikha Roy v Jet Airways: A New Approach to Algorithmic Collusion", *De Lege Ferenda*, 2022, Vol. 5, No. 1.

59. Francisco Beneke, Mark-Oliver Mackenrodt, "Remedies for Algorithmic Tacit Collusion", *Journal of Antitrust Enforcement*, 2021, Vol. 2021, No. 9.

60. Cary Coglianese & Alicia Lai, "Antitrust by Algorithm", *Stanford Computational Antitrust*, 2022, Vol. 2.

61. Ariel Ezrachi & Maurice E. Stucke, Algorithmic Collusion: Problems and Counter-Measures, OECD, DAF/COMP/WD (2017) 25, https://one.oecd.org/document/DAF/COMP/WD (2017) 25/en/pdf.

62. Ilgin Isgenc, "Competition Law in the AI ERA: Algorithmic Collusion under EU Competition", *Trinity College Law Review*, 2021, Vol. 24.

63. See Stefan Hunt, The Technology-led Transformation of Competition and Consumer Agencies: The Competition and Markets Authority's Experience (Discussion Paper, 14 June 2022), https://assets.publishing.service.gov.uk/government/uploads/system/uploads/attachment_data/file/1085931/The_technology_led_transformation_of_competition_and_consumer_agencies.pdf.

64. Emilio Calvano, Giacomo Calzolari, Vincenzo Denicoló and Sergio Pastorello, "Artificial Intelligence, Algorithmic Pricing, and Collusion", *American Economic Review*, 2020, Vol. 110, No. 10.

65. Vaclav Smejkal, "Cartels by Robots-Current Antitrust Law in Search of an Answer", *Journal for International and European Law*, 2017, Vol. 4, No. 29.

66. Gonzalo Ballestero, Collusion and Artificial Intelligence: A Computational Experiment with Sequential Pricing Algorithms under Stochastic Costs, https://repositorio.udesa.edu.ar/jspui/bitstream/10908/19655/1/%5bP%5d%5bW%5d%20T.%20M.%20Eco.%20Ballestero%2c%20Gonzalo.pdf.

67. Thibault Schrepel, "Collusion by Blockchain and Smart Contracts", *Harvard Journal of Law and Technology*, 2019, Vol. 33, No. 1.

68. Rama Cont & Wei Xiong, Dynamics of Market Making Algorithms in Dealer Markets: Learning and Tacit Collusion, https://onlinelibrary.wiley.com/doi/epdf/10.1111/mafi.12401.

69. Ariel Ezrachi, Maurice E. Stucke, "Artificial Intelligence & Collusion: When Computers Inhibit Competition", *University of Illinois Law Review*, 2017, Vol. 2017, No. 5.

70. Ariel Ezrachi & Maurice E. Stucke, "Sustainable and Unchallenged Algorithmic Tacit Collusion", *Northwestern Journal of Technology and Intellectual Property*, 2020,

Vol. 17, No. 2.

71. Terrell McSweeny & Brian O'Dea, "The Implications of Algorithmic Pricing for Coordinated Effects Analysis and Price Discrimination Markets in Antitrust Enforcement", *Antitrust*, 2017, Vol 32. No. 1.

72. John Kwoka, Tommaso Valletti, Scrambled Eggs and Paralyzed Policy: Breaking up Consummated Mergers and Dominant Firms, https://papers.ssrn.com/sol3/papers.cfm?abstract_id=3736613.

73. Roger G. Noll, "Buyer Power and Economic Policy", *Antitrust Law Journal*, 2005, Vol. 72, No. 2.

74. Richard Scheelings & Joshua Wright, "Sui Generis: An Antitrust Analysis of Buyer Power in the United States and European Union", *Akron Law Review*, 2006, Vol. 39, No. 1.

75. Minghua He, Nicholas R. Jennings, Ho-Fung Leung, On Agent-Mediated Electronic Commerce, https://eprints.soton.ac.uk/258565/1/ec-survey.pdf.

76. Frank H. Easterbrook, "The Limits of Antitrust", *Texas Law Review*, 1984, Vol. 63.

77. Lance B. Eliot, Antitrust and Artificial Intelligence (AAI): Antitrust Vigilance Lifecycle and AI Legal Reasoning Autonomy, https://www.semanticscholar.org/reader/3e3444ee9c01cc56263bced7c65b810f5876d2b6.

78. Cary Coglianese & Alicia Lai, "Antitrust by Algorithm", *Stanford Computational Antitrust*, 2022, Vol. 2.

79. Vincent C. Müller & Nick Bostrom, "Future Progress in Artificial Intelligence: A survey of Expert Opinion", in Vincent C. Müller ed., *Fundamental Issues of Artificial Intelligence*, Springer, 2016.

80. Thibault Schrepel, "Computational Antitrust: An Introduction and Research Agenda", *Stanford Computational Antitrust*, 2021, Vol. 1.

81. William E. Kovacic, "The Intellectual DNA of Modern U.S. Competition Law for Dominant Firm Conduct: The Chicago/Harvard Double Helix", *Columbia Business Law Review*, 2007, Vol. 2007, No. 1.

82. Richard A. Posner, "Antitrust in the New Economy", *Antitrust Law Journal*, 2001, Vol. 68, No. 3.

83. Jens-Uwe Franck, "Umbrella Pricing and Cartel Damages under EU Competition Law", *European Competition Journal*, 2015, Vol. 11, No. 1.

84. Marcela Mattiuzzo & Henrique Felix Machado, "Algorithmic Governance in Computational Antitrust-a Brief Outline of Alternatives for Policymakers", *Stanford Computational Antitrust*, 2022, Vol. 2.

85. Dag Wiese Schartum, "From Legal Sources to Programming Code: Automatic Individual Decisions in Public Administration and Computers under the Rule of Law", in Woodrow Barfield ed., *The Cambridge Handbook of the Law of Algorithms*, Cambridge University Press.

86. Robert Zev Mahari, Sandro Claudio Lera, Alex Pentland, "Time for a New Antitrust Era: Refocusing Antitrust Law to Invigorate Competition in the 21st Century", *Stanford Computational Antitrust*, 2021, Vol. 1.

87. Andreas von Bonin & Sharon Malhi, "The Use of Artificial Intelligence in the Future of Competition Law Enforcement", *Journal of European Competition Law & Practice*, 2020, Vol. 11, No. 8.

88. Hannes Beth & Oliver Gannon, "Cartel Screening-Can Competition Authorities and Corporations Afford not to Use Big Data to Detect Cartels?", *Competition Law & Policy Debate*, 2022, Vol. 7, No. 2.

89. Ioannis Lianos, Computational Competition Law and Economics: An Inception Report, 2021, https://www.epant.gr/en/enimerosi/publications/research-publications/item/1414-computational-competition-law-and-economics-inception-report.html.

90. Carsten J. Crede, "A Structural Break Cartel Screen for Dating and Detecting Collusion", *Review of Industrial Organization*, 2019, Vol. 54.

91. Iuliana Zlatcu, Marta-Christina Suciu, The Role of Economics in Cartel Detection: A Review of Cartel Screens, https://journals.indexcopernicus.com/api/file/viewByFileId/165123.

92. Rosa Abrantes-Metz, Can Machine Learning Aid in Cartel Detection?, CPI, July 29, 2018, https://www.pymnts.com/cpi-posts/can-machine-learning-aid-in-cartel-detection/.

93. Isabelle Adam, et al., Public Procurement Cartels: A Systematic Testing of Old and New Screens, https://www.govtransparency.eu/wp-content/uploads/2022/03/GTI-WP-Cartel_20220304-1.pdf.

94. Sina Alemohammad et al., Self-Consuming Generative Models Go MAD, https://arxiv.org/abs/2307.01850.

95. European Data Protection Supervisor, Synthetic Data, https://www.edps.europa.eu/press-publications/publications/techsonar/synthetic-data_en.

96. Cyril Ritter, "How Far Can the Commission Go When Imposing Remedies for Antitrust Infringements?", 9 *Journal of European Competition Law & Practice*, 2016, Vol. 7, No. 9.

97. Emmanuel Combe & Constance Monnier, "Why Managers Engage in Price Fixing? An

Analytical Framework", *World Competition*, 2020, Vol. 43, No. 1.

98. Donald C. Klawiter, "It Didn't Work": Antitrust Compliance and the Role of the Senior Executive, https://www.competitionpolicyinternational.com/wp-content/uploads/2019/11/CPI-Klawiter.pdf.

99. Ai Deng, From the Dark Side to the Bright Side: Exploring Algorithmic Antitrust Compliance, https://www.lexology.com/library/detail.aspx?g=41d583ca-64a4-4f13-8276-1273c2aba17d.

100. Colm Hawkes, A Market Investigation Tool to Tackle Algorithmic Tacit Collusion: An Approach for the (Near) Future, https://www2.coleurope.eu/system/tdf/uploads/news/researchpaper_3_2021_colm_hawkes.pdf.

## 六、外文报告和规范性文件类

1. OECD, Algorithms and Collusion: Competition Policy in the Digital Age, 2017, www.oecd.org/competition/algorithms-collusion-competition-policy-in-the-digital-age.htm.

2. OECD, Explanatory Memorandum on the Updated OECD Definition of an AI System, OECD Artificial Intelligence Papers March 2024 No. 8, https://www.oecd-ilibrary.org/docserver/623da898-en.pdf.

3. OECD, Framework for the Classification of AI Systems, OECD Digital Economy Papers February 2022 No. 323, https://www.oecd-ilibrary.org/docserver/cb6d9eca-en.pdf.

4. OECD, The Future of Artificial Intelligence, OECD Digital Economy Outlook 2024 (Volume 1), https://www.oecd-ilibrary.org/sites/473ed143-en/index.html?itemId=/content/component/473ed143-en.

5. OECD, Algorithmic Competition, OECD Competition Policy Roundtable Background Note, 2023, www.oecd.org/daf/competition/algorithmic-competition-2023.pdf.

6. OECD, Measuring Distortions in International Markets: The Semiconductor Value Chain, OECD Trade Policy Papers No. 234, https://www.oecd-ilibrary.org/docserver/8fe4491d-en.pdf.

7. OECD, A Blueprint for Building National Compute Capacity for Artificial Intelligence, OECD Digital Economy Papers February 2023 No. 350, https://www.oecd-ilibrary.org/docserver/876367e3-en.pdf.

8. OECD, Information Exchanges Between Competitors under Competition Law, Policy Roundtables, 2010, https://www.oecd.org/daf/competition/48379006.pdf.

9. OECD, AI Language Models: Technological, Socio-economic and Policy Considera-

tions, OECD Digital Economy Papers, April 2023 No. 352, https://www.oecd-ilibrary.org/docserver/13d38f92-en.pdf.

10. OECD, Barriers to Entry, Policy Roundtables, 2005, http://www.oecd.org/daf/competition/abuse/36344429.pdf.

11. OECD, Theories of Harm for Digital Mergers, OECD Competition Policy Roundtable Background Note, 2023, https://www.oecd.org/daf/competition/theories-of-harm-for-digital-mergers-2023.pdf.

12. OECD, Buying Power of Multiproduct Retailers, 1998, http://www.oecd.org/daf/competitionabuse/2379299.pdf.

13. OECD, Monopsony and Buyer Power, 2008, http://www.oecd.org/daf/competition/44445750.pdf.

14. OECD, Executive Summary of the Roundtable on Purchasing Power and Buyers' Cartels, 2022, https://one.oecd.org/document/DAF/COMP/M（2022）2/ANN2/FINAL/en/pdf.

15. OECD, OECD Competition Trends 2024, https://www.oecd-ilibrary.org/docserver/e69018f9-en.pdf.

16. OECD, Data Portability, Interoperability and Digital Platform Competition, OECD Competition Committee Discussion Paper, 2021, https://web-archive.oecd.org/2021-10-31/591383-data-portability-interoperability-and-digital-platform-competition-2021.pdf.

17. OECD, Interim Measures in Antitrust Investigations, Roundtable Background Note, 2022, https://www.oecd.org/daf/competition/interim-measures-in-antitrust-investigations-2022.pdf.

18. OECD, Data Screening Tools for Competition Investigations, OECD Competition Policy Roundtable Background Note, 2022, https://web-archive.oecd.org/2022-10-18/643539-data-screening-tools-in-competition-investigations-2022.pdf.

19. OECD, Ex-officio Cartel Investigations and the Use of Screens to Detect Cartels, Background paper by the Secretariat, https://one.oecd.org/document/DAF/COMP（2013）14/En/pdf.

20. OECD, Summary of discussion of the roundtable on Competition Compliance Programmes, 2021, https://one.oecd.org/document/DAF/COMP/WP3/WD（2021）29/en/pdf.

21. OECD, Executive Summary of the Roundtable on Commitment Decisions in Antitrust Cases, 2016, https://one.oecd.org/document/DAF/COMP/M（2016）1/ANN5/FINAL/en/pdf.

22. OECD, Experience with Direct Settlements in Cartel Cases, 2008, https://www.oecd.org/daf/competition/44178372.pdf.

23. OECD, Remedies and Sanctions in Abuse of Dominance Cases, https://www.oecd.org/daf/competition/38623413.pdf.

24. OECD, Competition Compliance Programmes, Background Note, 2021, https://web-archive.oecd.org/2021-10-31/591205-competition-compliance-programmes-2021.pdf.

25. OECD, Recommendation of the Council on Artificial Intelligence (OECD/LEGAL/0449), https://legalinstruments.oecd.org/en/instruments/OECD-LEGAL-0449.

26. OECD, Using Market Studies to Tackle Emerging Competition Issues, Background Note, 2020, https://web-archive.oecd.org/2021-10-31/567287-using-market-studies-to-tackle-emerging-competition-issues-2020.pdf.

27. OECD, The Role of Market Studies as a Tool to Promote Competition, Background Note by the Secretariat, 2016, https://one.oecd.org/document/DAF/COMP/GF(2016)4/en/pdf.

28. OECD, Algorithmic Collusion: Problems and Counter-Measures-Note by Ariel Ezrachi & Maurice E. Stucke, 2017, https://one.oecd.org/document/DAF/COMP/WD(2017)25/en/pdf.

29. OECD, Non-price Effects of Mergers, Background Note by the Secretariat, 2018, https://one.oecd.org/document/DAF/COMP(2018)2/en/pdf.

30. OECD, Using Market Studies to Tackle Emerging Competition Issues: Executive Summary, 2020, https://one.oecd.org/document/DAF/COMP/GF(2020)11/en/pdf.

31. OECD, Methodologies for Market Studies, Background paper by the Secretariat, 2017, https://one.oecd.org/document/DAF/COMP/WP3(2017)1/en/pdf.

32. OECD, Advancing Accountability in AI: Governing and Managing Risks Throughout the Lifecycle for Trustworthy AI, 2023, https://www.oecd-ilibrary.org/docserver/2448f04b-en.pdf.

33. OECD, Explanatory Memorandum on the Updated OECD Definition of an AI System, 2024, https://www.oecd-ilibrary.org/docserver/623da898-en.pdf.

34. OECD, The Optimal Design, Organisation and Powers of Competition Authorities, Competition Policy Roundtable Background Note, 2023, http://www.oecd.org/daf/competition/the-optimal-design-organisation-and-powers-of-competition-authorities-2023.pdf.

35. ICN Advocacy Working Groupe, Report on Competition Compliance, 2022, https://www.internationalcompetitionnetwork.org/wp-content/uploads/2022/04/AWG-Re-

port-on-Competition-Compliance. pdf.

36. ICN Advocacy Working Group, Market Studies Good Practice Handbook, 2016, https://www.internationalcompetitionnetwork.org/wp-content/uploads/2018/09/AWG_MktStudiesHandbook.pdf.

37. ICN Agency Working Effectiveness Working Group, Competition Agency Evaluation, 2016, https://www.internationalcompetitionnetwork.org/wp-content/uploads/2018/05/AEWG_APMEvaluation.pdf.

38. EU-U. S. Trade and Technology Council, Terminology and Taxonomy for Artificial Intelligence Second Edition, https://digital-strategy.ec.europa.eu/en/library/eu-us-terminology-and-taxonomy-artificial-intelligence-second-edition.

39. Autorité de la concurrence & Bundeskartellamt, Competition Law and Data, 2016, https://www.bundeskartellamt.de/SharedDocs/Publikation/DE/Berichte/Big%20Data%20Papier.pdf?__blob=publicationFile&v=2.

40. Directorate-General for Competition (European Commission), Competition Policy for the Digital Era, 2019, https://op.europa.eu/en/publication-detail/-/publication/21dc175c-7b76-11e9-9f05-01aa75ed71a1/language-en.

41. Autorité de la concurrence & Bundeskartellamt, Algorithms and Competition, 2019, https://www.autoritedelaconcurrence.fr/sites/default/files/algorithms-and-competition.pdf.

42. Ada Lovelace Institute, Technical Methods for Regulatory Inspection of Algorithmic Systems (December 2021), https://www.adalovelaceinstitute.org/wp-content/uploads/2021/12/ADA_Technical-methods-regulatory-inspection_report.pdf.

43. Executive Office of the President National Science and Technology Council Committee on Technology, Preparing for the Future of Artificial Intelligence (October 2016), https://obamawhitehouse.archives.gov/sites/default/files/whitehouse_files/microsites/ostp/NSTC/preparing_for_the_future_of_ai.pdf.

44. The Netherlands Authority for Consumers and Markets, Position Paper: Oversight of Algorithms, 2020 https://www.acm.nl/sites/default/files/documents/position-paper-oversight-of-algorithms.pdf.

45. EU Commission, Guidelines on the Assessment of Horizontal Mergers under the Council Regulation on the Control of Concentrations between Undertakings (2004/C 31/03), https://eur-lex.europa.eu/legal-content/EN/TXT/PDF/?uri=CELEX:52004XC0205(02).

46. DG Competition Discussion Paperon The Application of Article 82 of The Treaty to Ex-

clusionary Abuses, 2005, http: //ec. europa. eu/competition/antitrust/art82/discpaper2005. pdf.

47. ICN Unilateral Working Group, Dominance/Substantial Market Power Analysis Pursuant to Unilateral Conduct Laws, http: //www. internationalcompetitionnetwork. org/uploads/library/doc317. pdf.

48. REGULATION (EU) 2022/1925 OF THE EUROPEAN PARLIAMENT AND OF THE COUNCIL of 14 September 2022 on contestable and fair markets in the digital sector and amending Directives (EU) 2019/1937 and (EU) 2020/1828 (Digital Markets Act).

49. Competition Bureau Canada, Corporate Compliance Programs (2015), https: //competition-bureau. canada. ca/how-we-foster-competition/compliance-and-enforcement/corporate-compliance-programs.

50. Hong Kong Competition Commission, Leniency Policy for Undertakings Engaged in Cartel Conduct (2000), https: //www. compcomm. hk/en/media/press/files/EN_PR_Revised_Leniency_Policy. pdf.

51. CADE, Guideline Competition Compliance Programmes (2016), https: //www. lexology. com/library/detail. aspx? g=ab9ff16d-60b0-4301-b9ff-a31dcab3a84f.

52. ICM Unlimited, Competition law research 2018-report on behalf of the CMA, https: //assets. publishing. service. gov. uk/government/uploads/system/uploads/attachment_data/file/750149/icm_unlimited_cma_competition_law_research_2018. pdf.

53. U. S. Department of Justice, Evaluation of Corporate Compliance Programs in Criminal Antitrust Investigations (2019), https: //www. justice. gov/atr/page/file/1182001/dl.

54. U. K. CMA, Guidance on the Application of the Chapter I Prohibition in the Competition Act 1998 to Horizontal Agreements, August 2023, CMA 184, https: //assets. publishing. service. gov. uk/media/64dba33bc8dee400127f1d25/Horizontal_Guidance_FINAL. pdf.

55. U. K. CMA, Merger Assessment Guidelines (2021), https: //assets. publishing. service. gov. uk/media/61f952dd8fa8f5388690df76/MAGs_for_publication_2021_--_. pdf.

56. U. K. CMA, Online Platforms and Digital Advertising: Market study final report (1 July 2020), https: //assets. publishing. service. gov. uk/media/5fa55766 8fa8f5788db46efc/Final_report_Digital_ALT_TEXT. pdf.

57. U. K. CMA, Algorithms: How They Can Reduce Competition and Harm Consumers, 2021, https: //assets. publishing. service. gov. uk/media/60085ff4d3bf 7f2aa8d9704c/Algorithms_++. pdf.

58. U. K. CMA, AI Foundation Models Initial Report (18 September 2023), https: //

assets. publishing. service. gov. uk/media/650449e86771b90014fdab4c/Full_Non-Confidential_Report_PDFA. pdf.

59. U. K. CMA, AI Foundation Models Technical update report (16 April 2024), https：//assets. publishing. service. gov. uk/media/661e5a4c7469198185b d3d62/AI_Foundation_Models_technical_update_report. pdf.

60. U. K. CMA, Update on Open Banking (5 November 2021), https：//www. gov. uk/government/publications/update-governance-of-open-banking/update-on-open-bankin.

61. U. S. FTC Patent Assertion Entity Activity：An FTC Study (October 2016), https：//www. ftc. gov/system/files/documents/reports/patent-assertion-entity-activity-ftc-study/p131203_patent_assertion_entity_activity_an_ftc_study_0. pdf.

62. European Commission, Sector Inquiry into E-commerce (2017), https：//competition-policy. ec. europa. eu/sectors/ict/sector-inquiry-e-commerce_en.

63. European Parliament legislative resolution of 13 March 2024 on the proposal for a regulation of the European Parliament and of the Council on laying down harmonised rules on Artificial Intelligence (Artificial Intelligence Act) and amending certain Union Legislative Acts (COM (2021) 0206-C9-0146/2021-2021/0106 (COD)), https：//artificialintelligenceact. eu/wp-content/uploads/2024/02/AIA-Trilogue-Committee. pdf.

64. OpenAI's CEO Says the Age of Giant AI Models is Already Over (Apr. 17, 2023), https：//www. wired. com/story/openai-ceo-sam-altman-the-age-of-giant-ai-models-is-already-over/.

65. Stanford University Human-Centered Artificial Intelligence (HAI), Artificial Intelligence Index Report 2024, https：//aiindex. stanford. edu/report/.

## 七、国内外案例

（一）国内案例

1. 国家发展和改革委员会行政处罚决定书〔2017〕1号、2号。

2. 国家市场监督管理总局行政处罚决定书，国市监处〔2018〕21号、22号。

3. 上海市市场监督管理局行政处罚决定书，沪市监反垄处〔2023〕202301401号、202301402号。

4. 国家市场监督管理总局行政处罚决定书，国市监处〔2018〕17-19号。

5. 山西省市场监督管理局行政处罚决定书，晋市监价监罚字〔2022〕54-60号。

6. 天津市市场监督管理委员会行政处罚决定书，津市监垄处〔2021〕1-3号。

7. 内蒙古自治区工商行政管理局行政处罚决定书，内工商处罚字〔2014〕001号。

8. 安徽省工商行政管理局行政处罚决定书，皖工商公处字〔2016〕1-3号。

9. 市场监管总局关于禁止虎牙公司与斗鱼国际控股有限公司合并案反垄断审查决定的公告，2021 年 7 月 10 日公布。

10. 关于禁止马士基、地中海航运、达飞设立网络中心经营者集中反垄断审查决定的公告，商务部 2014 年第 46 号公告。

11. 就可口可乐公司收购中国汇源公司案反垄断审查做出裁决，商务部 2009 年第 22 号公告。

12. 关于附条件批准佩内洛普有限责任公司收购萨维奥纺织机械股份有限公司反垄断审查决定的公告，商务部 2011 年第 73 号公告。

13. 关于附条件批准希捷科技公司收购三星电子有限公司硬盘驱动器业务反垄断审查决定的公告，商务部 2011 年第 90 号公告。

14. 关于附加限制性条件批准西部数据收购日立存储经营者集中反垄断审查决定的公告，商务部 2012 年第 9 号公告。

15. 最高人民法院（2021）最高法知民终 1020 号民事判决书。

16. 最高人民法院（2022）最高法知行终 29 号行政判决书。

17. 北京市西城区人民法院（2017）京 0102 行初 432 号行政判决书。

18. 北京市第二中级人民法院（2018）京 02 行终 82 号行政判决书。

19. 最高人民法院（2013）民三终字第 4 号民事判决书。

（二）欧盟及其成员国案例

1. European Commission Decision Case AT. 39740-Google Search（Shopping），https：//ec. europa. eu/competition/antitrust/cases/dec_docs/39740/39740_14996_ 3. pdf.

2. European Commission Decision Case AT. 40465-ASUS，https：//ec. europa. eu/competition/antitrust/cases/dec_docs/40465/40465_337_3. pdf.

3. Facebook，Exploitative business terms pursuant to Section 19（1）GWB for inadequate data processing，https：//www. bundeskartellamt. de/SharedDocs/Entscheidung/EN/Fallberichte/Missbrauchsaufsicht/2019/B6-22-16. pdf? __blob = publicationFile&v = 4.

4. Press Release，The Hellenic Competition Commission Fines a Retailer for Resale Price Maintenance and other Infringements within Its Franchise Network（6 July 2010），https：//www. concurrences. com/en/bulletin/news‐issues/july‐2010/The‐Hellenic‐Competition‐33885.

5. Press Release，Spain，CNMC，The CNMC fines several companies EUR 1. 25 million for imposing minimum commissions in the real estate brokerage market，https：//www. cnmc. es/sites/default/files/editor_contenidos/Notas%20de%20pren sa/2021/20211209_NP_Sancionador_Proptech_eng. pdf.

6. Case T-12/89，Imperial Chemical Industries Ltd. v Commission of the European Com-

munities, ECLI: EU: T: 1991: 38.

7. Joined cases T-68/89, T-77/89 and T-78/89, Società Italiana Vetro SpA, Fabbrica Pisana SpA and PPG Vernante Pennitalia SpA v Commission of the European Communities, ECLI: EU: T: 1992: 38.

8. Joined Cases C-395/96P and C-396/96P, Compagnie maritime belge transports SA, Compagnie maritime belge SA and Dafra-Lines A/S v Commission of the European Communities, ECLI: EU: C: 2000: 132.

9. Case T-228/97, Irish Sugar plc v Commission of the European Communities, ECLI: EU: T: 1999: 246.

10. Case T-193/02, Laurent Piau v. Commission of the European Communities, ECLI: EU: T: 2005: 22.

11. Case 23-75, Rey Soda v Cassa Conguaglio Zucchero, ECLI: EU: C: 1975: 121.

12. Case C-74/14, "Eturas" UAB and Others v Lietuvos Respublikos konkurencijostaryba, ECLI: EU: C: 2015: 493.

13. Case 41/69, ACF Chemiefarma NV v Commission of the European Communities, ECLI: EU: C: 1970: 51.

14. Case 49/69, Bayer AG v Commission of the European Communities, ECLI: EU: C: 1972: 32.

15. Case M. 8084-BAYER/MONSANTO, https: //ec. europa. eu/competition/mergers/cases1/202150/M_8084_8063669_13738_3. pdf.

(三) 美国案例

1. Wright Corp. v. ITT Grinnell Corp. , 724 F. 2d 227, 234 (1st Cir. 1983).

2. American Tobacco Co. v. United States, 328 U. S. 781 (1946).

3. Monsanto Co. v. Spray-Rite Serv. , 465 U. S. 752 (1984).

4. Dickson v. Microsoft Corp. 309 F. 3d 193 (4th Cir. 2002).

5. United States v. Grinnel Corp. 384 U. S. 570-571, (1996).

6. Press Release, U. S. De't Just. , Former E-Commerce Executive Charged with Price Fixing in the Antitrust Division's First Online Marketplace Prosecution (Apr. 6, 2015), https: //www. justice. gov/opa/pr/former-e-commerce-executive-charged-price-fixing-antitrustdivisions-first-online-marketplace.

(四) 其他司法辖区案例

1. Press Release, U. K. CMA, The CMA has today issued a formal decision that 2 online sellers of posters and frames broke competition law (12 August 2016), https: //www. gov. uk/government/news/cma-issues-final-decision-in-online-cartel-case.

2. Press Release, Ofgem finds E Gas and Electricity, Economy Energy and Dyball Associates in breach of competition law (30 May 2019), https://www.ofgem.gov.uk/publications/ofgem-finds-e-gas-and-electricity-economy-energy-and-dyball-associates-breach-competition-law.

3. Decision of the Competition and Markets Authority, Resale price maintenance in the digital piano and digital keyboard, and guitar sectors (17 July 2020), https://assets.publishing.service.gov.uk/media/5f5749eae90e070997bc8efa/GAK_decision_-_web_-.pdf.

4. U.K. CMA, Anticipated acquisition by Amazon of a minority shareholding and certain rights in Deliveroo (Final report, 4 August 2020), https://assets.publishing.service.gov.uk/media/5f297aa18fa8f57ac287c118/Final_report_pdf_a_version_-----.pdf.

5. Press Release, KFTC Sanctions KaKao Mobility for Giving More Calls to Its Affiliated Taxis (February 14, 2023), https://www.ftc.go.kr/solution/skin/doc.html?fn=c5345c36473713d9875ccde12ebaf5596bf8cfb554bc639ef11d01700a 955991&rs=/fileupload/data/result/BBSMSTR_000000002402/.